NATURA
Biologie für Gymnasien

bearbeitet von

Gabi Heidenfelder
Dr. Helmut Moßner
Stephan Oberkampf
Hede Rummey
Ulrich Sommermann
Gerhard Ströhla

Bayern 11

Ernst Klett Verlag
Stuttgart · Leipzig

Gefahrensymbole und Experimente im Unterricht

Eine Naturwissenschaft wie Biologie ist ohne Experimente nicht denkbar. Auch in Natura 1 finden sich eine Reihe von Versuchen.

Experimentieren mit Chemikalien ist jedoch nie völlig gefahrlos. Deswegen ist es wichtig, vor jedem Versuch mit dem Lehrer die möglichen Gefahrenquellen zu besprechen. Insbesondere müssen immer wieder die im Labor selbstverständlichen Verhaltensregeln beachtet werden. Die Vorsichtsmaßnahmen richten sich nach der Gefahr durch die jeweils verwendeten Stoffe.

Daher sind in jeder Versuchsanleitung die verwendeten Chemikalien mit den Gefahrenbezeichnungen gekennzeichnet, die ebenfalls auf den Etiketten der Vorratsflaschen angegeben sind. Dabei bedeuten:

 C = ätzend, *corrosive*: Lebendes Gewebe und Material, das mit diesen Stoffen in Berührung kommt, wird an der betroffenen Stelle zerstört.

 F = leicht entzündlich, *flammable*: Stoffe, die durch das kurze Einwirken einer Zündquelle entzündet werden können.

 Xi = reizend, *irritating* (X für Andreaskreuz): Stoffe, die reizend auf Haut, Augen oder Atemorgane wirken können.

 Xn = gesundheitsschädlich, *noxious*: Stoffe, die beim Einatmen, Verschlucken oder bei Hautkontakt Gesundheitsschäden hervorrufen können.

1. Auflage 1 5 4 3 2 | 13 12 11 10 09

Alle Drucke dieser Auflage sind unverändert und können im Unterricht nebeneinander verwendet werden. Die letzte Zahl bezeichnet das Jahr des Druckes.

Das Werk und seine Teile sind urheberrechtlich geschützt. Jede Nutzung in anderen als den gesetzlich zugelassenen Fällen bedarf der vorherigen schriftlichen Einwilligung des Verlages. Hinweis § 52 a UrhG: Weder das Werk noch seine Teile dürfen ohne eine solche Einwilligung eingescannt und in ein Netzwerk eingestellt werden. Dies gilt auch für Intranets von Schulen und sonstigen Bildungseinrichtungen. Fotomechanische oder andere Wiedergabeverfahren nur mit Genehmigung des Verlages.

Auf verschiedenen Seiten dieses Heftes befinden sich Verweise (Links) auf Internet-Adressen. Haftungshinweis: Trotz sorgfältiger inhaltlicher Kontrolle wird die Haftung für die Inhalte der externen Seiten ausgeschlossen. Für den Inhalt dieser externen Seiten sind ausschließlich die Betreiber verantwortlich. Sollten Sie daher auf kostenpflichtige, illegale oder anstößige Inhalte treffen, so bedauern wir dies ausdrücklich und bitten Sie, uns umgehend per E-Mail davon in Kenntnis zu setzen, damit beim Nachdruck der Verweis gelöscht wird.

© Ernst Klett Verlag GmbH, Stuttgart 2009. Alle Rechte vorbehalten. www.klett.de

Autorinnen und Autoren: Gabi Heidenfelder, Schaafheim; Dr. Helmut Moßner, Weißenhorn; Stephan Oberkampf, Niedernberg; Hede Rummey, Schaafheim; Ulrich Sommermann, Münchberg; Johann Staudinger, Augsburg; Gerhard Ströhla, Münchberg

Unter Mitarbeit von: Irmtraud Beyer, Dr. Horst Bickel, Jürgen Christner, Roman Claus, Claudia Dreher, Roland Frank, Harald Gropengießer, Gert Haala, Siegfried Kluge, Bernhard Knauer, Inge Kronberg, Hans-Peter Krull, Hans-Dieter Lichtner, Martin Lüdecke, Horst Schneeweiß, Dr. Jürgen Schweizer, Gerhard Ströhla, Wolfgang Tischer, Günther Wichert, Dirk Zohren

Redaktion: Olaf Bieck
Mediengestaltung: Ingrid Walter

Umschlaggestaltung: normaldesign GbR, Schwäbisch Gmünd
Illustrationen: Prof. Jürgen Wirth; Visuelle Kommunikation, Dreieich unter Mitarbeit von Matthias Balonier und Evelyn Junqueira
Reproduktion: Meyle + Müller, Medien-Management, Pforzheim
Druck: Himmer AG, Augsburg

Printed in Germany
ISBN 978-3-12-045560-8

Was steht in diesem Buch?

In diesem Buch sind alle Themen zu finden, die im Biologieunterricht der Klassenstufe 11 behandelt werden. Biologie ist ein Fach, das sich mit der Vielfalt der Erscheinungen des Lebendigen in der Natur beschäftigt. Entsprechend vielfältig sind die Themen und Beispiele, die hier dargestellt sind.

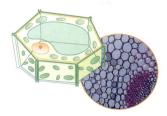

Der Wissenschaft ist es gelungen, viele Phänomene bis in den molekularen Bereich hinein zu erforschen und Lebensvorgänge auch auf der Ebene der Moleküle zu beschreiben und zu verstehen. Mit diesem Buch ist es möglich, sich auch diesen Bereich der Biologie zu erschließen, der nicht mehr der direkten Anschauung zugänglich ist. Mithilfe mikroskopischer und elektronenmikroskopischer Fotos sowie zahlreicher Abbildungen, die das Wesentliche hervorheben, ist es möglich, eine eigene Vorstellung des Nichtsichtbaren zu entwickeln. Wenn dabei in der eigenen Gedankenwelt Modelle entstehen, die benutzt, übertragen, überprüft und korrigiert werden, so ist das Eintauchen in die Welt der Naturwissenschaft gelungen.

Um diesen Prozess zu erleichtern, enthält dieses Buch viele Seiten, die nicht nur der Vermittlung von Wissen dienen, sondern zur vielfältigen Auseinandersetzung mit den biologischen Themen anregen.

Informationsseiten: Hier wird die grundlegende Information zu einem Thema geliefert. Durch zahlreiche Abbildungen werden schwierige Sachverhalte durchschaubar. Mit kurzen Aufgaben zum Text können Sie Ihr Wissen und Ihr Verständnis überprüfen.

Zettelkästen enthalten interessante Beispiele, Methoden, Ausnahmen und Erweiterungen zu Themen des Lehrplans.

Praktikumseiten: Sie finden hier Anleitungen zu Versuchen, die Sie selbst durchführen können. Für gute Auswertungen sind sauberes Arbeiten und sorgfältig erstellte Protokolle unerlässlich.

Materialseiten: Auf ihnen befinden sich umfangreiche Informationen zu einem Thema und dazugehörige Aufgaben. Sie sind an den Anforderungen der gymnasialen Oberstufe orientiert und deshalb umfangreicher als die Aufgaben der Informationsseiten. Weiterhin erfordern sie eine intensive Auseinandersetzung mit dem dargebotenen Material und den dazugehörigen Informationsseiten.

Lexikonseiten: Diese Seiten bieten eine Fülle zusätzlicher Informationen, die das bisher Gelernte in einen größeren Zusammenhang stellen und damit überschaubarer machen. Es werden auch Bereiche angeschnitten, die nicht direkt im Lehrplan vorgesehen sind. Diese Seiten regen zum Weiterlesen an.

Impulseseiten: Biologische Fragestellungen gehen häufig über das Fach Biologie hinaus. Auf diesen Seiten finden Sie fächerübergreifende Materialien und Impulse zur Bearbeitung von Themen. Auch Bezüge zur Alltagswelt sind Thema dieser Seiten.

Basiskonzepte: Biologie ist eine komplexe Wissenschaft, bei der zwischen den verschiedenen Teildisziplinen viele — teils abstrakte — Beziehungen bestehen. Dieser neue Seitentyp zeigt Querbeziehungen zwischen unterschiedlichsten Themen auf. Basiskonzept-Seiten verdeutlichen Prinzipien und ermöglichen es, Faktenwissen zu ordnen und zu strukturieren. Aufgaben fordern zur Auseinandersetzung mit den Beispielen auf.

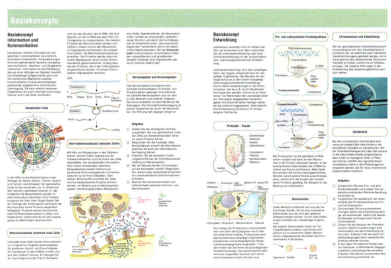

Inhaltsverzeichnis

Methoden:
Eine Seminararbeit angehen 6
Methoden:
Die Präsentation 8
Methoden:
Eine Seminararbeit erstellen 10

Faszination Leben

1 **Organisation und Funktion der Zelle**
Die Zelle — Grundbaustein des Lebens 16
Bau und Funktion von Zellorganellen 18
Aufbau der Biomembranen 20
Lexikon: Aufgaben der Membranproteine 21
Lexikon: Proteine 22
Enzyme sind Biokatalysatoren 24
Impulse: Enzyme im Haushalt, Medizin und Technik 25
Die Reaktionsbedingungen bestimmen die Enzymaktivität 26
Der Einfluss des Bindungspartners auf die Enzymaktivität 28
Praktikum: Enzyme 30

2 **Energiebindung und Stoffaufbau durch die Fotosynthese**
Auto- und heterotrophe Lebensweise 32
Lexikon: Leben braucht Energie 33
Äußere Einflüsse auf die Fotosynthese 34
Praktikum: Versuche zur Fotosynthese 35
Pflanzen brauchen blaues oder rotes Licht 36
Zweigeteilte Fotosynthese 38
Material: Die Experimente von Trebst, Tsujimoto und Arnon 39
Die lichtabhängige Reaktion 40
Die Gewinnung von ATP 41
Die lichtunabhängige Reaktion 42
Fragen zum Spiel „Der Calvinzyklus" 45
Impulse: Energie von der Sonne 46
Verarbeitung der Glucose 47

3 **Energiefreisetzung durch Stoffabbau**
Äußere Atmung und Zellatmung 48
Mitochondrien: Atmungsorganellen 49
Ein Nährstoff liefert Energie: Abbau der Glucose 50
Energie aus Wasserstoff 51
Gärung: Es geht auch ohne Sauerstoff 52
Stoffwechsel im Überblick 53
Praktikum: Versuche zur Gärung 54
Impulse: Nützliche Mikroorganismen 55
Abschlussmaterial: Energie zum Leben 56

Genetik und Gentechnik

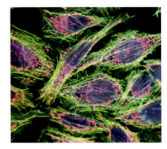

1 **Molekulargenetik**
DNA — der Stoff aus dem die Gene sind 60
Lexikon: Wettlauf zum Nobelpreis 62
DNA-Verdopplung — aber wie? 63
DNA-Replikation — aus eins mach zwei 64
Transkription: Von der DNA zur RNA 66
Der genetische Code 68
Material: Die Entdeckung des genetischen Codes 69
tRNA — Vermittler zwischen mRNA und Peptiden 70
Translation: ein Protein entsteht 71
Regulation der Genexpression 72
Proteinbiosynthese 74
DNA-Schäden und Reparatur 76
Krebs — Folge fehlgesteuerter Gene 78
Material: Replikation und Proteinbiosynthese 80

2 **Cytogenetik**
Karyogramm des Menschen 82
Impulse: Human Genom Projekt 83
Mitose und Interphase 84
Lexikon: Rund um die Mitose 86
Praktikum: Untersuchung von Mitosephasen 87
Befruchtung und Meiose 88
„Mädchen oder Junge?" 90
Material: Geschlechterverhältnis 91
Das Down-Syndrom 92
Gonosomale numerische Chromosomenaberrationen 93

Neurobiologie

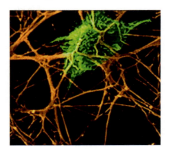

1 Struktur und Funktion von Neuronen und Synapsen
Das Neuron 132
Marklose und markhaltige Nervenfasern 133
Das Ruhepotenzial 134
Das Aktionspotenzial 136
Fortleitung des Aktionspotenzials 138
⊷ *Material:* Neurobiologische Experimente 140
Synapsen 142
Synapsengifte 144
⊷ *Material:* Synapsengifte 145
Impulse: Psychoaktive Stoffe 146
⊷ Lernen — speichern — erinnern 148
⊷ *Lexikon:* Erkrankungen des menschlichen Nervensystems 150
Abschlussmaterial: Neuronale Informationsverarbeitung 152

Basiskonzepte

Basiskonzepte in der Jahrgangsstufe 11 154
Struktur und Funktion 156
Reproduktion 157
Stoff- und Energieumwandlung 158
Organisationsebenen 159
Information und Kommunikation 160
Entwicklung 161
Variabilität und Anpassung 162
Steuerung und Regelung 163

Grundwissen 5 — 10 164
Grundwissen 11 168

Register 174
Bildquellenverzeichnis 177

3 Klassische Genetik
Mendelsche Regeln — monohybrider Erbgang 94
Dihybrider Erbgang 96
Statistische Natur der Regeln 97
Genkoppelung 98
Genaustausch 99
Additive Polygenie und Modifikation 100
⊷ *Material:* Vielfalt durch Polygenie 101

4 Humangenetik
Methoden der Humangenetik 102
Stammbaumanalysen für genetisch bedingte Krankheiten 104
Lexikon: Genetisch bedingte Krankheiten 105
⊷ *Impulse:* Mukoviszidose 106
Therapiemöglichkeiten und ihre Grenzen 108
Genetische Beratung 109
Material: Pränatale Diagnostik 110
Impulse: Beiträge zur Diskussion ethischer Fragen 111

5 Gentechnik
Gentechnik — Moderne Biotechnologie 112
Selektion durch Markergene 113
„Gentaxis" 114
Isolierung gewünschter Gene 116
Vervielfältigung von DNA 118
Gentechnik in der Medizin 120
Gentechnik in der Landwirtschaft 122
Impulse: Gen-Ethik 124
⊷ *Lexikon:* Gen-Geschichte 126
Abschlussmaterial: Genetik und Gentechnik 128

⊷ Dieses Symbol kennzeichnet fakultative Inhalte

Methoden

Eine Seminararbeit angehen

Im Studium sollten Sie eigenständig wissenschaftlich arbeiten und ihre Ergebnisse klar und anschaulich präsentieren können. Durch das Anfertigen einer entsprechenden Seminararbeit sollen Sie mit der Methodik vertraut werden, wie ein Problem mithilfe eigener Untersuchungen, Befragungen, Experimente oder anderer praktischer Arbeiten gelöst werden kann. Sollte ihr Leitfach Biologie sein, finden Sie in diesem Kapitel Anleitungen und Hilfen. Der Seminarleiter wird Ihnen die fachlichen Grundlagen vermitteln und Sie in die wichtigsten Arbeitsmethoden einführen:

1 Beschaffung von fachwissenschaftlichen Informationen

1.1 Recherchieren
Sie sammeln Informationen zum Rahmenthema bzw. Seminararbeitsthema. In der Schulbibliothek, öffentlichen Büchereien oder Unibibliotheken finden Sie Bücher und Originalbeiträge in Fachzeitschriften. Zur Internetrecherche benutzen Sie Suchmaschinen. Beschränken Sie sich nicht nur auf die gängigen, sondern suchen Sie auch in wissenschaftlichen Webseiten. Manchmal ist es auch von Nutzen statt der deutschen, englische Fachbegriffe einzugeben.

1.2 Informationen strukturieren
Die gesammelten Informationen müssen analysiert und vergleichend bewertet werden. So sind Seiten von Universitäten oft am Zuverlässigsten.

1.3 Aufs Wesentliche reduzieren
Um den Überblick über die Informationsflut zu bewahren, sollten Sie die wichtigen Informationen bereits im Computer kurz zusammenfassen.

2 Konkrete Arbeitsschritte beim Erstellen

2.1 Arbeitshypothese
Formulieren Sie die wissenschaftliche Fragestellung möglichst präzise. Legen Sie das konkrete Forschungsziel in Absprache mit der Seminarleiterin, dem Seminarleiter fest.

Nikolaus-Kopernikus-Gymnasium Weißenhorn

Die Polymerasenkettenreaktion

Kurs: Biologie 2008/09
Kursleiter: Dr. Moßner

Verfasserin: Martina Mustermann
Musterstraße 12
12345 Musterhausen

Abgabetermin: 28. Januar 2009
Punkte:
Unterschrift:

2.2 Forschungsplanung und Lösungshypothese
Planen Sie die einzelnen Schritte, die zu einer Antwort führen könnten (Lösungshypothese). Wählen Sie die geeigneten Forschungsmethoden aus und legen Sie den konkreten Forschungsablauf in einem Arbeitsplan fest.

Mögliche Forschungsmethoden:
Beobachtungen und Untersuchungen, z. B.:
— Beobachtung und Dokumentation eines Biotops im Jahreslauf.
— Biologische und chemische Wasseruntersuchung eines Baches.

Experimente, z. B.:
— Chromatografische Untersuchung der Herbstfärbung beim Feldahorn.
— Experimente zur Wirkungsweise von Enzymen.

Begehungen, Erkundungen, Kartierungen, z. B.:
— Die Schnecken am Waldlehrpfad. Bestimmung — Kartierung — Ökologische Nischenbildung.
— Flechtenkartierung in der Stadt.

Arbeitsmethoden in der Biologie

Die wissenschaftliche Seminararbeit

Arbeitsplan:
Im Arbeitsplan halten Sie fest, welche Fragen vorab geklärt werden müssen und welche Arbeitsschritte in welcher Reihenfolge eingehalten werden sollten.
- **Benötigte Hilfsmittel:** Dies könnten beispielsweise Geräte und Materialien für Experimente, ein Mikroskop, eine Videokamera oder ein Fotoapparat sein.
- **Entstehende Kosten** z.B. für Versuchsmaterial. Klären Sie die Finanzierung.
- **Zeitrahmen für die Arbeitsschritte:** Planen Sie beispielsweise ein, dass Experimente schief gehen können und wiederholt werden müssen.
- **Genehmigungen:** Denken Sie auch daran, ob Sie Genehmigungen für Probeentnahmen, Kartierungen oder Befragungen einholen müssen.
- **Sicherheitsstandards:** Erkundigen Sie sich nach den einschlägigen Sicherheitsvorschriften, die Sie beim Experimentieren beachten müssen.

2.3 Durchführung
Gehen Sie nun an die konkrete Umsetzung Ihres Arbeitsplanes.
- Führen Sie ein Heft als **Arbeitstagebuch**, in dem Sie alle Experimente oder Ereignisse mit Datum in Form von Aufzeichnungen oder Skizzen festhalten.
- Achten Sie auf Besonderheiten im Ablauf wie z.B. Fehlschläge oder besonders gelungene Arbeitsschritte.
- Dokumentieren Sie möglichst unmittelbar nach einem Arbeitsschritt!
- Interviews, Expertenbefragungen, Umfragen und Beobachtungen können Sie aufzeichnen oder mit einer Videokamera festhalten.
- Entwickeln Sie eigene Ideen und diskutieren Sie diese mit Ihrem Seminarleiter.

2.4 Auswertung und Darstellung der Ergebnisse
Abschließend müssen Sie die Ergebnisse (Rohdaten) auswerten, ordnen und zusammenfassen. Dazu bieten sich folgende Möglichkeiten an:
- Sie formulieren einen beschreibenden Text.
- Sie erstellen Tabellen oder Grafiken.
- Sie illustrieren den Text mit Zeichnungen, Fotos und Abbildungen.

Bau eines Modells und kritische Auseinandersetzung mit der Funktionsweise, z.B.:
- Bau eines Funktionsmodells zur Fotosynthese.
- Bau eines Magnetmodells zur Veranschaulichung der Vorgänge an der Axonmembran.

Umfragen oder Interviews, z.B.:
- Befragung eines Försters zu den Waldpflegemaßnahmen in seinem Forst.
- Interviews mit Schülerinnen und Schülern der Partnerschule zum Umweltschutz in ihrer Schule.

Auswertung von Archivmaterial und Originalquellen, z.B.:
- Auswertung von Dokumenten zur Geschichte der Mühlen an einem Fluss.
- Auswertung von Zeitungsberichten zu Naturschutzthemen.

2.5 Interpretation der Ergebnisse
Im letzten Schritt interpretieren und bewerten Sie Ihre Ergebnisse. Es sollten folgende Fragen beantwortet werden:
- Gibt es mögliche Fehler bei der Durchführung, die eine Auswertung schwierig machen?
- Konnten Sie die Arbeitshypothese bestätigen (verifizieren) oder widerlegen (falsifizieren)?
- Wie können die Ergebnisse Ihrer Seminararbeit in den derzeitigen, wissenschaftlichen Kenntnisstand eingeordnet werden?
- Können Sie aus Ihren Ergebnissen Gesetzmäßigkeiten ableiten und eventuell neue Hypothesen aufstellen?
- Gibt es neue, unbeantwortete Fragen, die jedoch den Rahmen der Arbeit sprengen würden?

Methoden

Die Präsentation

Im Seminarfach müssen Sie nicht nur eine Arbeit erstellen, sondern auch eine Zwischen- und Endpräsentation abliefern.

Definition
Die Präsentation ist die Darstellung von Inhalten der Seminararbeit, um die anderen Seminarteilnehmer verständlich und nachhaltig zu informieren.

1 Ablauf der Präsentation

Zur **Eröffnung** gehören
— Begrüßung. Überlegen Sie sich Worte und Inhalte der Eröffnung möglichst genau, weil sie die Zuhörer positiv oder negativ einstimmt.
— Thema und Ziel der Präsentation.
— „Fahrplan" mit den Hauptgliederungspunkten.
— Organisatorische Hinweise (z. B. ob Unterlagen an das Auditorium ausgegeben werden).
— Klärung ob Fragen zwischendurch oder nach Abschluss des Vortrags gestellt werden?
— Überleitung zum Hauptteil, z.B. mit Fragen, die eine persönliche Betroffenheit auslösen. Möglich sind auch Cartoons oder Fotografien, die zum Thema hinleiten.

Hauptteil
Zum Gelingen der Präsentation tragen bei
— eine deutliche Gliederung des Stoffes
— die Beschränkung auf das für die Teilnehmenden Aufnehmbare und
— eine wirkungsvolle Visualisierung.

Abschluss
Ebenso sorgfältig wie der Einstieg muss der Abschluss des Vortrags geplant und vorbereitet sein, denn der letzte Eindruck dauert fort. Es bietet sich beispielsweise an, auf eine in der Eröffnung gestellte Frage zurückzugreifen oder mit einem originellen Gedanken den Vortrag zu beenden.

Tipp: Eine Generalprobe des Vortrags mit einem kritischen Zuhörer gibt Ihnen die nötige Sicherheit.

Abgrenzung zum Referat
Die Präsentation, unterscheidet sich vom Referat durch die Art der Vermittlung. Zwar wird auch sie, wie das Referat, einem Publikum vorgetragen, aber der Visualisierungsaspekt spielt bei ihr eine wesentlich größere Rolle. Die Bedeutung der Präsentation in Gruppen- bzw. Teamarbeit ist an der Universität und im Berufsleben inzwischen zum wichtigen Standard geworden. Durch die Visualisierung ist die Präsentation sehr viel effektiver als der Vortrag in einem Referat.

Vorüberlegungen zur Präsentation
Der Umfang der Präsentation, der Umgang mit Fachbegriffen, die gewählte Sprachebene, das Auftreten sollten sich am Wissensstand der Zuhörer orientieren. Wählen Sie bestimmte Aspekte aus und arbeiten Sie das Wesentliche heraus.

2 Visualisierung

Visualisieren heißt, Informationen zusätzlich zum gesprochenen Wort bildhaft darzustellen. Vorteile der Visualisierung sind:
— Informationen werden leichter und rascher erfassbar.
— Informationen werden über unterschiedliche Sinnesorgane (Augen und Ohren) intensiver vermittelt.
— Sie erreichen unterschiedliche Lerntypen.
— Sie konzentrieren die Aufmerksamkeit auf das Wesentliche.
— Sie machen den roten Faden sichtbar.

2.1 Visualisierungstechniken
Man unterscheidet die **Informationen**, also z. B. Texte, Graphiken, Symbole und Diagramme, von den **Medien**, die diese Informationen transportieren. Dazu gehören z. B. der Overhead-Projektor mit Folien, Flipcharts, die Pinnwand und der Computer mit einem Beamer.
— Die Informationen müssen **gut wahrnehmbar** sein und sollten plakativ gestaltet werden.
— Verwenden Sie eine **große Schrift** und präsentieren Sie nur wenige Elemente gleichzeitig.
— Verteilen Sie komplexe Sachverhalte auf mehrere Darstellungen, z. B. **nur ein Thema pro Folie.**
— Entwickeln Sie Ihre Gedankengänge sukzessive.
— Wählen Sie **treffende Überschriften**.

Checkliste zum organisatorischen Rahmen

- Eignet sich der **Raum** für die vorgesehene Präsentation?
- Soll die **Sitzordnung** beibehalten oder verändert werden?
- Welche **Medien** sollen/können eingesetzt werden (z.B. Pinnwand, Overheadprojektor, Computer)?
- Sind die benötigten Medien und Materialien im Raum vorhanden?
- **Funktionieren** die benötigten Geräte?
- Wie **setzen Sie die Medien ein**, damit sie von allen Teilnehmern gut wahrgenommen werden können?
- Ist eine **Verdunklung** des Raums erforderlich?
- Ist Ihnen der Umgang mit diesen Medien **vertraut**?
- Evt. sollten Sie den Medieneinsatz zuvor **ausprobieren**.
- Überlegen Sie, welche **Pannen** beim Medieneinsatz auftreten können.
- Sind die **Handouts** in ausreichender Zahl vorhanden?

Die wissenschaftliche Seminararbeit

2.2 Der Text
- Texte, die ausschließlich aus Großbuchstaben bestehen, sind nicht gut lesbar.
- Gehen Sie sparsam mit unterschiedlichen Schrifttypen und -größen um!
- Beschränken Sie sich auf Schlüsselbegriffe und kurze Sätze!

2.3 Bilder und Diagramme
- **Grafiken** sind anschaulicher als Texte und brauchen weniger Platz.
- **Diagramme** veranschaulichen Größenverhältnisse und können vom Zuhörer schneller erfasst werden als Zahlentabellen.
- **Organigramme** (Aufbau-, Ablaufdiagramme) stellen Strukturen und Abläufe oder Beziehungen dar. Beachten Sie die Lesegewohnheiten von links nach rechts.
- Versehen Sie jede Grafik mit einem Titel und beschriften Sie die Achsen mit Maßzahlen.

2.4 Komposition der Darstellung
- Platzieren Sie Vergleiche nebeneinander!
- Ordnen Sie die Gestaltungselemente so, dass sie der logischen Struktur des Inhalts entsprechen.
- Farben unterstützen die Präsentation, da sie Gefühle ansprechen. Heben Sie Wichtiges z. B. durch farbige Unterlegungen hervor.
- Gestalten Sie farbig, aber nicht zu bunt! Beachten Sie den Signalcharakter der Farbe rot.
- Ein guter Kontrast zur Hintergrundfarbe erleichtert die Lesbarkeit.
- Denken Sie auch an allgemeine Funktionsbedeutungen der Farben, z. B. Rot = stopp, Grün = erlaubt!
- Schaffen Sie Zusammenhänge durch Farben, besonders in mehreren zusammenhängenden Darstellungen, z. B. Fakten werden schwarz, Schlussfolgerungen oder Zusammenfassungen rot geschrieben.

3 Das Handout
- Planen Sie den Ausgabezeitpunkt und wägen Sie die Nachteile der verschiedenen Ausgabezeitpunkte ab. Werden alle Handouts vorab ausgeteilt, so sinkt die Spannung. Erhält man sie am Ende, können keine Zusatzbemerkungen eingefügt werden.
- Folien und Plakate der Präsentation sollten sich vom Handout unterscheiden. Ihrem Handout soll man wesentliche Informationen und Details auch ohne eine vermittelnde Person entnehmen können.

4 Der Vortrag
- Der Erfolg einer Präsentation wird stark vom **persönlichen Auftreten** bestimmt. Hierzu gehören die Körpersprache, die Stimme und die äußere Erscheinung.
- Stellen Sie **Blickkontakt** zum Publikum her und beginnen Sie laut und deutlich mit dem Vortrag,
- **Sprechen Sie frei**, Stichwortzettel, z. B. DIN A 5 — Karteikarten werden in großer Schrift mit den wichtigsten Stichpunkten versehen.
- Sprechen Sie anschaulich und lebendig!
- Sprechen Sie zum Publikum, nicht zu den visuellen Darstellungen!
- Kurze Sätze und Sprechpausen erleichtern das Verständnis.
- Variieren Sie Stimmlage, Lautstärke, Sprechgeschwindigkeit.
- Bauen Sie Phasen **kurzer Wiederholungen** oder veranschaulichender Beispiele ein.
- Beantworten Sie Verständnisfragen sofort.
- Zeigen Sie in Ihrer Visualisierung nur die Punkte, über die Sie gerade sprechen!
- Bei Folien können Sie einen Stift als Zeiger auf der Folie oder einen Laserpointer verwenden.
- Lassen Sie den Overhead-Projektor nur laufen, während er genutzt wird!
- Als Abschluss Ihres Vortrages können Sie die wesentlichen Punkte kurz zusammen fassen.
- Leiten Sie dann zur Diskussion oder Fragerunde über.

Präsentation mit Computer und Beamer

Präsentationsprogramme ermöglichen ein professionelles Gestalten Ihrer Texte und Grafiken und eine Präsentation in guter Bildqualität mit Hilfe von Beamern. Denken Sie jedoch daran, dass die Visualisierung der Vermittlung von Inhalten dient. Erliegen Sie nicht der Faszination des am Computer Möglichen. Es gilt: die präsentierende Person, das Publikum und die Inhalte stehen im Mittelpunkt.

Methoden

Eine Seminararbeit erstellen

1 Teile der Arbeit

- Deckblatt
- Titelblatt
- Zusammenfassung
- Inhaltsverzeichnis

Textteil:
- Einleitung
- Hauptteil (Material und Methoden)
- Schluss (Ergebnisse, Interpretation, Diskussion)

Anhangsteil:
- Literatur- und Quellenverzeichnis
- evt. Glossar, Abbildung-, Tabellen- und Abkürzungsverzeichnis
- Protokolle, Statistiken, etc.
- Schlusserklärung

3 Äußere Form und Layout

- Sprechen Sie mit dem Kursleiter ab, wie die äußere Form gestaltet sein soll.
- Bedrucken Sie jedes Blatt nur einseitig.
- Arbeit wird geheftet, kann aber auch, mit etwas mehr Aufwand, gebunden sein.
- Standardvorgaben für die Seitenränder könnten sein: links 4 cm; rechts 2 cm; oben 2 cm, unten 3 cm.
- Nummerieren Sie alle Seiten fortlaufend mit arabischen Ziffern mit Ausnahme des Deck- und Titelblattes.
- Längere direkte Zitate, das Quellenverzeichnis und Fußnoten schreiben Sie einzeilig in einer kleineren Schriftgröße.
- Formatieren Sie den Text im Blocksatz und überall im gleichen Schrifttyp.
- Wichtige Aussagen oder Fachausdrücke können Sie durch Fett- oder Kursivdruck hervorheben.
- Gliedern Sie längere Textpassagen durch Absätze.
- Heben Sie Überschriften durch Fettdruck und eine größere Schrift optisch hervor.
- Alle Überschriften des Inhaltsverzeichnisses müssen auch im Text der Arbeit auftauchen.
- Eine Überschrift darf niemals auf einer Seite ganz unten stehen, mindestens drei Zeilen Text sollen sich anschließen.

Tipp: Bevor Sie Ihre Arbeit zum Binden bzw. Heften geben, sollten Sie diese von einer anderen Person gewissenhaft durchsehen lassen, Grammatik- und Kommafehler fallen Ihnen als Autor oder Autorin nicht mehr auf. Achten Sie darauf, dass alle Seiten Ihrer Arbeit vorhanden sind.

2 Deckblatt und Titelblatt

Das **Deckblatt** (Umschlagblatt) entspricht dem Cover eines Buches. Wählen Sie am besten einen Schnellhefter mit durchsichtigem Deckblatt, das darunter sichtbare **Titelblatt** können Sie dann attraktiv gestalten, z. B. durch eine zum Thema passende Zeichnung oder ein Foto (s. S. 6).
Es enthält meist die abgebildeten Angaben, die aber von der Schule vorgegeben werden.

4 Inhaltsverzeichnis

Das nebenstehende Inhaltsverzeichnis zeigt, wie Sie es gestalten könnten, aber auch mögliche Fehler, die Ihnen bei der Erstellung geschehen können.

Gliederungsebenen gut erkennbar

Kapitel
Unterkapitel
Unter-Unterkapitel

Überschrift fasst Unterpunkte zusammen

Mindestens 2 Unterkapitel

Überschrift präziser formulieren

Überschrift kurz fassen

Nominativstil wird bevorzugt

Letzte Ziffer ohne Nummerierung der Unterkapitel

Angabe der Seitenzahlen

– 2 –

Inhalt	Seite
1. Einleitung	3
2. Die Polymerasekettenreaktion	4
2.1. Das Prinzip der PCR	4
2.1.1. Vereinfachte grafische Darstellung der PCR	5
2.1.2. Reaktionstemperaturen	6
2.2. Die Anwendungsbereiche der PCR	7
3. Die PCR als Schülerexperiment	8
3.1. Eigene Durchführung	9
3.2. Durchführung in der Gruppe	11
3.3. Zusammenfassung	14
4. Allgemeines zur Durchführung	15
5. Selbst erarbeitete Anleitung für Schülergruppen	17
5.1. Anleitung: Extraktion chromosomaler DNA	18
5.2. Anleitung: PCR	21
5.3. Anleitung: Gelelektrophorese	22
5.4. Das Anfärben des Gels	23
5.5. Handout PCR	24
6. Anhang: Literaturverzeichnis	25
Danksagung	26
Erklärung	27

Die wissenschaftliche Seminararbeit

5 Einleitung

Die Einleitung ist eine konkrete inhaltliche Einführung in die Arbeit. Am besten schreiben Sie diese, wenn Ihre Arbeit bereits fertiggestellt ist.
— Die Einleitung sollte kurz gehalten werden.
— **soll das Interesse des Lesers wecken** z. B. mit einem Zitat oder einem aktuellen Zeitungsbericht,
— **könnte die Entstehungsgeschichte des Themas beschreiben,**
— **kann die Zielsetzung der Arbeit aufzeigen,** indem z. B. die Arbeitshypothese erläutert oder das Thema historisch eingeordnet wird,
— **könnte den Aufbau der Arbeit skizzieren,** z. B. das methodische Vorgehen erläutern.

6 Hauptteil

Hier legen Sie alle Sachinformationen dar, die Sie zur Bearbeitung der Aufgabenstellung Ihrer Arbeit zusammengetragen haben. Sie sollten die dokumentierten Fakten kritisch bewerten und Schlussfolgerungen aus den Ergebnissen ziehen. Beachten Sie die folgende Punkte:
— Kapitel und Unterkapitel erhalten prägnante Überschriften.
— Zu jedem Gliederungspunkt gehört ein mehrzeiliger Text, der:
— nicht zu kleinschrittig gegliedert sein darf,
— widerspruchsfrei und verständlich dargestellt ist,
— Fakten darstellt und persönliche Meinungen möglichst vermeidet.
Versehen Sie alle Übernahmen mit einem Quellennachweis.
Tabellen und Abbildungen
— auf Tabellen und Abbildungen wird im fortlaufenden Text z. B. in Klammer (siehe Abb. ..., siehe Tab. ...) verwiesen.
— Tabellen erhalten immer eine Überschrift, Abbildungen eine Unterschrift.
— müssen ebenfalls mit einem Quellenbeleg versehen werden.
— werden fortlaufend nummeriert (Tab. 1, Tab. 2, ...; Abb. 1, Abb. 2,...).

1 Einleitung

„Es war ein Geistesblitz – bei Nacht, unterwegs auf einer mondbeschienenen Bergstraße, die Eingebung kam: zu jenem Genkopierverfahren, das heute als Polymerase-Kettenreaktion (engl. polymerase chain reaction oder kurz PCR) bekannt ist" (zitiert nach Heinze et al., 2000, S. 1)

Die Polymerasekettenreaktion, für die Mullis 1993 den Nobelpreis erhielt, ist eine der wichtigsten und in den vielfältigsten Bereichen einsetzbare Methode der Molekularbiologie, bei der man mit Hilfe des Enzyms DNA-Polymerase einen kurzen Abschnitt eines DNA-Moleküls kopiert. Mullis beschreibt das Verfahren so: „Beginning with a single molecule of the genetic material DNA, the PCR can generate 100 billion similar molecules in an afternoon. The reaction is easy to execute. It requires no more than a test tube, a few simple reagents, and a source of heat." (Mullis, 1990, S. 1)

Das Verfahren der PCR sollte auch im Rahmen des Seminarkurses Biologie an unserer Schule durchgeführt werden, und so wurde es zu meiner Aufgabe, dieses Projekt umzusetzen.

Auf den folgenden Seiten werde ich kurz das Prinzip der Polymerasekettenreaktion sowie deren Anwendungsgebiete erläutern. Dann beschreibe ich die von mir durchgeführte PCR und wie ich sie mit der Schülergruppe realisiert habe. Des Weiteren sind die von mir erarbeiteten Anleitungen für das Experimentieren in Schülergruppen abgedruckt.

2.1.2 Reaktionstemperaturen zu 6 Hauptteil

Die oben genannten Reaktionen laufen bei unterschiedlichen Temperaturen ab, die je nach DNA, Primern und Polymerase variieren können. Die für das von mir durchgeführte Projekt optimalen Temperaturen sind in folgendem Diagramm (Abb. 3) verdeutlicht:

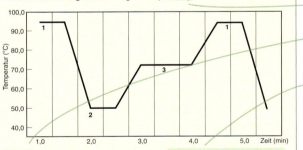

Abb. 3: Der Temperaturverlauf der PCR (aus Brown, 1999, verändert)

Das Interesse des Lesers wird mit einer Anekdote geweckt

Originalzitat aus Scientific American zeigt, dass Sie sich auch mit der Primärliteratur beschäftigt haben.

Direktes Zitat mit Quellenangabe

Gute Überleitung zur Aufgabenstellung der Arbeit

Die wichtigsten Punkte Ihrer Themenstellung werden beschrieben

Hinweis auf die Abbildung im Text

Abbildung ist fortlaufend nummeriert

Quelle der Abbildung ist angegeben

Zettelkasten

Übrigens ...

Auf diesen und den beiden folgenden Seiten finden Sie Anleitungen dazu, welche formalen Aspekte Sie beim Erstellen Ihrer Seminararbeit berücksichtigen müssen. Bedenken sie aber auch, dass Sorgfalt und Korrektheit Ihrer schriftlichen Arbeit dem Leser vermitteln, dass Sie bei Ihren Untersuchungen wissenschaftlich exakt gearbeitet haben.

Methoden

Eine Seminararbeit erstellen (Fortsetzung)

7 Schluss

Der Schlussteil sollte eine kurze, prägnante Zusammenfassung der Kerninhalte des Hauptteils oder der ermittelten Forschungsergebnisse enthalten. Sie könnten darstellen,
- ob Sie das gesteckte Arbeitsziel erreicht haben,
- ob Ihre Ausgangshypothesen und Fragestellungen bestätigt oder widerlegt wurden.
- Sie können die Ergebnisse der Arbeit in den derzeitigen bekannten Forschungsstand einordnen.
- Sind Fragen offen geblieben, können diese formuliert werden.

9 Literatur- und Quellenverzeichnis

Die nebenstehende Abbildung zeigt einen Ausschnitt aus einem Literaturverzeichnis. Folgendes sollten Sie beachten:
- Sie führen alle Quellen auf, die Sie zur Erstellung Ihrer Arbeit zitiert oder benutzt haben.
- Ordnen Sie die Quellen alphabetisch nach Autorennamen bzw. Kurz-URL oder nach den Ziffern in eckigen Klammern.
- Mehrere Werke eines Autors werden nach dem Erscheinungsjahr, beginnend mit dem ältesten Werk geordnet.

Layout
Akademische Grade werden weggelassen. Bei mehreren Verlagsorten wird nur der erste angegeben.

Sonstige Quellen
Sonstige Quellen können z. B. in *Internetquellen, Filme, Zeitungen, Interviews* usw. weiter untergliedert werden. Auch sie werden möglichst genau aufgeführt.

---

zu 9 Literatur- und Quellenverzeichnis

Aufsatz in einem Sammelband oder Skript mit Herausgeber, in dem mehrere Autoren Aufsätze geschrieben haben: Nachname, abgekürzter Vorname, Titel des Aufsatzes, in: Nachname, abgek. Vorname (Hrsg.), Titel des Sammelbandes, Erscheinungsort Erscheinungsjahr.

Heinze, R., Mikrobiologie und Gentechnik, in: Oberschulamt Stuttgart (Hrsg.), Materialien zur Fortbildung Mikrobiologie und Gentechnik – Grundlagen, Stuttgart 2000

Aufsatz in einer Zeitschrift
Nachname, abgekürzter Vorname: Titel des Aufsatzes, in: Name der Zeitschrift, Nummer der Zeitschrift Erscheinungsjahr, Seitenangabe Anfang und Ende des Aufsatzes.

Mullis, K.: "The unusual origin of the polymerase chain reaction", in: *Scientific American* **262** (4), 1990: 56-61

---

8 Zitate und Quellenbelege

Unter Zitaten versteht man das wörtliche oder sinngemäße Übernehmen von Formulierungen anderer Autoren:
- Zitate **müssen** mit einem exakten **Quellenbeleg** versehen sein.
- Man unterscheidet direkte und indirekte Zitate.

direkte (wörtliche) Zitate
- sind mit Anführungszeichen und Schlusszeichen zu versehen.
- sollten in den Naturwissenschaften nur einen kleinen Teil der Arbeit ausmachen.
- sind nur sinnvoll bei hervorragend formulierten Gedanken eines Autors oder exakten Definitionen.
- müssen in Groß- und Kleinschreibung, Zeichensetzung, Rechtschreibung, Hervorhebungen und Datenangaben, selbst Fehlern, originalgetreu übernommen werden.

- Kürzungen müssen kenntlich gemacht werden: An die Stelle des weggelassenen Wortes oder Satzes werden drei in eckigen Klammern stehende Punkte gesetzt [...].
- erläuternde Einschübe oder Hervorhebungen werden durch eckige Klammern kenntlich gemacht [Einschub des Verfassers] bzw. [Hervorhebung des Verfassers].
- Kürzere Zitate werden in den laufenden Text integriert.
- Längere Zitate werden in einer neuen Zeile begonnen, durch eine Leerzeile abgesetzt, eingerückt und mit kleinerer Schriftgröße geschrieben. Am Ende des Zitats wird wiederum eine Leerzeile eingefügt.

indirekte Zitate sind die sinngemäße Wiedergabe fremder Texte, Daten, Quellen und Gedanken.

- Ein indirektes Zitat enthält keine Anführungszeichen und Schlusszeichen.
- müssen mit einem Quellenbeleg versehen werden, der am Ende des Satzes bzw. Absatzes steht.

naturwissenschaftliches Belegverfahren
- die Quelle wird im Text als Kurzbeleg angegeben, z. B.: MUNK 2000, S. 5 – 15 oder http://www.nugi-zentrum.de, 15.01.2009.
- Bei einem weiteren Belegverfahren, das heute meist in den Naturwissenschaften angewendet wird, werden die Quellen im Text fortlaufend in eckigen Klammern nummeriert [1], [2] usw. Im Literaturverzeichnis werden sie dann in der angegebenen Reihenfolge aufgeführt.

Die wissenschaftliche Seminararbeit

Ein Buch – ein Autor
Nachname, abgekürzter Vorname: Titel des Buches, (Auflage, wenn mehrere existieren), Erscheinungsort: Verlag Erscheinungsjahr.

Renneberg, R.: Biotechnologie für Einsteiger, München: Spektrum Akademischer Verlag 2006

Internetdokumente
Vollständige URL, Nachname des Autors, abgekürzter Vorname, Titel des Dokuments, aus dem Internet entnommen am.

http://www.nugizentrum.de/Experimente/Molekularbiologie/PCR.html, Stupperich, E.: **N**etzwerk **U**niversität **G**ymnasien Industrie, Polymerasenkettenreaktion (PCR), am 25. 6. 2008

10 Anhang

An das Literatur- und Quellenverzeichnis schließt sich eventuell ein Anhang an.
Formale Gestaltung des Anhangs
— Auch der Anhang wird gegliedert und durchnummeriert.
— Der Anhang wird in die fortlaufende Seitenzählung einbezogen.

Inhalt des Anhangs
Umfangreiche, den Text störende Dokumente, gehören in den Anhang: (z. B. Zeitungsartikel, wichtige Originale, Versuchsanleitungen, Fragebögen, Beobachtungsprotokolle, umfangreiche Statistiken)
— Im **Glossar** werden alle in der Arbeit benutzten, *ausgefallenen* Fachbegriffe und Fremdworte erklärt. Ein Glossar ist nur dann sinnvoll, wenn viele Fachausdrücke verwendet werden.

Weitere Verzeichnisse
Sind in umfangreichen Seminararbeiten Tabellen, Abbildungen oder Abkürzungen in der Arbeit in größerer Zahl enthalten (etwa ab 6 bis 8 Tabellen bzw. Abbildungen) können folgende Verzeichnisse angelegt werden:
— Abbildungsverzeichnis
— Tabellenverzeichnis
— Abkürzungsverzeichnis
— Im **Abkürzungsverzeichnis** werden nur die wenig bekannten, von Ihnen verwendeten Abkürzungen aufgeführt.
— **Tipp:** Sehr umfangreiche Dokumente sowie Internetquellen sollten als Dateien außerdem auch auf CD-Rom beigefügt werden.

11 Erklärung zur selbstständigen Abfassung der Seminararbeit

Das letzte Blatt Ihrer Arbeit muss die Schlusserklärung sein.
— Das Blatt muss eigenhändig mit einer Datums- und Ortsangabe versehen und unterschrieben werden.
— Es hat rechtsverbindlichen Charakter.
— Bei einer Gruppenarbeit gibt jedes Gruppenmitglied eine eigene Schlusserklärung ab. Es gibt an, welche Teile der Arbeit von ihm gefertigt wurden.

Mögliche Kriterien zur Bewertung der Seminararbeit

Inhalt 3fach
— Analyse des Themas bzw. Grad der Themenerfassung
— Urteilsfähigkeit
— methodische Vorgehensweise
— schlüssige Beweisführung
— Literatur- und Quellenanalyse
— sinnvolle Verwendung geeigneter Literatur
— Begründung des eigenen Standpunkts
— Bewertung anderer Standpunkte
— ggf. selbst gefundene Ergebnisse, eigene Beiträge / Wertungen
— Vollständigkeit der Darlegungen

Darstellung 2fach
— sinnvolle Gliederung (Reihenfolge, Auswahl und Gewichtung der einzelnen Teile, aussagekräftige Überschriften
— Übersichtlichkeit und Anschaulichkeit der Darstellung, Form und Aussagekraft der Skizzen, Diagramme, Tabellen, Graphiken, Illustrationen
— Klarheit im Ausdruck
— Orthographie, Zeichensetzung, Grammatik
— korrekter Gebrauch der Fachterminologie

Formalia 1fach
— Inhaltsverzeichnis (einschließlich eines klaren Strukturierungssystems)
— Zitierweise
— bibliographische Angaben in Fußnoten im Literaturverzeichnis
— ggf. ein Quellenverzeichnis für Abbildungen
— Gestaltung des Titelblatts
— Umfang (ca. 10-15 Textseiten ohne Grafiken, Anhang u. Ä.)
— vereinbarter Schriftsatz (Schrift, Ränder, Blocksatz u. Ä.)
— Erklärung über das selbständige Verfassen der Arbeit

Arbeitsmethoden in der Biologie

Faszination Leben

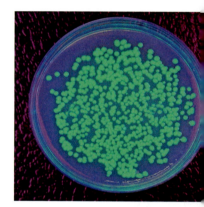

Zellen

Organismen

Auf der Erde existiert eine einzigartige Vielfalt von Lebewesen. Ob Scherenschnäbel, Anglerfische oder Venusfliegenfallen, sie alle prägen das Bild einer abwechslungsreichen Tier- und Pflanzenwelt mit zahlreichen unterschiedlichen Gestalten und Farben.

Auch auf zellulärer Ebene bleibt diese Vielfalt bestehen. Die Formen können sehr variabel sein. Aber bei genauerem Betrachten fällt auf, dass alle Lebewesen die **Zelle** als gemeinsame Grundstruktur aufweisen.

Sie alleine weist bereits alle Merkmale des Lebendigen auf. Sie wächst, kann sich teilen und reagiert auf Umweltreize. In ihr vollziehen sich Prozesse, die den Lebewesen ihre Fähigkeiten verleihen, wie z.B. das Leuchten des Anglerfisches oder die Bewegung der Venusfliegenfalle. Sie alle beruhen auf der Tatsache, dass die Zelle in der Lage ist, Stoffwechsel zu betreiben und Energie umzuwandeln. Dabei spielen Enzyme eine wichtige Rolle, weil sie viele dieser Vorgänge erst ermöglichen.

> „Leben ist eine wahre Orgie biologischer und intellektueller Vielfalt. Wir treffen auf Mikroorganismen für die Sauerstoff ein Gift ist, und auf andere, die Schwefelverbindungen veratmen."
> (NILES ELDREDGE)

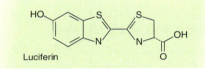
Luciferin

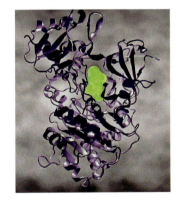

Viele Tiefseefische tragen leuchtende Bakterien in speziellen Organen mit sich. Deren Biolumineszenz lockt Beutetiere an, die die vorstehende „Angel" des Anglerfisches für einen kleinen essbaren Fisch halten. Als Voraussetzung für dieses Leuchten müssen chemische Reaktionen stattfinden, bei denen Energie in Form von Licht freigesetzt wird. Solche Stoffumwandlungen in der Zelle sind die Grundlage für die Vielfalt der Lebewesen.

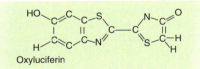
Oxyluciferin

Moleküle

„Das Leben kommt auf alle Fälle aus einer Zelle,
doch manchmal endet auch
— bei Strolchen —
in einer solchen."
(HEINZ ERHARD)

1 Organisation und Funktion der Zelle

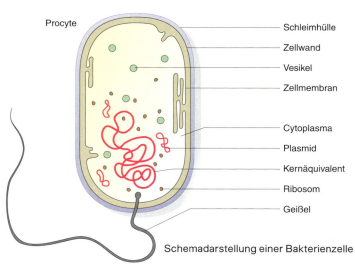

1 EM-Aufnahme und Schemadarstellung einer Bakterienzelle

Die Zelle – Grundbaustein des Lebens

pro (gr.)
vor / vorher

eu (gr.)
echt / gut

karyo (gr.)
Kern

Kompartimente
von Membranen umschlossene Reaktions- und Speicherräume in einer Zelle

Eukaryoten
Pilze, Pflanzen, Tiere, eukaryotische Einzeller

Prokaryoten
Bakterien, Urbakterien

Nach den strukturellen Merkmalen ihrer Zellen (▶ s. S. 169) lassen sich alle Organismen in *Prokaryoten* und *Eukaryoten* einteilen.

Die *Procyte* als Zelltyp der Bakterien (Abb. 1) ist im Vergleich zur *Eucyte* wesentlich einfacher aufgebaut. Sie ist von einer Zellwand, die unter anderem aus Murein besteht, und einer Zellmembran umgeben. Zusätzlich kann die Zelle eine Schleimhülle oder Kapsel besitzen.

In der Procyte sind im Elektronenmikroskop nur relativ wenige Organellen zu erkennen. Die Erbsubstanz liegt frei im Cytoplasma als ringförmiges Molekül. Man spricht vom *Kernäquivalent*. Vielfach kommen kleine, zusätzliche DNA-Ringe, die Plasmide, vor. Sie tragen oftmals die genetische Information für charakteristische Besonderheiten, wie z. B. Antibiotikaresistenzen. Man findet außerdem Ribosomen als Orte der Proteinbiosynthese. Zahlreiche kleine, von einer Membran umgebene Bläschen oder Vesikel durchsetzen das Cytoplasma. In ihnen finden lebenswichtige Stoffwechselreaktionen der Zelle statt.

So enthält die Prokaryotenzelle Membranen zur Abgrenzung verschiedener Reaktionsräume (Kompartimente), Nucleinsäuren zur Informationsspeicherung und Informationsweitergabe (DNA) sowie Enzyme (▶ s. S. 168) zur Energiegewinnung, die sich an den Membranen befinden.

Der Grundbaustein aller eukaryotischen Lebewesen ist die *Eucyte* (Abb. 17.1). Trotz aller Unterschiede und Besonderheiten welche die Eucyten untereinander aufweisen, besitzen sie weitgehend übereinstimmende Strukturen.

Ihre Grundsubstanz ist das *Cytoplasma*, dessen chemische Zusammensetzung abhängig vom Alter und der Aufgabe der Zelle ist. Es besteht jedoch immer hauptsächlich aus Wasser, enthält Proteine, Kohlenhydrate, Lipide und Nucleinsäuren sowie organische Säuren und Ionen.

Die Eukaryotenzelle ist durch den Besitz eines membranumgebenen Zellkerns, der die DNA enthält, gekennzeichnet. Des Weiteren befinden sich im Cytoplasma lichtmikroskopisch oder elektronenmikroskopisch erkennbare Strukturen, die ganz bestimmte Funktionen haben und als Zellorganellen (▶ s. S. 169) bezeichnet werden (s. S. 18 / 19). Die Eucyte ist reich kompartimentiert. Man versteht darunter, dass viele in sich geschlossene und mit der Umgebung in Verbindung stehende Reaktionsräume gebildet werden. Die Ribosomen sind deutlich größer als in den Bakterienzellen.

Die Pflanzenzelle unterscheidet sich von der tierischen Zelle durch den Besitz einer stabilen Zellwand aus Cellulose sowie durch die Ausbildung von Chloroplasten und einer Zellsaftvakuole.

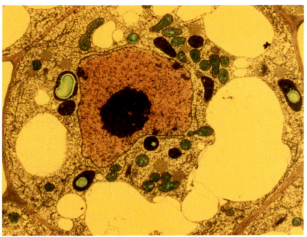

1 Pflanzenzelle (TEM-Aufnahme, coloriert)

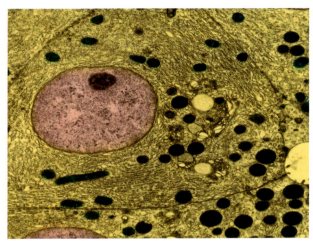

2 Tierzelle (TEM-Aufnahme, coloriert)

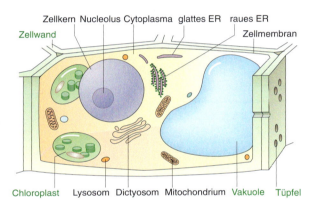

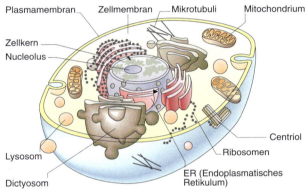

Die Elektronenmikroskopie

Für eine genaue Untersuchung der Zelle finden Elektronenmikroskope Anwendung. Sie besitzen ein höheres Auflösungsvermögen (etwa 0,1 nm) als Lichtmikroskope.

Bei der **Transmissionselektronenmikroskopie (TEM)** werden Ultradünnschnitte (60 – 70 nm dick) eines Objektes von Elektronen durchstrahlt. Eine Seite dieses Buches ist 1000 mal dicker als ein solches Präparat. Im Prinzip entspricht das TEM einem Lichtmikroskop, aber anstelle des Lichtstrahls wird ein Elektronenstrahl durch das Präparat geschickt. Elektrische und magnetische Felder lenken den Strahl ab. Die unterschiedliche Beugung der Elektronen wird schließlich auf einem Schirm sichtbar gemacht. Die nebenstehende Abbildung zeigt den Ausbruch von HI-Viren aus einer Wirtszelle. (TEM 200000 : 1)

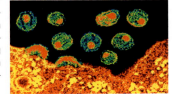

Das **Rasterelektronenmikroskop (REM)** ermöglicht das Abtasten von Oberflächen und liefert so räumlich erscheinende Bilder. Das Objekt wird zunächst schockgefroren, um die Strukturen möglichst gut zu erhalten. Mit einem eng gebündelten Elektronenstrahl wird es dann „beschossen", wodurch sich je nach Oberflächenbeschaffenheit Elektronen lösen. Ein Computer erzeugt daraus Abbildungen, wie die Aufnahme von AIDS-Erregern (blau) unten, die auf einem Lymphocyten (braun) sitzen. (REM 11000:1)

Da Elektronen von Luftteilchen abgebremst werden, wird im Vakuum gearbeitet. Das macht die Präparation sehr aufwändig. Die Vorbehandlung mit chemischen und physikalischen Methoden schließt eine Lebendbeobachtung aus. Dafür erhält man faszinierende Bilder aus der Welt des „Unsichtbaren".

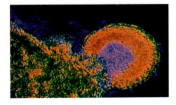

Bau und Funktion von Zellorganellen

Mikrotubuli sind röhrenförmige Strukturen, die keine Membran besitzen und durch Selbstaufbau entstehen. Ihnen werden verschiedene Aufgaben zugeschrieben. So sind sie zum Beispiel Bestandteil des intrazellulären Stützsystems, des Cytoskeletts. In großer Zahl treten Mikrotubuli bei der Zellteilung auf. Sie sind auch an den Bewegungen der Chromosomen bei der Kernteilung beteiligt.

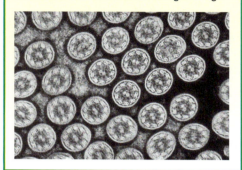

Der **Zellkern** (Nucleus) wird von einer zweischichtigen Kernhülle umgeben, die an vielen Stellen unterbrochen ist. Über diese Kernporen stehen Cytoplasma und Kernplasma (Karyoplasma) miteinander in Verbindung. Der Kern enthält den genetischen Informationsträger in Form der DNA (Deoxyribonucleic acid) bzw. DNS (Desoxyribonucleinsäure). Sie steuert das Stoffwechselgeschehen der Zelle. In Zellen, die sich gerade nicht teilen, sind oft dunkel erscheinende Kernkörperchen zu erkennen, die Nucleoli. Sie sind die Bildungsorte ribosomaler RNA.

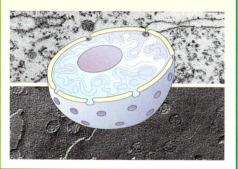

Centriolen kommen fast nur in tierischen Zellen vor. Ihr wichtigstes Bauelement sind Mikrotubuli. In jeder Zelle ist nur ein Paar von Centriolen zu finden, und zwar in der Nähe des Zellkerns. Die beiden Centriolen sind am Aufbau des Spindelapparates beteiligt. Sie verdoppeln sich vor der Zellteilung.

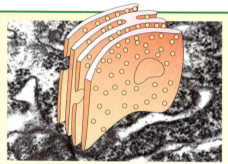

Endoplasmatisches Retikulum, Vergr. 20 000 x

Das **endoplasmatische Retikulum** (ER) ist ein Membransystem. Es durchzieht als flächiges Netzwerk das gesamte Cytoplasma. Die Membranen umschließen lamellen- oder röhrenförmige Innenräume, die *Zisternen*. Das ER kann mit anderen Membranen in Verbindung stehen, z. B. mit der Kernhülle. Es ist der Syntheseort von Membran- und Reservelipiden. An den Membranflächen befinden sich zum Teil dicht nebeneinander *Ribosomen*, wodurch das ER ein raues Aussehen erhält. Andere Bereiche sind frei von Ribosomen. Deshalb unterscheidet man zwischen *rauem* und *glattem ER*. Weitere Funktionen des ER sind die membrangebundene Proteinsynthese und der Stofftransport innerhalb der Zelle. Manchmal schnüren sich von den Membranen Bläschen *(Vesikel)* ab, in denen Stoffe transportiert werden. Drüsenzellen sind besonders stark vom ER durchzogen. In den Zisternen werden viele Stoffe gebildet, umgewandelt oder gespeichert.

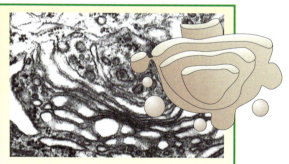

Dictyosomen (Golgi-Apparat), Vergr. 32 000 x

Dictyosomen sind flache Membranzisternen, die in Drüsenzellen in großer Zahl vorkommen. Nach ihrem Entdecker wird die Gesamtheit der Dictyosomen in einer Zelle auch *Golgi-Apparat* genannt. Im Inneren der Membranzisternen befinden sich vor allem Proteine, bei pflanzlichen Zellen auch Baustoffe für die Zellwand. Sie werden zwar im ER gebildet, aber hier konzentriert, modifiziert und gelagert oder weitertransportiert. Am Rande der Membranstapel können sich – ähnlich dem ER – Bläschen *(Golgi-Vesikel)* abschnüren.

Lysosomen besitzen eine einfache Membran und enthalten vor allem Verdauungsenzyme, die überflüssiges Zellmaterial abbauen. Sie kommen nicht in Pflanzenzellen vor, da diese Aufgabe dort von der Zellsaftvakuole übernommen wird.

Strukturelle und energetische Grundlagen

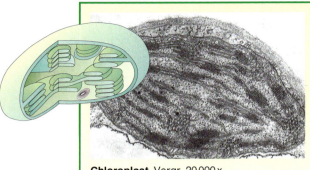

Chloroplast, Vergr. 20 000 x

Chloroplasten sind von zwei Membranen umhüllt. Die innere Membran umschließt einen Matrixraum, das *Stroma*. Darin befinden sich flächige, lamellenförmige Einstülpungen der inneren Membran, die *Thylakoide*. Diese sind zum Teil wie Geldrollen sehr dicht gestapelt. Ein Stapel heißt *Granum* (Mehrzahl: *Grana*). Wie die Mitochondrien besitzen die Chloroplasten eine eigene DNA sowie Ribosomen. Die Thylakoidmembran enthält u.a. Chlorophylle und Carotinoide. Die Chloroplasten sind die Organellen der Fotosynthese. Sie entstehen nur durch Teilung vorhandener Chloroplasten.

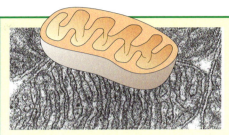

Mitochondrium, Cristae-Typ, Vergr. 50 000 x

Mitochondrien kommen gehäuft in Zellen mit hohem Energiebedarf vor, z.B. in Muskelzellen. Sie sind die Orte der Zellatmung, bei der auf aerobem Weg die Energie für die Lebensvorgänge gewonnen wird. Daher werden sie auch als „Kraftwerke" der Zelle bezeichnet. Mitochondrien werden von zwei Membranen umgeben. Die innere ist sehr stark gefaltet, wodurch sich eine große Oberfläche für die dort befindlichen membrangebundenen Enzyme der Zellatmung ergibt. In der Matrix (= Innenraum) befinden sich u.a. eine eigene mitochondriale DNA und kleine Ribosomen. Mitochondrien vermehren sich durch eigenständige Zweiteilung.

In ausgewachsenen Pflanzenzellen nehmen die **Zellsaftvakuolen** einen großen Teil des gesamten Zellvolumens ein. Sie sind durch eine Membran vom Cytoplasma abgegrenzt. Im Inneren der Vakuole sind eine Vielzahl von Substanzen enthalten. Dabei kann es sich um eine reversible Speicherung von Stoffwechselprodukten handeln, es werden aber auch Stoffe dauerhaft abgelagert. Somit übernimmt die Vakuole eine wichtige Exkretionsfunktion. Die gespeicherten Substanzen können bedeutende Funktionen für die Pflanze erfüllen, z.B. bestimmten Pflanzenteilen ihre charakteristische Färbung verleihen oder sie vor Tierfraß schützen, weil sie giftig sind oder bitter schmecken. Auch können Vakuolen Enzyme enthalten, die Makromoleküle abbauen. Da in ihrem Inneren zahlreiche Substanzen gelöst sind, trägt die Vakuole durch Erzeugung eines osmotischen Innendruckes (Turgor) zur Festigkeit der Pflanze bei.

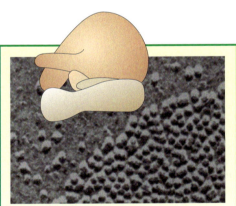

Ribosomen, Vergr. 175 000 x

Ribosomen besitzen keine Membran. Diese kleinen Organellen (Größe 15 – 30 nm) werden aus zwei Untereinheiten gebildet, die zu 40% aus Nucleinsäuren *(Ribonucleinsäuren, rRNA)* und zu 60% aus Proteinen bestehen. Ribosomen sind die Bildungsstätten der Proteine. Sie können zu mehreren perlschnurartig im Cytoplasma liegen *(Polysomen)* oder auch an Membranen angelagert sein.

Es gibt zwei Typen von Ribosomen. Große Ribosomen, die im Cytoplasma und am rauen ER von Eucyten auftreten und kleinere, die bei Procyten vorkommen, aber auch bei Mitochondrien und Chloroplasten von Eucyten.

Die **Zellwand** ist bei Pflanzenzellen vorwiegend aus Cellulose aufgebaut, wobei die Mikrofibrillen aus Cellulose in eine Matrix anderer Stoffe eingelagert sind. Diese Anordnung ist mit Stahlbeton zu vergleichen, bei dem die Stahlstreben in Beton gegossen sind. Eine solche Struktur verleiht den Zellwänden sowohl Zug- als auch Druckfestigkeit und gibt der Zelle Form und Stabilität. Aussparungen in der Zellwand (Tüpfel), an denen nur dünne Schließhäute die Begrenzung bilden, ermöglichen die Verbindung des Plasmas von Zelle zu Zelle.

Formgebende Zellwände umhüllen auch Pilz- und Bakterienzellen, wobei diese aus anderen Baustoffen, z.B. Chitin, zusammengesetzt sind.

Strukturelle und energetische Grundlagen

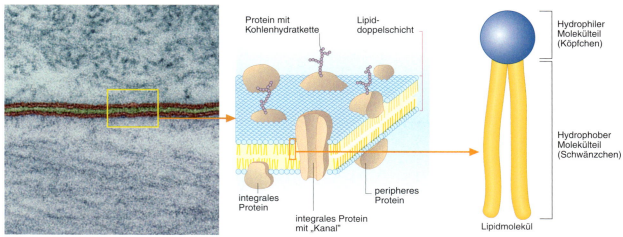

1 Elektronenmikroskopisches Bild und Schema einer Biomembran

Aufbau der Biomembranen

Biomembranen (▶ s. S. 168) bestehen zu einem großen Teil aus Lipidmolekülen, vor allem *Phospholipiden*. Diese Moleküle sind in zwei Bereiche gegliedert, die sich im Verhalten gegenüber Wasser unterscheiden. Ihr sogenanntes „Köpfchen" ist polar aufgebaut und daher *hydrophil*, d. h. es besitzt eine hohe Affinität zu Wasser. Dagegen verhält sich der unpolare Rest des Moleküls („Schwänzchen") wasserabweisend, also *hydrophob*. Gibt man Phospholipide in Wasser, dann ordnen sie sich so an, dass der hydrophile Teil des Moleküls mit Wasser in Kontakt kommt und der hydrophobe möglichst nicht. In wässriger Umgebung gibt es dabei verschiedene Möglichkeiten (Abb. Randspalte). Micellen umschließen nur einen sehr kleinen Raum, und ihr Inneres kann nur lipophile Substanzen einschließen. Biologische Membranen bestehen aus einer *Lipiddoppelschicht*, die als Grenze zwischen der Zelle und ihrer Umgebung, aber auch als Umhüllung der Zellorganellen dient.

Die Lipiddoppelschicht bildet die Grundstruktur der Membran und bestimmt Eigenschaften wie Stabilität, Flexibilität und Permeabilität für Teilchen. Neben Lipiden sind Proteinmoleküle am Membranaufbau beteiligt. Sie sind unregelmäßig verteilt, lagern der Lipiddoppelschicht auf *(periphere Proteine)* oder durchdringen sie teilweise oder ganz *(integrale Proteine)*. Mit ihren hydrophoben Abschnitten sind sie in der Lipidschicht verankert (Abb. 1). Die integralen Membranproteine ermöglichen einen kontrollierten Stoffaustausch. Nicht alle Teilchen können eine Membran passieren: Sie ist *selektiv permeabel*.

Die Lipidmoleküle in einer Schicht tauschen infolge der Wärmebewegung ihre Plätze mit den Nachbarmolekülen. Dieses dynamische Modell wird als „fluid-mosaic" bezeichnet. Die Proteine verhalten sich in der Lipidschicht wie schwimmende Eisberge. Die Membran befindet sich in ständigem Auf- und Umbau. So sind Wachstum und Formänderungen der Zelle möglich.

Die Membranen der Zellorganellen (▶ s. S. 169) dienen der Abgrenzung verschiedener Reaktionsräume *(Kompartimente)* mit unterschiedlichen Reaktionsbedingungen. Nur so ist ein geordneter Ablauf unterschiedlicher Stoffwechselvorgänge zur gleichen Zeit in einer Zelle möglich. Je nach Aufgabe zeigen Membranen charakteristische Eigenschaften. Entsprechend findet man bei verschiedenen Membrantypen erhebliche Unterschiede im Anteil und der Zusammensetzung der Membranproteine und weiterer Makromoleküle. Diese kontrollieren u. a. den Stoffaustausch durch die Membran, erkennen Signale und katalysieren enzymatisch bestimmte Reaktionen (s. S. 21).

Aufgabe

① Ordnen Sie die folgenden Moleküle und Verbindungen nach der Permeabilität durch eine Lipiddoppelschicht: Hexan (C_6H_{14}), Chloridion (Cl^-), Sauerstoff (O_2), Wasser (H_2O).

„Köpfchen in das Wasser, Schwänzchen in die Höh"

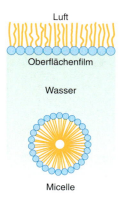

Orientierung von Phospholipiden an Grenzflächen und im Wasser

Strukturelle und energetische Grundlagen

Aufgaben der Membranproteine

Neben der Abgrenzung von Reaktionsräumen erfüllt eine Biomembran noch zahlreiche weitere Aufgaben, die nahezu alle von spezifischen Proteinen vermittelt werden.

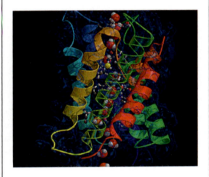

Stofftransport

Beim Stoffaustausch zwischen der Zelle und ihrer Umgebung bzw. zwischen Cytoplasma und den Zellorganellen müssen die Stoffe die Membranen passieren. Sie können daher nicht undurchdringlich sein, andererseits darf der Stoffaustausch nicht unkontrolliert vonstatten gehen. Die Membran muss selektiv sein.

Erfolgt der Transport in Richtung des Konzentrationsgefälles als Diffusion ohne Energieaufwand, spricht man von **passivem Transport**. Das „Pumpen" entgegen dem Gradienten erfordert aber Energie, die in der Regel in Form des energiereichen Stoffes ATP bereitgestellt wird **(aktiver Transport)**.

Kleine unpolare Moleküle wie Sauerstoff können eine *Lipiddoppelschicht* (a) leicht durchdringen. Auch polare Moleküle (z. B. Wasser) gelangen in geringem Maße hindurch. Der Austausch von größeren Molekülen oder Ionen, die von einer Hydrathülle umgeben sind, setzt jedoch integrale Membranproteine voraus, die das Passieren der Membran ermöglichen. Diese sind auf bestimmte Substanzen spezialisiert.

Kanäle (b) können ständig geöffnet sein oder werden durch bestimmte elektrische oder chemische Signale geöffnet bzw. geschlossen. Aquaporine (d. Abb. links) sind integrale Membranproteine, die selektiv für Wassermoleküle durchlässig sind. Sie ermöglichen einen schnelleren Transport entlang des Konzentrationsgefälles. Durch diese hydrophilen Durchgänge können bis zu drei Milliarden Wassermoleküle pro Sekunde und Kanal die Membran passieren.

Carrier-Proteine (c) binden den zu transportierenden Stoff auf der einen Seite der Membran und verändern dadurch ihre Struktur (Konformation). Dies bewirkt, dass sich die Bindungsstelle auf die andere Seite der Membran verlagert und der gebundene Stoff dort wieder abgegeben werden kann. Ein Beispiel für einen ATP-getriebenen Carrier-Transport (d) sind die $Na^{\oplus}/K^{\oplus}$-Ionenpumpen, die in den Nervenzellen eine ungleiche Verteilung von Ionen aufrechterhalten, welche zur Weiterleitung von Nervenimpulsen unerlässlich ist (s. S. 143).

Signalübertragung

Informationen werden in einem Organismus auch durch chemische Botenstoffe wie Hormone oder Transmitter übertragen. Sie entfalten ihre Wirkung durch Bindung an eine spezifische Zielzelle. Das Hormon Glucagon bindet an Rezeptoren in der Zellmembran und aktiviert so ein dort gebundenes Enzym. Dieses katalysiert im Inneren der Zelle die Bildung eines Stoffes, der z. B. die Steigerung der Blutzuckerkonzentration bewirkt.

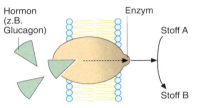

Erkennen der Umgebung

Bei komplexeren Organismen muss das Zusammenspiel der einzelnen Zelltypen funktionieren. In Geweben müssen sich Zellen organisieren.

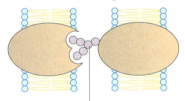

Glycoprotein auf Zelloberfläche

Dazu bedarf es der Erkennung der Umgebung bzw. der Nachbarzellen. Trennt man Zellen von Wirbeltierembryonen, z. B. von Leber und Netzhaut, voneinander und mischt sie, so organisieren sich die Zellen wieder entsprechend ihres Herkunft-Organes. Dies kann nur stattfinden, wenn es auf der Zelloberfläche Erkennungssysteme gibt. Hierbei spielen vor allem Glykoproteine (Proteine mit kurzen Kohlenhydratketten) eine große Rolle.

Enzymatische Funktion

Bestimmte Stoffwechselreaktionen werden von Membranproteinen katalysiert. In der inneren Membran der Mitochondrien befinden sich Enzymkomplexe, die den Elektronentransport der Zellatmung ermöglichen.

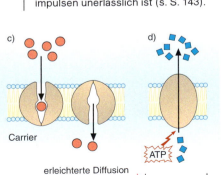

Strukturelle und energetische Grundlagen

Proteine

Neben der DNA gehören Proteine für jedes Lebewesen zu den wichtigsten Substanzen. Sie machen mehr als 50 % des Trockengewichtes einer lebenden Zelle aus und sind an nahezu allen Abläufen in einem Organismus beteiligt. Ein Mensch besitzt zehntausende verschiedener Proteine, die je nach Aufgabe unterschiedliche Strukturen besitzen.

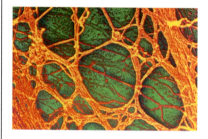

Aminosäuren als Grundbausteine

Jedes Protein besteht aus vielen, gewöhnlich mehr als 100 Aminosäuren, die zu einem kettenförmigen Makromolekül miteinander verbunden sind. Trotz ihres sehr unterschiedlichen räumlichen Baus sind Proteine nur aus 20 verschiedenen Aminosäuren aufgebaut.

Diese besitzen ein zentrales Kohlenstoffatom, das in jedem Fall eine Carboxylgruppe, eine Aminogruppe und ein Wasserstoffatom trägt. Als viertes wird ein weiteres Wasserstoffatom (Glycin) oder eine spezifische organische Restgruppe gebunden. Sie bestimmt die Eigenschaften der einzelnen Aminosäuren.

Der menschliche Organismus ist nicht in der Lage, alle Aminosäuren selbst in genügender Menge zu synthetisieren. Essenzielle Aminosäuren müssen mit der Nahrung aufgenommen werden.

Peptidbindung

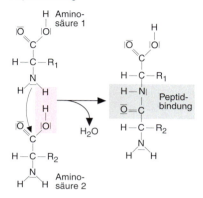

Die Verknüpfung zweier Aminosäuren erfolgt dadurch, dass die Carboxylgruppe einer Aminosäure unter Wasserabspaltung mit der Aminogruppe einer zweiten Aminosäure reagiert. Die entstehende Bindung nennt man Peptidbindung, das Produkt Dipeptid. Auf diese Weise können sehr viele Aminosäuren zu einer langen Kette, einem Polypeptid miteinander verbunden sein. So besteht zum Beispiel das menschliche Insulin aus zwei Ketten mit insgesamt 51 Aminosäuren.

Primärstruktur

Im Prinzip können alle 20 Aminosäuren in beliebiger Reihenfolge miteinander verknüpft werden. So ergeben sich bereits für ein Dipeptid 20 x 20 = 400 verschiedene Möglichkeiten. Mit zunehmender Länge der Peptide steigt die Zahl dieser Möglichkeiten exponentiell. Diese Abfolge, die Aminosäuresequenz, wird Primärstruktur des Proteins genannt. Sie wird durch die genetische Information des Lebewesens festgelegt.

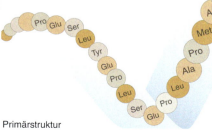

Primärstruktur

Sekundärstrukturen

Obwohl die räumliche Form eines Proteins sehr unterschiedlich sein kann, findet man in den Polypeptidketten sehr häufig immer wieder vorkommende Faltungsmuster, die man als Sekundärstrukturen bezeichnet.

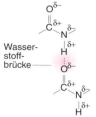

Sie kommen durch Anziehungskräfte zwischen dem Sauerstoffatom einer Peptidbindung und dem Wasserstoffatom einer anderen Peptidbindung (Wasserstoffbrücken) zustande.

Sind Teile der Aminosäurekette als Spirale aufgewunden, so bezeichnet man dies als α-Helix (s. Abb. unten). Dabei stehen die Restgruppen seitlich ab und die Wasserstoffbrücken werden innerhalb einer Kette zwischen jeder vierten Aminosäure ausgebildet.

Eine andere Sekundärstruktur ist das ß-Faltblatt. Dabei liegen verschiedene Abschnitte der Aminosäurekette in gleicher oder verschiedener Richtung parallel nebeneinander und bilden eine gefaltete Ebene (s. Abb. S. 23). Hier kommen die Wasserstoffbrücken zwischen den parallel verlaufenden Ketten zustande.

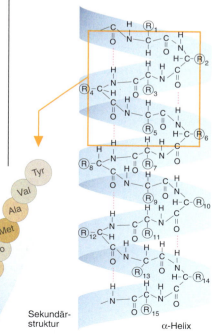

Sekundärstruktur — α-Helix

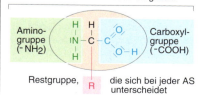

Tertiärstruktur

Als Tertiärstruktur wird die übergeordnete, räumliche Struktur bezeichnet, welche sich durch die Faltung der Sekundärstrukturelemente ergibt (s. Abb. unten). Für die Stabilität sind die Anziehungskräfte und die Bindungen zwischen den Resten der einzelnen Aminosäuren verantwortlich. Die dreidimensionale Tertiärstruktur bestimmt die Funktion eines Proteins entscheidend.

An der Bildung der Tertiärstruktur sind verschiedene Bindungsarten beteiligt. Zwischen unpolaren Restgruppen kommt es zu hydrophoben Wechselwirkungen. Die unpolaren Gruppen werden ins Innere des Moleküls gedrängt, während polare Gruppen nach außen ins Wasser weisen und für die Wasserlöslichkeit globulärer Proteine verantwortlich sind. Wasserstoffbrücken treten zwischen geeigneten polaren Restgruppen auf, wie z. B. bei Asparaginsäure und Serin (siehe Abb. rechts oben). Wenn zwei entgegengesetzt geladene Restgruppen miteinander in Wechselwirkung treten, so bilden sich Ionenbindungen aus. Besondere Stabilität verleihen einem Protein die Disulfidbrücken. Dabei handelt es sich um Atombindungen zwischen zwei Cystein-Restgruppen. Werden diese unterschiedlichen Bindungskräfte aufgebrochen, so wird auch die Tertiärstruktur verändert und zerstört. Diesen Vorgang bezeichnet man als Denaturierung des Proteins. Er kann z. B. durch zu starkes Erhitzen, durch Säuren oder durch Zugabe von Schwermetallionen bewirkt werden. So wird Hühnereiweiß bei ca. 70 °C fest und lässt sich danach nicht mehr verflüssigen.

Diese Hitzedenaturierung wird bei Ceviche durch Einwirkung einer Säure bewirkt. Bei diesem Fischgericht aus Peru wird roher Fisch längere Zeit in Limettensaft eingelegt und auf diese Weise das Kochen des Fisches „ersetzt". Geht die spezifische Konformation (Struktur) eines Proteins verloren, ist auch seine biologische Funktion gestört. Dies ist zum Beispiel der Fall, wenn Enzyme ihre Wirkung dadurch einbüßen, dass sie ihre Form verändern und dann die Substratbindung nach dem Schlüssel-Schloss-Prinzip nicht mehr erfolgen kann.

Quartärstruktur

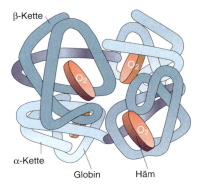

Viele Proteine bestehen aus mehreren Polypeptidketten, die sich zu einem funktionsfähigen Protein zusammenlagern. Nur dann, wenn diese Untereinheiten miteinander zur Quartärstruktur verbunden sind, kann das Protein seine Aufgabe erfüllen. Bei Untersuchungen des Hämoglobins stellte man fest, dass sein Proteinanteil aus vier Polypeptidketten besteht. Die einzelnen Proteinuntereinheiten werden oft mit griechischen Buchstaben versehen. So besteht Hämoglobin aus zwei α-Ketten und zwei etwas längeren β-Ketten. Daneben besitzt jede Untereinheit außerdem einen eisenhaltigen Nicht-Eiweißanteil, das Häm.

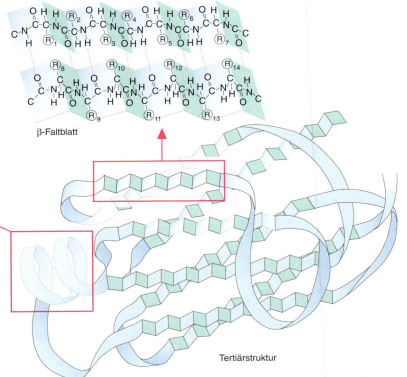

Tertiärstruktur

Strukturelle und energetische Grundlagen

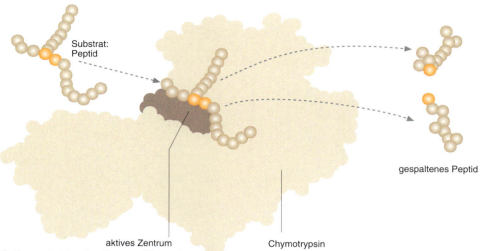

1 Raumstruktur des Enzyms Chymothrypsin und Enzym-Substrat-Komplex

Enzyme sind Biokatalysatoren

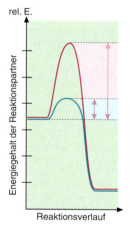

Aktivierungsenergie (E_A)
☐ ohne Biokatalysator
☐ mit Biokatalysator

Max. Wechselzahlen einiger Enzyme (in s^{-1}):

Katalase: 10^6
Acetylcholin-Esterase: 25 000
Chymotrypsin: 100
DNA-Polymerase: 15

Im Stoffwechsel (▶ s. S. 167) einer Zelle finden eine Vielzahl chemischer Reaktionen statt. Außerhalb des Organismus laufen die gleichen Prozesse mit kaum wahrnehmbarer Geschwindigkeit ab. Der Grund: In der Zelle werden nahezu alle Stoffwechselreaktionen durch Biokatalysatoren, die **Enzyme** (▶ s. S. 168), beschleunigt. Sie setzen die Aktivierungsenergie herab und ermöglichen so einen schnelleren Ablauf der Reaktion (s. Abb. links).

Die Struktur des Enzymmoleküls ist Voraussetzung für die Wechselwirkung zwischen dem Enzym und dem umzusetzenden Stoff, dem *Substrat*. Am Beispiel des Chymotrypsins, eines proteinspaltenden Enzyms (Protease) des Bauchspeichelsaftes, soll dies erläutert werden. Chymotrypsin besteht, wie die meisten Enzyme, aus einem Proteinmolekül und besitzt aufgrund seiner Eiweißnatur eine ganz bestimmte räumliche Gestalt (Tertiärstruktur). Enzymmoleküle sind in der Regel wesentlich größer als ihre Substratmoleküle. Die Moleküloberfläche besitzt in einem Bereich eine Oberflächenstruktur, in die das Substrat ganz genau wie ein Schlüssel ins Schloss hineinpasst *(Schlüssel-Schloss-Prinzip)*. Die wie eine Passform konstruierte Bindungsstelle im Enzymmolekül enthält das **aktive oder katalytische Zentrum**. Dies ist der eigentliche Ort der Reaktion. Hier wird das Substrat gebunden, es bildet sich ein *Enzym-Substrat-Komplex*. Im katalytischen Zentrum des Chymotrypsins liegen in einer Art Tasche drei Aminosäuren. Dort findet die Spaltung der Peptidbindungen des Substrates unter Wasseranlagerung statt.

Andere Moleküle können in der Regel nicht gebunden werden und werden auch nicht in entsprechender Weise umgesetzt, was man als *Substratspezifität* (▶ s. S. 168) bezeichnet. Nach der Umsetzung wird das Enzym wieder frei und steht erneut für eine Reaktion zur Verfügung.

Chymotrypsin spaltet Peptidbindungen nur nach den Aminosäuren Phenylalanin, Tyrosin oder Tryptophan. Andere Proteasen wie zum Beispiel Trypsin spalten Eiweiße an anderen Stellen auf. Aber auch hier wird die Peptidbindung hydrolysiert, d. h. unter Wasseranlagerung gespalten. Die Protein-Hydrolasen katalysieren nur diese Art der Reaktion, sie sind *wirkungsspezifisch* (▶ s. S. 168).

Die Wechselzahl ist ein Maß für die Geschwindigkeit, mit der enzymkatalysierte Reaktionen ablaufen. Sie gibt die Anzahl von Substratmolekülen an, die pro Sekunde von einem Enzymmolekül umgesetzt werden (siehe Randspalte).

Aufgaben

① Erklären Sie die (unterschiedliche) Spezifität der Proteasen mithilfe einer aussagekräftigen Skizze.
② Im Stoffwechsel fällt regelmäßig das stark oxidierende Wasserstoffperoxid an. Es wird durch das Enzym Katalase in Sauerstoff und Wasser gespalten. Stellen Sie einen Zusammenhang zwischen der Wechselzahl und der Bedeutung der Katalase her.

Strukturelle und energetische Grundlagen

Enzyme in Haushalt, Medizin und Technik

Saubere Wäsche

Die Qualität von Waschmitteln wird am schonenenden Umgang mit den Textilien, dem Reinigungseffekt und der Belastung des Wassers gemessen. Heute sind nur noch wenige Waschmittel auf dem Markt, die keine Enzyme enthalten. Enzymhaltige Waschmittel lösen auch hartnäckigen Schmutz.

Möglich wurde die Herstellung dieser Waschmittel erst, als es gelang, ausreichende Mengen Proteasen großtechnisch zu gewinnen. Im Forschungslabor der dänischen Carlsberg-Brauerei fanden Wissenschaftler heraus, dass Bakterien der Gattung Bacillus Proteasen in das Kulturmedium ausscheiden. Heute werden pro Jahr ca. 5000 Tonnen dieser Proteasen für die Waschmittelherstellung benötigt.

Unter welchen Reaktionsbedingungen müssen die Waschmittel-Proteasen wirksam sein?

Mit welchem Experiment könnte man die Reinigungswirkung eines Waschmittels mit Protease gegenüber einem enzymfreien Mittel überprüfen?

Der Diabetes-Teststreifen

Mit einem einfachen Test kann jeder überprüfen, ob sein *Blutzuckerspiegel* stimmt oder ob ein Verdacht auf Zuckerkrankheit *(Diabetes mellitus)* besteht. Dabei nutzt man aus, dass Personen mit zu hohem Blutzuckerspiegel Zucker mit dem Urin ausscheiden. Der Teststreifen enthält zwei Enzyme: **Glucose-Oxidase** und **Peroxidase**. Der Nachweis erfolgt durch eine gekoppelte Enzymreaktion. Zunächst wird Glucose durch das Enzym Glucose-Oxidase zur Gluconsäure oxidiert. Bei dieser Reaktion entsteht Wasserstoffperoxid. Dieses reagiert mit Hilfe der Peroxidase mit einem Farbstoff, dessen Farbumschlag auf dem Teststreifen sichtbar wird. Aus der Farbe kann mit einer Vergleichstabelle die Konzentration des Blutzuckers bestimmt werden.

Diabetes tritt nicht nur im Alter auf. Was wissen Sie über den Typ I-Diabetes bei Kindern und Jugendlichen? Welche organischen Ursachen hat die Krankheit? Überprüfen Sie doch einmal Ihren Urin. Sicherheit beruhigt. Teststreifen gibt es in jeder Apotheke.

Biosensoren

Biosensoren sind Messfühler, die mit biologischen Komponenten ausgestattet sind. Dies können z. B. Enzyme, Antikörper oder Mikroorganismen sein. Ihre Reaktionen werden meist in elektrische Signale umgesetzt. Bekannt sind vor allem die Blutzuckermessgeräte, die auch auf der Wirkung von Glucose-Oxidase beruhen. Im Gegensatz zu den Teststreifen wird hier jedoch die Blutzuckerkonzentration über die Änderung des pH-Wertes oder der Sauerstoffkonzentration bei der Reaktion gemessen. Andere Anwendungen sind die Analyse von Badegewässern. Hier werden Antikörper zur Erkennung bestimmter Bakterienarten verwendet.

Damit der Käse gelingt

Ein Blick in die Käsetheke einer Verkaufsstelle offenbart die Produktvielfalt. Was der Käufer meist nicht weiß: Bei der Käseherstellung ist der Einsatz von Enzymen zur Gerinnung der Milch unverzichtbar. Traditionell wird dazu das Labferment aus Kälbermägen als Schlachtnebenprodukt genutzt. Hinzugekommen sind in den letzten Jahrzehnten biotechnologisch erzeugte Enzyme aus Mikroorganismen. Nur mit deren Hilfe kann der gestiegene Bedarf gedeckt werden.

Welche Zusammensetzung hat Milch? Erklären Sie die Wirkungsweise der zur Milchgerinnung eingesetzten Enzyme und die Ursache der Gerinnung.

Wenn der Magen drückt

Bei Stoffwechselstörungen können Enzyme als Medikament eingesetzt werden. Bestimmte Magen-Darm-Erkrankungen oder eine Leistungsschwäche des Pankreas (Bauchspeicheldrüse) führen zu einer mangelhaften Verdauung der Nahrung. Sie können mit darmwirksamen Enzympäparaten behandelt werden. Manche enthalten ein Pulver aus Schweinepankreas und damit Lipasen, Proteasen und Amylasen.

Warum sind die Enzyme in eine magensaftresistente Hülle eingeschlossen?

Recherchieren Sie, wie viel Bauchspeichel das Pankreas eines Erwachsenen pro Tag produziert.

Welche Funktionen erfüllen die zwei wichtigsten Proteasen Trypsinogen und Chymotrypsinogen, die Amylase und die Lipase im Bauchspeichel? In welchem Teil des Verdauungstraktes wirken die Enzyme?

Strukturelle und energetische Grundlagen

Die Reaktionsbedingungen bestimmen die Enzymaktivität

Substratkonzentration

Bei niedrigen Substratkonzentrationen ist die Geschwindigkeit der Substratumsetzung gering. Diese lässt sich durch Erhöhung der Konzentration steigern, bis schließlich weitere Erhöhungen der Substratkonzentration zu keiner weiteren Steigerung der Geschwindigkeit führen (Abb. 1). Jedes *Enzym* hat daher einen Maximalwert (v_{max}) bei der Geschwindigkeit der Substratumsetzung. Da sich die Sättigungskonzentration des Substrates zur Maximalgeschwindigkeit aus der Kurve schlecht ablesen lässt, ermittelt man, bei welcher Substratkonzentration die halbmaximale Geschwindigkeit ($^1/_2 v_{max}$) erreicht wird. Die Substratkonzentration bei halbmaximaler Reaktionsgeschwindigkeit bezeichnet man als *Michaelis-Menten-Konstante* (K_M).

Bei niedrigen Substratkonzentrationen sind nicht alle Enzyme (▶ s. S. 168) mit einem Substratteilchen beladen, weil die Wahrscheinlichkeit, dass Enzym und Substrat

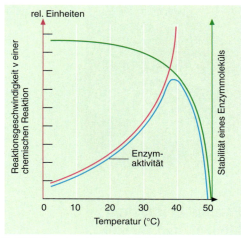

2 RGT-Regel und Enzymaktivität

sich treffen, relativ gering ist. Mit zunehmender Anzahl der Substratteilchen steigt die Wahrscheinlichkeit, dass Enzym und Substrat aufeinander treffen. Daher steigt dann auch die Reaktionsgeschwindigkeit an. Bei hohen Konzentrationen ist die Wahrscheinlichkeit des Zusammentreffens zwar sehr hoch, jedoch können die Substratmoleküle das aktive Zentrum nicht besetzen, da sich dort das Produkt der vorigen Reaktion erst langsam vom Enzym trennt. In lebenden Zellen wird der Maximalwert nie erreicht, da auch andere Stoffe die Reaktion behindern.

Der Einfluss der Temperatur

Gleichwarme Tierarten, wie z. B. alle Säugetiere, haben eine konstante Körpertemperatur, egal ob sie in der Wüste oder der Antarktis leben. Wechselwarme Tiere, wie Amphibien oder Insekten, bewegen sich bei tiefen Temperaturen in der Regel träge bzw. fallen in eine Kältestarre, weil ihre Körpertemperatur der jeweiligen Umgebungstemperatur etwa entspricht. Erst bei höheren Temperaturen werden sie wieder aktiv. Die chemischen Reaktionen des Stoffwechsels in einem Organismus sind temperaturabhängig. Diese Zusammenhänge zeigen sich auch bei isoliert ablaufenden enzymatischen Reaktionen.

Untersucht man die Aktivität eines Enzyms experimentell, so stellt man zunächst bei steigenden Temperaturen eine exponentielle Erhöhung der Reaktionsgeschwindigkeit fest (Abb. 2). Bei einer bestimmten Temperatur wird dann schließlich ein Maximum erreicht. Dieses liegt bei vielen Enzymen

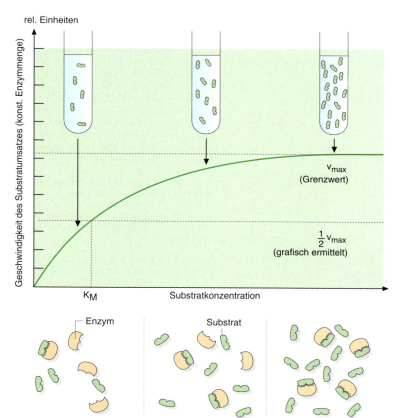

1 Reaktionsgeschwindigkeit und Substrat-Konzentration

Strukturelle und energetische Grundlagen

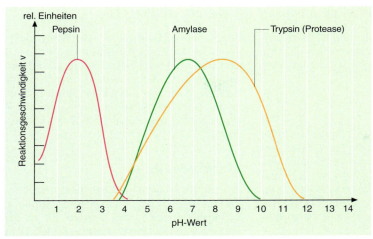

1 Abhängigkeit der Enzymaktivität vom pH-Wert

Der Einfluss des pH-Wertes

Am Beispiel der Verdauungsenzyme des Menschen soll der Einfluss eines weiteren Faktors, des *pH-Wertes*, auf die Enzymaktivität betrachtet werden. Der Mundspeichel hat einen fast neutralen pH-Wert. Die in ihm enthaltene Amylase spaltet Stärke in Zucker und entfaltet unter diesen Bedingungen ihre größte Aktivität. Gelangt der eingespeichelte Nahrungsbrocken mit dem Schluckvorgang in den Magen, wird die Stärkespaltung infolge Inaktivierung der Speichelamylase eingestellt. Ursache hierfür ist der saure Magensaft, dessen pH-Wert aufgrund der Salzsäure zwischen 1,5 und 2,5 liegt. In diesem sauren Milieu ist statt dessen ein anderes Enzym, das *Pepsin*, aktiv. Es katalysiert die Spaltung von Proteinen in größere Peptidabschnitte. Gelangt der Speisebrei weiter in den Zwölffingerdarm und danach dann in den Dünndarm, dessen Verdauungssaft leicht alkalisch ist, stellt das Pepsin seine Funktion ein und andere Enzyme sorgen nun für die weitere und vollständige Verdauung des Nahrungsbreis im Darm.

zwischen 30 °C und 50 °C. Danach nimmt die Geschwindigkeit der enzymkatalysierten Reaktion sehr schnell ab, bis schließlich überhaupt keine Wirkung des Enzyms mehr erkennbar ist.

Höhere Temperaturen bewirken eine stärkere Teilchenbewegung auch in den Zellen, sodass Enzym und Substrat mit einer immer größeren Wahrscheinlichkeit aufeinander treffen. Die Folge ist ein steigender Stoffumsatz. Bei enzymkatalysierten Reaktionen erhöht sich die Reaktionsgeschwindigkeit bei einer Temperaturerhöhung um 10 °C exponentiell um das 2- bis 4fache. Dieser Zusammenhang wird als **R**eaktions**g**eschwindigkeits-**T**emperatur-**R**egel, kurz *RGT-Regel*, bezeichnet.

Bei Enzymen erfolgt bei zu hohen Temperaturen die Denaturierung (s. S. 23). Da die Funktion eines Enzyms auch maßgebend von seiner Tertiärstruktur abhängig ist, wird die Abnahme der Enzymaktivität ab einer bestimmten Temperatur verständlich. Wird diese Temperatur überschritten, denaturiert das Enzym, d. h. die Tertiärstruktur des Enzyms geht verloren. Nur wenige werden erst bei Temperaturen über 60 °C denaturiert. Zu diesen gehören die Enzyme von Bakterien, die in heißen Quellen leben. Hierzu gehört die Taq-Polymerase, die in der Gentechnik (▶ s. S. 170) Anwendung findet (s. S. 118). Die Enzyme sind an diese extremen Lebensbedingungen angepasst, indem bei ihnen die Struktur im Wesentlichen durch Disulfidbrücken aufrecht erhalten wird, die hitzestabiler als Wasserstoffbrücken und ionische Anziehungskräfte sind.

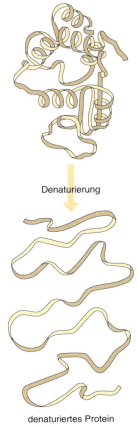

Entfaltung des Proteins

Untersucht man die Enzymaktivität in Abhängigkeit vom pH-Wert experimentell, so ergibt sich eine Optimumkurve (Abb. 1). Jedes Enzym hat sein spezifisches pH-Optimum. Bei vielen Enzymen liegt es im mittleren pH-Bereich. Bei deutlich höheren oder niedrigeren Werten sinkt die Aktivität stark ab, bis schließlich der Nullwert erreicht wird. Ursache ist, wie bei hohen Temperaturen, eine Denaturierung des Enzyms, da durch Säuren bzw. Basen an bestimmte Reste der einzelnen Aminosäurebausteine H^+-Ionen angelagert werden oder von diesen Resten abgespalten werden können. So wird die für die Passform wichtige Ladungsverteilung im Enzymmolekül verändert, sodass die spezifische Molekülfaltung (Tertiärstruktur) verloren geht (Abb. Mittelspalte).

Aufgaben

① Nähert sich die Körpertemperatur bei hohem Fieber dem Wert von 42 °C, so besteht Lebensgefahr. Erläutern Sie mögliche Gründe dafür und nehmen Sie Bezug zu den genannten Eigenschaften von Enzymen.

② Was sagt ein kleiner bzw. ein großer K_M-Wert über die Enzymaktivität bzw. die Affinität eines Enzyms zum Substrat aus? Erklären Sie in diesem Zusammenhang die Michaelis-Menten-Konstante.

Strukturelle und energetische Grundlagen

Der Einfluss des Bindungspartners auf die Enzymaktivität

Wenn außer dem eigentlichen Substrat andere Stoffe an das Enzymmolekül binden, kann die Enzymaktivität beeinträchtigt werden.

Kompetitive Hemmung

Konkurrieren zwei chemisch ähnliche Stoffe um das Bindungszentrum eines Enzyms, beeinflusst dies die Enzymaktivität insgesamt, wenn einer der beiden Stoffe das Substrat ist und der andere als Hemmstoff wirkt. Der Hemmstoff (▶ s. S. 168) kann zwar an das Enzym gebunden, aber nicht umgesetzt werden. Er verdrängt somit das eigentliche Substrat *(Verdrängungshemmung* oder *kompetitive Hemmung,* Abb. 1). Die Wirkung solcher Hemmstoffe ist umso größer, je höher ihre Konzentration im Vergleich zum eigentlichen Substrat ist.

Ein Beispiel für eine Hemmung dieser Art ist die Anwendung von Tacrin als Medikament bei der Alzheimerkrankheit. Die Acetylcholinesterase, ein Enzym in Nervenzellen, setzt als Substrat Acetylcholin um und wird durch Tacrin kompetitiv gehemmt. Durch diese Hemmung wird der Abbau des Acetylcholins in der Nervenzelle verlangsamt, womit die Übertragung von Nervenimpulsen verstärkt wird (s. S. 151).

Allosterische Effekte

Bestimmte Enzyme haben nicht nur eine Bindungsstelle für das umzusetzende Substrat, sondern daneben eine weitere Bindungsstelle, an der ein ganz anders aufgebautes Molekül binden kann. Die Passform eines solchen Enzyms hängt davon ab, ob an dieser Stelle ein Hemmstoff gebunden ist oder nicht. Dadurch kann das Enzym zwei verschiedene räumliche Strukturen annehmen. In der einen Form kann es das Substrat binden und umsetzen. In der anderen Form, also mit Hemmstoff, ist das Bindungszentrum für das Substrat so verändert, dass es nicht mehr gebunden werden kann. Diese, durch die Veränderung der räumlichen Struktur bedingte Hemmung nennt man *allosterische Hemmung* (Abb. 29.1). Diese Form der Hemmung spielt bei der Regulation vieler Stoffwechselprozesse von Zellen eine außerordentlich wichtige Rolle.

Allosterische Effekte sind aber nicht in jedem Fall hemmend. Manche Enzyme erreichen erst durch allosterische Veränderungen ihre volle katalytische Wirkung, sie werden also *allosterisch aktiviert.* Bei zu hohem Blutzuckerspiegel (▶ s. S. 165) zum Beispiel wird durch aktivierte Glucose (Glucose und P) ein Enzym allosterisch aktiviert, das den Aufbau des Speicherstoffs Glykogen aus der Glucose erst bewirkt. Dadurch sinkt der Blutzuckerspiegel wieder auf das normale Niveau.

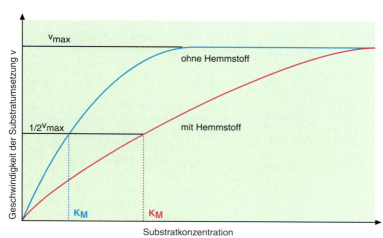

1 Kompetitive Hemmung

Aufgaben

① Erklären Sie, warum bei der kompetitiven Hemmung die maximale Reaktionsgeschwindigkeit erreicht werden kann, bei der allosterischen Hemmung jedoch nicht.

② Im Experiment wird ein Hemmstoff für ein Enzym zugegeben. Der K_M-Wert verändert sich dadurch nicht. Welche Aussage kann man über die Wirkungsweise des Hemmstoffes machen? Begründen Sie ausführlich.

Strukturelle und energetische Grundlagen

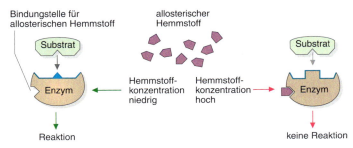

Prinzip der allosterischen Hemmung

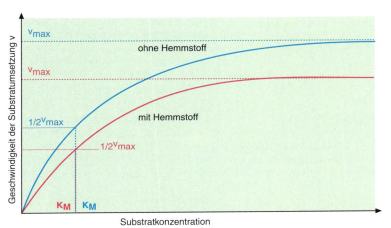

1 Allosterische Hemmung

Irreversible Hemmung

Die Giftigkeit bestimmter Metalle beruht darauf, dass sie bei Enzymen Veränderungen ihrer Passform bewirken, die nicht rückgängig zu machen sind. Die Hemmung ist irreversibel. Besonders giftig für den Menschen sind die *Schwermetalle* Quecksilber und Blei. Sie zerstören die Disulfidbrücken von Enzymen, da sie mit Schwefel eine äußerst stabile Verbindung bilden.

Einige Organismen lassen sich als Bioindikatoren einsetzen, da sie Enzyme besitzen, die auf Schwermetalle sehr empfindlich reagieren. So wird die Gäraktivität (▶ s. S. 169) von Hefezellen bereits von geringen Schwermetallmengen deutlich gehemmt. Hefezellen vergären Zucker u. a. zu Kohlenstoffdioxid. Bringt man in eine Versuchsapparatur eine bestimmte Menge der Probe, z. B. von belastetem Boden mit Zucker und Hefe in einer Aufschwemmung zusammen, so kann die Kohlenstoffdioxidentwicklung im Vergleich zu einer Kontrollprobe ohne Schwermetalle bestimmt werden. Je geringer die Gasentwicklung, desto belasteter ist die Probe. Nach einem solchen Vortest gibt eine weiter führende chemische Analyse genauen Aufschluss über Art und Menge der Schwermetalle.

Zettelkasten

Vitamine: Cofaktoren von Enzymen

Zahlreiche Enzyme bestehen aus einem Proteinanteil und aus einem *Cofaktor*. Dabei handelt es sich um ein Hilfsmolekül, das für sich alleine keine Katalysatorfunktion hat. Der Cofaktor kann aus bestimmten Metallionen, wie Fe^{2+}, Mn^{2+} bestehen oder aus größeren Molekülen. Die Cofaktoren verleihen den Enzymen besondere katalytische Fähigkeiten und können leicht von ihnen getrennt werden. Ein besonders wichtiger Cofaktor ist das NAD^+ *(Nicotinamid-Adenin-Dinucleotid)*, das bei der enzymatischen Elektronenübertragung von einer Substanz auf eine andere eine entscheidende Rolle spielt. Viele Cofaktoren können vom Körper des Menschen nicht selbst synthetisiert werden. Sie müssen vollständig oder als halbfertige Vorstufe mit der Nahrung aufgenommen werden und sind als Vitamine von großer Bedeutung.

Thiamin (Vitamin B$_1$)

ist wichtig für den Energiestoffwechsel. Vor allem in Ostasien ist die Mangelkrankheit Beriberi verbreitet. Dies ist darauf zurückzuführen, dass dort hauptsächlich polierter Reis gegessen wird, bei dem die vitaminreiche, dunkle Schale vor dem Verzehr abgeschliffen wird.

Pantothensäure

ist Bestandteil des Coenzyms A, welches in der Zellatmung eine wichtige Rolle spielt. Sein Fehlen führt zu Müdigkeit, Benommenheit und Kribbeln in den Füßen und Händen.

Folsäure

ist ein Coenzym im Nucleinsäurestoffwechsel. In der Schwangerschaft ist das Einnehmen von Folsäure-Präparaten üblich, da ein Mangel zu schweren Schädigungen bei der Entwicklung des Kindes führen kann.

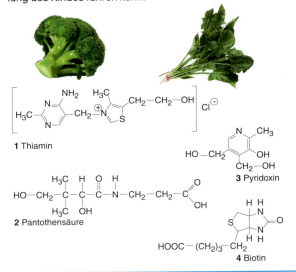

1 Thiamin

2 Pantothensäure

3 Pyridoxin

4 Biotin

Strukturelle und energetische Grundlagen

Praktikum

Enzyme

Die folgenden Experimente können als **Lernzirkel** verwendet werden. Sie bieten eine Auswahl möglicher Enzymversuche. Dabei können einzelne Stationen ausgewählt oder andere hinzugefügt werden.

Bei allen *experimentellen Stationen* gilt:
— Versuche nach Anleitung durchführen
— Beobachtungen genau protokollieren
— Versuchsergebnisse mit Hilfe der Theorie und der zusätzlichen Aufgaben auswerten
— **2 ml entsprechen ca. einer Daumenbreite**

Station 1: Katalysatoren

Benötigte Materialien:
Reagenzgläser mit Ständer, Sand, Trockenhefe, H_2O_2-Lösung (3%), [C], Braunsteinpulver (MnO_2), [Xn], verd. Salzsäure, [C], verd. Natronlauge [Xi], Glimmspan, Schutzbrille

In drei Reagenzgläser wird jeweils ca. 2 ml H_2O_2-Lösung gegeben. Danach in:
RG 1: eine Spatelspitze Sand
RG 2: eine Spatelspitze Braunstein
RG 3: eine Spatelspitze Trockenhefe
zufügen.

Halten Sie jeweils einen glimmenden Holzspan in das Reagenzglas.

Aufgaben

Theorie s. Seite 24

① Formulieren Sie die Reaktionsgleichung für die Analyse von H_2O_2.
② Welche Rolle spielen Braunstein und die Trockenhefe in diesem Versuch?

Station 2: Einfluss des pH-Wertes

Benötigte Materialien:
Reagenzgläser mit Ständer, Trockenhefe, Spatel, H_2O_2-Lösung (3%), [C], verd. Salzsäure, [C], verd. Natronlauge [Xi], Indikatorpapier oder pH-Meter, Brenner, Reagenzglashalter, Schutzbrille

In drei Reagenzgläser wird eine Spatelspitze Trockenhefe gegeben. Dann in:

RG 1: 1 ml Salzsäure
RG 2: 1 cm Natronlauge
RG 3: 1 ml Leitungswasser
zufügen und 5 min einwirken lassen.

Überprüfen Sie anschließend den pH-Wert und geben Sie dann je 2 ml H_2O_2-Lösung hinzu.

Aufgabe

Theorie s. Seite 27

③ Erstellen Sie anhand der Ergebnisse eine pH-Optimum-Kurve für die Katalase!

Station 3: Einfluss der Temperatur

Benötigte Materialien:
Reagenzgläser mit Ständer, Trockenhefe, Spatel, H_2O_2-Lösung (3%), [C], 2 Bechergläser (400 ml), 3 Thermometer, Brenner, Reagenzglashalter, Schutzbrille

Vier Reagenzgläser werden vorbereitet: (bei H_2O_2-Lösung Pipetten verwenden!)

RG 1: eine Spatelspitze Trockenhefe mit ca. 1 ml Leitungswasser versetzen. Inhalt kurz aufkochen und abkühlen lassen.
RG 2: 1 ml Leitungswasser mit 2 ml H_2O_2-Lösung versetzen und 5 min in Eiswasser stellen.
RG 3: 1 ml Leitungswasser mit 2 ml H_2O_2-Lösung versetzen
RG 4: 1 ml Leitungswasser mit 2 ml H_2O_2-Lösung versetzen und 5 min in ein Wasserbad (37°C) stellen.

Danach zu RG 1 ca. 2 ml H_2O_2-Lösung zugeben, und in RG 2 — 4 je 1 Spatelspitze Trockenhefe zufügen.
Vergleichen Sie nach kurzem Schütteln die Intensität der Gasentwicklung!

Aufgaben

Theorie s. Seite 26/27

④ Erstellen Sie anhand der Ergebnisse eine Kurve, die die Temperaturabhängigkeit der enzymatisch bewirkten Sauerstoffentwicklung zeigt!

⑤ Formulieren Sie die RGT-Regel!
⑥ Bei enzymatisch katalysierten Reaktionen beobachtet man ab einer bestimmten Temperatur einen Rückgang der Reaktionsgeschwindigkeit. Erklären Sie diesen Effekt!

Station 4: Die Wirkung der Katalase

Katalase ist ein Enzym, welches Wasserstoffperoxid (H_2O_2) zu O_2 und H_2O zersetzt. Man hat die Aktivität der Katalase in Abhängigkeit von der H_2O_2-Konzentration untersucht und dabei die nachfolgenden Ergebnisse erhalten:

g H_2O_2 pro 100 ml Reaktionslösung.	ml O_2-Entwicklung in 5 min
1	3,1
2	4,9
3	6,0
4	6,8
5	7,3
6	7,8
7	8,1
8	8,2
9	8,2

Aufgaben

Theorie s. Seite 26

⑦ Setzen Sie die Werte der Tabelle in eine Grafik um. Achten Sie dabei auf eine sinnvolle Achsenwahl und die Beschriftung.
⑧ Erläutern Sie den Kurvenverlauf. Welche allgemeingültigen Rückschlüsse sind auf die Wirkungsweise von Enzymen möglich? Gehen Sie dabei auch auf die einzuhaltenden Versuchsbedingungen ein.

Info für alle Stationen mit Urease!
Das Enzym Urease spaltet Harnstoff hydrolytisch in Kohlenstoffdioxid und Ammoniak. Kohlenstoffdioxid und Ammoniak reagieren in einer Säure-Base-Reaktion mit Wasser.

Station 5: Ureasewirkung

Bei der Spaltung von Harnstoff entstehen Ionen. In einer wässrigen Lösung leiten sie im Gegensatz zum ungeladenen Harnstoff den elektrischen Strom. Setzt man Harnstofflösung mit Urease um, so

Strukturelle und energetische Grundlagen

kann man die Änderung der Leitfähigkeit pro Zeiteinheit als relatives Maß für die Aktivität der Urease benutzen.

Nacheinander werden bei verschiedenen Temperaturen (5°, 15°, 35°, 50° und 75°C) jeweils 40 ml Harnstofflösung und 10 ml Enzymlösung zusammengegeben und die Änderung der Leitfähigkeit über einen Zeitraum von zehn Minuten gemessen. Dabei werden in Abständen von 20 Sekunden die Leitfähigkeitswerte abgelesen. Das Ergebnis dieses Versuchs zeigt die untere Grafik.

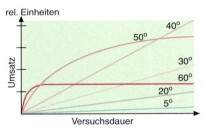

Abhängigkeit der Enzymaktivität von der Temperatur

Aufgaben

Theorie s. Seite 26/27

⑨ Begründen Sie, weshalb bei allen Versuchen mit jeweils derselben Menge Harnstoff- und Ureaselösung gearbeitet wird.
⑩ Erläutern Sie anhand der Grafik die Ergebnisse der Versuche einzeln und im Vergleich.

Station 6: Hemmung

Benötigte Materialien:
Reagenzgläser mit Ständer, weiße Unterlage, frische Lösungen von Harnstoff (w = 1 %) und N-Methylharnstoff [Xn] (w = 5 %), Phenolphthalein-Lösung (Phph) (Indikator: pH 0–8 = farblos, pH > 8 = rötlich-lila), Urease-Suspension (w = 0,1 %), dest. Wasser

Es werden fünf Reagenzgläser wie folgt beschickt:
RG 1: ca. 2 ml Harnstoff-Lösung und 3 Tropfen Phph
RG 2: ca. 2 ml Harnstoff-Lösung und ca. 2 ml dest. Wasser und 3 Tropfen Phph
RG 3: ca. 2 ml Harnstoff-Lösung und ca. 2 ml N-Methylharnstoff-Lösung und 3 Tropfen Phph
RG 4 und 5: ca. 1 ml Urease-Suspension

Zeitgleich wird der Inhalt von RG 4 in RG 2 und der Inhalt von RG 5 in RG 3

gegeben. Beide Ansätze werden kurz geschüttelt und vor einem weißen Hintergrund beobachtet.

Aufgabe

Theorie s. Seite 28/29

⑪ Welche Form der Hemmung liegt vor? Begründen Sie Ihre Antwort.

Station 7: Alkoholdehydrogenase

Das Enzym Alkohol-Dehydrogenase (ADH) dient im Körper des Menschen und vieler Tiere dem Abbau von Alkohol. Es kommt hauptsächlich in der Leber vor, ist aber auch in der Magenschleimhaut zu finden. Es katalysiert vor allem die Oxidation von Ethanol zu Ethanal, welches in weiteren Schritten zu Kohlendioxid und Wasser abgebaut wird.

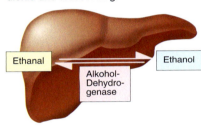

ADH ist auch dafür verantwortlich, dass Methanol zu dem sehr giftigen Methanal (Formaldehyd) abgebaut wird. Kleine Mengen Methanal können deshalb schon zur Blindheit führen, da die lichtempfindlichen Stoffe in der Retina durch Methanal zerstört werden. Größere Mengen können sogar tödlich sein, obwohl Methanol selbst eigentlich nur schwach toxisch ist.

Aufgaben

⑫ Machen Sie eine Aussage zur Spezifität der ADH.
⑬ Bei einer Methanolvergiftung wird dem Patienten sofort Ethanol verabreicht und auch in den folgenden Tagen wird durch Infusion eine bestimmte Konzentration an Ethanol aufrechterhalten. Erklären Sie, warum eine Methanolvergiftung auf diese Weise behandelt werden kann.

Station 8: Schwermetalle

Benötigte Materialien:
Reagenzgläser mit Ständer, frische Lösungen von Harnstoff (w = 2 %) Urease-Suspension (w = 0,1 %), Schwermetall-

lösung (c = 0,1 mol/l) für Kupfersulfat 2,5 g $CuSO_4 \cdot 5H_2O$ in 100 ml Wasser [Xn], Phenolphthalein-Lösung

In ein Reagenzglas wird 1 ml (halbe Daumenbreite) Urease-Suspension gegeben. Anschließend werden einige Tropfen Schwermetallsalzlösung hinzugegeben. Lassen Sie das Reagenzglas fünf min stehen und geben Sie dann 2 ml Harnstofflösung versetzt mit 2 Tr. Phenolphthalein-Lösung dazu.

Aufgabe

Theorie s. Seite 29

⑭ Informieren Sie sich über die Wirkung von Aspirin und vergleichen Sie diese mit den Folgen der Schwermetallzugabe!

Station 9: Substrathemmung

Benötigte Materialien:
4 Reagenzgläser, RG-Ständer, Stoppuhr, frische Lösungen von Harnstoff (w = 2 %), gesättigte Harnstofflösung, Phenolphthalein-Lösung (Phph.), Urease-Suspension, (w = 0,1 %), verd. Natronlauge [Xi], weißes Blatt Papier als Hintergrund

Vier Reagenzgläser werden vorbereitet:
RG 1: ca. 2 ml Harnstoff-Lösung und 2 Tropfen Phenolphthalein-Lösung
RG 2: ca. 2 ml Harnstoff-Lösung und 2 Tropfen Phenolphthalein-Lösung
RG 3: ca. 2 ml gesättigte Harnstofflösung und 2 Tropfen Phenolphthalein-Lösung
RG 4: ca. 2 ml NaOH und 2 Tropfen Phenolphthalein-Lösung

Geben Sie in Reagenzglas 2 und 3 je 1 ml Urease-Suspension und schütteln Sie kurz um. Stoppen Sie die Zeit bis ein erster schwachrosa Farbton des Inhaltes erkennbar ist.

Hinweis
Der Farbumschlag ist sehr schwach. Hilfreich ist die Betrachtung der Lösung vor einem reinweißen Hintergrund, z. B. einem weißen Blatt Papier.

Vergleichen Sie das Ergebnis mit dem Inhalt von RG 4.

Aufgabe

⑮ Vergleichen Sie Ihr Ergebnis mit dem Michaelis-Menten-Diagramm auf Seite 26 und erklären Sie den Unterschied.

Strukturelle und energetische Grundlagen

2 Energiebindung und Stoffaufbau durch die Fotosynthese

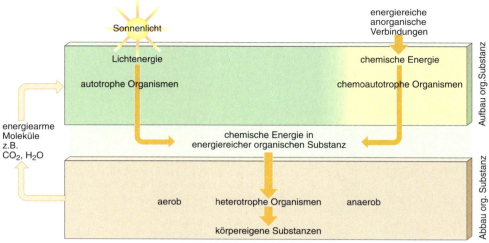

1 Energieumwandlung beim Auf- und Abbau organischer Substanzen

Auto- und heterotrophe Lebensweise

Autotroph
autos (gr.) = selbst
trophos (gr.) = Ernährung
autotrophos (gr) = sich selbst ernährend

Heterotroph
heteros (gr.) = anders, verschieden

Autotrophe Lebensweise. Fast das gesamte Leben auf der Erde hängt vom Licht der Sonne ab. Grüne Pflanzen wandeln die im Sonnenlicht enthaltene Energie in chemisch gespeicherte um, indem sie Traubenzucker und andere organische Moleküle synthetisieren. Sie sind *fotoautotroph*, denn es genügt, wenn neben dem Licht der Sonne ausreichend anorganische Stoffe wie Wasser, Mineralsalze und Kohlenstoffdioxid vorhanden sind. Daraus können sie alle organischen Stoffe herstellen, die sie zum Leben benötigen. Der primäre Vorgang, bei dem dieser *Stoffaufbau* stattfindet, wird *Fotosynthese* (▶ s. S. 168) genannt, weil das Licht der Sonne die notwendige Energie liefert. Man spricht auch von Energiebindung, da ein Teil der Lichtenergie als chemische Energie in energiereichen, organischen Molekülen gespeichert wird.

In der Bilanz liest sich die Fotosynthesereaktion folgendermaßen:

$6\ CO_2 + 6\ H_2O \rightarrow C_6H_{12}O_6 + 6\ O_2$

Eine besondere Form der Selbsternährung findet man bei manchen Bakterien, die als *chemoautotroph* bezeichnet werden. Sie erzeugen energiereiche organische Verbindungen ohne Licht. Die notwendige Energie gewinnen sie durch die Oxidation anorganischer Substanzen, beispielsweise Hydrogensulfid (H_2S) (▶ s. S. 169).

Heterotrophe Lebensweise. Viele Tiere verschaffen sich die zum Leben benötigten Betriebsstoffe, indem sie Pflanzen, Tiere oder Teile davon fressen. Sie nutzen die komplexen energiereichen organischen Moleküle zum Aufbau körpereigener Stoffe. Außerdem gewinnen sie beim Abbau dieser Stoffe Energie. Diese Lebewesen sind auf organische Verbindungen anderer Organismen angewiesen, man bezeichnet sie daher als *heterotroph*.

Der Abbau entspricht in seiner Bilanz einer Umkehrung der Fotosynthese:

$C_6H_{12}O_6 + 6\ O_2 \rightarrow 6\ CO_2 + 6\ H_2O$

Es werden dabei theoretisch 2872 kJ pro Mol Glukose nutzbar. Da bei diesem Abbau Sauerstoff notwendig ist, spricht man von einem aeroben Abbau oder auch von Zellatmung — in Anlehnung an den Gasaustausch in der Lunge. Die Zellatmung (▶ s. S. 169) ist ein Abbauprozess, sie wird daher auch als *Stoffabbau* bezeichnet, da die durch den *Stoffaufbau* erzeugten energiereichen Stoffe wieder in energiearme umgewandelt werden.

Dabei muss der Abbau von Zucker nicht immer mithilfe von Sauerstoff *(aerob)* geschehen. Zahlreiche Lebewesen bauen die Stoffe auch ohne Sauerstoff *(anaerob)* ab. Man spricht bei solchen Prozessen von *Gärungen* (▶ s. S. 169).

Strukturelle und energetische Grundlagen

Leben braucht Energie

Alle Stoffwechselreaktionen in Lebewesen sind auch mit einem Energieumsatz verbunden.

ATP — ein Energiespeicher

Viele Stoffwechselreaktionen in den Zellen eines Organismus laufen freiwillig ab, es sind Energie liefernde Prozesse. Beispielsweise wird beim Glucoseabbau insgesamt Energie frei, der 1. Schritt jedoch, die Phosphorilierung, benötigt Energie. Die geschilderten Reaktionen laufen in der Zelle nicht direkt nebeneinander ab. Es wird daher ein Molekül benötigt, das freiwerdende Energie aufnehmen und speichern und an anderer Stelle wieder freisetzen kann.

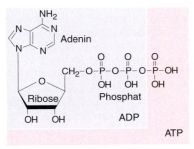

Ein solches Molekül ist das *Adenosintriphosphat* (ATP) (▶ s. Seite 164). Es wird aus dem energieärmeren *Adenosindiphosphat* (ADP) und einer Phosphorsäure (℗ abgekürzt) gebildet.

ADP + ℗ + Energie → ATP + H$_2$O

Bei der Spaltung des ATP wird der gleiche Energiebetrag frei.

ATP + H$_2$O → ADP + ℗ + Energie

In einer gekoppelten Reaktion kann beispielsweise die Phosphatgruppe auf ADP übertragen werden. ATP wiederum kann Glucose phosphorylieren, die dadurch energiereicher wird, man spricht auch von einer *Aktivierung* der Glucose. In der Summe muss der Energieumsatz der beiden gekoppelten Reaktionen so sein, dass die Energieabgabe größer ist als die Aktivierung; das bedeutet, die Gesamtreaktion ist exergonisch.

Der gesamte Körper eines Menschen enthält ca. 80 g ATP, eine recht kleine Menge. Pro Tag wird das gesamte ATP in unserem Körper mehrere 1000-mal auf- und abgebaut.

Oxidation und Reduktion

Im Stoffwechselgeschehen der Zellen treten häufig Elektronenübergänge auf, die man als Redoxreaktionen bezeichnet.

Oxidation = Elektronenabgabe
Reduktion = Elektronenaufnahme

An diesen Elektronenübergängen sind Redoxenzyme beteiligt.

Elektronenüberträger in der Zelle:
NAD$^+$, NADH + H$^+$
NADP$^+$, NADPH + H$^+$

Bei der Oxidation organischer Moleküle werden in der Regel *2 Elektronen* zusammen mit *2 Protonen* abgegeben.

Dies entspricht formal der Abgabe von 2 Wasserstoffatomen:
2 H → 2 H$^+$ + 2 e$^-$

An biochemischen Redoxreaktionen sind als Partner meist NAD$^+$ bei Abbaureaktionen bzw. NADP$^+$ bei Aufbaureaktionen beteiligt. Diese Moleküle nehmen bei der Oxidation die beiden Elektronen und ein Proton auf, das zweite Proton wird dabei frei. Man schreibt daher:

NAD$^+$ + 2 e$^-$ + 2 H$^+$ → NADH + H$^+$
NADP$^+$ + 2 e$^-$ + 2 H$^+$ → NADPH + H$^+$

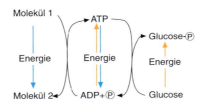

Bei einer Reduzierung können die Elektronen und damit auch die Protonen wieder abgegeben werden. Man bezeichnet NADH + H$^+$ und NADPH + H$^+$ daher auch als *Reduktionsäquivalente*.

NADH + H$^+$ (bzw. NADPH + H$^+$) wird dabei oxidiert:
NADH + H$^+$ → NAD$^+$ + 2e$^-$ + 2 H$^+$
NADPH + H$^+$ → NADP$^+$ + 2e$^-$ + 2 H$^+$

Da NAD$^+$ und NADP$^+$ (bzw. NADH + H$^+$ und NADPH + H$^+$) nur zusammen mit einem Enzym wirksam sind, werden sie häufig als *Coenzyme* bezeichnet, da sie — anders als Enzyme — in der Reaktion jedoch verändert werden, nennt man sie besser *Cosubstrate*.

Konzentrationsunterschiede

Energie steckt auch in Konzentrationsunterschieden, die beispielsweise von einer Seite einer Membran zur anderen Seite gegeben sind. Würde man die trennende Membran entfernen, so würden sich die Konzentrationsunterschiede durch Diffusion ausgleichen. So wird beispielsweise an Innenmembranen der Chloroplasten ein hoher H$^+$-Ionenkonzentrationsunterschied aufgebaut. Ein Enzym nutzt den Konzentrationsunterschied um ATP aus ADP und Phosphat aufzubauen.

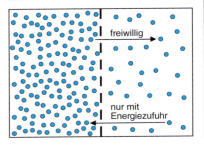

Strukturelle und energetische Grundlagen

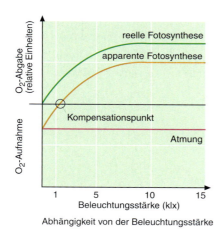 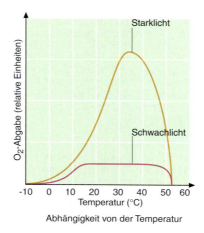 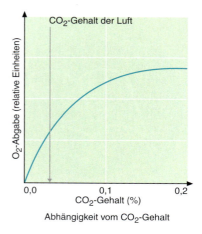

1 Abhängigkeit der Fotosynthese von verschiedenen Faktoren

Äußere Einflüsse auf die Fotosynthese

Gemüse und andere Pflanzen werden heute vielfach in Gewächshäusern angebaut. Es ist wichtig, den Pflanzen Bedingungen zu bieten, unter denen sie optimal wachsen und Fotosynthese (▶ s. S. 168) betreiben können. Zur Ermittlung optimaler Wachstumsbedingungen misst man unter anderem die *Fotosyntheserate* einer Pflanze, indem man die Sauerstoffabgabe oder -aufnahme pro Zeit ermittelt, während man die Beleuchtungsstärke oder die Temperatur variiert. Man unterscheidet dabei die durch die Fotosynthese verursachte Sauerstoffproduktion *(reelle Fotosynthese)* und die nach außen hin messbare Sauerstoffbilanz *(apparente Fotosynthese)*, die von anderen Prozessen wie der Zellatmung mitbestimmt wird.

Beleuchtungsstärke

Im Bereich niedriger Beleuchtungsstärken nimmt die Fotosyntheserate mit der Stärke der Beleuchtung zu. Sie bestimmt hier die Intensität der Fotosynthese. Bei sehr geringen Beleuchtungsstärken ist der Sauerstoffverbrauch durch die Atmung (▶ s. S. 169) größer als die Produktion durch die Fotosynthese, die Pflanze nimmt daher Sauerstoff auf. Bei höherer Beleuchtungsstärke, am *Kompensationspunkt*, gleichen sich diese beiden Prozesse genau aus. Bei noch höherer Beleuchtungsstärke gibt die Pflanze Sauerstoff ab, da die Produktion durch die Fotosynthese den Verbrauch durch die Atmung übersteigt. Im zweiten Bereich erreicht die Sauerstoffabgabe bei einer bestimmten Beleuchtungsstärke einen Höchstwert. Dieser wird auch bei höheren Beleuchtungsstärken beibehalten. Das Aufnahmevermögen der Pflanze für Licht ist gesättigt.

Temperatur

Bei Lichtsättigung kann der Einfluss eines weiteren entscheidenden Faktors für die Fotosynthese beobachtet werden: die Temperatur. Die Messkurve zeigt ein für enzymatische Reaktionen typisches Bild: Zunächst nimmt die Fotosyntheseleistung bei einem Temperaturanstieg exponentiell bis zu einem Temperaturoptimum zu. Darüber fällt die Fotosyntheseleistung wieder ab und bricht bei ungefähr 50 °C zusammen, da die beteiligten Enzyme denaturiert werden. Die Kurve folgt in ihrem ansteigenden Teil der *Reaktionsgeschwindigkeit-Temperatur-Regel* (RGT-Regel). Sie besagt, dass die Geschwindigkeit chemischer Reaktionen bei einer Temperaturerhöhung um 10 °C um das Zwei- bis Vierfache ansteigt. Im abfallenden Teil der Kurve wirkt sich die thermische Zerstörung der Enzyme aus. Der Vergleich der Starklichtkurve mit der Temperaturkurve bei Schwachlicht zeigt, dass bis 50 °C die Beleuchtung der begrenzende Faktor ist. Daraus leitete man die Vermutung ab, dass die Fotosynthese in zwei Teilreaktionen gegliedert werden kann (s. Seite 38 ff).

Die Abbildung zur Fotosyntheseleistung in Abhängigkeit zum CO$_2$-Gehalt der Luft zeigt, dass die Fotosyntheseleistung mit zunehmender Kohlenstoffdioxidkonzentration steigt, bis sie ein Maximum erreicht. Noch höhere Konzentrationen wirken dann schädigend.

Am **Kompensationspunkt** ist die O$_2$-Produktion durch die Fotosynthese genauso groß wie der O$_2$-Verbrauch durch die Atmung.

Strukturelle und energetische Grundlagen

Praktikum

Versuche zur Fotosynthese

Bedeutung der Außenfaktoren

Geräte: großes Becherglas, Diaprojektor, verschiedene Farbfilter: violett, blau, grün, rot
Material: frische Sprosse der Wasserpest (Elodea)

Durchführung:
a) Füllen Sie das Becherglas zur Hälfte mit abgekochtem, abgekühltem Leitungswasser. Geben Sie einen Spross der Wasserpest hinein und schneiden Sie ihn unter Wasser am unteren Ende schräg an. Belichten Sie mit dem Projektor aus ca. 20 cm Abstand und bestimmen Sie über 5 Minuten die Anzahl der Gasblasen, die an der Schnittstelle austreten.
b) Füllen Sie das Becherglas mit CO_2-haltigem Mineralwasser auf (ungefähr gleiche Temperatur wie das Leitungswasser). Bestimmen Sie erneut über 5 Minuten die Zahl der Gasblasen pro Minute.
c) Schalten Sie den Diaprojektor ab und ermitteln Sie wieder über 5 Minuten die Anzahl der Gasblasen pro Minute.
d) Schalten Sie den Diaprojektor wieder an. Schieben Sie anschließend einen Farbfilter in den Diaprojektor. Messen Sie nun über 10 Minuten die Anzahl der Gasblasen. Verwenden Sie gruppenteilig verschiedene Farbfilter.

Aufgaben

① Stellen Sie zur Auswertung die Versuchsergebnisse grafisch dar (Blasenanzahl pro Minute gegen die Wellenlänge des Farbfilters). Welche Schlüsse lassen sich aus den Versuchen ziehen?
② Deuten Sie die Ergebnisse aller Versuche.

Dünnschichtchromatographie

Die Chromatographie ist eine Methode zur Trennung von gelösten Stoffgemischen. Sie wird heutzutage in fast allen Bereichen der biologischen Forschung eingesetzt. Hierzu trägt man das Gemisch auf ein Trägermaterial (z. B. Papier oder Kieselgel) auf. Anschließend lässt man ein Laufmittel durch das Trägermaterial fließen. Die einzelnen Bestandteile des Gemisches haften wegen ihrer verschiedenen Eigenschaften einerseits unterschiedlich fest am Trägermaterial und werden andererseits unterschiedlich gut mit dem Laufmittel transportiert. Dadurch legen sie unterschiedliche Strecken zurück (Laufstrecken), anhand derer sie identifiziert werden können. Als Maßzahl dient dabei der so genannte R_f-Wert. Darunter versteht man den Quotienten aus der Laufstrecke und der Frontstrecke (Startlinie bis zur Lösungsmittelfront).

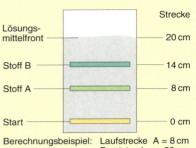

Berechnungsbeispiel: Laufstrecke A = 8 cm
Frontstrecke = 20 cm
R_f-Wert A = 8/20 = 0,4

Isolierung der Blattfarbstoffe

Geräte: Schere, Mörser, 10 ml Becherglas, 100 ml Becherglas (Chromatografiekammer), Alufolie, DC-Platten 4 x 8 cm mit Kieselgel beschichtet, Messpipette 5 ml, Messzylinder 10 ml, Mikrokapillare.
Material: Eibennadeln, Efeublätter, Brennnessel, Quarzsand, $CaCO_3$, Aceton [F]
Laufmittel: 10 ml Petrolbenzin (S: 100 °C – 140 °C), 1,5 ml Isopropanol [F]

Durchführung:
a) Ca. 1 g Pflanzenmaterial mit der Schere zerkleinern.
b) Am Abzug im Mörser mit Quarzsand, einer Spatelspitze $CaCO_3$ und ca. 10 ml Propanon zerreiben.
c) Lösung in das Becherglas abgießen.
d) Auf die DC-Platte mit weichem Bleistift Startlinie in 2 cm Abstand und Frontlinie: 5 cm Abstand von der Startlinie markieren.
e) Mit der Mikrokapillare Extrakt auf Startlinie auftragen (Punktlinie bilden, trocknen lassen, neue Punkte auf dieselbe Linie).
f) DC-Platte nun in die Chromatographiekammer mit dem Laufmittel stellen. Die Kammer mit Folie abdecken und erschütterungsfrei stellen, bis das Laufmittel die Frontlinie erreicht.

Aufgaben

③ Markieren Sie die Laufmittelfront auf der Platte und messen Sie ihre Entfernung von der Startlinie. Verfahren Sie auf gleiche Weise mit den einzelnen Farbstoffbanden und ermitteln Sie deren R_f-Werte. Bestimmen Sie die Farbstoffe (s. Tabelle).

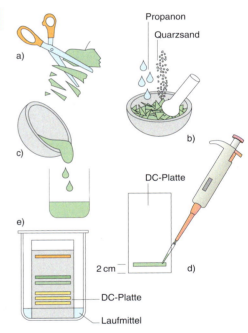

④ Bestrahlen Sie die Blattfarbstoffe auf der entwickelten DC-Platte mit UV-Licht (360 nm). Augen schützen!

R_f-Werte für Kieselgelplatten und das angegebene Laufmittel:

Stoff	R_f-Wert
β-Carotin	0,95
Chlorophyll a	0,74
Chlorophyll b	0,64
Lutein	0,48
Violaxanthin	0,35
Neoxanthin	0,20

Die Werte können bei Schulversuchen variieren, die Reihenfolge bleibt erhalten.

Strukturelle und energetische Grundlagen

Pflanzen brauchen blaues oder rotes Licht

THEODOR WILHELM ENGELMANN konnte 1882 die für die Fotosynthese notwendigen *Wellenlängen* des Lichtes identifizieren. Er verwendete Sauerstoff liebende Bakterien und einen Algenfaden. Als Beleuchtung benutzte er ein *Spektrum* des sichtbaren Lichts.

ENGELMANN stellte fest, dass sich die Bakterien vorwiegend an den Stellen des Algenfadens sammelten, die mit rotem oder blauem Licht bestrahlt wurden. Hier war offenbar besonders viel Sauerstoff entstanden. Die Alge konnte demnach mit rotem oder blauem Licht besonders gut Fotosynthese treiben, während sich die anderen Spektralfarben weniger gut dafür eigneten (Abb. 1).

Mit modernen Methoden lässt sich genauer untersuchen, welche Fotosyntheserate die einzelnen Farben des Lichts erzielen, wie wirksam sie also sind. Die so erhaltenen Werte ergeben das *Wirkungsspektrum der Fotosynthese* (s. Abb.1). Rotes und blaues Licht erweisen sich als besonders wirksam, während grünes Licht wenig wirksam ist, was ENGELMANNS Ergebnisse bestätigten.

Aus dem gesamten Spektrum des Lichts werden nur das rote und blaue Licht von grünen Pflanzen aufgenommen und die Energie für die Fotosynthese ausgenutzt. Diesen Vorgang nennt man *Absorption*. Andere Farben, vor allem das grüne Licht, werden nicht absorbiert (Abb. 2), sondern reflektiert und deshalb von uns als Blattfarbe wahrgenommen.

Lichtabsorptionen werden mit einem Fotometer gemessen. Ein *Fotometer* enthält dazu eine Lichtquelle, deren weißes Licht durch ein Prisma oder ein optisches Gitter in die einzelnen Spektralfarben zerlegt wird. Mithilfe eines Spaltes wird eine Farbe ausgewählt, durch eine Probe des gelösten Stoffes geschickt und die nach Passage der Probe verbliebene Lichtstärke wird dann wie in einem Belichtungsmesser erfasst. Für ein Absorptionsspektrum (Abb. 3) wird auf diese Weise die Absorption über den gesamten Spektralbereich bestimmt.

Zur Bestimmung der absorbierenden Farbstoffe trennt man die Bestandteile eines Blattextraktes durch *Chromatographie* (s. Seite 35) auf. Es zeigen sich die grünen *Chlorophylle a* und *b* sowie einige gelbe *Carotinoide*.

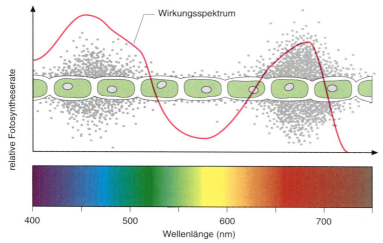

1 Fotosyntheserate bei verschiedenen Wellenlängen

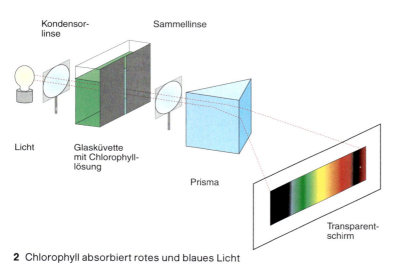

2 Chlorophyll absorbiert rotes und blaues Licht

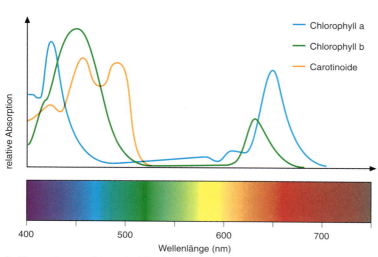

3 Absorptionsspektren der Blattfarbstoffe

Strukturelle und energetische Grundlagen

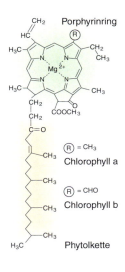

Ein Chlorophyllmolekül besteht aus zwei Bauteilen: Einem *Porphyrinring*, der ein Magnesiumion enthält, und einer *Phytolkette*. Der Porphyrinring ist dabei für die Lichtabsorption verantwortlich. Die Chlorophylle a und b unterscheiden sich hinsichtlich einer am Porphyrinring gebundenen chemischen Gruppe und einer leicht unterschiedlichen Absorption. Alle Chlorophylle absorbieren jedoch im Wesentlichen rotes und blaues Licht.

Die Energie des absorbierten Lichtes wird von den Pflanzen bei der Fotosynthese verwertet. Die verschiedenen Spektralfarben ergeben dabei unterschiedliche Fotosyntheseraten, sie sind unterschiedlich gut wirksam *(Wirkungsspektrum)*. Dies liegt vorwiegend daran, dass einige Spektralfarben stark absorbiert werden, andere dagegen (v. a. im grünen Bereich) fast gar nicht. Der Pflanze steht aber nur die Energie der tatsächlich absorbierten Wellenlängen zur Verfügung.

Welche Farbstoffe aus dem Blattextrakt für die Wirksamkeit verantwortlich sind, ergibt sich daher aus dem Vergleich ihrer Absorption mit dem Wirkungsspektrum. Es zeigt sich, dass es vor allem die beiden Chlorophylle (besonders Chlorophyll a) sind. Daneben sind auch die Carotinoide für die Fotosynthese von Bedeutung. Sie dienen als akzessorische Pigmente *(Hilfspigmente)* und geben die aufgefangene Lichtenergie nahezu verlustfrei an die Chlorophyllmoleküle weiter.

Zettelkasten

Licht, Energie und Chlorophyll

Licht besteht aus einzelnen Quanten, deren Energie von der Wellenlänge abhängig ist: Blaues Licht ist energiereicher als rotes Licht.
Nach der Planck'schen Formel
$$E = h \cdot f = h \cdot c/\lambda$$
erhält man als Energieformel für 1 mol Lichtquanten:
$$E = 1/\lambda \cdot 1{,}196 \cdot 10^5 \, (kJ/mol) \cdot nm \quad (\lambda \text{ in nm angegeben})$$

Aufgabe

1. Berechnen Sie den Energiegehalt von Licht bei $\lambda = 430$ nm und $\lambda = 700$ nm.

In Molekülen befinden sich die Elektronen wie in Atomen auf verschiedenen Energieniveaus. Durch Absorption eines Lichtquants gelangt ein Elektron vom Grundzustand auf ein höheres Energieniveau (angeregter Zustand). Die Energie des absorbierten Lichtes entspricht genau der Differenz der beiden Energieniveaus (Grundzustand und angeregter Zustand). Daher können nur bestimmte Wellenlängen absorbiert werden. Bei der Rückkehr in den Grundzustand strahlt das angeregte Elektron die absorbierte Energie wieder ab *(Fluoreszenz)*.

Die Chlorophylle absorbieren rotes und blaues Licht. Es existieren also zwei angeregte Zustände. Blaues Licht ist energiereicher als rotes. Der durch diese Lichtabsorption erreichte angeregte Zustand befindet sich daher auf einem höheren Energieniveau. Bei der Rückkehr in den Grundzustand kann das Elektron jedoch erst auf das Niveau der roten Absorption gelangen und von dort in den Grundzustand zurückkehren. Eine Chlorophylllösung zeigt daher bei Belichtung mit blauem Licht eine rote Fluoreszenz.

Die Energiedifferenz zwischen dem angeregten Zustand aus der Absorption von blauem und rotem Licht ist nur gering und entspricht der Emission von unsichtbarem Infrarotlicht bzw. Wärmestrahlung.

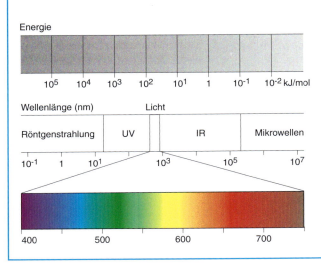

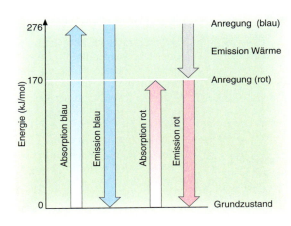

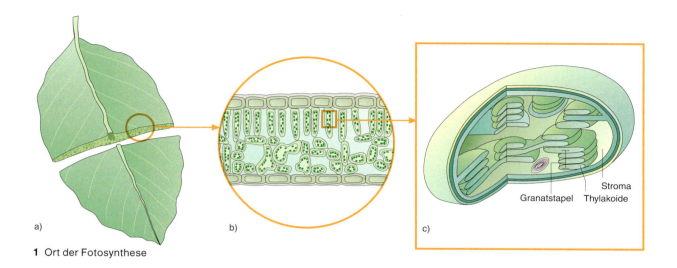

1 Ort der Fotosynthese

Zweigeteilte Fotosynthese

Das Palisadengewebe ist der Hauptort der Fotosynthese. Seine Zellen enthalten die meisten Chloroplasten mit dem für die Fotosynthese notwendigen Chlorophyll. Erst vor wenigen Jahrzehnten konnte DANIEL ARNON völlig intakte Chloroplasten isolieren und zeigen, dass sämtliche Reaktionen der Fotosynthese in den Chloroplasten ablaufen. Sie besitzen zwei Hüllmembranen. Im Inneren befindet sich das Plasma der Chloroplasten, das *Stroma*. Die innere Membran bildet durch Einstülpungen ein Membransystem, die *Thylakoide*. Aufeinandergeschichtet bilden sie die *Granastapel*. (Abb. 1)

Chlorophylle und Carotinoide sind zusammen mit Proteinen in die Thylakoidmembranen eingelagert. Um die Grundreaktionen bei der Fotosynthese zu klären, arbeitete HILL 1939 mit isolierten Thylakoidsystemen. Er entdeckte, dass diese bei Belichtung Sauerstoff entwickeln und dabei Eisen-III-Verbindungen reduzierten. Diese *„Hill-Reaktion"* kann auch in einer Stickstoffatmosphäre ablaufen, sie benötigt Wasser, jedoch kein CO_2. Es wird zwar Sauerstoff, aber keine Glucose gebildet. Die Hill-Reaktion zeigte: Der entstehende Sauerstoff stammt aus dem Wasser und nicht aus dem Kohlenstoffdioxid. Die Eisenverbindung ist ein Elektronenakzeptor, der die aus dem Wasserstoff freigesetzten Elektronen ($2 H \rightarrow 2 H^+ + 2e^-$) aufnimmt (s. Abb. 2). Normalerweise ist dies in der Pflanzenzelle $NADP^+$. Diese Ergebnisse wurden später mithilfe des Sauerstoffisotops (^{18}O) bestätigt (Tracer-Methode). Bietet man zur Fotosynthese Wasser, das ^{18}O gebunden enthält, so besteht das entstehende O_2 ausschließlich aus ^{18}O-Atomen:
$12 H_2^{18}O + 6 CO_2 \rightarrow C_6H_{12}O_6 + 6\ ^{18}O_2 + 6 H_2O$

Im ersten Prozess wird für die Bildung des Sauerstoffs Licht benötigt, diesen Schritt bezeichnet man daher als *lichtabhängige Reaktion*. Bei dieser Reaktion wird außerdem ATP gebildet.

Der zweite Prozess ist die Synthese von Glucose aus CO_2, die im Stroma der Chloroplasten stattfindet. ARNON konnte nachweisen, dass dafür kein Licht erforderlich ist, sie wird daher *lichtunabhängige Reaktion* genannt. Allerdings werden die in der lichtabhängigen Reaktion gebildeten Verbindungen, nämlich ATP und $NADPH + H^+$ benötigt. Beide Prozesse sind also im Gesamtablauf der Fotosynthese miteinander verbunden: Die lichtabhängige Reaktion produziert ATP und $NADPH + H^+$, die in der lichtunabhängigen Reaktion zum Aufbau von Glucose wieder verbraucht werden (Abb. 3).

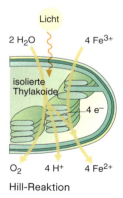

Hill-Reaktion

Tracer
Trace (engl.) = Spur

Ein radioaktives Isotop wird in eine Substanz eingebaut (= Isotopenmarkierung). Anhand der ausgesandten radioaktiven Strahlung kann der Verlauf von Stoffwechselvorgängen verfolgt werden.

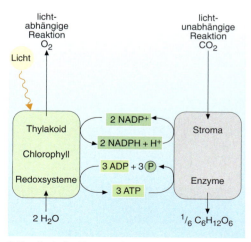

2 Zweigeteilte Fotosynthese

Strukturelle und energetische Grundlagen

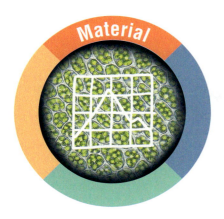

Die Experimente von Trebst, Tsujimoto und Arnon

Die Wissenschaftler der Arbeitsgruppe um Daniel Arnon wollten herausfinden, welche Substanzen in Chloroplasten mithilfe der Energie des Sonnenlichts gebildet werden und damit die lichtunabhängige Reaktion ermöglichen. Weiterhin wollten sie klären, inwieweit der komplizierte Aufbau der Chloroplasten mit den zwei Hüllmembranen, den Thylakoiden und dem Stroma für die ablaufende Reaktion notwendig ist.

Um zu untersuchen, in welchen Teilen der Chloroplasten die beiden Prozesse der Fotosynthese, die lichtabhängige und die lichtunabhängige Reaktion, stattfinden, isolierten sie Thylakoide und Stroma aus den Chloroplasten.

In zwei Versuchsansätzen variierten sie die Beleuchtung der Proben bei gleicher CO_2-Zugabe. In zwei weiteren Ansätzen trennten sie nach der Licht- bzw. Dunkelphase die Thylakoide durch Zentrifugation vom Stroma ab und gaben anschließend CO_2 zum Stroma hinzu.

Als CO_2-Quelle wurde eine Lösung von Natriumhydrogencarbonat ($NaHCO_3$) mit dem Isotop ^{14}C verwendet, dessen radioaktive Strahlung eine direkte Möglichkeit zur Messung bot. Das radioaktive Kohlenstoffatom wurde während des Versuchs in die Fotosyntheseprodukte, wie z. B. Glucose, eingebaut. Nach chemischer Abtrennung der Produkte konnte die eingebaute Menge an radioaktivem Kohlenstoff anhand der Strahlung bestimmt werden.

Im einzelnen wurden die Versuche 1 – 4 mit Stroma und Thylakoiden durchgeführt.

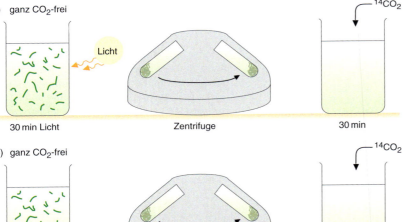

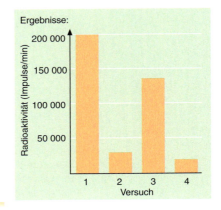

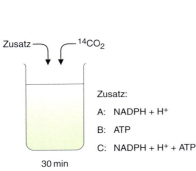

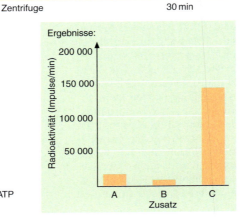

Um den Bedarf an energiereichen Verbindungen bei der Synthese von Glucose zu untersuchen, wurden drei weitere Versuche (A, B und C) mit isoliertem Stroma durchgeführt. Diese Versuchsergebnisse sind lichtunabhängig.

Aufgaben

① Erklären Sie die Ergebnisse der Experimente.
② Belegen Sie mithilfe der Ergebnisse, wo im Chloroplasten die lichtabhängige und die lichtunabhängige Reaktion ablaufen.

Strukturelle und energetische Grundlagen

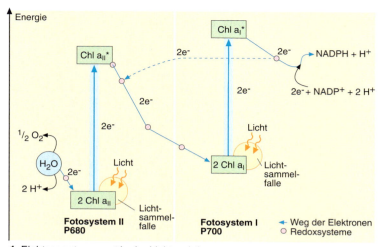

1 Elektronentransport in der Lichtreaktion

Elektronentransport in der Lichtreaktion

Die Reaktionsschritte ergeben insgesamt eine Elektronenübertragung vom Wasser zum $NADP^+$:

$$H_2O + NADP^+ \rightarrow {}^1/_2 O_2 + NADPH + H^+$$

Da $NADP^+$ wesentlich energiereicher als das Wasser ist, verläuft diese Reaktion jedoch nicht freiwillig. Es muss Energie aufgebracht werden, die vom eingestrahlten Licht geliefert wird. Zwei hintereinandergeschaltete Lichtreaktionen heben die Elektronen schrittweise auf so hohe Energieniveaus, dass die Elektronen an das $NADP^+$ abgegeben werden können (Abb. 1).

Fotosystems I absorbiert Licht der Wellenlänge 700 nm. Zwei Elektronen werden vom Grundzustand auf ein höheres Energieniveau gebracht (Chl a_I^*). Die Elektronen besitzen nun soviel Energie, dass sie über zwischengeschaltete Redoxsysteme freiwillig „bergab" zum $NADP^+$ fließen, die beiden zusätzlich benötigten Protonen (H^+) werden aus dem Stroma entnommen. Die Übertragung der beiden Elektronen hinterlässt jedoch im Fotosystem I eine Elektronenlücke.

Fotosystem II absorbiert Licht der Wellenlänge 680 nm. Zwei Elektronen werden angeregt und in den energiereichen Zustand (Chl a_{II}^*) angehoben. Sie können nun über Redoxsysteme „bergab" weitergereicht werden und schließlich die Elektronenlücke im Chlorophyll aI schließen. Nun fehlen allerdings die Elektronen im Fotosystem II. Es entzieht Wasser die Elektronen und spaltet es in zwei Protonen und Sauerstoff (Abb. 1).

Die lichtabhängige Reaktion

Zwei Fotosysteme

Bei seinen Untersuchungen der lichtabhängigen Reaktion (▶ s. S. 168) bei verschiedenen Wellenlängen des Lichts bemerkte EMERSON ein Phänomen, das später nach ihm „Emerson-Effekt" genannt wurde: Belichtet man einzellige Algen mit Rotlicht von 680 nm Wellenlänge, so erhält man nur eine geringe O_2-Produktion. Ein ähnlicher Effekt zeigt sich bei der Belichtung mit der Wellenlänge 700 nm. Als EMERSON die Algen jedoch mit Licht beider Wellenlängen gleichzeitig belichtete, erhielt er eine deutlich höhere Sauerstoff-Produktion, als die Summe bei den Einzelbelichtungen (Abb. 1).

Aus EMERSONS Beobachtungen folgerten andere Forscher, dass an der lichtabhängigen Reaktion *zwei Fotosysteme* beteiligt sein müssen, die gekoppelt sind und einzeln weniger leisten als in Kombination. Das *Fotosystem I* (FS I) besitzt seine größte Wirksamkeit bei einer Wellenlänge von 700 nm. Das *Fotosystem II* (FS II) hat sein Maximum bei 680 nm. Beide Fotosysteme sind in der Thylakoidmembran verankert. Sie enthalten Chlorophyll a, b und Carotinoide. Die Carotinoide und die Chlorophylle a und b wirken als Lichtsammelfallen. Sie können Licht absorbieren und die Lichtenergie weitergeben, bis sie schließlich zum Reaktionszentrum gelangt, das immer aus zwei Chlorophyll-a-Molekülen besteht. Neben den lichtabsorbierenden Farbstoffen sind auch Redoxsysteme an der lichtabhängigen Reaktion beteiligt, die ebenfalls in die Thylakoidmembran eingebettet sind.

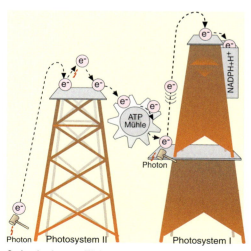

2 Analogie zum Elektronentransport

40 Strukturelle und energetische Grundlagen

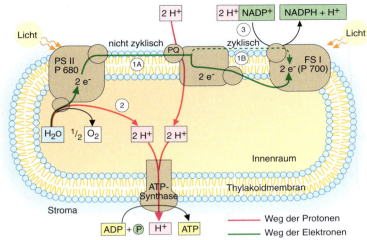

1 Energiegewinnung im Chloroplasten

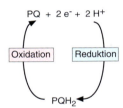

Plastochinon (PQ) als Beispiel für ein Redoxsystem

Osmose
Diffusion von gelösten Teilchen durch Membranen von der höheren zur niedrigeren Konzentration.

Die Gewinnung von ATP

Um zu verstehen wie ATP gebildet wird, muss die räumliche Anordnung der beiden Fotosysteme in der Membran sowie die Verteilung der Protonen im Chloroplasten genauer betrachtet werden (Abb. 1). Die Energie des Lichtes wird auch dazu genutzt, im Inneren der Thylakoide eine höhere Protonenkonzentration zu erzeugen als außerhalb im Stroma, also einen Protonengradienten aufzubauen. Der Konzentrationsunterschied kann zur Synthese von ATP genutzt werden, da die Protonen einem Konzentrationsgefälle folgend nur am Enzymkomplex ATP-Synthase ins Stroma zurückströmen. Dieses Enzym nutzt die „osmotische Energie" der Protonen zur Synthese von ATP. Da die ATP-Bildung durch Koppelung mit einem Osmosevorgang erfolgt, spricht man von der *chemiosmotischen Koppelung* der ATP-Bildung.

Bei der Fotosynthese reichern drei Mechanismen Protonen im Inneren der Thylakoide an (▶ s. S. 168).

1. Nichtzyklischer und zyklischer Elektronentransport

In der Elektronentransportkette nimmt das Redoxsystem Plastochinon (PQ) neben 2 Elektronen auch 2 Protonen aus dem Außenmedium auf und geht in PQH_2 über. Das nächste Redoxsystem übernimmt jedoch nur die Elektronen und die beiden Protonen werden nach innen frei. Die Weitergabe der Elektronen wirkt also wie eine Pumpe, die Protonen aus dem Stroma in den Innenraum befördert.

Neben diesem nichtzyklischen Elektronentransport (1A) vom Fotosystem II zum Fotosystem I existiert auch ein *zyklischer Elektronentransport* (1B) der bei $NADP^+$-Mangel innerhalb des Fotosystems I verläuft. Die angeregten Elektronen kehren über Redoxsysteme der Elektronentransportkette direkt zum Chlorophyll a I zurück und nehmen dabei ebenfalls zwei Protonen mit in das Innere der Zelle (▶ s. S. 168).

2. Wasserspaltung

Da das Wasser im Thylakoidinnenraum gespalten wird, werden dort ebenfalls Protonen freigesetzt ②.

3. Protonenaufnahme durch $NADP^+$

$NADP^+$ entnimmt die Protonen aus dem Stroma, dadurch kommt es dort zu einer Reduzierung der Protonen, was ebenfalls die Protonendifferenz zwischen innen und außen erhöht. Das Stroma wird leicht basisch, der Thylakoidinnenraum wird sauer ③.

Zusammenfassung: Die bei der Lichtreaktion geleistete Arbeit besteht darin, die Elektronen des Wassers auf $NADP^+$ zu übertragen. Für diese Arbeit muss ein Energieberg überwunden werden. Die dafür benötigte Energie liefert das Licht, indem die zwei hintereinandergeschalteten „Elektronenlifts" der Fotosysteme II und I die Elektronen auf höhere Energieniveaus heben, so dass diese „bergab fließen" können. Dabei treiben sie eine Protonenpumpe an, die H^+-Ionen ins Innere der Thylakoide befördert. Die ATP-Synthese erfolgt an dem Enzym ATP-Synthase. Dieses Enzym nutzt die „osmotische Energie", der freiwillig ins Stroma wandernden Protonen.

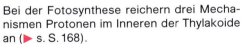

2 Bruttogleichung der Lichtreaktion

Aufgaben

① Erklären Sie mithilfe des Absorptionsspektrums, warum Blätter grün sind.
② Welche Gemeinsamkeiten haben die Chlorophylle a und b sowie die Carotinoide?
③ In älteren Büchern wird die Gewinnung von ATP manchmal so dargestellt:

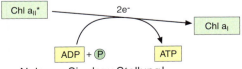

Nehmen Sie dazu Stellung!

Strukturelle und energetische Grundlagen

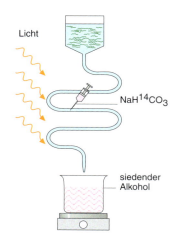

1 Versuchsbedingungen nach CALVIN

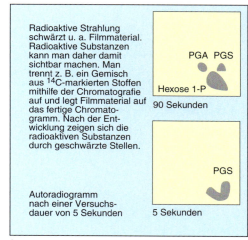

2 Autoradiografie

Die lichtunabhängige Reaktion

In der lichtunabhängigen Reaktion (▶ s. S. 168) wird Glucose aus Kohlenstoffdioxid (CO_2) aufgebaut. Die Aufklärung der daran beteiligten Schritte leisteten vor allem CALVIN und seine Mitarbeiter. Sie verwendeten dazu die *Tracer-Methode*. Sie boten Algen Natriumhydrogencarbonat (NaH$^{14}CO_3$) mit dem radioaktiven Isotop des Kohlenstoffs ^{14}C als Kohlenstoffquelle an (Abb. 1). Dieser Stoff kann $^{14}CO_2$ abspalten. Die damit gebildeten Fotosyntheseprodukte konnten mithilfe der *Autoradiografie* gezeigt werden (Abb. 2).

Die CO_2-Fixierung

Bei den Versuchen wurde eine Algensuspension verwendet, aus der man durch einen langen, belichteten Schlauch Proben entnahm (Abb. 1). In diesen Schlauch wurde das NaH$^{14}CO_3$ gegeben. Die restliche Fließzeit bis zum Schlauchende bestimmte die Versuchsdauer.

Eine Versuchsdauer von fünf Sekunden ergab im Autoradiogramm nur ein radioaktiv markiertes Produkt, die C_3-Verbindung Phosphoglycerinsäure (PGS) (Abb. 2). Nähere Untersuchungen ergaben, dass diese durch Anbindung von Kohlenstoffdioxid an ein bereits vorhandenes Akzeptormolekül entstanden sein musste. Die Annahme, dass es sich um einen C_2-Körper handelt, wurde durch das folgende Experiment widerlegt. Zur Identifizierung des Akzeptors wurde den Algenzellen zunächst Kohlenstoffdioxid angeboten. Wurde das Kohlenstoffdioxid entfernt (Abb. 3), nahm in den Zellen die Konzentration von *Ribulosebisphosphat* (RubP) zu, während PGS weniger wurde. Daraus kann man schließen, dass RubP nicht mehr so stark verbraucht wurde und sich anreicherte. Da CO_2 fehlte, konnte nur wenig PGS neu entstehen, während die restlichen PGS-Moleküle verbraucht wurden. Offenbar hatte RubP, ein Zuckerphosphat mit fünf C-Atomen, Kohlenstoffdioxid fixiert, wobei über ein C_6-Zwischenprodukt zwei Moleküle PGS entstanden.

Das Anknüpfen des CO_2 an das Akzeptormolekül bezeichnet man als Carboxylierung. Das katalysierende Enzym heißt daher Ribulosebisphosphatcarboxylase (Rubisco).

MELVIN CALVIN

Autoradiografie
autos (gr.) = selbst
radius (lat.) = Strahl
graphein (gr.) = schreiben

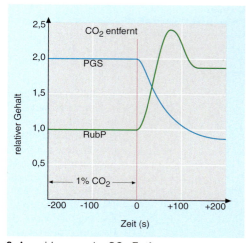

3 Auswirkungen der CO_2-Entfernung

42 *Strukturelle und energetische Grundlagen*

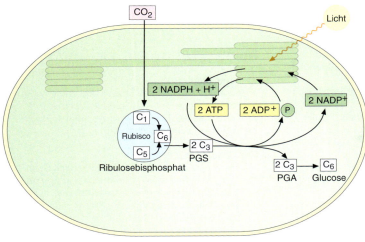

1 Bildung der Glucose

Akzeptorregeneration im Calvinzyklus

Da durch die Bindung an CO_2 ständig C_5-Akzeptormoleküle verbraucht werden, muss auch das Akzeptormolekül aus CO_2, der einzigen Kohlenstoffquelle der Pflanze, ständig regeneriert werden. Die Pflanze erreicht dies in einem Kreisprozess, der nach seinem Entdecker *Calvinzyklus* genannt wird. Zur Neusynthese eines Glucosemoleküls sind sechs Kohlenstoffdioxidmoleküle erforderlich. (6 C_1). Damit werden auch sechs Akzeptormoleküle (6 C_5, RubP) benötigt. Es entstehen zwölf Moleküle PGS (12 C_3), die mit zwölf ATP und zwölf (NADPH + H^+)- Molekülen reduziert werden. Nur zwei dieser reduzierten C_3-Moleküle bilden zusammen Glucose (2 $C_3 \rightarrow$ 1 C_6). Die restlichen zehn C_3-PGA-Moleküle werden in einer komplizierten Reaktionsfolge zur Regeneration von sechs Akzeptormolekülen (6 C_5, RubP) verwendet, wobei nochmals sechs ATP-Moleküle verbraucht werden. Somit steht wieder die ursprüngliche Zahl von Akzeptormolekülen zur Verfügung (Abb. 2) (▶ s. S. 168).

Reduktion der Phosphoglycerinsäure

Nach einer Versuchsdauer von 90 Sekunden kann man im Audioradiogramm neben Phosphogylcerinsäure (C_3, PGS) auch Phosphoglycerinaldehyd (C_3, PGA) nachweisen. Dieser nächste Schritt ist eine Reduktionsreaktion, die sowohl Energie in Form von ATP als auch an Wasserstoff gebundene Elektronen als Reduktionsmittel benötigt. Man bezeichnet NADPH + H^+-Moleküle daher auch als Reduktionsäquivalente. Diese beiden Stoffe werden aus der Lichtreaktion zur Verfügung gestellt. Zwei energiereiche PGA-Moleküle (2 C_3) verbinden sich zu einem größeren C_6-Zuckermolekül nämlich Fructose-1,6-biphosphat, das unter Abspaltung von zwei Phosphatgruppen in Glucose (C_6) umgewandelt werden kann (Abb. 1).

Bruttogleichung der lichtunabhängigen Reaktion:

$6 CO_2 + 12 (NADPH + H^+) + 18 ATP \rightarrow C_6H_{12}O_6 + 6 H_2O + 12 NADP^+ + 18 (ADP + P)$

Aus der Addition der lichtabhängigen Reaktion der Fotosynthese (s. S. 41) und der lichtunabhängigen Reaktion der Fotosynthese (s. oben) ergibt sich nunmehr die:

Gesamtgleichung der Fotosynthese:

$12 H_2O + 6 CO_2 \rightarrow C_6H_{12}O_6 + 6 O_2 + 6 H_2O$

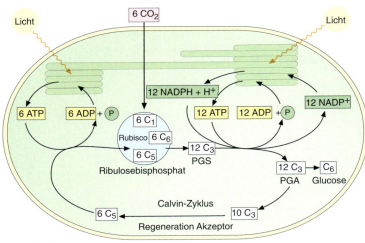

2 Der Calvinzyklus

Aufgaben

① Erläutern Sie, warum in der lichtabhängigen Reaktion pro Synthese von einem Molekül Glucose zwölf Moleküle Wasser gespalten werden.

② Die Spaltung des Wassers wird auch als Fotolyse des Wassers bezeichnet. Erklären Sie diesen Begriff.

③ Begründen Sie, warum nach Lichteinstrahlung der pH im Inneren der Thylakoide sinkt.

④ Welcher Schritt der lichtunabhängigen Reaktion verbraucht die in der lichtabhängigen Teilreaktion gebildeten Reduktionsäquivalente NADPH + H^+?

⑤ In den beiden Teilreaktionen der Fotosynthese spielen Energieumwandlungen eine wesentliche Rolle. Beschreiben Sie diese.

Strukturelle und energetische Grundlagen

Fragen zum Spiel „Der Calvinzyklus"

1. Welche Zellen des Blattes sind die Hauptorte der Photosynthese?
2. Wie heißen die Membranstapel im Inneren des Chloroplasten?
3. Mit welchen Gerät kann man ein Absorptionsspektrum aufnehmen?
4. Was versteht man unter einem Absorptionsspektrum?
5. Wie hoch ist der prozentuale Anteil des Gases Kohlenstoffdioxid in der Luft?
6. Warum werden die Gemüsepflanzen in Gewächshäusern häufig mit Kohlenstoffdioxid begast?
7. Welche Auswirkungen hat eine Temperaturerhöhung auf die Fotosyntheserate?
8. Wie lautet die Gesamtgleichung für die Fotosynthese?
9. Welche Spektralfarben des Lichts werden bei der Fotosynthese absorbiert?
10. Wie heißen die beiden Reaktionen, die in der Fotosynthese hintereinandergeschaltet sind?
11. Wie heißt das Enzym (Abkürzung), das bei der Lichtreaktion die ATP-Synthese katalysiert?
12. Welches Molekül ist im Reaktionszentrum der Fotosysteme I und II zu finden?
13. Wie heißt das Molekül, auf das in der lichtabhängigen Reaktion die Elektronen übertragen werden?
14. Woher stammen die Elektronen, die in der lichtabhängigen Reaktion transportiert werden?
15. An welchem Fotosystem läuft der zyklische Elektronentransport ab?
16. Welcher Wissenschaftler konnte beweisen, dass zwei Fotosysteme hintereinandergeschaltet sind?
17. Welches ist die treibende Kraft für die ATP-Herstellung in der lichtabhängigen Reaktion?
18. Wie lautet die Gesamtgleichung für die lichtabhängige Reaktion?
19. Was versteht man unter dem Anregungszustand des Chlorophylls?
20. Was versteht man unter Redoxsystemen?
21. In welchem Molekül wird die Energie des Lichtes gespeichert?
22. Erklären Sie die Hill-Reaktion.
23. Definieren Sie den Begriff Lichtkompensationspunkt.
24. Wie heißen die weiteren Farbstoffe, die neben dem Chlorophyll ebenfalls an der Lichtabsorption bei der Fotosynthese beteiligt sind?
25. Welches Licht ist energiereicher: blaues oder rotes?
26. Welchen pH-Wert kann man im Inneren der Thylakoide messen?
27. Welche Reaktion katalysiert das Enzym Rubisco?
28. Was versteht man unter einer Carboxylierung?
29. Wie heißt das mit Isotopen arbeitende Verfahren, mit dem Calvin die lichtunabhängige Reaktion aufklären konnte?
30. Welches Isotop wurde von Calvin verwendet?
31. Wie heißt das Akzeptormolekül bei der Dunkelreaktion?
32. Benennen Sie den Reaktionstyp der Umwandlung von Phosphoglycerinsäure in Phosphoglycerinaldyd!
33. Welche Produkte der lichtabhängigen Reaktion werden in der lichtunabhängigen Reaktion benötigt?
34. In welchen Bereichen des Chloroplasten läuft die lichtabhängige, in welchen die lichtunabhängige Reaktion ab?
35. Bei ausreichender Beleuchtung bleibt die relative Menge von PGS und RubP etwa konstant. Was passiert, wenn das Licht ausgeschaltet wird?
36. Bei ausreichender Beleuchtung wird schlagartig kein Kohlenstoffdioxid mehr angeboten. Wie ändert sich die relative Menge von PGS und RubP?
37. Wieviele Moleküle ATP werden für jedes in der lichtunabhängigen Reaktion gebildetes Glucosemolekül verbraucht?
38. Wieviele Moleküle NADPH + H$^+$ werden pro gebildetem Glucosemolekül in der lichtunabhängigen Reaktion verbraucht?
39. Wozu wird ATP bei der Reaktion von PGS zu PGA benötigt?
40. In welchem Fachgebiet erhielt Calvin den Nobelpreis?

Spielregeln

Zahl der Spieler: 2
1 Spielleiter. Er stellt die Fragen und entscheidet, ob die Antwort jeweils richtig oder falsch ist.
Ziel des Spieles: Es müssen insgesamt **4 Glucosemoleküle** hergestellt werden.

Vorbereitungen:
— Der **grüne C$_3$-Pool** wird vollständig mit Spielsteinen gefüllt (**pro C$_3$-Feld eine 1-Cent- und darauf gestapelt eine 2-Cent-Münze**).
— Der **C$_1$-Pool** wird mit einem Stapel 1-Cent-Münzen gefüllt. Er kann während des Spiels jederzeit wieder aufgefüllt werden.

Spielverlauf:
— Es wird **ausgelost**, welcher Spieler beginnt.
— Jeder Spieler spielt auf seinem eigenen Spielfeld.
— Um vorwärts ziehen zu können, müssen die **Fragen in der angegebenen Reihenfolge richtig beantwortet** werden. **Pro richtig beantworteter Frage** dürfen vom Spieler vier beliebige Züge vorwärts gemacht werden.
— Jeder Spieler bleibt maximal für 2 Fragen am Zug bzw. so lange, bis er **eine Frage nicht korrekt** beantworten kann. Kann der andere Spieler diese Frage beantworten, bekommt er zusätzlich **4 beliebige Züge**.
— Während des Spiels muss auf jedem besetzten Spielfeld die angegebene **Anzahl der C-Atome** mit der Summe des **Cent-Wertes der darauf liegenden Münzen** übereinstimmen (Ausnahme C$_1$-Pool — dort dürfen beliebig viele 1-Cent-Münzen liegen).
— **Innerhalb eines Pools** dürfen die Spielsteine beliebig verschoben werden. Erreicht ein Spieler das C$_5$-Akzeptor-Feld nimmt er eine 1-Cent-Münze auf. Diese zerfällt sofort in 2 C$_3$ (PGS-Moleküle). Dies gilt nicht als Zug.
— Bitte beachten Sie, dass ausgehend von den beiden **3-PGA-Feldern zwei unterschiedliche Züge** möglich sind: **Bildung von Glucose** oder **Auffüllen des C$_3$-Pools**. Die Bildung von Glucose kann durch einen Zug auch wieder rückgängig gemacht werden.

Gewinner ist der Spieler, der zuerst **4 Glucosemoleküle** erzeugt hat.

Strukturelle und energetische Grundlagen

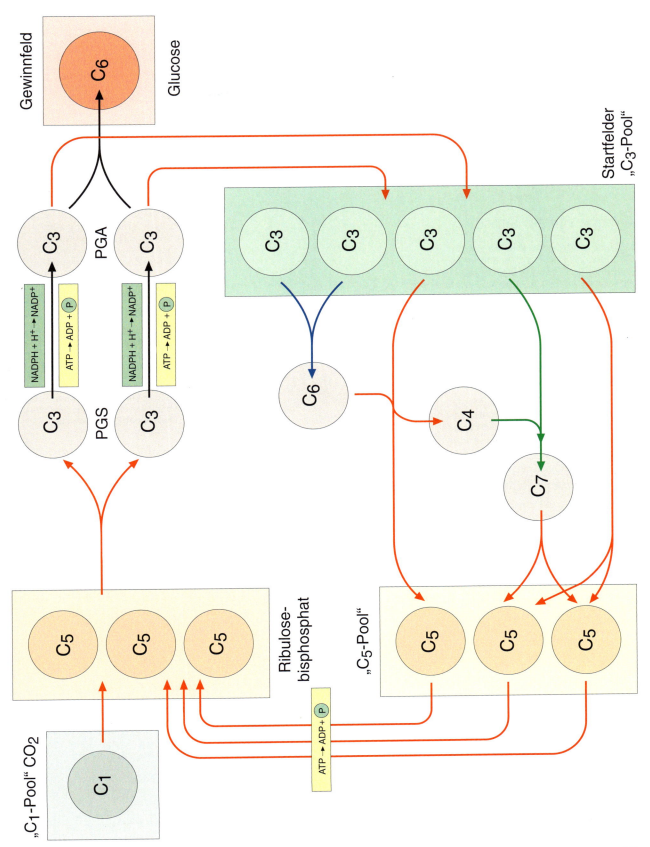

Strukturelle und energetische Grundlagen

Energie von der Sonne

Auf dem gesamten Globus werden im Jahr etwa $4{,}2 \times 10^{17}$ kJ Sonnenenergie durch die Fotosynthese als Biomasse fixiert. Dies entspricht einer Assimilation von 10 Milliarden Tonnen Kohlenstoff, der in Form von Kohlenhydraten und anderen organischen Molekülen gebunden wird.

Nachwachsende Rohstoffe

Nachwachsende Rohstoffe sind Stoffe, die aus lebender Materie stammen und vom Menschen zielgerichtet für Zwecke außerhalb des Nahrungs- und Futterbereiches verwendet werden.

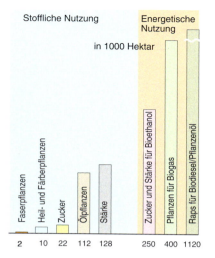

Agrarausblick von OECD und Vereinten Nationen

Nachwachsende Rohstoffe: Energiepflanzen boomen

„Mehr denn je ist Biomasse eine zusätzliche Einkommensquelle für die Landwirtschaft, gleichzeitig leistet sie wachsende Beiträge zum Ersatz fossiler Rohstoffe und zum Klimaschutz. Im Vorjahr konnte Bioenergie bereits rund 3,4 % zum Primärenergieverbrauch in Deutschland beisteuern.[...]. »Befürchtungen, dies könne zu Lasten der Nahrungsmittelproduktion gehen, sind übertrieben«, erklärt Andreas Schütte, Geschäftsführer der Fachagentur für Nachwachsende Rohstoffe. »Studien zeigen vielmehr, dass durch Bevölkerungsrückgang und Produktivitätssteigerung in der Landwirtschaft Ackerflächen frei werden. Bis 2030 können das weitere zwei Millionen Hektar sein, auf denen dann Energie wächst.«"

Zeitschrift für Phytotherapie 2/2008

Der Biosprit-Hunger?

„Ist unser Hunger nach Biosprit Schuld am Hunger in der Welt, wie es jetzt überall verkündet wird? [...]. Schon immer gab es Anlass zu Diskussionen, früher weil überschüssige Lebensmittel vernichtet wurden, heute weil wir aus Agrarprodukten Biosprit herstellen. Den weltweiten Hunger beseitigen konnten wir schon früher nicht!
In der EU wurden zeitweise 17 Prozent der landwirtschaftlichen Nutzfläche stillgelegt, weil wir zu viele Nahrungsmittel produziert haben. Den Hunger in der Welt gab es dennoch. Heute produzieren wir auf 12 Prozent der Fläche Nachwachsende Rohstoffe und ersetzen damit fossile Rohstoffe, die unwiederbringlich zur Neige gehen."

Aus der homepage von C.A.R.M.E.N

Biosprit-Boom verstärkt Hunger

Von Daniela Kuhr

Berlin. „Die staatliche Förderung von Biokraftstoffen verstärkt den Hunger in der Welt. Zu diesem Ergebnis kommen OECD und Vereinte Nationen in ihrem gemeinsamen Ausblick auf die Agrarmärkte. Die Experten gehen davon aus, dass die Preise für Nahrungsmittel in den nächsten zehn Jahren hoch bleiben, wenn auch nicht ganz so hoch wie jetzt.

Die hohen Preise würden vor allem arme und hungernde Menschen treffen, stellen die Experten der Organisation für wirtschaftliche Zusammenarbeit und Entwicklung (OECD) und der UN-Welternährungsorganisation (FAO) fest."

Aus Süddeutsche Zeitung 30. Mai 2008

Wozu werden die einzelnen Pflanzenarten genutzt? Welche Pflanzen dienen der Energiegewinnung?

Nennen Sie Argumente, die für den Anbau nachwachsender Rohstoffe ins Feld geführt werden. Listen Sie die negativen Auswirkungen der Biosprit-Produktion auf, die in den Artikeln angesprochen werden.

Biosprit heizt dem Klima ein

Die Produktion „grüner" Kraftstoffe verursacht hohen CO_2-Ausstoß

Von Simone Humml

Washington - Die Produktion von Biosprit kann den Klimawandel in vielen Fällen drastisch beschleunigen. Denn allein durch das Anpflanzen von Mais, Raps oder Palmöl entstehen oft mehr Treibhausgase als durch die daraus gewonnenen Biokraftstoffe eingespart werden, Das geht aus drei Studien hervor, die in den Journalen Science und Atmospheric Chemistry and Physics veröffentlicht wurden.
Für Biosprit wird häufig Tropenwald zerstört und in Agrarland umgewandelt. Zudem setzt Dünger nach Auskunft des Chemie-Nobelpreisträgers Paul Crutzen wesentlich mehr des Treibhausgases Lachgas frei als bislang gedacht. Lediglich Kraftstoffe aus Abfällen in Land- und Forstwirtschaft oder aus Gräsern mit weniger Düngereinsatz weisen demnach eine gute Klimabilanz auf."

Aus Frankenpost 8. Februar 2008

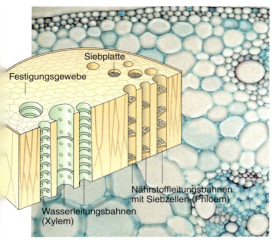

1 Querschnitt durch ein Leitbündel

Stofftransport in der Pflanze. Den Transport der Abbauprodukte kann man verfolgen, indem man der Pflanze Kohlenstoffdioxid mit radioaktivem ^{14}C anbietet. Zunächst findet man die Radioaktivität in der primären Stärke, schließlich in den Leitbündeln (Abb. 1).

Leitbündel reichen von der Wurzel bis zu den Blättern. Sie enthalten zwei Typen von Leitungsröhren, die als *Xylem* und als *Phloem* bezeichnet werden (Abb. 1). Das Xylem besteht aus langgestreckten, stark verholzten, toten Zellen, deren Querwände aufgelöst sind, so dass aus den Zellen lange Röhren entstehen (s. Abb. Rand Mitte). In ihnen wird Wasser mit gelösten Mineralsalzen von der Wurzel bis in den Kronenbereich von Bäumen transportiert. Der aufwärts gerichtete Transport erfolgt im wesentlichen durch den *Transpirationssog*, der durch den *Wurzeldruck* unterstützt wird.

Die Assimilate werden im *Phloem* der Leitbündel zu den Orten des Verbrauchs, also sowohl in die Wurzel, als auch in sich entwickelnde Knospen, Blüten, Früchte und Samen transportiert. Die Leitelemente des Phloems bestehen aus lebenden Zellen, den Siebzellen (s. Abb. Rand unten). Die Querwände sind siebartig durchbrochen. Bei *Bedecktsamern* ist jede Siebröhrenzelle von kleineren plasmareichen Geleitzellen begleitet und mit den Siebzellen über Plasmabrücken verbunden. Analysen des Siebröhrensaftes zeigen, dass der größte Teil der gelösten Stoffe aus Saccharose besteht. Mithilfe der Tracer-Methode konnte auch die Geschwindigkeit des Zuckertransports mit ca. 1 Meter pro Stunde bestimmt werden.

Mechanismus des Transports. Zunächst wird die unlösliche Stärke der Chloroplasten in den löslichen Transportzucker Saccharose umgewandelt und ins Cytoplasma der Blattzellen transportiert. Beim Beladen der Siebröhren spielen die Geleitzellen eine wichtige Rolle. Über Carrier werden die Zuckermoleküle in die Geleitzellen aufgenommen und gelangen von dort über Plasmabrücken in die benachbarten Siebröhren. Beim Entladen der Siebzellen wird der umgekehrte Weg beschritten. Die Saccharose diffundiert in die Geleitzellen und wird über Carrier aktiv in die Zellen der Gewebe von Knollen, Wurzeln, Früchten und Samen aufgenommen. Häufig wird die Saccharose dort wieder in Stärke umgewandelt und als sekundäre Stärke oder Speicherstärke in einem speziellen Plastidentyp, den Amyloplasten, deponiert.

EM-Bild: Chloroplast mit Stärkeeinlagerung

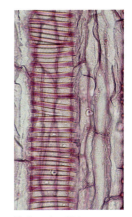

Zellen des Xylems im Längsschnitt

Siebzelle (Längsschnitt)

Verarbeitung der Glucose

Bei der Fotosynthese wird im Chloroplasten aus den energiearmen, anorganischen Stoffen Kohlenstoffdioxid und Wasser die energiereiche organische Kohlenstoffverbindung Glucose aufgebaut. Diese dabei gebildeten Kohlenstoffverbindungen sind auch die Baustoffe, die zur Synthese aller weiterer organischer Verbindungen in der Pflanzenzelle benötigt werden. Den Aufbau energiereicher, körpereigener Stoffe, bezeichnet man als *Anabolismus*.

Für den Aufbau von Zellsubstanz, den Transport von Stoffen und Stoffwechselreaktionen benötigen die Pflanzen Energie, die aus dem Abbau energiereicher organischer Moleküle gewonnen wird. Die Reaktionen des Abbaus komplexer Moleküle zur Bereitstellung von Energie bezeichnet man als *Katabolismus*. In der Zelle laufen anabole und katabole Reaktionen in verschiedenen Reaktionsräumen nebeneinander ab.

Der Ausgangspunkt aller Stoffwechselreaktionen in der Pflanze ist also der anabole Prozess der Fotosynthese. Der in der Fotosynthese gebildete Traubenzucker wird tagsüber in das Makromolekül Stärke umgebaut, die als primäre Stärke bezeichnet wird. Sie wird im Stroma des Chloroplasten abgespeichert (s. Abb. Rand oben). Diese Stärke lässt sich tagsüber und am Abend experimentell nachweisen. Am frühen Morgen ist die Nachweisreaktion dann jedoch negativ, die primäre Stärke wurde offensichtlich nachts abgebaut und in andere Pflanzenteile transportiert.

Strukturelle und energetische Grundlagen

3 Energiefreisetzung durch Stoffabbau

Äußere Atmung und Zellatmung

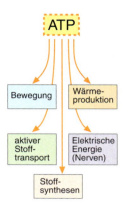

Im Gegensatz zu den *autotrophen* Pflanzen sind viele Bakterien sowie alle Pilze und Tiere *heterotroph*. Sie sind auf die Zufuhr energiereicher organischer Stoffe von außen angewiesen und können nur durch Abbau dieser Stoffe Energie gewinnen und körpereigene Stoffe herstellen. Viele heterotrophe Lebewesen leben *aerob*: sie benötigen ständig Sauerstoff aus der Luft. Er wird durch Atemorgane aufgenommen und im gesamten Körper verteilt, bei kleinen Lebewesen durch Diffusion, durch Transportsysteme wie z. B. den Blutkreislauf.

An Zellkulturen wie auch an den einzelnen Zellen eines Körpers kann man zeigen, dass jede einzelne Zelle Sauerstoff aufnimmt und CO_2 abgibt, wenn Nährstoffe wie Glucose zur Verfügung stehen. Verbraucht wird Sauerstoff also nicht in den Atemorganen, sondern in den Zellen. Dort wird er zur Oxidation energiereicher organischer Stoffe verwendet. Diesen biochemischen Vorgang bezeichnet man als *innere Atmung* oder *Zellatmung* (▶ s. S. 169). Dabei werden die Kohlenstoffgerüste der organischen Stoffe zu CO_2 umgewandelt. Der enthaltene Wasserstoff wird auf Sauerstoff übertragen, es entsteht Wasser. Außer Kohlenhydraten wie Glucose können auch Fette und Proteine zur Energiegewinnung oxidiert werden.

Oft wird die Zellatmung mit der Oxidation energiereicher Stoffe in einem Kraftwerk oder einem Motor verglichen. Dort aber werden die energiereichen Stoffe in einem Schritt oxidiert. Dabei wird die erzeugte Energie sehr schnell als Wärme und Druck freigesetzt. Lebende Systeme könnten eine solche Temperatur- und Druckerhöhung nicht ertragen. Daher setzen sie die Nährstoffe in einer Reihe biochemischer Einzelreaktionen über viele Zwischenprodukte um. Schritt für Schritt werden die Produkte energieärmer. Man kann die Veratmung der Glucose in der chemischen Gleichung

$$C_6H_{12}O_6 + 6\,O_2 + 6\,H_2O \rightarrow 6\,CO_2 + 12\,H_2O$$

zusammenfassen, allerdings wird dabei die Vielzahl der beteiligten chemischen Reaktionen nicht berücksichtigt.

Durch die freigesetzte Energie wird aus energiearmem *Adenosindiphosphat (ADP)* und *Phosphat* energiereiches *Adenosintriphosphat*, ATP, gewonnen. Wird es wieder in seine Ausgangsstoffe zerlegt, wird die Energie wieder frei und steht der Zelle zur Verfügung. An diesem Prozess beteiligte Proteine, z. B. Transportproteine der Zellmembranen, können auch ATP spaltende Enzyme sein. Enzyme, die ATP spalten, werden ATPasen genannt.

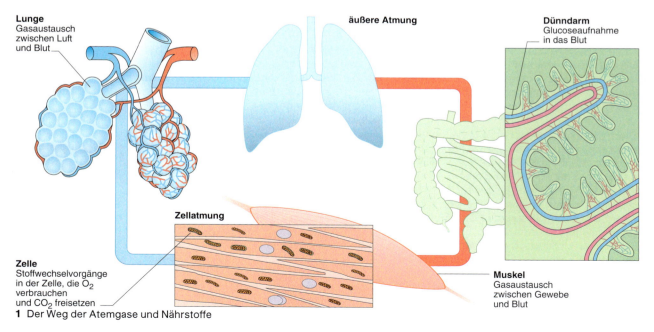

Lunge Gasaustausch zwischen Luft und Blut

äußere Atmung

Dünndarm Glucoseaufnahme in das Blut

Zellatmung

Zelle Stoffwechselvorgänge in der Zelle, die O_2 verbrauchen und CO_2 freisetzen

Muskel Gasaustausch zwischen Gewebe und Blut

1 Der Weg der Atemgase und Nährstoffe

Strukturelle und energetische Grundlagen

Mitochondrien: Atmungsorganellen

Angegeben ist das Mitochondrienvolumen in % am Zellvolumen bei verschiedenen Zellen einer Maus:

Leber: 16,9
Hypophyse: 7,5
Herzmuskel (Kammer): 47,7
Herzmuskel (Vorhof): 34,9
Blutzellen (weiß): 3,6

Zellen verschiedener Gewebe zeigen im elektronenmikroskopischen Bild unterschiedlich viele Mitochondrien. Herzmuskelzellen benötigen viel Energie, sie enthalten sehr viele Mitochondrien, die weniger aktiven Zwerchfellzellen relativ wenige. Daher kann man vermuten, dass die Mitochondrien mit dem Energiehaushalt in Verbindung stehen. Allerdings bauen sie nicht allein die Nährstoffe ab, auch das Zellplasma ist daran beteiligt. Rote Blutkörperchen enthalten keine Mitochondrien. Dennoch können sie Energie für ihre Lebensprozesse gewinnen, allerdings geht bei ihnen der Abbau von Glucose nicht bis zu CO_2 und Wasser, sondern nur zur Brenztrauben- und Milchsäure. Um die Abbauvorgänge zu verfolgen, setzt man *Tracer-Verfahren* (s. a. S. 38) ein. Enthält die verwendete Glucose radioaktive Kohlenstoffatome (^{14}C), kann man ihre Abbauprodukte auf dem Weg durch die Zelle verfolgen und so den Abbau der Glucose nachvollziehen. Demnach wird das Kohlenstoffgerüst der Glucose nacheinander in 3 Reaktionsketten abgebaut: die *Glykolyse* verläuft im Zellplasma und führt bis zur *Brenztraubensäure*, die in den Mitochondrien oxidativ decarboxyliert wird, um dann im Citronensäurecyclus zu Kohlenstoffdioxid abgebaut zu werden. Der Wasserstoff der Glucose wird auf Coenzyme übertragen und mit Sauerstoff in den Mitochondrien zu Wasser oxidiert. Diese Oxidation von Wasser wird als *Endoxidation bezeichnet*.

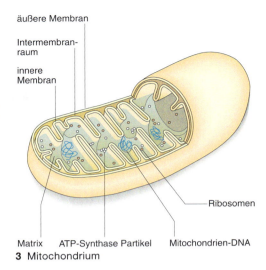

3 Mitochondrium
(äußere Membran, Intermembranraum, innere Membran, Ribosomen, Matrix, ATP-Synthase Partikel, Mitochondrien-DNA)

1 Herzmuskelgewebe einer Ratte

2 Zwerchfellgewebe einer Ratte

Zettelkasten

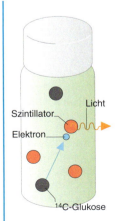

Forscher verfolgen die Glucose: Radioisotopenmethode

Beim Element Kohlenstoff kommen Atome mit einer unterschiedlichen Neutronenzahl im Atomkern vor, die man *Kohlenstoffisotope* nennt. Sie unterscheiden sich nicht in der Protonen- und Elektronenzahl und haben daher gleiche chemische Eigenschaften. Das Isotop mit der Atommasse 14 u (^{14}C) hat einen instabilen Atomkern, der beim Zerfall radioaktive Strahlung aussendet. Radioisotope dieser Art strahlen Elektronen ab. Sie können anstelle der stabilen ^{12}C-Atome in größere Moleküle, z. B. Glucose, eingebaut werden.

Gibt man zu isolierten Zellen oder Zellorganellen diese ^{14}C markierte Glucose, so können auch geringste Mengen der Abbaustufen, die ja ebenfalls die ^{14}C Atome enthalten, nachgewiesen und quantitativ bestimmt werden. Auch von anderen Elementen gibt es Radioisotope (z. B. Wasserstoff). Der Nachweis dieser Stoffe erfolgt in den meisten Fällen mithilfe der *Flüssig-Szintillationsmessung*.

Die mit dem radioaktiven Kohlenstoff oder Wasserstoff markierten Substanzen werden hierzu mit einem flüssigen Leuchtstoff *(Szintillator)* vermischt, der aufleuchtet, wenn er von einem Elektron aus einem radioaktiven Zerfall eines der beiden Elemente getroffen wird. Das Leuchten wird von einer Fotozelle in einer völlig verdunkelten Messkammer registriert. Aus der Anzahl der Impulse kann man auf die Konzentration der Stoffe schließen.

Strukturelle und energetische Grundlagen

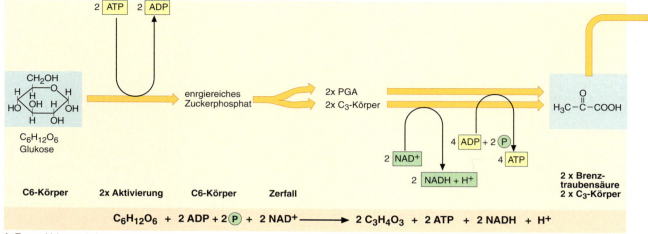

1 Erste Abbauschritte: die Glykolyse

Ein Nährstoff liefert Energie: Abbau der Glucose

Glucose ist wohl der wichtigste energiereiche Nährstoff für Lebewesen. Sie kann in allen Geweben verarbeitet werden, während z. B. Fett nur in dafür spezialisierten Zellen abgebaut werden kann. Die Zellen bauen die Glucose schrittweise zu den energiearmen Stoffen Kohlenstoffdioxid und Wasser ab. Mithilfe der dabei freigesetzten Energie wird energiereiches ATP aufgebaut. Die ersten Reaktionsschritte laufen im Cytoplasma ab, sie werden als Glykolyse zusammengefasst.

Die Glykolyse

Glucose ist ein energiereiches, aber reaktionsträges Molekül. Daher wird sie zunächst durch Übertragung zweier Phosphatgruppen aktiviert. Dabei wird energiereiches ATP verbraucht. Der entstehende energiereiche C_6-Körper zerfällt dann in zwei C_3-Körper, dem aus der lichtunabhängigen Reaktion der Fotosynthese (▶ s. S. 168) bekannten Phosphoglycerinaldehyd (PGA). Dieser Vorgang ist wichtig bei der Aufstellung der Energiebilanz: alle Folgeprozesse müssen doppelt in die Rechnung einbezogen werden, da sie sich stets auf ein ganzes Molekül Glucose beziehen. Der beim Zerfall entstehende C_3-Körper PGA wird oxidiert zu Phosphoglycerinsäure PGS und schrittweise weiter umgewandelt, bis das wichtige Zwischenprodukt Brenztraubensäure gebildet wird. Auf diesem Weg wird so viel Energie frei, dass pro C_3-Körper zweimal energiereiches ATP aufgebaut werden kann. Zur Aktivierung werden 2 ATP verbraucht, aber danach 2 x 2 ATP aufgebaut, also insgesamt pro Glucosemolekül zwei ATP gewonnen. (Abb. 1) Die Brenztraubensäure kann nun weiter verarbeitet werden. Sie wird ins Mitochondrium aufgenommen. Dort stehen die Enzyme bereit, die ihr Kohlenstoffgerüst zu Kohlenstoffdioxid verarbeiten können. Zunächst wird die Brenztraubensäure oxidiert und dabei Wasserstoff auf NAD^+ übertragen, es entsteht ein Molekül $NADH^+ + H^+$. Dann wird ein erstes CO_2- Molekül freigesetzt. Den gesamten Prozess nennt man daher oxidative Decarboxylierung. Das Produkt ist die mit dem Coenzym A verbundene und daher aktivierte Essigsäure, ein C_2-Körper. (Abb. 1, S. 51).

Der Citronensäurezyklus

Die aktivierte Essigsäure wird mit einem Akzeptormolekül verbunden, das 4 C-Atome enthält. Daraus entsteht ein C_6-Körper, die Citronensäure. Von ihr werden zweimal CO_2-Moleküle abgespalten. Damit ist das gesamte Kohlenstoffgerüst der Brenztraubensäure zu CO_2 abgebaut. Die Folgereaktionen dienen dazu, das Akzeptormolekül zu regenerieren, damit der Zyklus erneut ablaufen kann. Pro Zyklus wird ein ATP gewonnen.

Sowohl bei der Glykolyse als auch im Citronensäurezyklus wird von den Zwischenprodukten immer wieder Wasserstoff abgespalten. Er wird an die Akzeptoren NAD^+ bzw. FAD gebunden, dabei entstehen energiereiches $NADH + H^+$ bzw. $FADH_2$ zur Weiterverarbeitung in der Endoxidation.

Strukturelle und energetische Grundlagen

Chemiosmose: Im Konzentrationsgefälle steckt Energie

In der Innenmembran der Mitochondrien sind — wie in der Innenmembran der Chloroplasten — eine Reihe von Elektronen-Überträger-Molekülen eingeordnet. (s. Randspalte). Von Stufe zu Stufe werden Elektronen aus dem NADH + H$^+$ weiter gereicht und geben dabei Energie ab. Diese Weitergabe der Elektronen ist — wie an der Innenmembran der Chloroplasten — mit einem Transport von Protonen verbunden. Sie werden stets aus dem Matrixraum aufgenommen und in den Intermembranraum abgegeben. Die Protonenkonzentration im *Matrixraum* nimmt dadurch ab, im *Intermembranraum* steigt sie dagegen an, es entsteht ein *Protonengradient*. Er kann bis zu zwei pH-Einheiten ausmachen und bildet einen Zwischenspeicher für die von den Elektronen abgegebene Energie.

1 Oxidative Decarboxylierung und Citronensäurezyklus

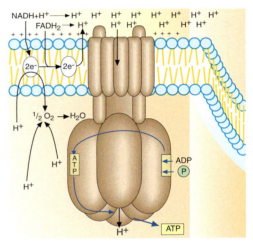

2 ATP-Gewinnung durch Chemiosmose

Energie aus Wasserstoff

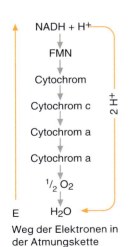

Weg der Elektronen in der Atmungskette

In der Glycolyse werden neben 2 ATP auch 2 NADH + 2 H$^+$ pro Molekül Glucose, in der oxydativen Decarboxylierung ebenfalls 2 und im Citronensäurecyklus sogar 2 x 3 NADH + H$^+$ sowie 2 FADH$_2$ gebildet. Diese Stoffe setzen viel Energie frei, wenn sie den Wasserstoff auf Sauerstoff übertragen können. Dies geschieht an der Innenmembran der Mitochondrien, aber auch hier nicht in einem Schritt, sondern in einer ganzen Reihe von Reaktionen, welche die *Atmungskette* bilden. So kann auch hier die Energie schrittweise und kontrolliert freigesetzt und in ATP gespeichert werden. Die wichtigen Coenzyme NAD$^+$ und FAD werden dabei regeneriert und stehen wieder der Glykolyse und dem Citronensäurezyklus zur Verfügung.

Wie in einem Stausee das höhere Niveau des Wassers Energie speichert, so speichert im Mitochondrium der Protonengradient potentielle Energie. Wie der Wasserstrom durch eine Turbine die Energie des Wassers nutzbar machen kann, so kann auch der Rückstrom der Protonen vom Intermembranraum in den Matrixraum die Energie des Protonengradienten nutzbar machen. Die „Turbine" in der inneren Mitochondrienmembran ist ein Enzymkomplex, die ATP-Synthase. Sie kann ADP und Phosphat binden. Von der Energie der hindurchströmenden Protonen angetrieben, verformt sie sich und verknüpft dabei die beiden Bausteine zum ATP. Pro NADH + H$^+$ reicht die Energie zum Aufbau von 3 ATP aus.

Strukturelle und energetische Grundlagen

Gärung: Es geht auch ohne Sauerstoff

Gärung
anaerober Stoffwechsel

Atmung
aerober Stoffwechsel

Sprossende Hefezelle

Zur Joghurtbereitung benötigt man Milch und Bakterienkulturen. Diese bauen den Milchzucker ab, um die nötige Energie für ihre Lebensprozesse zu gewinnen. Joghurt wird aber unter striktem Sauerstoffabschluss hergestellt. Die Bakterien haben also einen Stoffwechselweg, der ihnen auch die *anaerobe Dissimilation* von Glucose ermöglicht. Sie wird zunächst wie bei der Zellatmung durch Glykolyse abgebaut, allerdings kann der Wasserstoff aus NADH/H$^+$ nicht in der Atmungskette an Sauerstoff zu Wasser gebunden werden. Er wird daher auf organische Stoffe übertragen, um das für die Glykolyse wichtige NAD$^+$ zu regenerieren. Solche Stoffwechselarten bezeichnet man als *Gärungen*. Auch die Muskeln von Tieren und Menschen können so Energie gewinnen, wenn die Sauerstoffversorgung aufgrund zu hohen Energiebedarfs nicht mehr ausreicht.

Milchsäuregärung

Glucose wird zunächst in der Glykolyse abgebaut, es entstehen neben dem benötigten ATP Brenztraubensäure und NADH + H$^+$. Das Coenzym NAD$^+$ wird dabei verbraucht. Steht es nicht mehr zur Verfügung, kommt die Glykolyse und damit die Energiegewinnung zum Erliegen. Ein Enzym kann aber Wasserstoff vom NADH + H$^+$ auf die Brenztraubensäure übertragen. Dabei entsteht Milchsäure. Man spricht daher von *Milchsäuregärung* (▶ s. S. 169). Hier wird also der Zuckerabbau bereits kurz nach der Glykolyse abgeschlossen. Es stehen pro Glucosemolekül daher auch nur die in der Glykolyse bereitgestellten zwei ATP zur Verfügung. Bei vielen Tieren und dem Menschen wird die energiereiche Milchsäure bei ausreichender Sauerstoffversorgung in Leber und Muskeln aerob abgebaut.

Alkoholische Gärung

Auch in diesem Stoffwechselweg wird zunächst die Glucose durch Glykolyse abgebaut. Auch hier entstehen Brenztraubensäure und NADH + H$^+$. Dann wird aber zunächst aus der Brenztraubensäure mithilfe eines Enzyms CO$_2$ abgespalten und erst das entstehende (giftige) Ethanal mithilfe des NADH + H$^+$ zu weniger giftigem Ethanol (Trinkalkohol) reduziert. Viele Hefepilze arbeiten unter anaeroben Verhältnissen nach diesem Prinzip. Sie sind allerdings auch in der Lage, bei guter Sauerstoffversorgung zu atmen (fakultative Anaerobier). Der menschliche Organismus besitzt nur unzureichend wirkende Enzyme für den Abbau von Ethanol und produziert dabei relativ große Mengen des giftigen Ethanals.

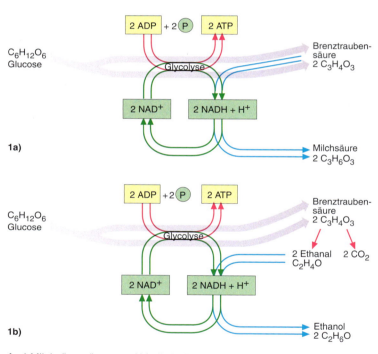

1 a) Milchsäuregärung und b) alkoholische Gärung

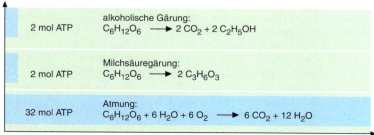

1 Schematische Darstellung von Gärung und Atmung

Aufgaben

① Hefe wird in gut belüfteten Behältern vermehrt, aber beim Bierbrauen arbeitet man unter Luftabschluss. Begründen Sie.

② Gefäße zur Zubereitung von Sauerkraut durch Milchsäurebakterien müssen völlig sauber und luftdicht sein. Welche unerwünschten Vorgänge könnten sonst eintreten?

Strukturelle und energetische Grundlagen

Stoffwechsel im Überblick

Zellatmung und Gärungen sind die wichtigsten Möglichkeiten zur Energiegewinnung in Lebewesen. Bei der Zellatmung wird die Glucose vollständig zu CO_2 und Wasser abgebaut. Diese Reaktion erbringt eine maximale Energieausbeute von 2872 kJ/mol. Es werden je 2 NADH + H$^+$ in der Glykolyse, 2 NADH + H$^+$ beim Abbau der Brenztraubensäure zur aktivierten Essigsäure und 6 NADH + H$^+$ sowie 2 FADH$_2$ im Zitronensäurezyklus gebildet, die in der Atmungskette zu Wasser oxidiert werden können. Da in der Atmungskette pro NADH + H$^+$ 2,5 ATP und pro FADH$_2$ 1,5 ATP produziert und für Transportprozesse 2 ATP verbraucht werden, ist insgesamt also die Bildung von 30 ATP pro mol Glucose möglich (s. Abb.1):

$C_6H_{12}O_6 + 6\,H_2O + 30\,ADP + 30\,\text{\textcircled{P}} \rightarrow$
$6\,CO_2 + 12\,H_2O + 30\,ATP$

Bei den Gärungen entstehen die noch recht energiereichen Stoffe Milchsäure bzw. Ethanol. Entsprechend geringer ist die maximale Energieausbeute, z.B. bei der Milchsäuregärung maximal 187 kJ/mol. Als Abbaubilanz ergibt sich:

$C_6H_{12}O_6 + 2\,ADP + 2\,\text{\textcircled{P}} \rightarrow 2\,C_3H_6O_3 + 2\,ATP$

bzw. für die alkoholische Gärung:
$C_6H_{12}O_6 + 2\,ADP + 2\,\text{\textcircled{P}} \rightarrow$
$2\,C_2H_5OH + 2\,CO_2 + 2\,ATP$

Die ATP-Ausbeute ist entsprechend klein, nur je 2 ATP/Glucose, da der beim Glucoseabbau freigesetzte Wasserstoff nicht auf Sauerstoff übertragen werden kann.

Auch andere Stoffe als Glucose können im Energiestoffwechsel abgebaut werden. So werden Fette in Glycerin, einen C_3-Körper, und Fettsäuren zerlegt, die wiederum zu aktivierter Essigsäure abgebaut werden können. Pro aktivierter Essigsäure entsteht dabei 1 NADH + H$^+$ und 1 FADH$_2$, die aktivierte Essigsäure geht in den Citronensäurecyklus ein. Die Kohlenwasserstoffgerüste der Aminosäuren, der Grundbausteine der Proteine, können ebenfalls im Citronensäurezyklus abgebaut werden, der damit — auch wegen seiner vielfältigen Stoffaufbaumöglichkeiten — zurecht als „Drehscheibe des Stoffwechsels" bezeichnet wird.

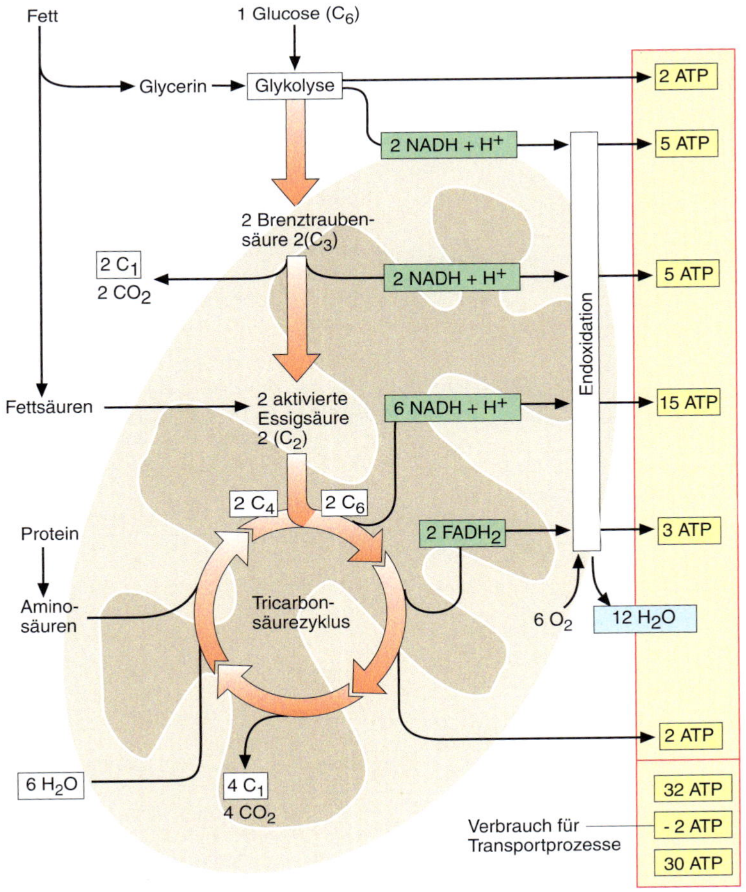

Aufgaben

① Berechnen Sie den Wirkungsgrad (nutzbare, d.h. in ATP gespeicherte Energie im Verhältnis zur Gesamtreaktionsenergie) für die Milchsäuregärung und für die Zellatmung in Prozent. Informieren Sie sich über den Wirkungsgrad einer Dampfmaschine, eines Verbrennungsmotors, eines modernen Wärmekraftwerks und vergleichen Sie.

② Glycerin entsteht bei der Fettspaltung. Es wird zunächst zu Brenztraubensäure abgebaut, dabei werden 1 ATP und 1 NADH + H$^+$ gebildet. Bestimmen Sie die gesamte ATP-Ausbeute für den Abbau von Glycerin zu CO_2 und Wasser.

③ Erläutern Sie, wieso ein Fettsäuremolekül mit 10 C-Atomen, dessen Masse etwa der der Glucose entspricht, eine etwa doppelt so große ATP-Ausbeute liefert.

④ Die Masse von vier Molekülen Alkohol entspricht etwa der Masse eines Glucosemoleküls. Alkohol wird unter Gewinn von 2 NADH+H$^+$ zu aktivierter Essigsäure. Diese wird weiter abgebaut. Zeigen sie anhand der ATP-Ausbeute, wie es zum Bierbauch kommt.

1 Abbau von Nährstoffen durch die Zellatmung

Strukturelle und energetische Grundlagen

Versuche zur Gärung

Untersuchung von Sauerteig

Material:
300 g Roggenmehl oder käufliche Backmischung Roggenbrot, dest. Wasser, pH-Teststreifen, Glaswolle

Geräte:
Backschüssel, Becherglas (1 Liter), kleiner Teller zum Abdecken, kl. Löffel, 3 kl. Reagenzgläser, 1 gr. Reagenzglas, Becherglas 500 ml (hoch), Drahtnetz, Dreifuß, Brenner

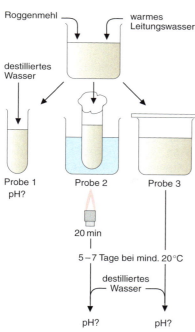

Durchführung:
300 g Roggenmehl (möglichst frisch und nicht zu fein gemahlen) werden in der Backschüssel mit so viel Leitungswasser (ca. 300 ml) bei ca. 30 °C gründlich vermischt, sodass der Teig gerade noch fließfähig ist.

Zwei kleine Proben von ca. 10 g werden abgenommen. Probe 1 wird mit ca. 10 ml Wasser aufgeschwemmt. Man lässt den Teig sich absetzen und misst den pH-Wert.

Probe 2 wird im großen, mit Glaswolle verschlossenen Reagenzglas ca. 20 min im kochenden Wasserbad erhitzt.

Der restliche Teig wird in ein hohes Becherglas gefüllt, mit einem Teller abgedeckt und etwa eine Woche lang an einem dunklen warmen Ort (nicht unter 20 °C) zusammen mit Probe 2 stehen gelassen.

Aufgabe

① Nach Ablauf der Zeit wird in beiden Proben wie bei Probe 1 der pH-Wert ermittelt. Deuten Sie das Ergebnis.

Backen eines Sauerteigbrotes

Material:
Versuchsansatz aus Versuch 1, 300 g Roggenmehl, 12 g Speisesalz

Geräte:
Backschüssel, Rührlöffel, Kastenbackform, sauberes Handtuch, Backofen oder Trockenschrank

Durchführung:
Ähnlich wie in Versuch 1 werden das Roggenmehl, Salz und Wasser vermischt. Unter Rühren wird so viel Wasser dazu gegeben, dass der Teig klebrig, aber nicht fließfähig ist. Er wird in der mit einem Tuch abgedeckten Backschüssel ca. einen Tag an einem warmen Ort aufbewahrt.

Danach wird der Teig in die Backform gefüllt und nochmals mit einem Tuch abgedeckt ca. eine Stunde gehen gelassen. Dann wird der Teig bei ca. 180 °C ca. eine Stunde lang gebacken.

Alkoholische Gärung

Material:
Backhefe, Glucose, Calciumhydroxidlösung, Spülmittel

Geräte:
2 Wasserbäder (40 °C), 2 große Reagenzgläser, 3 Gaswaschflaschen, Sprudelsteine, Gummischläuche, Aquarienpumpen, Destillierapparatur oder doppelt durchbohrter Gummistopfen mit breitem Steigrohr (ca. 60 cm hoch), Thermometer

Durchführung:
Für einen Hefeansatz werden 40 g Glucose in 200 ml Wasser gelöst. Dazu kommen 20 g Bäckerhefe oder ein Beutel Trockenhefe. Der Ansatz wird im Wasserbad vorgewärmt, gut geschüttelt und gleichmäßig auf 2 Reagenzgläser verteilt. Die beiden Versuchsansätze werden gemäß der Abbildung aufgebaut. Nur einer wird mittels Aquarienpumpe belüftet.

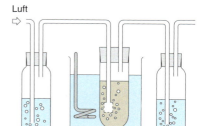

Calciumhydroxidlösung — Wasserbad (+40 °C) — Hefesuspension — Calciumhydroxidlösung

Aufgaben

② Beobachten Sie die Lösungen in den Waschflaschen und deuten Sie Ihre Beobachtungen.

③ Lassen Sie die Ansätze (ohne weitere Heizung) einen weiteren Tag stehen. Destillieren Sie dann (getrennt) den Inhalt der beiden Reagenzgläser. Vergleichen Sie dabei die Siedetemperaturen. Begründen Sie den Unterschied.

④ Versuchen Sie, die ersten 10 Tropfen des Destillats zu entzünden. Begründen Sie Unterschiede zwischen den beiden Ansätzen.

Alternative (einfachere) Durchführung:
— Geben Sie in jedes Reagenzglas je einen Tropfen Spülmittel, um zu starkes Schäumen zu verhindern.
— Verschließen Sie jedes Reagenzglas nach Befüllen wie oben mit einem doppelt durchbohrten Stopfen.
— Setzen Sie in die eine Öffnung des Stopfens ein Thermometer, in die andere ein ca. 50 cm langes Steigrohr (ca. 1 cm Ø).

Aufgaben

⑤ Erhitzen Sie und vergleichen Sie die Siedetemperaturen.

⑥ Wenn Dampf aus dem Steigrohr strömt, versuchen Sie (mehrmals), ihn zu entzünden. Welchen Stoff weisen Sie damit nach?

⑦ Vergleichen Sie beide Ansätze in Bezug auf Siedetemperatur und Brennbarkeit. Begründen Sie.

Nützliche Mikroorganismen

Gärungsprodukt Biogas

Energie aus Abfall — eine verlockende Perspektive? Faulgas aus Klärschlamm ist bereits seit längerer Zeit eine wichtige Energiequelle von Kläranlagen. In Biogas-Anlagen werden Abfälle wie z. B. Gülle eingesetzt. Allerdings ist ihr Energiegehalt und damit die Biogas-Ausbeute nicht sehr hoch:
1 ha Mais = ca. 2 kW
1 ha Getreide = ca. 1,5 kW
1 ha Gras = ca. 1 kW
Gülle von einer Kuh = ca. 0,15 kW

Die Stoffe werden durch verschiedene Mikroorganismen stufenweise verarbeitet. Das entstehende Biogas enthält ca. 60 % Methan und 35 % CO_2. Der Rest sind Wasserdampf und andere Gase wie Ammoniak oder Schwefelwasserstoff.

Aufgaben

① Informieren Sie sich, wie und aus welchen Gründen Biogas vor der Einspeisung ins Gasnetz aufbereitet werden muss.
② Diskutieren Sie, welche Substrate in einer Biogasanlage bevorzugt genutzt werden sollten.
③ „Biogas ist Preistreiber für Nahrungsmittel!" Informieren Sie sich, ob diese Aussage zutrifft und diskutieren Sie mögliche Auswirkungen auf die Staaten Europas und Afrikas.

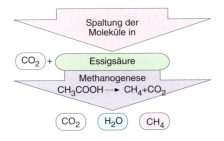

Wie Hefen wachsen

Hefen benötigen als Energiequelle Kohlenhydrate, z. B. Glucose, und bestimmte Mineralstoffe. Bei Gegenwart von Sauerstoff (aerob) wird die Glucose vollständig zu CO_2 und H_2O abgebaut. Bei Mangel oder Abwesenheit von Sauerstoff (anaerob) wird der Traubenzucker nur unvollständig umgesetzt, nämlich zu Ethanol, wobei gleichzeitig große Mengen CO_2 entstehen. Die Hefe stellt ihren Stoffwechsel auf Gärung um.

Wie lässt sich die rechte Abbildung deuten?

Das Wachstum der Hefezellen in einer Kultur kann man mithilfe eines Fotometers bestimmen, da die Trübung der Kulturlösung mit zunehmender Hefedichte zunimmt und eingestrahltes Licht stärker absorbiert wird. Misst man die Absorption über einen längeren Zeitraum, erhält man den Kurvenverlauf rechts.

Wie ist die Wachstumskurve einer Hefesuspension zu erklären, die nach Versuchsbeginn sich selbst überlassen bleibt?

Bei hohen Zuckerkonzentrationen wird auch bei hoher Sauerstoffkonzentration Ethanol gebildet. Unter diesen Bedingungen wächst die Hefe besonders gut, sodass sie sich in großem Maßstab gewinnen lässt. Allein in Deutschland werden ca. 120 000 t Bäckerhefe pro Jahr hergestellt.

In welchen Bereichen findet diese Hefe Verwendung?

Milchsäurebakterien

Milchsäurebakterien spielen häufig in der Lebensmittelerzeugung eine Rolle, indem sie zum Haltbarmachen oder zum Ansäuern von Nahrungsmitteln verwendet werden. Dazu gehören viele Milchprodukte, wie Jogurt, Dickmilch, Sauermilch, Buttermilch oder zur Brotherstellung der Sauerteig. Sauerkraut entsteht durch die Milchsäurebakterien aus Weißkohl. Der Name „Milchsäurebakterien" ergibt sich aus dem Produkt Milchsäure (Laktat), das diese Bakterien anaerob aus Zucker gewinnen. Durch die dabei freiwerdende Energie entsteht auch eine höhere Umgebungstemperatur.

Informieren Sie sich über die verschiedenen Arten von Milchsäurebakterien. Stellen Sie in einer Tabelle ihre Rolle bei der Herstellung von Nahrungsmitteln und für die Gesundheitsaspekte zusammen.

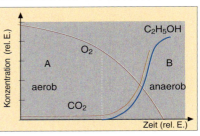

Zusammensetzung zwischen O_2-Gehalt und Ethanolproduktion in einer Hefekultur in Abhängigkeit von der Zeit

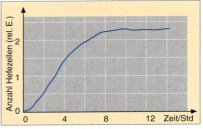

Wachstum einer Hefekultur

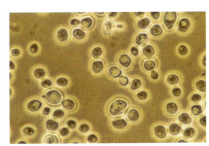

Hefesuspension

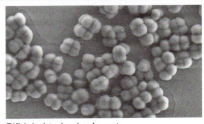

Bifidobakterien im Jogurt

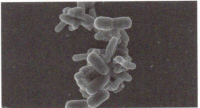

Lactobacillen im Jogurt

Strukturelle und energetische Grundlagen

Material   Anwenden • Festigen • Wissen

Energie zum Leben

Leichtathletik: Atmung und Gärung

Lebensvorgänge sind immer mit dem Umsatz von Energie verbunden. Am stärksten erfahren wir das im Sport. Hier wird aber auch deutlich, wie Erkenntnisse der Biologie Training und Leistungen verbessern helfen. In der Leichtathletik werden Sportler längst individuell ausgesucht und trainiert. Oft gibt es Talente für bestimmte Sportarten. Echte Allrounder wie Zehnkämpfer sind selten. Unterschiedliche Muskeltypen reagieren in unterschiedlicher Weise, obwohl sie den gleichen Grundbauplan aufweisen. Alle werden von Nervenzellen erregt. Die kontraktilen Muskelfibrillen sorgen für das Zusammenziehen des Muskels. Außerdem besitzt jede Muskelfaser die bekannten Organellen einer Zelle.

Bei Tiermuskeln erkennt man bereits an der Farbe verschiedene Muskeltypen mit unterschiedlichen Anteilen bestimmter Muskelfasern. Helle Muskeln (z. B. Geflügel) enthalten viele FT-Fasern (fast twitch: schnell reagierend), dunkelrote Muskeln einen hohen Anteil von ST-Fasern (slow twitch: langsam, aber ausdauernd reagierend). Die tiefrote Farbe beruht auf ihrer hohen Konzentration des Sauerstoffspeichermoleküls Myoglobin.

Aufgaben

1. Welche Art von Muskelfasern deckt den Energiebedarf überwiegend durch Atmung, welcher überwiegend durch Gärung? Begründen Sie.
2. Stellen Sie die chemischen Gleichungen für Atmung und Gärung auf. Vergleichen Sie die ATP-Ausbeute bei beiden Vorgängen bezogen auf ein Molekül Glucose.
3. Welcher Fasertyp nutzt die verfügbare Glucose besser zur Energiegewinnung? Begründen Sie.
4. Diskutieren Sie, welcher Muskelfasertyp in der Muskulatur von Bahnradfahrern, Speerwerfern, Kugelstoßern, Bergsteigern, Marathonläufern, Weitspringern überwiegt.

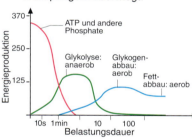

2 Energiequellen der Muskeln

Abb. 2 zeigt, wie schnell die Energie aus den verschiedenen Quellen der Muskelzelle für Bewegungen bereitgestellt werden kann.

Aufgaben

5. Diskutieren Sie, welche Energiequellen „schnell", welche langsam sind, und welche Gründe das haben könnte.
6. Diskutieren Sie, auf welche Energiequellen die FT-, auf welche die ST-Fasern vor allem zurückgreifen dürften.
7. Diskutieren Sie Vor- und Nachteile der anaeroben und der aeroben Energiegewinnung.
8. Oft hört man von Sportlern, dass ihre Leistungsgrenze durch eine Übersäuerung der Muskeln und des Körpers bedingt wäre. Diskutieren Sie die Einflüsse der Milchsäure auf die Enzymreaktionen in der Zelle.
9. „Fett bekommt man nur durch Ausdauersport weg." Diskutieren Sie diese Aussage anhand der Abb. 2.

Laktatwerte beim Sport

Um die Leistungsfähigkeit von Sportlern auszutesten, werden bei einem Training oft die Laktatwerte ermittelt, d. h. die Gehalte an Milchsäure im Blut. Dazu wird den Sportlern während des Trainings in regelmäßigen Zeitabständen Blut aus dem Ohrläppchen entnommen. Ein starker Anstieg des Laktatwertes deutet auf eine Überbelastung des Sportlers hin, da die durch Milchsäuregärung erzeugte Milchsäure nicht mehr in gleichem Maße von Leber und Herz abgebaut werden kann, wie sie in den Muskeln entsteht. Eine Übersäuerung des Muskels und ein Zusammenbruch wären schnell die Folgen.

Andererseits sollte der Sportler natürlich „an seine Grenzen gehen". Ein Maß dafür kann für ihn die Herzfrequenz sein, da sie während eines Wettkampfs leicht vom Sportler selbst ermittelt oder „erfühlt" werden kann. Daher wird gleichzeitig mit der Ermittlung der Laktatwerte die Herzfrequenz bestimmt. Im Vergleich der Werte kann man erkennen, bei welcher Herzfrequenz der Sportler ausgelastet, aber noch nicht überlastet ist.

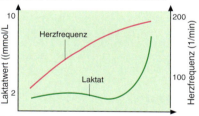

3 Laktatwerte und Herzfrequenz einer Läuferin

Die Kurve oben gibt die Herzfrequenz und den Milchsäuregehalt im Blut einer Sportlerin an, die ein Lauftraining mit stufenweise steigender Geschwindigkeit absolviert hat. Gelaufen wurden 5 Stufen von 8 bis 16 km/h für je 5 Minuten. Die letzte Stufe mit 18 km/h wurde nach 3 Minuten beendet.

Aufgaben

10. Erläutern Sie die Herkunft des Laktats bei der sportlichen Anstrengung.
11. Wieso steigt die Kurve erst in der letzten Stufe so steil an?
12. Diskutieren Sie, welche Herzfrequenz die Sportlerin bei einem Marathonlauf etwa einhalten sollte, und wieso sie einen End-, aber keinen Zwischenspurt riskieren kann.

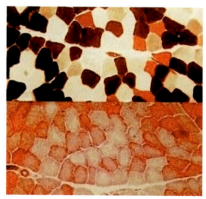

1 „Weiße" und „rote" Muskelfasern

Strukturelle und energetische Grundlagen

Anwenden • Festigen • Wissen

Fotosynthese – etwas anders

1 Schwefelbakterien Chlorobium

Chlorobium betreibt „Ur-Fotosynthese"

Heiße Quellen mit einer Temperatur von 50 bis 60 Grad Celsius und ein hoher Gehalt des für uns extrem giftigen Schwefelwasserstoffs — nicht gerade Bedingungen, die ideal für Leben erscheinen. Doch die grünen Schwefelbakterien der Art Chlorobium „lieben" solche extremen Lebensräume und können anderswo nicht existieren. Schwefel ist „ihr Lebenselement". Wie läuft Leben unter diesen urzeitlichen Bedingungen ab? Chlorobium könnte wichtige Aufschlüsse über die Evolution der Fotosynthese geben.

Das Bakterium besitzt Chlorophyll und kann damit Fotosynthese betreiben. Das geschieht aber auf einem anoxygenen Weg: es wird kein Sauerstoff gebildet. Außerdem arbeitet Chlorobium photolithotroph: anorganische Grundstoffe (griech. Lithos: der Stein) wie Sulfide oder auch Schwefelwasserstoff spielen bei seiner Fotosynthese eine wichtige Rolle. Chlorobium besitzt nur ein Fotosystem. Dieses liegt am Rand der Zelle in Chlorosomen, farbstoffgefüllten Körperchen, die die wichtigsten Reaktionen seiner Fotosynthese übernehmen.

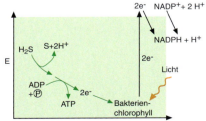

2 a) Fotosyntheseschema

Die Chlorosomen von Chlorobium zeigen einen interessanten Feinbau und verarbeiten Schwefelwasserstoff mithilfe von Lichtenergie zu Schwefel. Dadurch erhält Chlorobium die nötigen Ausgangsstoffe, um aus Kohlenstoffdioxid Kohlenhydrate aufzubauen.

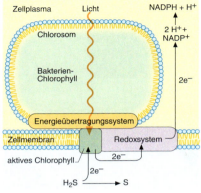

2 b) Feinbau der Chlorosomen

Aufgaben

1. Vergleichen Sie den Bau der Chlorobiumzelle mit dem einer Pflanzenzelle. Charakterisieren Sie Gemeinsamkeiten und Unterschiede.
2. Skizzieren Sie auf einem Notizblatt den Bau eines Chloroplasten höherer Pflanzen und vergleichen Sie damit das Chlorosom von Chlorobium. Achten Sie dabei besonders auf die beteiligten Membranen und auf Art und Verteilung der Fotosynthesefarbstoffe.
3. Skizzieren Sie auf ein Notizblatt ein Verlaufsschema der Fotosynthese der höheren Pflanzen. Vergleichen Sie mit der Abb. 2 von Chlorobium. Welche Gemeinsamkeiten, welche Unterschiede erkennen Sie?
4. Welche Rolle spielt der Schwefelwasserstoff bei der Fotosynthese von Chlorobium? Welcher Stoff spielt diese Rolle bei der Fotosynthese höherer Planzen?
5. Diskutieren Sie, wieso Chlorobium keinen Sauerstoff bilden kann. Welcher Stoff entsteht stattdessen?
6. Stellen Sie die chemische Gesamtgleichung für die Fotosynthese von Chlorobium auf und vergleichen Sie mit der der höheren Pflanzen.
7. Als Bakterium besitzt Chlorobium keine Chloroplasten. Stellen Sie anhand Abb. 2b eine Hypothese auf, wie es ähnlich wie andere Zellen ATP herstellen kann.

Eine weitere Besonderheit vieler Stämme von Chlorobium ist, dass ihnen das wichtige Enzym Rubisco fehlt. Dafür scheint Chlorobium bestimmte Stoffwechselwege „umkehren" zu können, die von anderen Organismen zum Abbau von Kohlenhydraten verwendet werden. Enzyme können bei chemischen Reaktionen grundsätzlich Hin- und Rückreaktion in gleicher Weise katalysieren. Bei diesem Abbau wird an verschiedenen Stellen das Kohlenstoffgerüst organischer Verbindungen durch Abspaltung von CO_2 verkürzt. Umgekehrt kann Chlorobium das Kohlenstoffgerüst kürzerer organischer Säuren durch Anbau von CO_2 verlängern und auf diese Weise größere organische Moleküle und schließlich Kohlenhydrate aufbauen.

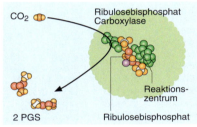

3 CO_2-Fixierung durch Rubisco

Aufgaben

8. Welche Rolle spielt das Enzym Rubisco in der Fotosynthese? Beschreiben Sie mithilfe Abb. 3.
9. Welche chemische Reaktion folgt bei der Fotosynthese der höheren Pflanzen auf die Fixierung des CO_2? Stellen Sie die beteiligten Stoffe in einer Liste zusammen und benennen Sie die Stoffe, die aus der Lichtreaktion stammen.
10. Wie könnte man durch radioaktive Markierung des Kohlenstoffs im CO_2 herausfinden, dass die lichtunabhängige Reaktion bei Chlorobium tatsächlich anders erfolgt als bei höheren Pflanzen?
11. Kennzeichnen Sie anhand eines Überblicks über die Abbauwege von Kohlenhydraten (s. S. 51) die chemischen Reaktionen der Zellatmung, in denen CO_2 freigesetzt wird.
12. In Versuchen mit Chlorobium fand man, dass sich die Konzentration des C_4-Moleküls Bernsteinsäure in der Zelle bei Belichtung vermindert. An welcher Stelle des Zuckerabbaus kommen C_4-Moleküle vor und können von Chlorobium „umgekehrt" werden?

Strukturelle und energetische Grundlagen

Genetik

Mit noch nicht einmal 150 Jahren ist die Genetik eine vergleichsweise junge Wissenschaft. Sie hat sich im 20. Jahrhundert rasant entwickelt und beeinflusst unser tägliches Leben wie keine andere Disziplin der Biologie.

Ihren Anfang als experimentelle Naturwissenschaft nahm die **Klassische Genetik** in der zweiten Hälfte des 19. Jahrhunderts in einem Klostergarten, als der Augustinermönch GREGOR MENDEL durch Kreuzungsversuche mit Erbsenpflanzen die Regeln der Vererbung entdeckte.

Klassische Genetik

Zytogenetik

Mit der Verbesserung der mikroskopischen Techniken gelang es am Anfang des 20. Jahrhunderts der **Zytogenetik** die Chromosomen im Zellkern als Träger der Erbinformationen bzw. der „Gene" auszumachen.

Humangenetik

Schon 1903 erkannte man durch Stammbaumanalysen, dass die mendelschen Regeln auch in der **Humangenetik** bei der Vererbung menschlicher Merkmale gelten.

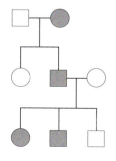
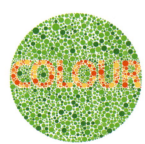

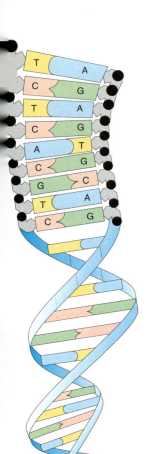

Gentechnik

Das Verständnis für den genetischen Code und seine steuernde Funktion waren ab 1970 die Voraussetzung dafür, dass man heute mit der *Gentechnik* gezielt Gene herstellen, verändern und in Zellen einschleusen kann.

Die vielfältigen Möglichkeiten der modernen Genetik und ihre Auswirkungen auf den Menschen beschäftigen heute Diskussionsrunden und Tagespresse: Genomprojekt, genetischer Fingerabdruck, Gendiagnostik, Gentherapie, Gentechnik in Lebensmitteln.

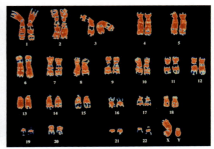

Molekulargenetik

Mit dem immer besseren Verständnis für die Genetik wurde auch die Definition des Begriffes **„Gen"** immer komplizierter:

"Each gene controls the production, function and specifity of a particular enzyme."
GEORGE W. BEADLE & EDWARD TATUM 1941

„Ein Gen ist der DNA-Abschnitt, der für ein mRNA-Molekül codiert."
FRANÇOIS JACOB & JACQUES MONOD 1961

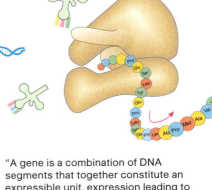

"A gene is a combination of DNA segments that together constitute an expressible unit, expression leading to the formation of one ore more functional gene products that may be either RNA molecules or polypeptides. The segments of a gene include the transcribed region, which encompasses the coding sequences, intervening sequences, any 5' leader and 3' trailer sequences that surround the ends of the coding sequences, and any regulatory segments included in the transcription unit, and the regulatory sequences that flank the transcription unit and are required for specific expression."
MAXINE SINGER & PAUL BERG 1991

Mit der Entschlüsselung der Struktur der DNA im Jahr 1953 durch WATSON und CRICK begann man durch die Molekulargenetik zu verstehen, wie Gene weitergegeben werden und wie sie in Proteine übersetzt werden, welche die äußerlich erkennbaren Merkmale eines Lebewesens bestimmen.

1 Molekulargenetik

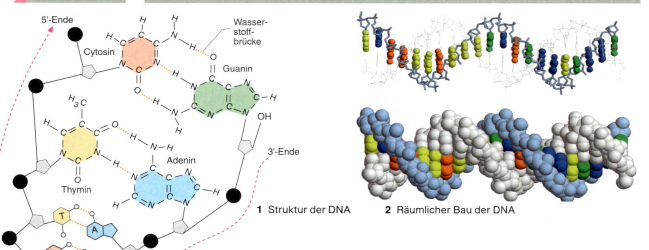

1 Struktur der DNA 2 Räumlicher Bau der DNA

DNA – der Stoff aus dem die Gene sind

Die DNA steuert nicht nur die Merkmalsausprägung bei Bakterien, sondern auch bei allen anderen Lebewesen. Sie wird als Träger der Erbinformation an die Folgegenerationen weitergegeben. Als Trägermolekül der genetischen Information ist die DNA (▶ s. S. 170) also in der Lage:

— Informationen zu verschlüsseln, die auch abgelesen und in Merkmale umgesetzt werden,
— sich unverändert unter Erhaltung ihrer Information d. h. identisch verdoppeln zu lassen, um bei Zellteilungen an die Tochterzellen weitergegeben zu werden,
— auch über Generationen hinweg stabil erhalten zu bleiben, aber auch Abwandlungen zu ermöglichen.

Die chemischen Untersuchungen zeigen, dass DNA ein langes Makromolekül ist, das aus gleichen Mengenanteilen des C_5-Zuckers Desoxyribose, Phosphat und organischen Basen besteht. Adenin (A) und Guanin (G) sind Purinbasen mit etwas größerem Grundgerüst, Thymin (T) und Cytosin (C) gehören zu den etwas kleineren Pyrimidinbasen. ERWIN CHARGAFF konnte feststellen, dass in der DNA stets gleiche Mengen von A und T und von G und C vorliegen. Schonende Hydrolyse mithilfe von Enzymen spaltet die DNA in *Nucleotide*, Einheiten aus je einem Molekül Desoxyribose, Phosphat und einer der Basen. Röntgenuntersuchungen an kristalliner DNA ließen eine regelmäßige schraubenförmige Grundstruktur erkennen.

WATSON und CRICK fügten 1953 das Datenpuzzle genial zusammen und stellten das bis heute gültige Doppelhelix-Modell der DNA auf. Sie besteht aus 2 regelmäßigen Einzelsträngen von Nucleotiden. Darin bilden Desoxyribose und Phosphat abwechselnd je einen Strang des Moleküls. Phosphat ist darin nach der einen Seite mit dem 3. C-Atom, nach der anderen mit dem 5. C-Atom der Desoxyribose verbunden (Abb. 1). Am einen Ende eines DNA-Einzelstranges liegt eine Phosphat-Gruppe am 5. C-Atom einer Desoxyribose (5'-Ende), am anderen eine freie OH-Gruppe der Desoxyribose (3'-Ende). Jeder Einzelstrang der DNA hat also eine bestimmte Richtung, gewöhnlich wird die DNA von 5' nach 3' gebaut, von 3' nach 5' abgelesen.

Die beiden Einzelstränge liegen einander gegenüber, verlaufen aber *antiparallel*, das 3'-Ende des einen am 5'-Ende des anderen. Die Basen sind an der Desoxyribose gebunden und zeigen nach innen. Sie bilden lockere Wasserstoffbrückenbindungen zur gegenüber liegenden Base. Dabei paaren sich immer die komplementären Basen: *Adenin mit Thymin, Guanin mit Cytosin*, also eine kurze

ø 11 nm

60 Genetik und Gentechnik

Pyrimidin- mit einer langen Purin-Base, sodass ein gleichmäßiger strickleiterartiger Doppelstrang entsteht (Abb. 2). Er ist zu einer Doppelhelix aufgewunden (Abb. 1). Die Abfolge der Basen, die Basensequenz, verschlüsselt die genetische Information. Die Basensequenz der menschlichen DNA ist bereits bekannt. Zwischen den Information enthaltenden Genen liegen aber immer wieder lange DNA-Abschnitte mit unbekannter Funktion.

Prokaryoten besitzen ein ringförmiges langes Bakterienchromosom — es umfasst bei E. coli z. B. 4,7 Millionen Basenpaare — und daneben kleine DNA-Ringe, die *Plasmide*. Die 23 Chromosomenpaare des Menschen umfassen ca. 3 Milliarden Basenpaare, die DNA ist insgesamt ca. 1,80 m lang, aber extrem aufgewunden und dadurch verkürzt. Sie wird durch Proteine, die *Histone*, in dieser kondensierten Form gehalten. Histone wirken wie „Lockenwickler", um die die DNA gelegt ist. Die Nukleosomen, Komplexe aus DNA und Histonen, sind wie Perlenketten aufgereiht, diese 30 nm dicke Faser ist in kompakte Schleifen und Ketten gelegt und hat so Raum innerhalb der Membran des Zellkerns.

RNA – ein wenig anders

RNA ist ähnlich gebaut wie die DNA, hat aber andere Aufgaben. RNA liegt oft in vielen Kopien frei im Zellplasma vor und unterliegt einem ständigen Auf- und Abbau. messenger-RNA transportiert einzelne genetische Informationen ins Zellplasma, transfer-RNA transportiert Aminosäuren bei der Proteinbiosynthese, ribosomale RNA erfüllt Aufgaben bei der Proteinsynthese innerhalb der Ribosomen.

RNA besitzt im Gegensatz zur DNA
— nur einen Einzelstrang, der aber durch Paarung kompementärer Basen in sich selbst gefaltet sein kann,
— Ribose statt Desoxyribose,
— die Base Uracil anstelle von Thymin, die aber auch mit Adenin paart,
— eine erheblich geringere Länge, da sie nur die Information eines oder weniger Gene enthält. Je nach ihrem Informationsgehalt kann sie auch sehr verschieden lang sein.

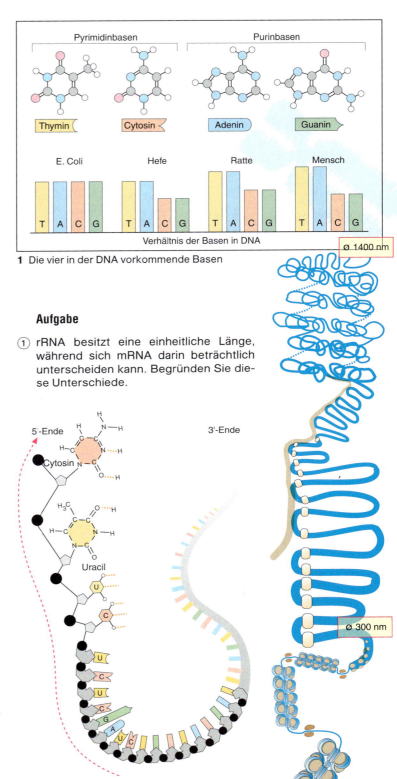

1 Die vier in der DNA vorkommende Basen

Aufgabe

① rRNA besitzt eine einheitliche Länge, während sich mRNA darin beträchtlich unterscheiden kann. Begründen Sie diese Unterschiede.

Genetik und Gentechnik

Lexikon

Wettlauf zum Nobelpreis

Der Baseler Mediziner FRIEDRICH MIESCHER wies bereits 1869 die DNA als Bestanteil von Eiterzellen nach. ALBRECHT KOSSEL (Nobelpreis 1910) erkannte die Bausteine der DNA. Aber erst 1944 wurde die Rolle der DNA als Träger der genetischen Information nachgewiesen. Vorher galt sie eher als exotische und wenig interessante Verbindung. Nachdem allerdings AVERY die Rolle der DNA als „Molekül des Lebens" entdeckt hatte, setzte in der Forschung ein Wettlauf um die Aufklärung ihrer Struktur ein. Viele biologischen Arbeitsgruppen untersuchten die DNA mit unterschiedlichen Methoden. Eine Synthese der Erkenntnisse wollte aber lange Zeit nicht gelingen.

ERWIN CHARGAFF begann 1944 mit seinen Forschungen über die Zusammensetzung der DNA. Er erkannte die grundlegenden Regeln:
— Die Basenzusammensetzung der DNA ist von Spezies zu Spezies unterschiedlich. Sie besteht aus den vier „Grundnukleotiden" mit den Basen Adenin, Thymin, Guanin und Cytosin, in unterschiedlicher Folge.
— DNA-Proben aus unterschiedlichen Geweben eines Individuums sind gleich.
— Die Basenzusammensetzung der DNA einer Spezies ist unabhängig von Alter, Ernährungszustand und Lebensraum.
— In allen DNA-Molekülen gilt: $A = T$ und $C = G$ und $A + G = T + C$

Der Enzymforscher ARTHUR KORNBERG (Nobelpreis 1959) untersuchte Dinukleotide der DNA und fand, dass ihre Mengenverhältnisse dann gleich sind, wenn sie entgegengesetzte Richtung haben. Die Antiparallelität im DNA-Doppelstrang war damit klar, die Raumstruktur lag aber immer noch in Dunklen.

1950 begann am King's College in Cambridge ROSALIND FRANKLIN ihre Arbeit an der DNA. Sie hatte sich einen Namen im Bereich der Kristallographie gemacht. Kristalle beugen je nach ihrer Struktur Röntgenstrahlung in charakteristischer Weise. Allerdings lassen die Beugungsmuster stets mehrere Interpretationen zu. FRANKLIN entwickelte ein Verfahren, mit dem sie DNA kristallisieren und in zwei verschiedenen Formen zu Beugungsversuchen verwenden konnte.

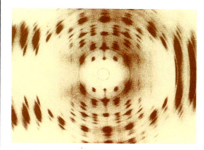

Sie erzielte sehr gute Ergebnisse, hatte damals als Frau aber stark gegen Vorurteile ihrer Kollegen zu kämpfen. Sie hielt trotz der hohen Qualität ihrer Röntgenbilder die Aufstellung eines Strukturmodells noch für verfrüht.

Zwei junge, damals völlig unbekannte Wissenschaftler sahen das völlig anders. JAMES WATSON und FRANCIS CRICK — der noch nicht einmal seine Promotion abgeschlossen hatte — stellten bereits 1952 ein DNA-Modell mit 3 Einzelsträngen auf. ROSALIND FRANKLIN wies aber schnell die Fehlerhaftigkeit dieses Modells nach und arbeitete nicht weiter mit den beiden zusammen. Sie konnten trotzdem noch an unveröffentlichte Daten aus ihren Arbeiten gelangen, unter anderem an eine Röntgenaufnahme, von der WATSON schreibt:
„In dem Augenblick, als ich das Bild sah, klappte mir der Unterkiefer herunter, und mein Puls flatterte. Das Schema war unvergleichlich viel einfacher als alle, die man bis dahin erhalten hatte ... Das setzte natürlich voraus, dass Rosy recht hatte, wenn sie die Basen im Zentrum und das Skelett außen haben wollte!"

Aus diesem Bild und einem weiteren Bericht FRANKLINS (WATSON: „Ich wußte von ihren Unterlagen mehr, als sie dachte") zogen die jungen Forscher den Schluss, dass die DNA eine antiparallele Doppelhelix bildet, in der die Desoxyribose-Phosphat-Ketten das Außengerüst bilden. Die Basen sind nach innen aufeinander zu gerichtet, komplementäre Basen ziehen sich durch Wasserstoffbrückenbindungen gegenseitig an. Die Struktur der DNA war entschlüsselt — durch gewissenhaftes Experimentieren und das geniale Zusammensetzen der Daten zu einem Modell. 1953 veröffentlichten WATSON und CRICK ihren revolutionären Artikel von knapp einer Seite Länge in der Zeitschrift Nature. Es folgten Artikel anderer Mitglieder der Cambridge Arbeitsgruppe mit experimentellen Daten zum Modell.
WATSON und CRICK erhielten für die Aufstellung des DNA-Modells 1962 den Nobelpreis. Rosalind Franklin war bereits 1956 an Krebs verstorben.

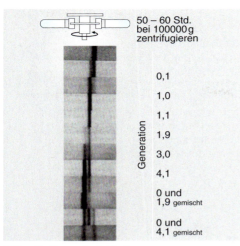

1 Replikationsmöglichkeiten

DNA-Verdopplung — aber wie?

Die DNA wird vor jeder Zellteilung verdoppelt (*identisch repliziert*). Dabei bleibt ihre Basensequenz erhalten. Drei verschiedene Methoden sind denkbar:
— konservativ (s. Randspalte oben):
  wie bei einer Fotokopie bleibt die Ursprungs-DNA erhalten, nach ihrem Muster wird ein neuer DNA-Doppelstrang aufgebaut.
— semikonservativ (s. Randspalte Mitte):
  die DNA wird in Einzelstränge getrennt, an jedem wird ein neuer komplementärer Einzelstrang synthetisiert. Diese Methode hatten bereits WATSON und CRICK aufgrund der DNA-Struktur favorisiert.
— dispers (s. Randspalte unten):
  die DNA wird regellos nach dem Zufallsprinzip repliziert.

Auch wenn der schon semikonservative Mechanismus die einleuchtendste Hypothese darstellte, musste er doch im Experiment bewiesen werden, um naturwissenschaftlichen Erkenntnisansprüchen zu genügen.

Zur Klärung der Frage ließen MATTHEW MESELSON und FRANK und MARY STAHL im Jahr 1957 E. coli-Bakterien mehrere Generationen lang auf einem Nährmedium mit schwerem Stickstoff wachsen, um so ihre DNA zu markieren. Diese „schwere" DNA konnte mithilfe der Dichtegradienten-Zentrifugation von der normalen, „leichten" DNA unterschieden werden:
In ein Zentrifugenröhrchen bringt man nach oben (innen) hin Lösungen von Cäsiumchlorid immer geringerer Konzentration und damit immer geringerer Dichte ein, und erhält so einen relativ stabilen Dichtegradienten, der bei anschließender Ultrazentrifugation — Zentrifugation, bei der Schwerefelder um das 100 000fache der Erdanziehung entstehen — erhalten bleibt. Eine Substanz unbekannter Dichte wandert bei Zentrifugieren an die Stelle des Röhrchens, wo ihre Dichte mit der Lösung dort übereinstimmt. Die so aufgetrennte DNA kann man während des Zentrifugierens anhand ihrer Absorption von UV-Licht sichtbar machen (s. Abb1).

Nach einer Generation (1,0) liegt nur eine Sorte DNA vor, nämlich mittelschwere DNA. Dieses Ergebnis schließt bereits die konservative Methode aus, nach der schwere (alte) und leichte (neue) DNA auftreten müssten. Erst das Ergebnis nach zwei Generationen (1,9) steht mit der Hypothese des semikonservativen Mechanismus in Übereinstimmung.

Aufgabe

① Welche DNA-Arten würden sie nach einer und nach zwei Generationen bei disperser Replikation vermuten?

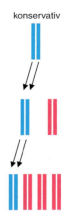

konservativ

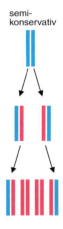

semikonservativ

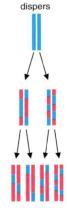

dispers

Replikationsmechanismen

Zettelkasten

JAMES HERBERT TAYLOR untersuchte 1957 die DNA-Replikation mithilfe von *Autoradiografie*. Er markierte mit einem radioaktiven Nukleotid, nämlich mit ³H-Thymidin, das radioaktive Tritium (³H)-Atome enthält. Replizierende Zellen bauen dieses Nukleotid in ihre „neue" DNA ein. Radioaktive DNA kann man im Mikroskop an der Schwärzung von Röntgenfilmen erkennen.

TAYLOR ließ z. B. Zellen der Römischen Hyazinthe für eine Generation lang auf einem Medium mit ³H-Thymidin wachsen. Er stellte fest, dass dann alle Chromosomen radioaktiv markiert sind, wenn die Zellen in dieser Zeit eine Replikation durchlaufen haben. Anschließend übertrug er die Zellen auf ein Medium mit „normalen" nicht radioaktiven Nukleotiden.

Aufgabe

① Erläutern Sie anhand von Skizzen (vgl. Randspalte), wieso alle Chromosomen nach einer Replikation radioaktiv markiert waren, und wie die Radioaktivität nach einer weiteren Replikation in der DNA verteilt sein sollte.

DNA-Replikation – aus eins mach zwei

Die DNA-Doppelhelix erfüllt alle Anforderungen, die man an einen Informationsträger stellt: Sie kann Informationen über die Basensequenz codieren, hat eine Leserichtung und ist stabil. Schon WATSON und CRICK erkannten, dass auch eine Verdopplung leicht vorstellbar ist, wenn sich die Doppelhelix in Einzelstränge trennt und sich passende DNA-Nucleotide anlagern: „We imagine that prior to duplication the hydrogen bonds are broken and the two chains unwind and separate. Each chain then acts as a template for the formation on to itself of a new companion chain, so that eventually we shall have two pairs of chains, where we only had one before. Moreover the sequence of the pairs of bases will have been duplicated exactly."
(WATSON & CRICK 1953, Nature 171).

An die DNA-Einzelstränge synthetisiert das Enzym *Primase* eine kurze Nucleotidsequenz, den so genannten *Primer* (engl. Zünder). Der Primer dient als Ansatzstelle für eine *DNA-Polymerase*, denn diese Enzyme können eine Nucleotidkette zwar verlängern, aber nicht neu beginnen. Einzelne DNA-Nucleotide lagern sich an die Einzelstränge der Ausgangs-DNA an, dabei verbinden sich jeweils die komplementären Basen A und T, sowie C und G miteinander.

Den beschriebenen Vorgang bezeichnet man als *DNA-Replikation* (▶ s. S. 170). Experimente mit DNA aus Prokaryoten haben die Vermutung von WATSON und CRICK bestätigt und die daran beteiligten Enzyme identifiziert. Bei der ringförmigen DNA-Doppelhelix des Bakteriums E. coli beginnt die Replikation an einem bestimmten DNA-Abschnitt *(Replikationsursprung)*. Dort lagert sich ein Komplex aus verschiedenen Replikationsenzymen an. An dieser Stelle wird die DNA entschraubt, dann werden durch das Enzym Helicase die Wasserstoffbrücken gelöst und die DNA in ihre Einzelstränge aufgetrennt. Einzelstrang bindende Proteine heften sich locker an die freien Basen, sodass sich diese nicht wieder zusammenlagern können. Vom Replikationsursprung ausgehend verläuft die Replikation in beide Richtungen, es bilden sich also zwei Replikationsgabeln.

Die Polymerase verknüpft die so aufgereihten Nucleotide zu einer Kette. Die Basensequenz des elterlichen Einzelstrangs ist also eine *Matrize*, die die Basensequenz des Tochterstrangs vorgibt. Die verdoppelte DNA hat demzufolge die gleiche Basensequenz wie das elterliche Original. Jede neue Doppelhelix besteht zur einen Hälfte aus einem elterlichen Matrizenstrang, zur anderen Hälfte aus einem neu synthetisierten Tochterstrang. Die Replikation ist *semikonservativ* (s. a. S. 63).

An einer bestimmten Basensequenz löst sich der Replikations-Enzym-Komplex schließlich wieder von der DNA ab, die Replikation ist damit beendet. Aus einem DNA-Ring sind zwei identische DNA-Ringe entstanden.

Genetik und Gentechnik

Im Gegensatz zur ringförmigen Prokaryoten-DNA wird die lineare Eukaryoten-DNA in mehreren Abschnitten verdoppelt, sie hat mehrere Replikationsursprünge. Nach ihrer Synthese werden die replizierten Abschnitte miteinander verknüpft. Vor der Replikation besteht jedes *Chromosom* aus einem *Chromatid* (1 C), nach der Replikation aus zweien (2 C). Die beiden Chromatiden hängen am *Centromer* zusammen, sie werden erst während der Mitose voneinander getrennt. Die Replikation findet in der S-Phase des Zellzyklus statt (s. Seite 84). Zuvor wurden in der G1-Phase die benötigten Enzyme gebildet. Nach der S-Phase wird kontrolliert, ob eine vollständige Replikation stattgefunden hat, denn nur dann kann das genetische Material später mitotisch zu gleichen Teilen auf die Tochterzellen verteilt werden.

Aufgabe

1. Inwieweit lässt sich das Schema der Replikation aus dem Bau der DNA ableiten?

DNA-Polymerase

Vom Reißverschluss zur Schleife

Die Isolierung und Analyse einzelner Replikationsenzyme hat inzwischen weitere Verfeinerungen des Replikationsmodells ermöglicht:

Die für die DNA-Synthese zuständige DNA-Polymerase ist ein mehrteiliges Doppelmolekül, das sich wie der Zipper eines Reißverschlusses an die beiden elterlichen Einzelstränge klammern kann. Allerdings gleitet es nur in 3'→5'-Richtung weiter und synthetisiert dabei den komplementären Tochterstrang vom 5'- zum 3'-Ende. In der Doppelhelix sind die Einzelstränge gegenläufig (antiparallel) gepaart, nur der als Vorwärtsstrang bezeichnete 3'→5'-Matrizenstrang kann daher kontinuierlich abgelesen werden. Hier wird der Leitstrang synthetisiert.

Der gegenläufige Rückwärtsstrang wird dagegen stückweise verdoppelt, für jedes Stück ist ein eigener Primer notwendig. Die Primer-Nucleotide werden von der DNA-Polymerase gegen DNA-Nucleotide ausgetauscht. Nach dem Entdecker werden die DNA-Stücke *Okazaki-Fragmente* genannt, sie werden anschließend durch das Enzym Ligase miteinander verknüpft und bilden den *Folgestrang*.

Da sich die DNA-Polymerase auf dem Vorwärts- und Rückwärtsstrang nicht gleichzeitig in entgegengesetzte Richtungen bewegen kann, vermutet man, dass sich der Rückwärtsstrang um den Replikations-Enzym-Komplex wickelt. Seine DNA ist im Schleifenbereich dann genauso wie im Vorwärtsstrang ausgerichtet und wird von der DNA-Polymerase stückweise gleichsinnig abgelesen.

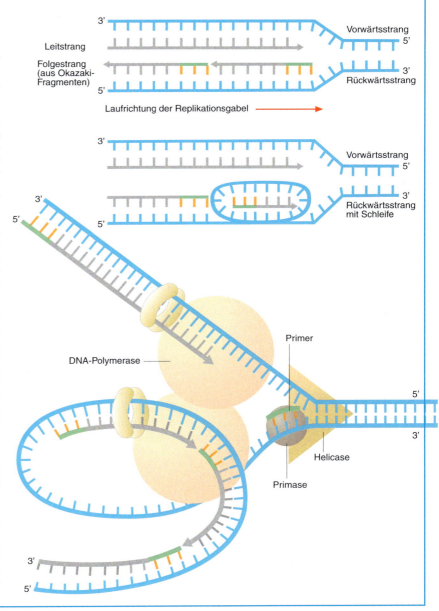

Genetik und Gentechnik

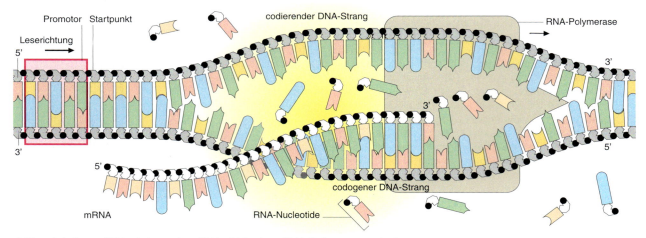

1 Transkription: mRNA wird von einer DNA-abhängigen RNA-Polymerase aufgebaut

Transkription: Von der DNA zur RNA

In der Basensequenz der DNA liegen alle genetischen Informationen eines Lebewesens verschlüsselt. Diese Information wird dann in Merkmale wie Farbe, Form oder Funktion eines Enzyms umgesetzt. Bestimmte Bakterien können einzelne Merkmale nicht ausbilden. Sie und ihre Nachkommen können z. B. bestimmte Stoffe nicht ab- oder aufbauen und werden dann als *Mangelmutanten* bezeichnet. Ihre DNA ist in einem ganz bestimmten Abschnitt verändert. Einen solchen Abschnitt, der ein genetisches Merkmal codiert, bezeichnet man als ein Gen. Auf ihm befindet sich die Information für ein Protein, z. B. ein Enzym oder ein Strukturprotein. Die Umsetzung des Gens in das Protein nennt man *Genexpression*.

Genetische Information wird beweglich

Die DNA einer Zelle ist ein sehr langes Molekül und enthält viele Gene hintereinander. Nie werden in einer Zelle alle Gene in gleicher Weise exprimiert. Aber selbstverständlich können sie sich zur selben Zeit in ganz unterschiedlichen Ablesemodi befinden. Diesen Ableseprozess bezeichnet man als *Transkription*. Transportmolekül für die Information (engl. message) eines Gens ist die messenger-RNA (mRNA). Sie ist klein genug, um den Zellkern verlassen zu können. Im Gegensatz zur stabilen DNA wird mRNA nach kurzer Zeit wieder abgebaut, sodass die Zelle auf verschiedene Anforderungen der Umwelt immer mit verschiedenen Genprodukten und damit auch mit verschiedenen Aktivitäten reagieren kann.

Die Transkription ähnelt in einigen Punkten der DNA-Replikation. Gesteuert wird sie von einem Enzymkomplex, der *RNA-Polymerase*. Sie lagert sich an die DNA-Doppelhelix an (s. Abb. 1) und entwindet sie. Dann teilt sie die DNA in Einzelstränge auf und lagert an einen, den *codogenen* Strang, komplementäre RNA-Nukleotide an. Die RNA-Polymerase kann nur in eine Richtung neue mRNA synthetisieren, nämlich immer von 5' nach 3'. So rückt sie auf dem codogenen DNA-Abschnitt immer weiter von 3' nach 5' vor. Ist das Gen bis zum Ende in mRNA übersetzt, lösen sich die RNA-Polymerase und die fertige RNA von der DNA. Die DNA nimmt an der Ablesestelle wieder ihre ursprüngliche Struktur an.

So wie die mRNA werden auch tRNA und rRNA (ribosomale RNA) von entsprechenden DNA-Abschnitten durch Transkription abgelesen. Die produzierten RNAs falten sich dann in ihre Funktionsform, indem sich komplementäre Abschnitte durch Basenpaarung zusammenschließen.

Start und Stop

Die RNA-Polymerase benötigt die Information, wo ein Gen beginnt, wo es endet und in welche Richtung die DNA abgelesen werden soll. Da die RNA-Polymerase die DNA nur von 3' nach 5' abliest, ist damit auch eindeutig gekennzeichnet, welches der codogene Strang der DNA ist. Der gegenüberliegende DNA-Strang wird als der codierende bezeichnet.

DNA-Nucleotid mit Thymin

RNA-Nucleotid mit Uracil

Gen
DNA-Abschnitt, der für eine RNA bzw. ein Polypeptid codiert

Transkription
Erzeugung eines komplementären RNA-Moleküls an einem DNA-Matrizenstrang (codogenen Strang)

RNA
Ribonucleinsäure

Genetik und Gentechnik

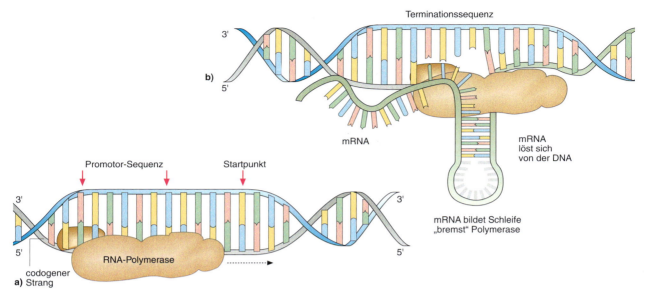

1 Start und Termination der Transkription

Jede Startstelle eines Gens ist eindeutig durch einen *Promotor* gekennzeichnet. Das ist eine DNA-Basensequenz, die eine ganz bestimmte Zahl von Basen vor der eigentlichen Startstelle der Transkription aufweist. Die Ableserichtung wird durch die Basensequenz des Promotors vorgegeben.

Die Polymerase wandert nun die DNA entlang bis zu einer bestimmten Basenfolge, der Terminationssequenz. Dort verlässt sie die DNA, um das nächste Gen zu transkribieren. Die fertige mRNA löst sich von der DNA und von der Polymerase und kann in Prokaryotenzellen sofort abgelesen werden.

Die Basenfolge eines Promotors verschlüsselt auch, wie oft das Gen abgelesen wird. An „starke Promotoren" lagert sich die RNA-Polymerase gut und häufig an, an schwache bindet sie seltener.

Aufgaben

① Folgender DNA-Strang soll in mRNA übersetzt werden:

Leserichtung →
3' AAGCTCGGATTACCGTTACCCGAT 5'
5' TTCGAGCCTAATGGCAATGGGCTA 3'

Markieren Sie den codogenen Strang und den codierenden Strang. Formulieren Sie die Basensequenz der entstehenden mRNA.

② Stellen Sie tabellarisch die Replikation und die Transkription gegenüber: welche Funktion haben sie, welche Matrizen benutzen sie, welche Enzyme und welche Nukleotide sind beteiligt?

③ Die Abb. 2 zeigt das elektronenmikroskopische Bild eines DNA-Abschnittes bei der Transkription. Wo ist im Bild die DNA, wo die bereits transkribierte RNA zu erkennen?

④ In welche Richtung verläuft die Transkription?

⑤ Mit welchem radioaktiven Nukleotid kann man die DNA, mit welchem die RNA eindeutig markieren?

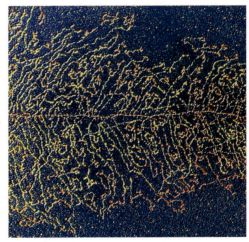

2 Transkription im Elektronenmikroskop

Genetik und Gentechnik

Der genetische Code

Struktur und Funktion von Proteinen werden durch die Abfolge ihrer Aminosäuren, die *Aminosäuresequenz* bestimmt. Aus 20 verschiedenen Aminosäuren kann theoretisch eine beinahe unbegrenzte Anzahl verschiedener Aminosäuresequenzen erzeugt werden. In der Basensequenz der mRNA ist festgelegt, in welcher Reihenfolge Aminosäuren zu langen Ketten verbunden werden müssen, um ein funktionsfähiges Protein zu erhalten.

Wie ein Codebuch die Übersetzung von Zeichen aus einem System in ein anderes erlaubt, z. B. vom Morsealphabet in herkömmliche Buchstaben, liefert der *genetische Code* (▶ s. S. 170) die Übersetzungsvorschrift, um aus einer mRNA-Basensequenz die Aminosäuresequenz eines Proteins abzuleiten. In der Abfolge der Nucleotidbasen der mRNA ist die Aminosäuresequenz codiert.

Da es nur vier verschiedene Basen gibt, aber 20 Protein bildende Aminosäuren, muss eine Gruppe von mehreren Nucleotiden ein Codewort *(Codon)* bilden und für eine Aminosäure codieren. Stünde nur eine Base für eine Aminosäure, könnten nur vier verschiedene Aminosäuren, durch Zweiergruppen nur $4^2 = 16$, und erst durch Dreiergruppen $4^3 = 64$ verschiedene Aminosäuren verschlüsselt werden.

Eine Dreiergruppe, ein *Basentriplett*, ist also die theoretische Mindestgröße für ein Codon. Es gibt dann aber mehr Tripletts als zu codierende Aminosäuren. Manche Aminosäuren sind mehrfach codiert. Der genetische Code ist degeneriert.

Mithilfe künstlicher mRNA-Moleküle bekannter Basensequenz und der Untersuchung der danach synthetisierten Aminosäurestränge konnten Länge und Bedeutung der einzelnen mRNA-Codons experimentell aufgeklärt werden. Der genetische Code ist tatsächlich ein Triplettcode. Er ist redundant, die meisten Aminosäuren werden von mehreren verschiedenen Codons verschlüsselt, die sich meist in der dritten Base unterscheiden. Den seltenen Aminosäuren Methionin und Tryptophan entspricht nur ein einziges Codon. Andere Codons haben Sonderbedeutungen, ähnlich wie unsere Satzzeichen: Das *Startcodon* AUG passt zur DNA-Startstelle der Transkription, die entsprechende Aminosäure (verändertes Methionin) wird später aber wieder aus dem Protein entfernt. UAG, UAA und UGA entsprechen keiner Aminosäure, sondern markieren den Endpunkt des Übersetzungsvorgangs, es handelt sich um sog. *Stoppcodons*. Die einzelnen Codons haben bei nahezu allen Lebewesen die gleiche Bedeutung. Eine gegebene mRNA wird also in fast allen Organismenarten in die gleiche Aminosäuresequenz übersetzt. Der genetische Code ist universell.

Kolinearität
Die Basenabfolge einer mRNA entspricht der Aminosäuresequenz des codierten Proteins.

Die **Codesonne** gibt an, welches Codon der mRNA in welche Aminosäure übersetzt wird. Das erste Nucleotid eines Codons (5'-Ende) steht innen, die Codons werden von innen nach außen gelesen. GCA steht z. B. für die Aminosäure Alanin.

Aufgaben

1. Suchen Sie das Startcodon und translatieren Sie diese mRNA-Sequenz:
   5'UUAGAUGAGCGACGAACCCCUAAAAUUUACCUAGUAGUAGCCAU3'
2. In welche Aminosäuresequenz wird folgender Abschnitt eines codogenen Strangs der DNA übersetzt?
   3'CTGGCTACTGACCCGCTTCTTCTATC5'
3. Lassen Sie den ersten Buchstaben im Beispielsatz „VORDERRNAISTDIEDNA" weg und behalten den „Triplettcode" bei, wird der Sinn des Satzes entstellt. Welche Konsequenz hätte es, wenn in der oben gezeigten DNA-Sequenz die erste Base wegfallen würde?

Genetik und Gentechnik

Die Entdeckung des genetischen Codes

Lange Zeit konnte keine eindeutige Aussage darüber getroffen werden, welches Basentriplett für welche Aminosäure codiert. Die beiden Wissenschaftler MARSHALL NIRENBERG und PHILIP LEDERER beschrieben im Jahre 1964 einen experimentellen Ansatz, mit dem der genetische Code in der Folgezeit vollständig aufgeklärt werden konnte.

Der Triplettbindungstest

NIRENBERG und LEDERER synthetisierten kurze mRNA-Moleküle mit bekannter Basensequenz. Diese mischten sie mit Ribosomen, die aus Bakterien isoliert worden waren. Die Untersuchungen zeigten zunächst, dass die mRNA-Moleküle an die Ribosomen binden. In einem zweiten Schritt gaben sie alle zur Proteinherstellung notwendigen Bestandteile in ein Reagenzglas. In diesem zellfreien System befanden sich in der Hauptsache:
— gereinigte Ribosomen
— ein Gemisch aller 20 in Lebewesen vorkommenden Aminosäuren (jeweils von Versuch zu Versuch wechselnd war eine der Aminosäuren radioaktiv markiert)
— eine mRNA aus drei Nucleotiden bekannter Basensequenz.

Nachdem die genannten Komponenten zusammengebracht worden waren und aufeinander einwirken konnten, wurde das Gemisch auf einen Filter gegeben. Die Porengröße des Filters wurde so gewählt, dass es Teilchen von der Größe eines Ribosoms zurückhält, kleinere Teilchen hingegen passieren lässt. Dann wurde untersucht, ob sich das radioaktive Signal auf dem Filter oder im Filtrat befindet.

Vier Schlüsselexperimente

Die beiden Forscher gaben ihrem zellfreien System eine mRNA der Basensequenz UUU hinzu. Markierten sie die Aminosäure Serin radioaktiv, fand sich das radioaktive Signal im Filtrat, gaben sie hingegen anstelle von Serin die radioaktiv markierte Aminosäure Phenylalanin hinzu, fand sich das Signal auf dem Filter. In einem weiteren Versuchsblock wurde dem System eine mRNA der Basensequenz UCU zugegeben. Radioaktiv markiertes Serin fand sich auf dem Filter, radioaktiv markiertes Phenylalanin hingegen im Filtrat.

Aufgaben

1. Skizzieren Sie den Versuchsaufbau von NIRENBERG und LEDERER, mit dem der genetische Code entschlüsselt wurde.
2. Welche Schlüsse können Sie aufgrund der experimentellen Befunde zur Bedeutung der Tripletts UUU und UCU ziehen?
3. Aus den Ribosomenpräparationen wurden vor den Triplettbindungstests alle mRNA-Moleküle der Herkunftszellen entfernt. Warum?

Weiterführende Versuche

Gibt man dem zellfreien System längerkettige mRNA-Moleküle bekannter Basensequenz hinzu, werden nach der Anweisung der künstlichen mRNA-Moleküle Polypeptide synthetisiert. Die Aminosäuresequenz der isolierten Polypeptide kann ermittelt werden.

Auf diese Weise war es M. NIRENBERG und H. G. KHORANA möglich, weitere Tripletts zuzuordnen. In der Tabelle unten finden Sie einige Ergebnisse der Versuche. Links angegeben stehen die eingesetzten synthetischen RNA-Moleküle, rechts die dadurch aufgebauten Peptide. Die RNA ist in Kurzschreibweise angegeben; da es regelmäßige Polynucleotide sind, genügt es, ihre sich ständig wiederholenden Bausteine anzugeben. Poly-U bedeutet also eine RNA nur aus Uracil-Nucleotiden (—UUUUUUUUUUUU—), Poly-A eine nur aus Adenin-Nucleotiden (—AAAAAAAAAAAA—), Poly-AC eine, in der sich regelmäßig immer Adenin- und Cytosin-Nucleotide abwechseln (—ACACACACACAC—).

Aufgaben

4. Verwendet man Poly-U, Poly-A, Poly-C bzw. Poly-G, erhält man die unten aufgeführten Peptide mit jeweils nur einer Aminosäureart. Damit ist die Bedeutung von 4 Tripletts geklärt. Geben Sie diese an.
5. Verwendet man RNA, in der zwei Nucleotide abwechselnd vorkommen, erhält man Peptide, in denen sich zwei Aminosäuren abwechseln. Erklären Sie dies. Kann man durch diese Versuche die Bedeutung weiterer Tripletts eindeutig klären?
6. Verwendet man andere, regelmäßige Polynucleotide aus längeren Untereinheiten, erhält man im Gemisch verschiedene Peptide (s. unten). Warum werden dann jeweils mehrere verschiedene Peptide aufgebaut? Klären Sie mithilfe der Angaben zu Aufgabe 4 und 5 die Bedeutung weiterer Nucleotide auf.
7. Auch RNA-Moleküle mit 4 regelmäßig wechselnden Nucleotiden wurden konstruiert. Welche Tripletts lassen sich mithilfe des Produktes (s. Tabelle) klären? Warum tritt eine Wiederholung in der Primärstruktur nach 4 Aminosäuren auf?

RNA	Damit entstehende Peptide
Poly-U	Phe - Phe - Phe - Phe - Phe - ...
Poly-A	Lys - Lys - Lys - Lys - Lys - Lys - ...
Poly-C	Pro - Pro - Pro - Pro - Pro - Pro - ...
Poly-G	Gly - Gly - Gly - Gly - Gly - Gly - ...
Poly-AC	Thr - His - Thr - His - Thr - His - ... oder His - Thr - His - Thr - His - Thr - ...
Poly-AAC	Asn - Asn - Asn - Asn - Asn ... oder Thr - Thr - Thr - Thr - Thr - Thr ... oder Gln - Gln - Gln - Gln - Gln - Gln - ...
Poly ACC	Thr - Thr - Thr - Thr - Thr - ... oder Pro - Pro - Pro - Pro - Pro - ... oder His - His - His - His - ...
Poly-ACCC	Thr - His - Pro - Pro - Thr - His - Pro - Pro - ...

Genetik und Gentechnik

tRNA – Vermittler zwischen mRNA und Peptiden

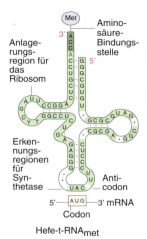

Hefe-t-RNA_met

Der genetische Code gibt an, welches Basentriplett der mRNA in welche Aminosäure des „geplanten" Polypeptids übersetzt wird. Er ist das Wörterbuch für diese Übersetzung. Die Transportmoleküle für die Aminosäuren stellen die *transfer-RNAs (tRNAs)* dar. Die tRNAs sind relativ kurz, falten sich aufgrund komplementärer Basenpaarung zu einem Kleeblatt, das dreidimensional eine L-förmige Gestalt annimmt. Zwei Stellen daran haben eine besondere Funktion:

— das *Anticodon* bindet komplementär an genau ein Codon, ein Basentriplett der mRNA
— an die Aminosäurebindungsstelle wird diejenige Aminosäure angelagert, die nach dem genetischen Code diesem Codon entspricht.

Außerdem besitzen die tRNAs auch Bindungsstellen, mit denen sie sich an den Ribosomen, den Proteinfabriken der Zelle, anlagern können.

Hoch spezifische Enzyme, die *Aminoacyl-tRNA-Synthetasen*, sind auf jeweils eine tRNA und auf die „passende" Aminosäure spezialisiert. Sie erkennen „ihre" Aminosäure an ihrer Form und der Ladungsverteilung, „ihre" tRNA am Anticodon und einigen anderen Kontaktregionen (s. Abb.1) und binden beide in ihr aktives Zentrum ein. Dann wird die tRNA mit der Aminosäure verbunden und steht damit für die kontrollierte Synthese eines Polypeptids (▶ s. S. 171) bereit.

Die Aminoacyl-tRNA-Synthetasen sind also die Moleküle, die sowohl die „Nukleotidsprache" als auch die „Aminosäuresprache" sprechen, sie sind die wichtigen Vermittlermoleküle, die für die genaue Einhaltung des genetischen Codes sorgen. In jeder Zelle gibt es 50 verschiedene Arten, genug für die spezifische Bindung der 20 verschiedenen Aminosäuren. Eine Aminosäure kann also von mehreren Synthetasen gebunden und auf verschiedene tRNAs übertragen werden. Darin liegt die Redundanz des genetischen Codes begründet: dass eine Aminosäure zu mehreren Codons der mRNA passen kann.

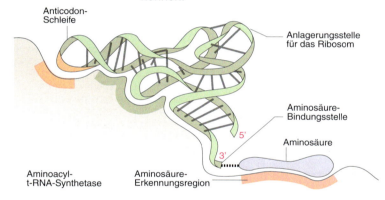

1 Beladung einer tRNA mit einer Aminosäure

Aufgaben

① „Es müsste mindestens 20, höchstens 61 verschiedene Aminoacylsynthetasen geben." Begründen Sie diese Aussage.
② Welche Folgen hat es, wenn tRNAs künstlich mit falschen Aminosäuren beladen und Zellen zur Proteinsynthese zu Verfügung gestellt werden?
③ Benennen Sie die nummerierten Teile in der Skizze unten und ordnen Sie ihnen ihre Funktionen zu.

Zettelkasten

Ribosomen – die Proteinfabriken

An den Ribosomen erfolgt die Proteinbiosynthese (▶ s. S. 171), hier werden die Proteine nach der Information einer mRNA zusammengebaut. Mit 25 nm Durchmesser sind diese Zellorganellen so klein, dass sie auch im Elektronenmikroskop nur schwierig zu erkennen sind. Sie bestehen aus einer kleinen und einer großen Untereinheit. Die kleinere Einheit hat im Wesentlichen die Aufgabe, mRNA und passend beladene tRNAs zusammenzuführen und so für die richtige Reihenfolge der Aminosäuren im entstehenden Polypeptid zu sorgen. Dafür besitzt die kleinere Untereinheit entsprechende Bindungsstellen. Die große Untereinheit (im Hintergrund) ist für die chemische Verknüpfung der Aminosäuren zum fertigen Polypeptid zuständig.

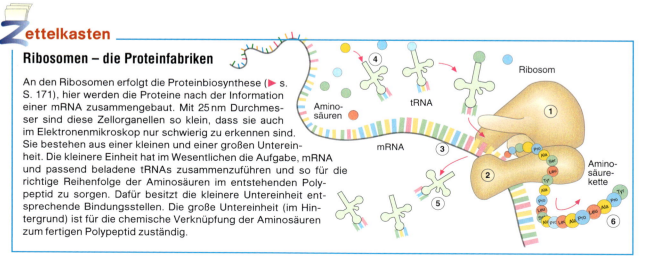

Translation: ein Protein entsteht

Die *Translation* ist nach der Transkription der zweite Schritt auf dem Wege der Genexpression. Dabei wird die *Basensequenz* der mRNA in die *Aminosäuresequenz* des Proteins übersetzt *(translatiert)*. Die Translation erfolgt an den Ribosomen. Diese Organellen der Proteinbiosynthese (▶ s. S. 171) bestehen aus Protein und Nucleinsäure, der rRNA. Das funktionsfähige Ribosom ist aus zwei unterschiedlich großen Untereinheiten zusammengesetzt (s. Zettelkasten S. 70).

Die Translation gliedert sich in vier Teilreaktionen. Zunächst treten die beiden ribosomalen Untereinheiten am *Startcodon* einer mRNA zusammen. An das Startcodon (AUG) lagert sich nach dem Prinzip der komplementären Basenpaarung die Methionin-tRNA (Anticodon UAC) an. Das tRNA-Molekül bindet zudem an die P-Stelle des Ribosoms. An der A-Stelle lagert sich eine weitere beladene tRNA an (1. Schritt, Abb. 1), deren Anticodon zum nächsten Codon der mRNA passt. Sind Codon und Anticodon basenkomplementär, wird die entsprechende tRNA noch fester gebunden. Nicht passende Moleküle fallen wieder ab. Bei Basenkomplementarität werden die Aminosäuren der beiden tRNA-Moleküle unter Energieaufwand chemisch miteinander verknüpft (2. Schritt). Das Ribosom führt diese enzymatische Reaktion durch.

Zur Verlängerung der Aminosäurekette wird das Ribosom um ein Basentriplett auf der mRNA in Translationsrichtung (von 5' nach 3') versetzt. Die tRNA an der P-Stelle rückt aus dem Ribosom heraus und löst sich ab (3. Schritt). Die verbliebene tRNA rückt dabei von der A-Stelle zur P-Stelle vor, die A-Stelle ist wieder frei (4. Schritt). Sie liegt nun am nächsten Codon der mRNA und kann eine tRNA mit passendem Anticodon komplementär binden. Die entsprechende Aminosäure wird mit dem Dipeptid zu einem Tripeptid verknüpft. Auf diese Weise folgt ein Zyklus dem anderen und das Peptid wird dabei jeweils um eine weitere Aminosäure verlängert.

Der beschriebene Verlängerungsvorgang wiederholt sich solange, bis das Ribosom auf ein *Stoppcodon* der mRNA trifft. Dazu gibt es keine nach den Regeln des genetische Codes passende tRNA. Der Abbruch der Translation wird eingeleitet: Der Komplex aus Ribosom und mRNA zerfällt und die synthetisierte Aminosäurekette wird freigesetzt.

Aufgaben

1. RNA und Proteine gehören unterschiedlichen chemischen Stoffklassen an. Dennoch gibt es strukturelle und funktionelle Parallelen. Begründen Sie.
2. Das Codon AUG hat zwei verschiedene Bedeutungen, je nachdem ob es sich am Anfang einer mRNA oder nicht befindet. Begründen Sie.
3. Formulieren Sie zu dem codogenen DNA-Abschnitt unten die komplementäre mRNA. Formulieren Sie dann die komplementären Anticodons und die zugehörigen Aminosäuren:
3' CTGGCTTGAACCCGCTTC 5'

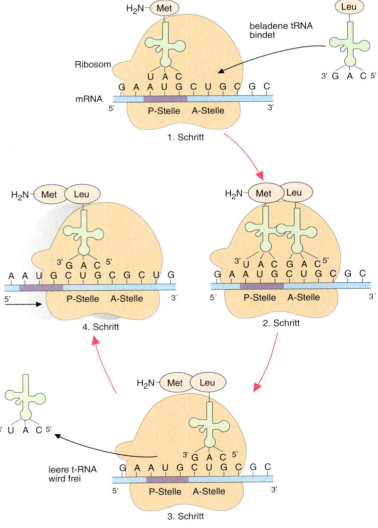

1 Der Translationsvorgang: Kettenverlängerung

Genetik und Gentechnik

Regulation der Genexpression

Viele Proteine werden in Zellen ständig benötigt, z. B. die Enzyme des Energiestoffwechsels oder die strukturbildenden Proteine des Zellskeletts. Andere Proteine sind nur unter besonderen Bedingungen erforderlich, bei Bakterien z. B. wenn anstelle von Glucose der Zucker Lactose als Nährstoff angeboten wird. Gene, die ständig transkribiert werden, nennt man *konstitutive Gene*, solche, die je nach Bedarf kurzfristig an- oder abgeschaltet werden, *regulierte Gene*.

Das Operon-Modell

Welcher Mechanismus für das An- und Abschalten von Genen verantwortlich ist, untersuchten die Forscher FRANCOIS JACOB und JACQUES MONOD an Bakterien. Für das vorgeschlagene Operon-Modell zur Regulation der Genaktivität (▶ s. S. 171) erhielten die beiden Forscher zusammen mit ANDRE LWOFF 1965 den Nobelpreis. Ihre Vorhersagen zur Regulation der Genaktivität auf Transkriptionsniveau wurden später mithilfe molekularbiologischer Methoden bestätigt. Das Modell gilt auch für viele eukaryotische Gene.

Substrat-Induktion

Von einem Regulatorgen wird ein Repressorprotein fortlaufend erzeugt. Ist keine Lactose (Milchzucker) vorhanden, ist der *Repressor* an einen bestimmten DNA-Abschnitt, den *Operator*, gebunden (Abb. 1, oben) und blockiert die Transkription der Gene des Lactosestoffwechsels. Dringt von außen Lactose als *Effektor* (Abb. 1 unten) in die Zelle ein, lagern sich die Lactosemoleküle an den Repressor an. Der ändert daraufhin seine Raumstruktur, löst sich von der DNA ab und ist inaktiviert. Die RNA-Polymerase hat „freie Bahn" und transkribiert die Gene des Lactosestoffwechsels. Die translatierten Enzyme spalten den Zweifachzucker Lactose in Glucose und Galactose, die dann im Stoffwechsel des Bakteriums weiter verwertet werden können. Der Operator ist mit einem Schalter zu vergleichen, der darüber entscheidet, ob die Gene des Lactosestoffwechselweges transkribiert werden. Promotor, Operator und die von ihnen kontrollierten Gene bilden eine Funktionseinheit, das *Operon*. Beim lac-Operon bewirkt das Substrat (Lactose), dass der Syntheseweg angeschaltet wird.

Endprodukt-Repression

Bei der Endproduktrepression bewirkt die hohe Konzentration des Endprodukts, dass der Syntheseweg abgeschaltet wird (*negative Rückkopplung*). Der Syntheseweg der Aminosäure Tryptophan wird durch negative Rückkopplung gesteuert (s. Abb. 73.1.): In ähnlicher Weise wird auch die Genaktivität von Eukaryoten reguliert. Als Effektoren können ebenfalls Moleküle aus dem Stoffwechselgeschehen wirken. Es wirken aber auch viele Steuermoleküle bei Mehrzellern auf diese Weise. So werden z. B. Hormone in die Zelle aufgenommen und fungieren dort als Effektoren, die bestimmte Gene aktivieren oder blockieren. Durch ein Regulatorgen wird ein Repressorprotein erzeugt, das inaktiv ist, es bindet nicht an seinen Operator auf der DNA. Die Gene, die für die Enzyme des Tryptophanstoffwechselwegs codieren, werden ungehindert in mRNA transkribiert, diese dann translatiert. Die Tryptophankonzentration steigt infolgedessen in der Zelle an, bis es immer wahrscheinlicher wird, dass ein Tryptophanmolekül mit einem Repressorprotein in Kontakt kommt und bindet. Der Repressor ändert daraufhin seine Raumstruktur, wird aktiviert und lagert sich an seinen Operator an. Das Tryptophanoperon wird blockiert, die Transkription der Tryptophangene wird gestoppt, die Tryptophansynthese kommt zum Erliegen. Bei fallenden Tryptophanspiegeln löst sich das Tryptophanmolekül aber wieder vom Repressorprotein, die Blockade ist reversibel. Das ist biologisch auch sinnvoll, weil Bakterien auf diese Weise flexibel reagieren und sich veränderlichen Umweltbedingungen anpassen können.

Lactose

Tryptophan

Lactose und Tryptophan

Effektoren sind kleine Moleküle

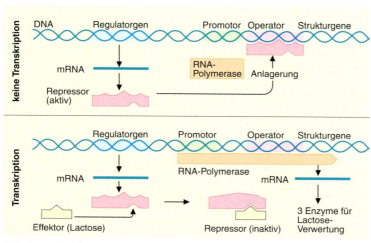

1 Substrat-Induktion: Das lac-Operon von E. coli

Genetik und Gentechnik

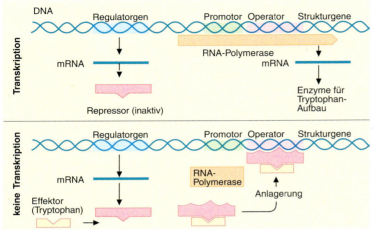

1 Endprodukt-Repression: Das Tryptophan-Operon von E. coli

Aufgaben

① Wie gelangt der Effektor bei der Substrat-Induktion in die Zelle, und wie gelangt ein Effektor bei der Endprodukt-Repression in die Zelle? Erklären Sie die Entstehung der beiden Effektoren genau.

② Vergleichen Sie anhand der Abb. 72.1 und 73.1 die Funktion des Repressorgens, des Repressors, sowie des Effektors bei der Substrat-Induktion und bei der Endprodukt-Repression anhand des Darmbakteriums E.coli.

③ Erläutern Sie Folgen bei der Geninduktion und bei der Genrepression, wenn ein Repressor aufgrund einer Veränderung im Repressorgen falsch aufgebaut wird, sodass er den Effektor nicht mehr binden kann.

ettelkasten

Genregulation bei Hefe in Versuch und Theorie

Geninduktion und Genrepression sind nicht nur grundlegende Prozesse der Genregulation von Prokaryoten. Auch bei Hefezellen kann man sie feststellen und experimentell untersuchen.

Material:
Bäckerhefe, Glucoselösung 5%, Galactoselösung 5%, Zentrifuge, 2 Gärröhrchen, Gaswaschflaschen.

a) 5 g Bäckerhefe werden in einem gut belüfteten Gefäß zwei Tage lang in 100 ml einer 5%igen Glucoselösung gehalten, sodass sich die Zellen vermehren.
Anschließend wird gut geschüttelt, damit sich die Zellen gleichmäßig in der Suspension verteilen. Davon überführt man je 30 ml in eine Waschflasche mit 70 ml Glucoselösung, 30 ml in eine Waschflasche mit 70 ml Galactoselösung, belüftet und lässt sie einen Tag lang stehen.
b) Man schüttelt erneut und zentrifugiert dann einen Teil des Inhalts der Waschflaschen. Der Überstand wird abgegossen.
c) Die zentrifugierten Hefezellen werden in je ein Gärröhrchen überführt, das mit Galactoselösung gefüllt ist. Man beobachtet, wie schnell darin die Entwicklung von CO_2 aufgrund der Gärung erfolgt.

Aufgaben

① In welchem Gefäß erfolgt zuerst eine CO_2-Entwicklung? Begründen Sie.
② Diskutieren Sie, ob es sich hier um Substratinduktion oder Endproduktrepression handelt.
③ „Manche Hefezellen können Galactose verarbeiten, andere nicht. Diese kamen zufällig in der Glucoselösung nicht vor." Diskutieren Sie diese Hypothese: kann sie das Versuchsergebnis erklären?
④ Kupfer-Ionen wirken in größerer Konzentration auf Zellen giftig. Hefezellen bilden Kupfer bindende Schutzproteine, wenn zu viel Kupfer in ihrer Umgebung ist und in die Zelle eindringt. Könnte die Bildung dieser Schutzproteine eher über eine Genrepression oder eine Geninduktion gesteuert werden? Begründen Sie.
⑤ Im Fall der Schutzproteine gegen Kupfer wird das Gen auf eine dritte Weise, nämlich durch Genaktivierung „eingeschaltet". Stellen Sie anhand der nebenstehenden Abbildung eine Hypothese auf, wie Kupfer-Ionen das Gen aktivieren könnten.

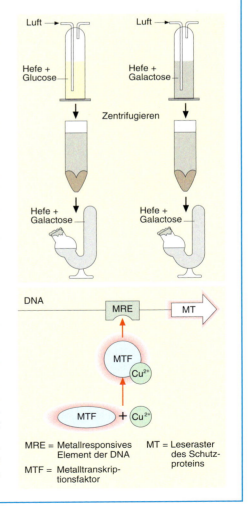

Proteinbiosynthese

Bakterien lassen sich schnell und in großer Menge vermehren. Daher sind sie der Forschung wesentlich leichter zugänglich als die komplexeren Eukaryoten. Die Grundlagen der Proteinbiosynthese (▶ s. S. 171) wurden zunächst an Prokaryoten erforscht. Später fand man heraus, dass sie auch für Eukaryoten gelten. Selbst der genetische Code ist bei beiden Gruppen gleich, allerdings gibt es „Dialekte": gibt es mehrere Tripletts für eine Aminosäure, werden diese unterschiedlich häufig verwendet. Allerdings ist die Proteinbiosynthese bei Eukaryoten räumlich getrennt: die Transkription verläuft im Zellkern, die Ribosomen für die Translation liegen im Zellplasma, oft am rauen ER.

Transkription bei Eukaryoten

Auch bei Eukaryoten gibt ein Promotor den Startpunkt und die Leserichtung für die RNA-Polymerase an der DNA vor. Auch bei ihnen wird die DNA entschraubt und geöffnet, es werden RNA-Nukleotide nach den Gesetzen der Basenpaarung an den codogenen Strang der DNA angelagert.

Bei Prokaryoten ist die gebildete RNA sofort als mRNA nutzbar. Ribosomen lagern sich an und übersetzen sie bereits in Polypeptide, während die Transkription noch am Laufen ist. Bei Eukaryoten findet die Transkription im Zellkern statt. Am codogenen Strang der DNA wird RNA aufgebaut. Sie ist aber noch auf der Stufe der *prä-mRNA*, nicht reif für die Translation. Bevor sie durch die Kernporen ins Zellplasma entlassen wird, wird sie erst prozessiert und macht eine Reihe von Veränderungen durch.

Prozessieren der RNA

Durch das Prozessieren der RNA wird zunächst eine längere Lebensdauer erreicht. Während mRNA bei Bakterien nur wenige Minuten funktionsfähig ist und schnell abgebaut wird, kann sie bei Eukaryoten eine halbe Stunde oder länger abgelesen werden. Zum Schutz vor zu frühem Abbau wird am 3'-Ende ein kurzes Endstück abgeschnitten und stattdessen eine Schutzgruppe aus 150–200 Adenin-Nukleotiden *(„Poly-A-Schwanz")* angehängt. Er erleichtert auch den Transport durch die Kernporen ins Cytoplasma. Am 5'-Ende wird eine „Kappe" von methyliertem Guanin aufgesetzt. Sie ist wichtig für die Bindung zur kleinen Ribosomen-Untereinheit bei der Translation.

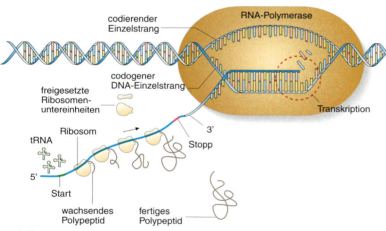

1 Zusammenfassung der Proteinbiosynthese bei Prokaryoten

Die prä-mRNA ist viel länger als es das codierte Polypeptid erfordert. Nur wenige Abschnitte, die *Exons*, enthalten die Information für die Aminosäuresequenz im Protein. Dazwischen liegen Abschnitte, die scheinbar keine Information tragen, die *Introns*. Sie können zwischen 50 und 30000 Nukleotiden lang sein. Beim Spleiß-Vorgang, der an der unfertigen RNA bereits abläuft, während die Transkription noch im Gange ist, werden sie an bestimmten Basenfolgen von Enzymkomplexen aus Protein und RNA, den Spliceosomen, zu Schleifen zusammengelegt und herausgeschnitten. Die Exons werden dabei zur eigentlichen mRNA zusammengefügt. Die reife mRNA gelangt nun über die Kernporen zur Translation an die Ribosomen.

Zettelkasten

DNA in Chloroplasten und Mitochondrien

Chloroplasten und Mitochondrien werden von Zellen nicht neu gebildet, sondern vervielfältigen sich durch Teilung. Beide Zellorganellen besitzen eigene DNA, die sich vom Genom des Zellkerns z.B. dadurch unterscheidet, dass sie keine Introns besitzt. Die mitochondriale DNA ist haploid (keine Rekombination) und relativ klein. Die DNA liegt wie bei Prokaryoten ringförmig geschlossen vor und ist nicht mit Histonen verbunden. Mitochondriale Gene werden in den Mitochondrien transkribiert und an eigenen Ribosomen, die bakteriellen Ribosomen ähneln, translatiert. Mitochondriale DNA codiert für einige Enzyme des Energiestoffwechsels, für t- und rRNA-Moleküle.

Das Chloroplasten-Genom ist ebenfalls ringförmig geschlossen und trägt bis zu 120 Gene. Auch die Ribosomen der Chloroplasten ähneln bakteriellen. Aufgrund dieser Ähnlichkeiten vermutet man, dass sich die Chloroplasten und Mitochondrien der Eukaryoten aus aufgenommenen Prokaryoten entwickelt haben.

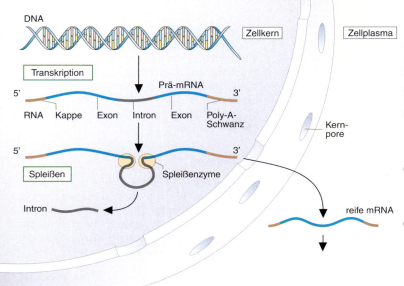

1 Spleißen

gel im Blut. In bestimmten Nervenzellen wird anders gespleißt: hier werden die Exons 2, 3, 5 und 6 zusammengefügt. Das gebildete 37 Aminosäuren lange Peptid CGRP spielt z. B. bei der Regulation des Blutdrucks und des Sättigungsgefühls eine Rolle.

Aufgaben

1. Mutationen sind Basenveränderungen der DNA. Welche Folgen haben sie, wenn sie in einem Intron-codierenden Bereich stattfinden?
2. Bei der erblichen Blutkrankheit ß-Thalassämie ist die Spleiß-Sequenz des ersten Introns des Hämoglobin-Bestandteils Globin verändert, also unleserlich. Diskutieren Sie die Auswirkungen auf das codierte Hämoglobin und auf den Sauerstofftransport bei einem Erkrankten.

Spleißen macht flexibel

Nicht in allen Zellen verläuft der Spleißvorgang gleich. In verschiedenen Organen des Menschen werden durch das gleiche Gen durch *alternatives Spleißen* unterschiedliche Proteine programmiert. Dadurch kann der menschliche Körper trotz seiner „nur" 30 000 Gene viele hunderttausend verschiedene Proteine herstellen.

Ein Beispiel ist das Calcitonin-Gen. Es besteht aus 6 Exons. In den Zellen der Nebenschilddrüse werden nur die Exons 2 – 4 zur reifen mRNA zusammengesetzt und danach das 32 Aminosäuren lange Hormon Calcitonin aufgebaut. Es reguliert den Calciumspie-

Mosaikgene
ältere Bezeichnung für eukaryotische Gene. Die Bezeichnung bezieht sich auf den Wechsel von Exons und Introns als strukturgebundes Merkmal dieser Gene.

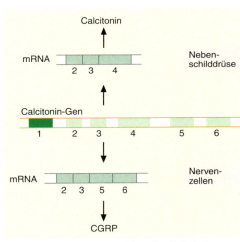

2 Ein Gen, zwei Genprodukte durch Spleißen

ettelkasten

Das Proteom

Unter dem Genom versteht man die Gesamtheit aller Gene eines Organismus — beim Menschen ca. 30 000. Die Nucleotidsequenz der Gene ist weitgehend erforscht. Das Proteom ist die Gesamtheit aller Proteine in einem Lebewesen, einem Gewebe, einer Zelle oder einem Zellorganell und weit komplexer als ihr Genom. Bei Bakterien umfasst es ca 1000 bis 10 000 verschiedene Proteine, beim Menschen über 10 000 in jeder Zelle. Im Gegensatz zum statischen Genom ist das Proteom äußerst flexibel und verändert sich ständig, da dauernd neue Proteine auf- und andere abgebaut werden. Das Proteom spiegelt die Aktivität einer Zelle, ihre Antwort auf Umweltfaktoren, aber auch auf bestimmte Krankheiten wider (s. Abb. rechts). Durch seine Erforschung hofft man, die Diagnose von Krankheiten zu verbessern. So könnte das Fehlen oder Auftreten bestimmter Proteine typisch für bestimmte Krebserkrankungen sein und bereits nachgewiesen werden, wenn noch keine Erkrankung sichtbar ist. Auch die Wirkung bestimmter Medikamente könnte durch die Veränderung des Proteinbestandes der Zelle getestet werden.

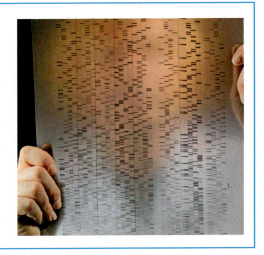

Genetik und Gentechnik

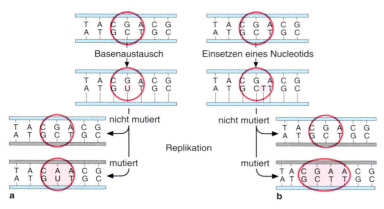

1 Punktmutationen (a) und Leserastermutationen (b)

DNA-Schäden und Reparatur

DNA in einem Zellkern ist zwar relativ gut geschützt, trotzdem kann sie durch *Mutagene* wie Strahlung oder Chemikalien verändert werden. Oft treten auch spontane Mutationen ohne erkennbaren Grund auf. Mutationen sind nicht vorhersagbar und ungerichtet. Nur in den seltensten Fällen wirkt sich eine Mutation positiv aus. Meist wird durch sie das genau geregelte Zusammenwirken der Gene gestört. Allerdings sind Mutationen auch verantwortlich für die genetische Vielfalt der Organismen und damit eine Grundlage für Evolution.

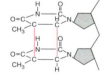

Thymindimere

Genommution

Genommutationen betreffen die Chromosomenzahl einer Zelle, Ursache ist meist eine gestörte Verteilung der Chromosomen bei einer Zellteilung. *Chromosomenmutationen* verändern durch die Umlagerung oder Zerstörung von Chromosomenabschnitten einzelne Chromosomen. Solche Mutationen sind oft bereits im Mikroskop erkennbar und haben meist schwere Auswirkungen, weil viele Gene betroffen sind.

Genmutation

Viel häufiger sind *Genmutationen*. Dabei wird nur ein Gen verändert. Das geschieht in Zellen recht häufig, allerdings sind die Auswirkungen selten zu beobachten. Grund dafür sind *Reparaturmechanismen*, über die selbst Bakterienzellen verfügen.

Die häufigste Ursache für Mutationen ist wohl energiereiches UV-Licht (UV-B). Es wird von der DNA absorbiert und setzt dort chemische Reaktionen in Gang. Die häufigste ist die Vernetzung zweier benachbarter Thymin-Basen zu einem Dimer. Gefährlich ist diese Mutation, weil bei einer Replikation der DNA das Dimer nicht mehr mit dem komplementären Adenin paart und die Replikation zum Stillstand kommen würde. Das Reparaturenzym Photolyase durchsucht die DNA regelmäßig auf solche Veränderungen und spaltet mithilfe von Lichtenergie das Dimer wieder.

Auch andere Schäden wie bei der Replikation falsch eingebaute Nukleotide werden von *Reparaturenzymen* erkannt, ausgeschnitten und durch die richtigen ersetzt. Schadhafte Reparatursysteme oder eine Überlastung durch zu viele Mutationen setzen aber ein Notreparatursystem in Gang. Das SOS-System arbeitet ungenau und fügt bei der Reparatur beliebige, also auch falsche Nukleotidpaare ein, die danach nicht mehr erkannt und korrigiert werden können. Solche Mutationen bleiben und wirken sich dauerhaft aus. Sie haben die Veränderung eines Basenpaares der DNA zur Folge. Das kann zur Veränderung einer Aminosäure im codierten Protein und damit zu einer Veränderung seiner Funktion führen.

Erheblich folgenschwerer sind *Basendeletionen oder Baseninsertionen,* d. h. das Wegfallen oder zusätzliche Einfügen einer Base in die DNA. Ab der mutierten Stelle wird bei der Transkription das Leseraster um eben diese Base verschoben und die Basen so zu völlig anderen Tripletts kombiniert. Man spricht daher auch von *Rastermutationen*. Ab der mutierten Stelle ist die Aminosäuresequenz verändert.

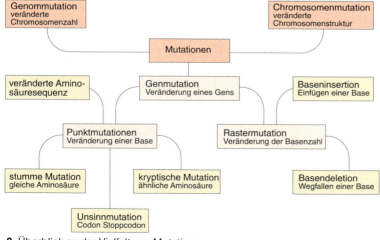

2 Überblick zu der Vielfalt von Mutationen

Genetik und Gentechnik

Noch gravierender sind die Auswirkungen, wenn durch die Verschiebung des Leserasters ein Stoppcodon zu einem Sinncodon wird oder umgekehrt. Dann wird das entstehende Protein zu lang oder zu kurz. Auf jeden Fall kann es seine Funktion mit Sicherheit nicht mehr erfüllen. Chemikalien, die Rastermutationen verursachen, zählen zu den stärksten bekannten Mutagenen.

Während Genmutationen bei den haploiden Bakterien sich unmittelbar auf den Phänotyp auswirken, sind diploide Lebewesen besser gegen die Folgen abgesichert. Da wahrscheinlich nur ein homologes Chromosom verändert wird, kann durch das andere das Protein noch in unveränderter funktionsfähiger Form codiert werden: das mutierte Allel ist rezessiv.

Aufgaben

① Eine Punktmutation wirkt sich nicht immer auf das codierte Protein aus. Die Aminosäuresequenz ändert sich trotz der Mutation nicht. Man spricht dann von einer stummen Mutation. Diskutieren Sie ihr Zustandekommen anhand des genetischen Codes und geben Sie ein Beispiel an.

② Bei einer kryptischen Mutation ist zwar die Aminosäuresequenz des codierten Proteins verändert, seine Funktion aber noch intakt. Erklären Sie die möglichen Ursachen.

③ Eine Nonsense-Mutation ist eine Punktmutation, die ein stark verkürztes funktionsloses Protein zur Folge hat. Diskutieren Sie ihr Zustandekommen anhand des genetischen Codes und geben Sie ein Beispiel an.

④ Diskutieren Sie, welche Folgen eine Baseninsertion von einer, von zwei und von drei Basen haben dürfte. Bei der Entschlüsselung des genetischen Codes machte man sich diese Mutation als Technik zunutze. Wieso konnte man mit dieser Technik beweisen, dass der genetische Code ein Triplettcode ist?

⑤ Geben Sie an, welche Auswirkungen eine Mutation in einem Promotor eines Gens haben dürfte.

Mutagene

Mutagene sind Energien oder Chemikalien, die eine Wechselwirkung mit der DNA eingehen, sie verändern den genetischen Code.

Wärmeenergie ist eines der häufigsten Mutagene. Dadurch werden Bindungen zwischen Purinbasen und der Desoxyribose gespalten. Punktmutationen oder Deletionen sind die Folge. UV-B-Strahlung kann benachbarte Thymin-Basen miteinander verbinden und schwerwiegende Mutationen in Hautzellen bis hin zu Hautkrebs verursachen. Röntgen-, Höhen- und radioaktive Strahlen sind sehr energiereich und führen in den Zellen zur Bildung gefährlicher reaktiver Stoffe, der Radikale. Diese können die DNA chemisch verändern. Es treten Strangbrüche, Verknüpfungen zwischen Nukleotiden oder Zerstörung von Basen auf.

Von vielen Chemikalien ist der Mechanismus der Mutation inzwischen gut bekannt. Besonders gefährlich sind Moleküle, die aufgrund ihrer flachen Struktur zwischen die Basen der DNA eingelagert werden. So verursachen eine Reihe von Teerstoffen im Tabakrauch Rastermutationen oder sogar einen Abbruch der DNA-Replikation.

Basenanaloga sind Stoffe, die eine ähnliche Struktur wie die Basen der DNA haben und an deren Stellen eingebaut werden können. Ein Beispiel ist das 5-Bromuracil. Es paart wie Thymin mit Adenin, kann aber nach einer spontanen chemischen Umlagerung auch mit Guanin paaren und so eine Punktmutation verursachen. Aber auch die Basen selbst können durch chemische Reaktionen mit Mutagenen verändert werden und erhalten dann neue Paarungseigenschaften. Liegen sie im codogenen Strang, wird die Veränderung sofort wirksam, anderenfalls erst nach einer Replikation.

Wird eine Körperzelle von einer Mutation betroffen (somatische Mutation), so kann der Schaden durch benachbarte Zellen leicht ausgeglichen werden. Betrifft die Mutation eine Keimzelle, so wird sie an die gesamte Nachkommenschaft weitergegeben (Keimbahnmutation).

Krebs – Folge fehlgesteuerter Gene

Tumor
Geschwulst

gutartiger Tumor
langsam wachsend, vom umliegenden Gewebe deutlich abgegrenzt

bösartiger Tumor
schnell wachsend, dringt ins umliegende Gewebe ein, bildet

Metastasen
Tochtergeschwülste, die sich mit der Lymphe und auf dem Blutweg im Körper ausbreiten können

Krebs — immer noch wird die Diagnose dieser Krankheit in der Bevölkerung als „Todesurteil" empfunden. Tatsächlich gehen 24 % aller Todesfälle auf Krebs zurück. Inzwischen wurden aber das Verständnis der Krankheitsursachen und die Therapiemöglichkeiten erheblich verbessert. Von 420 000 Erkrankungen in Deutschland (2006) konnte über die Hälfte geheilt werden.

Krebs ist die Bildung *bösartiger Tumore*, in denen sich Zellen unkontrolliert teilen. Sie differenzieren sich nicht mehr zu funktionsfähigem Gewebe und entziehen so dem Körper nutzlos lebensnotwendige Nährstoffe. Tumore können außerdem gesundes Gewebe verdrängen und regelrecht erdrücken.

Inzwischen zeigt sich, dass Krebs immer auf somatischen Mutationen beruht, der Veränderung von DNA in Körperzellen. Dabei werden potentielle Krebsgene, die Proto-Onkogene, zu echten Krebsgenen, den Onkogenen verändert.

An Krebs erregenden Viren konnte man erstmals die Rolle bestimmter Gene bei der Krebsentstehung nachweisen. Sie werden im Erbgut der Viren in die Zellen transportiert und steuern sie um. Abnorm hohe Teilungsrate und mangelnde Differenzierung sind die Folgen. Diese viralen Gene ähneln menschlichen Proto-Onkogenen. Diese sind lebenswichtig im Zellgeschehen. Zum einen kontrollieren sie häufig die Zellteilungsrate bzw. Rezeptoren an der Zelloberfläche, über die die Zellen Signale zur Teilung oder zum Teilungsstopp empfangen. Bei einer Mutation können die Zellen nicht mehr vom Körper gesteuert werden und bilden Tumore. Durch andere Rezeptoren auf der Zelloberfläche erhalten Zellen vom Körper Signale zur Differenzierung zu einer bestimmten Zellart und zur Einlagerung in ein bestimmtes Gewebe. Sind diese Fähigkeiten gestört, übernehmen die Zellen keine Funktion mehr im Körper, sie können sogar in andere Körperbereiche abwandern und dort Metastasen bilden.

Andere wichtige Proto-Onkogene steuern die DNA-Reparatur: ist sie gestört, wie z. B. bei einer Mutation des „Brustkrebs-Gens" BRCA2, so treten vermehrt Mutationen in der Zelle auf, mit steigender Wahrscheinlichkeit auch an Kontrollgenen. Brustkrebs kann die Folge sein.

Zellen sind immer Mutationen ausgesetzt. Viele werden aber repariert, manche lassen die Zelle ohne Folgen für den Organismus absterben. Viele geschädigte Zellen werden auch vom Immunsystem (▶ s. S. 166) erkannt. T-Killerzellen setzen bei ihnen das Apoptose-Programm in Gang, eine Art vorprogrammierter Selbstmord der Zelle zum Schutz des Körpers vor Tumoren oder Viren. Erst wenn die Schutzsysteme überlastet — beim Rauchen einer Zigarette treten etwa 10 000 Mutationen auf — oder funktionsunfähig sind, wird die Krebsgefahr akut.

Nur wenn mehrere Mutationen vorliegen, wird eine Zelle zur Krebszelle. Oft sind sie in vielen Genen geschädigt und die Anomalität bereits an der Chromosomenstruk-

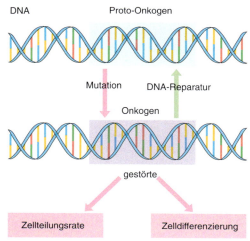

1 Mechanismen der Krebsentstehung

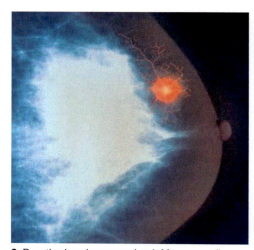

2 Brustkrebserkennung durch Mammografie

Genetik und Gentechnik

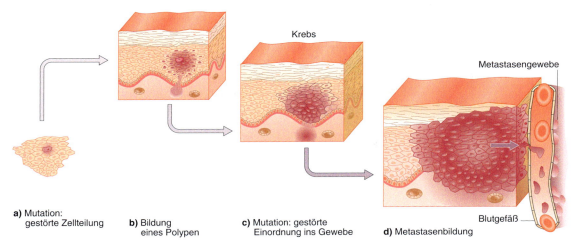

a) Mutation: gestörte Zellteilung b) Bildung eines Polypen c) Mutation: gestörte Einordnung ins Gewebe d) Metastasenbildung

1 Krebsentstehung im Dickdarm

tur erkennbar. So kann die Entstehung von Dickdarmkrebs (s. Abb. 1), der häufigsten Krebsart bei Männern, nach der Zwei-Treffer-Theorie erklärt werden. Ein Gen auf Chromosom 12 codiert für ein membrangebundenes Rezeptorprotein, das Wachstumsfaktoren anlagern und die Teilung der Zelle in Gang setzen kann. Durch Mutation wird das Protein daueraktiv, die betroffenen Zellen teilen sich ständig und bilden eine Geschwulst, einen Darmpolypen. Dieser ist noch gutartig und kann bei einer Darmspiegelung zur Krebsvorsorge problemlos entfernt werden. Kommt aber eine weitere Mutation dazu, wird der Tumor bösartig und bildet Metastasen, die sich im Körper ausbreiten.

Risikofaktor	Krebserkrankungen (%)	gefährdete Organe
Rauchen	25–30	Mundhöhle, Speiseröhre, Kehlkopf, Lunge, Niere, Bauchspeicheldrüse, Harnblase, Gebärmutterhals
Ernährung	20–40	Mundhöhle, Speiseröhre, Kehlkopf, Bauchspeicheldrüse, Magen, Darm, Brust, Prostata
Alkohol	3	Mundhöhle, Rachen, Leber, Speiseröhre, Kehlkopf,
Beruf	4–8	Lunge, Harnblase, Lymphsystem
Gene	5	Auge, Darm, Brust, Eierstöcke, Schilddrüse
Infektionen	5	Leber, Gebärmutterhals, lymphatisches System, blutbildendes System, Magen, Nasen-Rachen-Raum
Strahlung	1–2	Fast alle Organe betroffen

Zettelkasten

Krebsbehandlung heute

Operation, Chemotherapie und Bestrahlung sind nach wie vor die wichtigsten Therapien gegen Krebs. Sie werden immer weiter verbessert und verfeinert, sind dadurch wirksamer und haben weniger Nebenwirkungen.

Operation: Verbesserte bildgebende Verfahren, z.B. Tomographie-Verfahren helfen, Tumore genauer zu lokalisieren und chirurgisch vollständig zu entfernen, auch wenn nach wie vor ein Sicherheitssaum aus gesundem Gewebe sowie die umliegenden Lymphknoten mit entfernt werden.

Der **Chemotherapie** stehen verbesserte zellteilungshemmende Mittel, Cytostatika, zur Verfügung, die das Wachstum von Krebszellen stoppen. Sie sind spezifischer und zeigen weniger Nebenwirkungen. Gesunde, sich häufig teilende Zellen wie in Haarwurzeln, Schleimhäuten oder in blutbildenden Geweben werden immer weniger in Mitleidenschaft gezogen, die Tumorgewebe zeigen weniger Resistenzen. Vielversprechend sind Verfahren, die versuchen, den Tumor durch Blockade der ihn versorgenden Blutgefäße „auszuhungern". Die **Hormontherapie** ist ein Sonderfall der Chemotherapie bei Brustkrebs oder Prostatakrebs.

Die radioaktive **Bestrahlung** von Tumoren erfolgt inzwischen so genau, dass gesundes Gewebe nur wenig geschädigt wird. Die Strahlenquellen werden aus verschiedenen Richtungen auf den Tumor konzentriert, sodass dort eine sehr hohe, in den anderen Geweben nur eine geringe Strahlendosis herrscht.

Molekulargenetische Tests erleichtern vor allem die Diagnostik. So kann man feststellen, ob z.B. nach einer Operation alle Krebszellen restlos entfernt wurden oder abklären, welche Medikamente bei einem Patienten gut ansprechen und wenig Nebenwirkungen zeigen. Man kann die Anfälligkeit von Personen für eine bestimmte Krebsart erkennen und bei ihnen durch intensivere Vorsorge die Früherkennung von Krebs verbessern.

Das **Immunsystem** geht normalerweise gegen Krebszellen vor und vernichtet sie. Erst bei einer Überlastung dieses Systems bilden sich Tumore. Eine Aktivierung des Immunsystems hilft Krebs bekämpfen. Viele alternative Verfahren zur Tumortherapie zielen darauf ab.

Eine allgemeine **Impfung** gegen Krebs ist derzeit noch nicht in Sicht, da es zu viele verschiedene Krebsarten gibt. Gegen bestimmte Viren, die für Gebärmutterhalskrebs verantwortlich sind, wird sie aber bereits angewandt.

Alle Methoden sind umso erfolgreicher, je früher Krebs erkannt wird. Vorsorgeuntersuchungen können Leben retten.

Genetik und Gentechnik

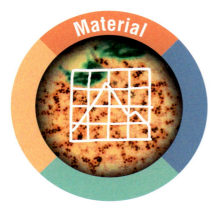

Replikation und Proteinbiosynthese

Replikation bei Pro- und Eukaryoten

Anfangs war nicht klar, ob die Replikation der DNA von einem oder mehreren Startpunkten ausgeht und wie sie auf der DNA vorrückt. Mit den autoradiografischen Experimenten von TAYLOR (s. S. 62/63) konnten diese Fragen geklärt werden. Er markierte die DNA durch Zugabe von ³H-Thymidin radioaktiv und machte sie elektronenmikroskopisch sichtbar. Wird ein für radioaktive Strahlung empfindlicher Film aufgelegt, wird er überall dort geschwärzt, wo radioaktive Bereiche vorliegen. Die obere Abb. zeigt die DNA bei der Replikation in einer Bakterienzelle. Sie ist durch den Einbau von ³H-Thymidin als schwarze Linie zu erkennen. Die untere zeigt die Replikation eines Chromosoms der Taufliege Drosophila, einem Eukaryoten. Die DNA ist hier ebenfalls als schwarzer Strang erkennbar.

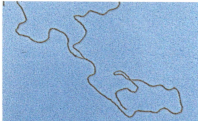

1 DNA-Replikation in Bakterienzellen und eukaryotischen Zellen

Aufgaben

① Übertragen Sie die Bilder der DNA in Abb. 1 in eine eigene Skizze und markieren Sie darin die noch nicht replizierten Bereiche, die replizierten Bereiche und die jeweiligen Replikationsgabeln.

② Schätzen Sie für beide Bilder ab, wie groß der Anteil an bereits abgeschlossener Replikation jeweils sein mag. Machen Sie Ihre Angaben in Prozent und formulieren Sie eine schlüssige Begründung.

③ Die Replikation beim Bakterium E. coli dauert ca. 30 Minuten. Berechnen Sie anhand der mittleren Zahl von Basenpaaren in einem Chromosom die ungefähre Dauer beim Menschen, wenn jedes Chromosom nur einen Startpunkt für die Replikation hätte.

④ Begründen Sie mithilfe der unteren Abbildung in der linke Spalte, wieso die Replikation bei Eukaryoten erheblich schneller erfolgen kann.

⑤ „Die bereits replizierten Bereiche der DNA werden von der Zelle chemisch besonders markiert." Erklären Sie mithilfe der beiden Abbildungen in der linken Spalte, wieso diese Markierung für die Zelle notwendig ist.

⑥ Welche Enzyme und welche weiteren Stoffe müssten Sie zu einer DNA-Suspension hinzugeben, damit sie außerhalb einer Zelle im Reagenzglas verdoppelt werden kann? Beschreiben Sie für die Enzyme und Stoffe, welche Vorgänge jeweils wichtig sind.

Andersrum: Reverse Transkriptase

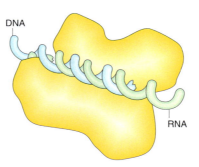

2 Reverse Transkriptase

Viele Viren, z. B. das Herpesvirus oder HIV tragen ihre genetische Information nicht auf der DNA, sondern auf der RNA. In der Wirtszelle wird sie sodann in DNA umgeschrieben und danach in die DNA der Zelle eingebaut. Der Umschreibevorgang verläuft von der RNA zur DNA, also anders herum als bei der Transkription. Man nennt ihn daher *reverse Transkription*. Für dieses Umschreiben ist das Enzym *Reverse Transkriptase* zuständig. Sie kann sowohl DNA aufbauen (5'→ 3') als auch RNA abbauen.

Aufgaben

⑦ Beschreiben Sie die Arbeitsschritte beim Umschreiben einer RNA auf eine komplementäre (complementary) cDNA durch die Reverse Transkriptase. Berücksichtigen Sie dabei insbesondere die Unterschiede zwischen den beiden Molekülen DNA und RNA.

⑧ In welche DNA wird folgender RNA-Abschnitt übersetzt:

Leserichtung →
5' AGCCUUAGCCUGACACUUGAAGUC 3'?

⑨ Wieso ist es wichtig, dass das Enzym Reverse Transkriptase auch RNA abbauen kann?

Die Moleküle des Medikaments Aciclovir (Wirkstoff gegen Herpesviren) haben eine dem Guanin (Base der DNA) sehr ähnliche Struktur, sind aber größer und besitzen im Gegensatz zur Desoxyribose nur eine OH-Gruppe (s. Abb. 3). Wie bei einem Nucleotid bei der Replikation werden dort zwei weitere Phosphatgruppen angehängt. Dann wird es von der Reversen Transkriptase „irrtümlich" als ganzes Nucleotid in die entstehende DNA eingebaut. Als Folge stoppt die Replikation der DNA und damit auch die Vermehrung der Viren.

Aufgabe

⑩ Diskutieren Sie den Grund für den Stopp der Replikation in der Wirtszelle.

3 Das Nucleotid Guanosin und das Medikament Aciclovir im direkten Vergleich ihrer Molekülstrukturen

Genetik und Gentechnik

Genetik und Blutkrankheiten

Bereits um 1870 wird in der afrikanischen medizinischen Literatur das Phänomen der „ogbanjes" beschrieben, der „Kinder die kommen und gehen". Sie sind so schwer erkrankt, dass sie kurz nach der Geburt sterben. Um 1904 entdeckten Ärzte in den USA Menschen mit schwerer Blutarmut. Ihre roten Blutzellen veränderten besonders bei Anstrengung (und damit Sauerstoffarmut im Gewebe) ihre Form und wurden zu Sichelzellen. *Sichelzellenanämie* beruht auf einer Störung im Globin, dem Proteinanteil des roten Blutfarbstoffs Hämoglobin.

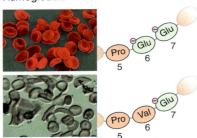

4 Normale und Sichelzellen und die Aminosäuren 5–7 in ihrem Globin

Es ist aus 2 α- und 2 β-Globin-Ketten aufgebaut, die Häm-Moleküle darin transportieren den Sauerstoff. Sichelzellglobin „verklebt" bei Sauerstoffarmut miteinander und bedingt die anomale Form der roten Blutzellen. Sie werden als schadhaft erkannt und vom Immunsystem abgebaut. 1946 konnte LINUS PAULING die Struktur des normalen und des Sichelzellglobins aufklären.

Aufgaben

1. Beschreiben Sie die Veränderung im Globin, die der Sichelzellenanämie zugrunde liegt.
2. Stellen Sie anhand des genetischen Codes mögliche mRNA-Sequenzen für das normale und das Sichelzellglobin auf.
3. Die Veränderung beruht wahrscheinlich auf einer einzigen Punktmutation im Globin-Gen auf Chromosom 11. Welche mRNA-Sequenzen aus Frage 2 unterscheiden sich nur in 1 Nucleotid?
4. Stellen Sie für diese Sequenzen die Nucleotidsequenz für den codogenen Strang der Globin-DNA auf.

Im Gegensatz zur Sichelzellanämie kann die Thalassämie auf Mutationen in den α- oder β-Globingenen beruhen (α- oder β-Thalassämie). Es wird nicht ausreichend viel Hämoglobin gebildet. Der Mensch besitzt auf jedem Chromosom 16 zwei Genorte für α-Globin, hat also auf seinen beiden Chromosomen insgesamt 4 Gene dafür. Bei einer bestimmten relativ häufigen Form der β-Thalassämie ist die Art der Mutation bekannt: das Codon 26 auf der mRNA für das Globin lautet AAG anstatt GAG.

Aufgaben

5. Welchen Schweregrad der Krankheit erwarten Sie bei Mutationen in einem, zwei, drei bzw. vier der Gene? Begründen Sie.
6. Wie viele Prozent der Hämoglobin-Moleküle werden in diesen Fällen richtig, wie viele fehlerhaft aufgebaut? Begründen Sie.
7. Diskutieren Sie anhand des genetischen Codes mögliche Auswirkungen der angegebenen Punktmutation in Codon 26.
8. Stellen Sie eine Hypothese für die Beobachtung auf, dass durch diese Mutation ein Teil des β-Globins auch in der Länge stark verändert und damit völlig funktionsunfähig ist.
9. Daneben gibt es viele Mutationen im β-Globin-Gen, die entweder keine oder nur sehr milde Auswirkungen haben. Erklären Sie.
10. Die Grafik gibt die Verbreitung verschiedener häufiger Formen der Thalassämien an. Informieren Sie sich in Literatur und Internet über die geografische Verbreitung der Krankheit und die Ursachen dafür.

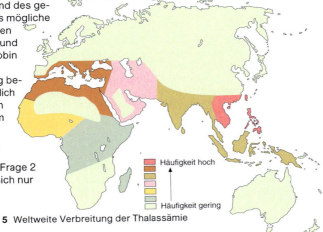

5 Weltweite Verbreitung der Thalassämie

Virus-Blocker: Antisense – RNA

Gegen bestimmte Viren, aber eventuell auch bestimmte Krebsarten entwickelt man derzeit als Medikament sogenannte Antisense-RNA. Bestimmte mRNAs spielen bei der Virusvermehrung oder der Krebsentstehung eine wichtige Rolle. Meist werden relativ kurze RNA-Stücke benutzt, die komplementär zu diesen RNAs sind, sich mit diesen verbinden und sie dadurch unwirksam machen. Versuche mit Antisense-RNA richten sich inzwischen aber nicht nur gegen die RNA von Krankheitserregern, sondern auch gegen die DNA-Strukturen, die das Ablesen der Gene regulieren. Die Antisense-RNAs lagern sich dort an und verhindern das Erkennen dieser Strukturen.

Aufgaben

11. Erläutern Sie den Weg von einem Onkogen (Krebsgen) zur Entstehung von Krebs.
12. Diskutieren Sie, welcher Vorgang durch die Antisense-RNA blockiert werden kann.
13. Welche Strukturen sind an der Regulation der Genaktivität beteiligt?
14. Diskutieren Sie, welche man am besten blockieren könnte, um eine Erkrankung zu verhindern.

Fomavirsen ist ein Medikament gegen das Cytomegalie-Virus. Es ist ein Herpes erregendes Virus, das in der Bevölkerung weit verbreitet ist, aber bei den meisten Menschen vom Immunsystem in Schach gehalten wird. Bei Menschen mit geschwächtem Immunsystem (HIV-Infizierten oder Patienten nach einer Organtransplantation) kann es wichtige Immunzellen vernichten oder durch Zerstörung der Netzhaut zur Erblindung führen.
Im Grunde handelt es sich bei diesem Medikament um ein kurzes einsträngiges DNA-Stück, das eine wichtige mRNA zur Vermehrung dieses Virus außer Gefecht setzt. Von dieser war folgende Basensequenz bekannt:

Leserichtung →
5'-CGCAAGAAGAAGAGCAAACGC-3'

Aufgaben

15. Geben Sie die Basensequenz der Virus-DNA an.
16. Geben Sie die Basensequenz von Fomavirsen an.
17. Wie müsste eine DNA aufgebaut sein, von der Fomavirsen direkt abgelesen werden kann?

Genetik und Gentechnik

2 Cytogenetik

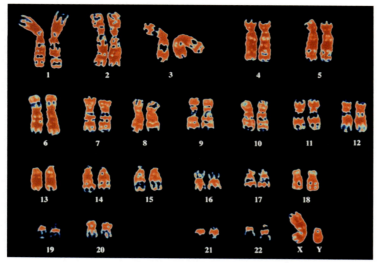

1 Karyogramm eines Mannes (46, XY)

Die Anzahl von 46 Chromosomen in den menschlichen Körperzellen konnte erst 1956 endgültig bestimmt werden, als eine geeignete Präparationsmethode entwickelt worden war, mit der alle Chromosomen einzeln identifiziert werden konnten (Zettelkasten S. 87).

Die Chromosomen werden im *Karyogramm* (▶ s. S. 171) nach Gestalt, Farbmuster und abfallender Größe geordnet (Abb. 1). Bei menschlichen Körperzellen zeigt es sich, dass die Chromosomen paarweise vorliegen (*23 homologe Chromosomenpaare*). Zellen mit einem *doppelten Chromosomensatz* (2n = 46) nennt man *diploid*. Die Anzahl und die Gestalt der Chromosomen in den diploiden Zellen ist ein arttypisches Kennzeichen aller Eukaryoten.

Die menschlichen homologen Chromosomenpaare 1 bis 22 sind sowohl in den Körperzellen der Frau als auch des Mannes vorhanden. Sie werden als *Autosomenpaare* bezeichnet. Das 23. Chromosomenpaar dagegen ist geschlechtsspezifisch (Geschlechtschromosomen- oder *Gonosomenpaar*). Weibliche Zellen besitzen zwei relativ große X-Chromosomen als homologes Gonosomenpaar (XX), männliche nur ein X-Chromosom und ein wesentlich kleineres Y-Chromosom (XY) (Abb. 1).

Jedes Karyogramm kann auch in einer Kurzformel, dem *Karyotyp*, beschrieben werden. Dabei wird zunächst die Anzahl aller Chromosomen genannt und anschließend das geschlechtsbestimmende Gonosomenpaar: ♀ 46, XX bzw. ♂ 46, XY.

Karyogramm des Menschen

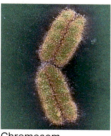

Chromosom (REM-Aufnahme)

Chroma (gr.) = Farbe
Soma (gr.) = Körper

Während der Teilung eukaryotischer Zellen sind ihre Chromosomen mikroskopisch gut erkennbar und können durch spezielle Färbemethoden ein typisches Farbmuster erhalten, weil verschiedene Bereiche den Farbstoff unterschiedlich gut aufnehmen. Vor jeder Zellteilung bestehen sie aus zwei *Schwesterchromatiden* (2 C), die am *Centromer* verbunden sind. Da das Centromer zentral oder am Ende der Chromatiden liegen kann, ergibt sich eine X- oder V-förmige Gestalt. Die Enden der Chromatiden weisen kurze DNA-Sequenzen auf, die sich tausendfach wiederholen und *Telomere* genannt werden.

Zettelkasten

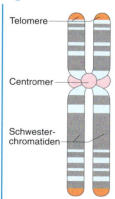

Telomere
Centromer
Schwesterchromatiden

Telomere und Telomerase

Bei den **Telomeren** handelt es sich um die oberen und unteren Endkappen der Chromosomen bzw. der einzelnen Chromatiden. Bei den Zellteilungen erfüllen sie wichtige Schutzfunktionen. Bei jeder Replikation der DNA werden sie nur unvollständig kopiert und verkürzen sich somit bei jeder Zellteilung. Dies führt dazu, dass beispielsweise Stammzellen, die abgestorbene Zellen in der Haut ersetzen, nur maximal 80 bis 100 Teilungen durchführen können, bis sie gealtert sind und ihre Teilungsfähigkeit verloren haben. Jeder Sonnenbrand, der eine Generation von Hautzellen zerstört, beschleunigt daher zusätzlich den Alterungsprozess der Haut.

Bei der Meiose, also der Keimzellenbildung, werden die Telomere durch das Enzym **Telomerase** wieder vollständig aufgebaut. In Zellen mit hoher mitotischer Teilungsaktivität, wie den Zellen des Immunsystems, bleibt dieses Enzym ständig aktiv. Es ergänzt bei jeder Zellteilung die verkürzten Telomere und verhindert so bei diesen Zellen den Alterungsprozess. In den Körperzellen, die nur eine bestimmte Anzahl von Teilungen durchlaufen, verliert die Telomerase nach der Embryonalzeit ihre Aktivität. Dies ist deshalb so wichtig, weil Zellen, die sich beliebig oft teilen, zu Krebszellen werden können.

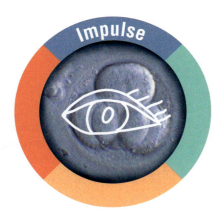

Human Genome Project

... der Wettlauf um Gene

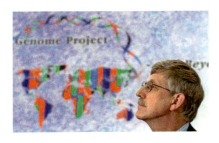

Am 26. Juni 2000 traten FRANCIS S. COLLINS, Direktor des **National Human Genome Research Institute** in Bethesda (USA), und J. CRAIG VENTER von der US-Firma **Celera Genomics** vor die Weltpresse und verkündeten, dass im Rahmen des **Human-Genome-Projects** die Basensequenz der menschlichen DNA in den 23 Chromosomenpaaren weitgehend entschlüsselt sei. In einer mehr als zehnjährigen Arbeit hatten über 1100 Genetiker in den USA, Europa, Japan und China die DNA aus Blut- bzw. Spermazellen von etwa zehn anonymen Personen zunächst durch ein sog. **„Schrotschussverfahren"** (s. S. 116) in viele kleine Stücke mit wenigen hundert Basenpaaren zerlegt. In **Sequenzierautomaten** wurden anschließend die Basensequenzen dieser Bruchstücke bestimmt. Das Zusammensetzen der Millionen von Einzelabschnitten zur Gesamt-DNA gelang anschließend mit modernster Computertechnik durch die Ausnutzung **überlappender Sequenzbereiche** zwischen diesen Abschnitten.

Setzen Sie aus folgenden Wortfetzen mit Hilfe überlappender Abschnitte einen sinnvollen Satz zusammen.

ST UNSER / RIEBSAN / DIE DN / EITUNG / E DNA IST U / SANLEIT / SERE BETRIE

Eine Karte des gesamten menschlichen Genoms, d. h. der Abfolge aller ca. drei Milliarden Basenpaare der menschlichen DNA des einfachen Chromosomensatzes, liegt nun in einer **Gendatenbank** vor. Wollte man diese Basenpaare mit den Buchstaben A, T, C und G im Natura-Buch abdrucken, so würde dies etwa eine Million lückenlos beschriebene und recht langweilige Seiten mit endlosen Kolonnen der Buchstaben A, T, C und G ergeben und das Buch wäre mit ca. 40 Meter Dicke recht unhandlich. Für Molekulargenetiker wie FRANCIS COLLINS ist diese Sequenz allerdings eine sehr spannende Lektüre: „Wir lesen hier unsere eigene Betriebsanleitung. Kann man sich etwas Verlockenderes vorstellen?"

Bei der Sequenzierung stellte sich heraus, dass nur ca. 3 % der menschlichen DNA tatsächlich für bestimmte Eiweiße codieren und der Mensch mit ca. **30000** Genen nur halb so viele besitzt, wie ursprünglich angenommen wurde. Die meiste DNA erschien zunächst nutzlos und wurde als „Schrott-DNA" (engl. **Junk-DNA**) bezeichnet. Es stellt sich allerdings immer mehr heraus, dass gerade diese DNA-Abschnitte eine sehr wichtige regulatorische Funktion haben könnten.

Mit der Kenntnis der menschlichen DNA-Sequenz ist allerdings noch nicht klar, welche **Funktionen** die Gene in der Zelle haben und welche Folgen auftreten, wenn sie durch Mutationen verändert sind. Dies aufzuklären, wird noch viele Jahrzehnte intensiver Forschungsarbeit benötigen. Ziel ist es, neue Diagnose- und Therapiemöglichkeiten für genetisch bedingte Erkrankungen oder Krebs zu entwickeln. Nach einer EU-Richtlinie aus dem Jahr 1998 können DNA-Sequenzen dann patentiert werden, wenn eine gewerbliche Anwendung damit verbunden ist.

Diskutieren Sie Gründe, weshalb private Firmen wie Celera Genomics Millionen investieren, um menschliche Gene zu sequenzieren.

Personal genome sequence

James D. Watson (2007)

HOUSTON — May 31, 2007

Nobel laureate James Watson — codiscoverer of the DNA double helix and father of the Human Genome Project — today, in a presentation at Baylor College of Medicine (BCM), became the first human to receive the data that encompass his personal genome sequence.
The $1 million, two-month project is a collaboration of 454 Life Sciences and the BCM Human Genome Sequencing Center, said Dr. Richard Gibbs, director of the HGSC. The announcement, aside from its meaning to Watson, is significant because it demonstrates that it will be possible in the future to sequence anyone's genome — a goal toward which many sequencing firms are working. The time and cost will decrease as the technology improves.
„This project brings together research genetics, genetic diagnostics and genomics into the new vision of personal medicine." said Gibbs.
(Quelle: www.bcm.edu)

Übersetzen Sie diesen Text und diskutieren Sie Chancen und Risiken, wenn Individuen ihre persönliche Gensequenz und damit verbundene Krankheitsrisiken kennen werden.

Im **Gendiagnostikgesetz** wird die Zulässigkeit von genetischen Untersuchungen geregelt und festgelegt, wann Institutionen Gentests verlangen dürfen.

Diskutieren Sie Gründe, weshalb allein schon die Frage: „Haben Sie sich jemals einem Gentest unterzogen?" von Arbeitgebern oder Versicherungsgesellschaften nicht gestellt werden dürfte.

Genetik und Gentechnik

Totipotente Stammzellen
können einen vollständigen Organismus hervorbringen (z. B. Zygote).

Pluripotente Stammzellen
können alle Zelltypen, aber keinen vollständigen Organismus hervorbringen (z. B. embryonale Stammzellen).

Multipotente Stammzellen
können den Zelltyp des umgebenen Gewebes hervorbringen (z. B. adulte Stammzellen).

Keimbahn
Zellfolge, die von der Zygote bis zu den Keimzellen des geschlechtsreifen Organismus und in die nächste Generation führt.

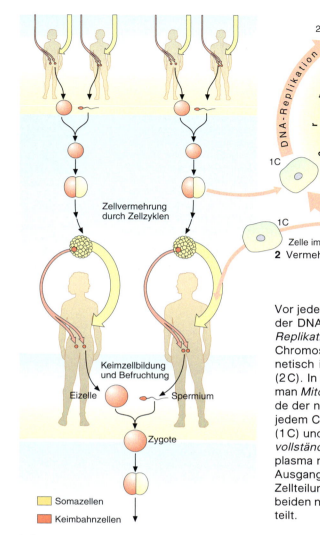

1 Soma- und Keimbahnzellen

2 Vermehrungszyklus der Zellen

„Omnis cellula e cellula."
„Jede Zelle entsteht durch Zellteilung aus einer Zelle." RUDOLF VIRCHOW (1855)

Mitose und Interphase

Jeder Mensch entwickelt sich aus der befruchteten Eizelle, der *Zygote*. Sie ist eine *totipotente Stammzelle*, die den vollständigen Organismus hervorbringen kann. Nach vielen Zellteilungen besteht der menschliche Körper schließlich aus 10^{13} bis 10^{14} Zellen, die sich durch Differenzierung in Gestalt und Funktion als *Somazellen* auf bestimmte Aufgaben spezialisiert haben. In vielen Geweben wie der Haut oder im Knochenmark müssen auch im erwachsenen Organismus ständig neue Zellteilungen stattfinden. Dies ermöglichen die *multipotenten adulten Stammzellen*. Nur *Keimzellen* bleiben totipotent und können nach der Befruchtung wieder einen vollständigen Organismus hervorbringen.

Vor jeder Zellteilung wird die Erbinformation der DNA zunächst in der *Interphase* durch *Replikation* (▶ s. S. 170) verdoppelt. Die Chromosomen bestehen dann aus *zwei* genetisch identischen Schwesterchromatiden (2 C). In der nun folgenden Kernteilung, die man *Mitose* (▶ s. S. 172) nennt, bekommt jede der neu entstehenden Tochterzellen von jedem Chromosom jeweils eine Chromatide (1 C) und besitzt deshalb wieder die absolut *vollständige* Erbinformation. Auch das Cytoplasma mit allen anderen Zellorganellen der Ausgangszelle wird bei der anschließenden Zellteilung wieder relativ gleichmäßig auf die beiden neu entstandenen Tochterzellen verteilt.

In der nächsten Interphase produziert jede Tochterzelle zuerst durch Transkription und dann durch Translation Proteine. Sie wächst so wieder auf die ursprüngliche Größe heran und die Organellen vermehren sich. Anschließend wird die DNA erneut repliziert und in einer Zwischenphase bereitet sich die Zelle auf die nächste Mitose vor (s. Abb. 85.1 oben). Im wachsenden Gewebe wechseln sich Interphase und Mitose im *Zellzyklus*, der etwa 24 Stunden dauert, ständig ab (Abb. 2).

Somazellen, die sich im Dauergewebe für eine bestimmte Aufgabe ausdifferenziert haben, verlieren ihre Teilungsfähigkeit und scheiden aus dem Vermehrungszyklus aus. Sie wachsen durch Proteinbiosynthese (▶ s. S. 171) noch heran, aber die DNA-Replikation findet nicht mehr statt. Ihre Chromosomen bestehen daher auch nur aus jeweils einem Chromatid (2n, 1C).

Genetik und Gentechnik

Die Mitose wird in vier mikroskopisch gut unterscheidbare Phasen eingeteilt (Abb. 1).

Prophase

Die DNA wird in einem hoch geordneten Verpackungsprozess in eine so kompakte Form gebracht, dass die *Chromosomen* auch lichtmikroskopisch erkennbar werden. Am Ende der Prophase zerfallen Kernmembran, Nukleoli und der *Spindelapparat*, der aus tausenden von *Mikrotubuli* besteht, beginnt sich ausgehend von den *Centrosomen* der Zelle zu bilden.

Metaphase

Der Spindelapparat ist voll ausgebildet und durchzieht nun die ganze Zelle. Die Mikrotubuli nehmen Kontakt zu den Centromeren der Chromosomen auf und transportieren sie zwischen beide Zellpole in die Äquatorialebene. Diesen Zeitpunkt nutzt man, um das Karyogramm der Zelle zu erstellen, da die Chromosomen nun maximal verkürzt und lichtmikroskopisch gut unterscheidbar sind. Alle 46 Chromosomen des diploiden Chromosomensatzes bestehen noch aus zwei Chromatiden (2n, 2C), die am Centromer verbunden sind.

Anaphase

Die Chromatiden eines jeden Chromosoms werden am Centromer voneinander getrennt und von den Mikrotubuli zu den entgegen gesetzten Zellpolen transportiert. Jeder Zellpol erhält somit den vollständigen doppelten Chromosomensatz (2n, 1C).

Telophase

Nach Auflösung des Spindelapparates bilden sich Kernmembran und Nucleoli wieder. Die DNA wird so weit abgewickelt, bis nur noch das lichtmikroskopisch unstrukturierte Chromatin erkennbar ist. Die Zelle teilt sich durch Einschnürung in der Äquatorialebene.

Die Gesamtdauer der Mitose hängt vom Gewebetyp ab und kann 30 Minuten bis zu 3 Stunden in Anspruch nehmen.

In Abbildung 1 sind die Mitosephasen bei der Küchenzwiebel dargestellt. Durch die im Vergleich zum Menschen geringere Chromosomenzahl werden sie übersichtlicher. Bei Pflanzen entsteht bei der Teilung zusätzlich eine mittlere Zellplatte, die sich nach außen vergrößert und eine neue Zellwand bildet.

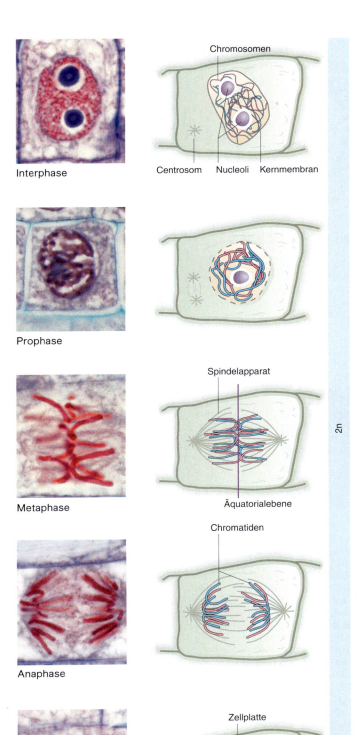

1 Zellteilungsphasen lichtmikroskopisch und schematisch

Genetik und Gentechnik

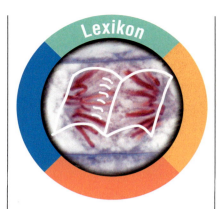

Rund um die Mitose

Metaphasechromosomen

Die Chromosomenform in der Metaphase zeigt, wie eng Gestalt und Funktion in biologischen Systemen verknüpft sind. In Vorbereitung auf die anschließende Kernteilung bestehen die Chromosomen aus **zwei** Schwesterchromatiden (2 C), weil die DNA bereits vorher repliziert wurde.

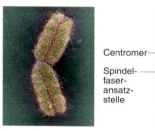 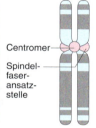

Centromer
Spindelfaseransatzstelle

Die beiden Schwesterchromatiden besitzen je eine **Spindelfaseransatzstelle**, damit sie in der folgenden Anaphase durch den Spindelapparat auf beide Tochterzellen verteilt werden können. Ihr **absolut gleiches Querbandenmuster** kommt durch ihre genetisch identische DNA zustande, die in einem hoch geordneten Aufwicklungsprozess maximal verkürzt wurde. Die Gestalt der Metaphasechromosomen zeigt, wie wichtig es für voll funktionsfähige Zellen ist, dass beim Zellteilungsprozess jede der beiden Tochterzellen die **vollständige und identische Erbinformation** der Ausgangszelle bekommt.

Mikrotubuli

Mikrotubuli bestehen aus kugeligen Proteinen **(Tubulindoppeleinheiten)**, die Hohlröhren mit einem Durchmesser von 24 nm bilden können. Sie besitzen unterschiedliche Enden (− und +) und können am Plusende durch

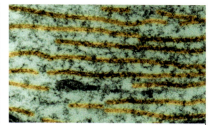

⊕ Ende   ⊖ Ende

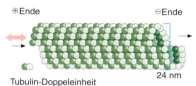

Tubulin-Doppeleinheit   24 nm

Anlagerung oder Abspaltung von Tubulindoppeleinheiten ihre Länge verändern. In einer nicht teilungsaktiven Zelle sind diese Mikrotubuli in Zellkernnähe im **Centrosom** verankert und sind Bestandteil des Zellskeletts, das der Zelle Form und den Organellen Ordnung und Halt gibt.

Spindelapparat

Während der Mitose ist das Centrosom für die Bildung des **Spindelapparates** verantwortlich. Dazu verdoppelt es sich vor der Kernteilung und die beiden entstandenen Teile wandern zu entgegen gesetzten Zellpolen. Von dort aus wachsen Mikrotubuli am Ende der Prophase zur Zellmitte. Diese **Pol-Spindelfasern** bilden zwei

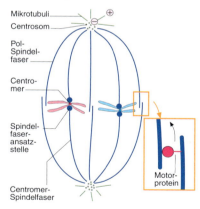

Mikrotubuli
Centrosom
Pol-Spindelfaser
Centromer
Spindelfaseransatzstelle
Centromer-Spindelfaser
Motorprotein

Halbspindeln, die sich im Äquatorialbereich überlappen und so den Spindelapparat bilden. Sobald die Kernmembran zerfallen ist, verbinden sich weitere Mikrotubuli mit den Spindelfaseransatzstellen der Chromosomen **(Centromer-Spindelfasern)**. Sie werden durch Anbau von Tubulineinheiten länger und schieben dadurch die Chromosomen in die Äquatorialebene. Außerdem nehmen sie Kontakt zum Centrosom auf. In der Metaphase verbinden sich Pol-Spindelfasern, die vom anderen Zellpol ausgehen, mit der zweiten Spindelfaseransatzstelle. So bekommen die beiden Chromatiden eines Metaphase-Chromosoms eine Verbindung zum jeweils entgegen gesetzten Zellpol. In der Anaphase lösen sich Tubulindoppeleinheiten aus den Mikrotubuli und die Spindelfasern werden kürzer. Sie trennen dadurch die Schwesterchromatiden am Centromer voneinander und transportieren sie zu den Zellpolen. Im lichtmikroskopischen Bild (s. Abb. 1, S. 85) ist deutlich zu erkennen, dass das Centromer dabei der Bewegung vorangeht und die Chromosomenarme wie Fäden hinter sich herzieht.

Die Bewegung der Chromosomen kommt nicht nur durch Längenveränderung der Mikrotubuli zustande. Im überlappenden Bereich der Pol-Spindelfasern binden außerdem so genannte „Motorproteine" an beide Fasern und verschieben die Mikrotubuli teleskopartig, wodurch die Spindelpole auseinanderrücken.

Colchizin

Colchizin ist das Gift der Herbstzeitlose **(Colchicum autumnale)**. Es verbindet sich mit den Tubulindoppeleinheiten und sorgt dafür, dass sich diese nicht mehr zu Mikrotubuli vereinigen können. Behandelt man Zellen während der Metaphase mit Colchizin, verharren die Chromatiden in ihrer Position. Dies nutzt man für die experimentelle Erstellung eines Karyogramms.

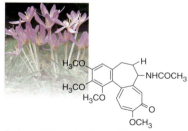

Bei einem vorsichtigen Einsatz von Colchizin werden Chromosomen zwar am Centromer getrennt, aber nicht mehr auf die Zellpole verteilt. Dies kann nach der Zellteilung zu einer Verdopplung der Chromosomenanzahl (4 n) führen. Man nutzt diesen Effekt in der Pflanzenzucht aus, um leistungsfähigere „polyploide" Kulturpflanzen zu gewinnen.

Untersuchung von Mitosephasen

Mitosephasen bei der Zwiebel

Material:
Küchenzwiebel (Allium cepa, 2n = 16), Färbelösung: Orcein- oder Karminessigsäure [C], (ältere Lösungen vor Gebrauch abfiltrieren!), Essigsäure 50 %ig [C], Weithals-Erlenmeyerkolben (ca. 400 ml), Reagenzglas, Reagenzglashalter, Gummistopfen, Siedesteinchen, Bunsenbrenner, Pipette, Filterpapier, Objektträger, Deckgläser, Rasierklinge, Pinzette.

Durchführung:
Die Zwiebeln werden nach Entfernung der äußeren trockenen Hüllblätter auf einen wassergefüllten Weithals-Erlenmeyerkolben gesetzt. Die Wurzelscheibe soll leicht in die Wasseroberfläche eintauchen. Man lässt die Zwiebel so 2 bis 4 Tage bei Zimmertemperatur stehen, bis sich Wurzeln gebildet haben, die einige Zentimeter lang sind.

In den ersten Millimetern der Wurzelspitzen finden vermehrt Zellteilungen statt, so dass man dort alle Teilungsstadien nebeneinander finden kann.

Von den Wurzelspitzen werden die äußersten 1 bis 2 mm, die etwas gelblicher als die übrige Wurzel erscheinen, mit einer Rasierklinge abgetrennt und mit der Pinzette in ein Reagenzglas gebracht. Man gibt etwa 0,5 bis 1 ml Färbelösung zu und verschließt das Reagenzglas mit einem Gummistopfen.

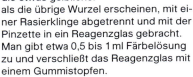

Nach ca. 24 Stunden wird ein Siedesteinchen in das Reagenzglas gegeben, und die Wurzelspitzen werden einmal kurz (!) aufgekocht. Benutzen Sie den Reagenzglashalter und richten Sie die Öffnung des Reagenzglases in den freien Raum!

Vorsicht: Siedeverzug und Herausspritzen der ätzenden Färbelösung möglich! Verwenden Sie eine Schutzbrille und atmen Sie die Dämpfe nicht direkt ein!

Die Wurzelspitzen sind nun intensiv rot gefärbt und durch das Aufkochen weich geworden. Sie werden mit einer Pipette aus dem Reagenzglas entnommen und einzeln auf Objektträger gebracht.

Die Färbelösung wird möglichst vollständig mit Filterpapier vom Objektträger gesaugt und durch einen kleinen Tropfen Essigsäure ersetzt.

Nun wird ein Deckglas auf die Wurzelspitzen gelegt und das Präparat wird mit einigen Lagen Filterpapier abgedeckt. Durch einen kräftigen Druck mit dem Daumen werden die Wurzelspitzen zerquetscht ohne das Deckglas zu zerbrechen. Das Deckglas soll dabei nicht gegen den Objektträger verschoben werden. Nach dem Zerquetschen liegen die Zellen in Flecken von 5 bis 10 mm Durchmesser auf dem Objektträger.

Die herausgedrückte und vom Filterpapier aufgenommene Essigsäure wird vorsichtig aus einer Pipette, die an den Rand des Deckglases gehalten wird, ersetzt.

Auswertung:
Suchen Sie im Mikroskop bei etwa 400-facher Vergrößerung charakteristische Mitosestadien. Identifizieren und zeichnen Sie diese Stadien. Bestimmen Sie in einem Bildausschnitt (kleineren Vergrößerungsfaktor wählen) den Prozentsatz der Zellen, die sich in der Mitose befinden und stellen Sie fest, welche Stadien am häufigsten vorkommen!

Experimentelle Ermittlung eines menschlichen Karyogramms

Karyogramme spielen in der Humangenetik eine wichtige Rolle (s. S. 93). Sie werden routinemäßig im Genetiklabor nach folgender Anleitung hergestellt:

Ein Tropfen Blut wird bei 37 °C in eine Nährlösung gebracht, die die weißen Blutzellen zur Teilung anregt. Die kernlosen roten Blutzellen bleiben unverändert. Nach drei Tagen wird Colchizin zugegeben, das die Zellteilungen in der Metaphase unterbricht und damit Zellen anreichert, die sich in dieser Phase befinden. Nach 3 Stunden trennt man die Blutzellen durch Zentrifugieren ab und gibt destilliertes Wasser zu. Durch Osmose quellen die roten Blutzellen auf und platzen. Die weißen Blutzellen bleiben im gequollenen Zustand und werden erneut abzentrifugiert. In einem Eisessig-Methanol-Gemisch werden die empfindlichen Chromosomen nun fixiert.

Mit einer feinen Pipette werden die gequollenen Zellen aus ca. 10 cm Höhe auf einen wasserbenetzten Objektträger getropft. Beim Aufprall platzen die Membranen und die Chromosomen werden nebeneinander ausgebreitet („gespreitet"). Nach Anfärbung werden die gespreiteten Chromosomen unter dem Mikroskop bei etwa 800-facher Vergrößerung digital fotografiert und mit einem Computer-Bildbearbeitungsprogramm zum Karyogramm geordnet.

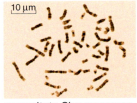

gespreitete Chromosomen

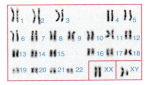

Karyogramm

Befruchtung und Meiose

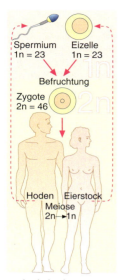

meiosis (gr.) = Verminderung

Bei der *Befruchtung* verschmelzen die Zellkerne von Eizelle und Spermium zur diploiden Zygote (2n). Dies setzt voraus, dass die Keimzellen nur *einen* Chromosomensatz enthalten, sie sind *haploid* (1n). Ein Chromosomensatz der diploiden Zygote entstammt also der Eizelle, der zweite homologe Satz dem Spermium. Die Chromosomen eines homologen Paares sind aus diesem Grund *genetisch nicht identisch* und ihre sogenannten *Nichtschwesterchromatiden* werden in schematischen Abbildungen deshalb meist rot und blau dargestellt (Abb. 1, S. 89).

Die haploiden Keimzellen entstehen in den Keimdrüsen aus den diploiden *Urkeimzellen* durch besondere Kernteilungsvorgänge, die man *Reifeteilungen* oder *Meiose* (▶ s. S. 171) nennt. Sie dauern in den Hoden des erwachsenen Mannes bei der Spermienbildung jeweils einige Tage. In den Eierstöcken beginnen die Teilungsvorgänge bereits im weiblichen Embryo und werden erst nach Jahrzehnten bei der erwachsenen Frau abgeschlossen.

Die Meiose verläuft in zwei Teilungsschritten. In der *Reifeteilung I* bzw. *Reduktionsteilung* werden die homologen Chromosomen, die aus je zwei Schwesterchromatiden bestehen, zunächst paarweise zusammengeführt. Die vier Chromatiden liegen dann in einer *Tetrade* zusammen (2n, 2C). Der Spindelapparat trennt anschließend jedes homologe Paar und transportiert jeweils eines der Chromosomen zu einem der Zellpole. Es ist dabei zufallsbedingt, wie die genetisch nicht identischen Chromosomen verteilt werden. Abhängig von der Anzahl der homologen Paare (n) bestehen 2^n verschiedene Kombinationsmöglichkeiten. Nach der Reduktionsteilung liegen zwei genetisch unterschiedliche haploide Zellen vor, deren Chromosomen noch aus zwei Chromatiden bestehen (1n, 2C).

In der *Reifeteilung II (Äquationsteilung)* werden nun wie bei der Mitose die Chromatiden am Centromer getrennt. Durch äquatoriale Teilung der beiden Zellen entstehen die Keimzellen (1n, 1C).

Durch die zufällige Neukombination (= *Rekombination*) der genetisch unterschiedlichen homologen Chromosomen in der Reifeteilung I ist die genetische Variabilität der Keimzellen, die bei der Befruchtung zusammentreffen, außerordentlich groß. Mit Ausnahme einei*i*ger Zwillinge sind deshalb zwei Menschen — selbst Geschwister — nie genetisch identisch. Die durch Meiose und sexuelle Vermehrung bedingte *genetische Vielfalt* ist aus der Sicht der Evolutionstheorie eine wichtige Voraussetzung dafür, dass die Individuen einer Art unterschiedlich gut an ihre natürliche Umwelt angepasst sind.

In den Eierstöcken entsteht aus einer Ureizelle jeweils nur eine plasmareiche *Eizelle*. Die übrigen drei haploiden Chromosomensätze gelangen in *Polkörperchen* und werden abgebaut. In den Hoden des Mannes

---

📁 Zettelkasten

Befruchtung beim Menschen und bei Säugetieren

Bei der *Besamung* binden Spermien mithilfe von Rezeptormolekülen an Oberflächenmoleküle der Eihülle (*Schlüssel-Schloss-Prinzip*). So wird sichergestellt, dass nur Spermien der gleichen Art in eine Eizelle eindringen. Die Spitze des Spermienkopfes löst mithilfe von Enzymen die Eihülle auf. Sobald die Membranen in Kontakt kommen, vereinigen sie sich und Spermienkopf und Mittelstück werden aufgenommen. Dadurch wird die *Rindenreaktion* ausgelöst: die Eizelle scheidet eine Substanz aus, die ihre Oberfläche für weitere Spermien undurchdringbar macht. Das verhindert eine Mehrfachbefruchtung. Der Eizellkern beendet nun die jahrelang unterbrochene Reifeteilung II (1n, 1C). Nach der Replikation der DNA von Eizelle und Spermium (1n, 2C) kommt es mit der Verschmelzung der Kerne zur *Befruchtung* (2n, 4C). Die *Zygote* enthält einen mütterlichen und einen väterlichen Chromosomensatz.

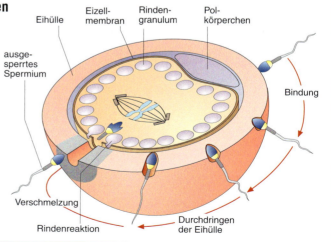

88 Genetik und Gentechnik

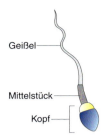

entstehen aus einer Urspermienzelle vier gleichgroße haploide Zellen, die sich in bewegliche Spermien umwandeln. Dabei verlieren sie einen Großteil ihres Cytoplasmas und bestehen schließlich nur noch aus dem *Kopf* (Zellkern und Enzyme zur Auflösung der Eihülle), dem *Mittelstück* (Mitochondrien zur Energiegewinnung) und einer *Geißel* zur Fortbewegung.

Aufgaben

① Berechnen Sie die Kombinationsmöglichkeiten homologer Chromosomen bei der Entstehung menschlicher Keimzellen.
② Nennen Sie die beiden wichtigsten Bedeutungen der Meiose und stellen Sie Unterschiede und Gemeinsamkeiten in Ablauf und Ergebnis der Mitose und Meiose tabellarisch gegenüber.

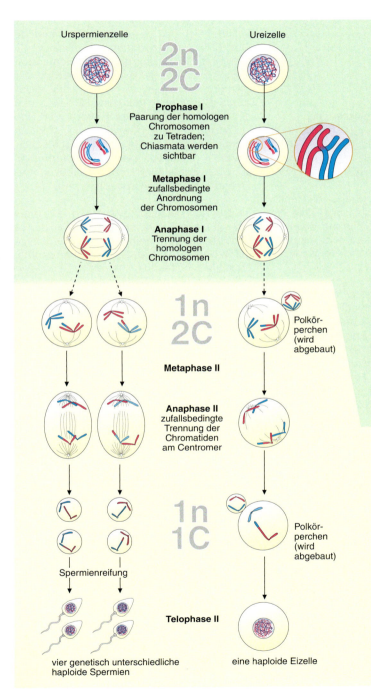

Reduktionsteilung

Prophase I: Im Zellkern werden die homologen Chromosomen (2n, 2C) durch Motorproteine aufeinander zu bewegt, bis schließlich je vier Chromatiden in einer sog. *Tetrade* beieinander liegen (2n, 2C). Bei dieser *Paarung der Homologen* kann es enzymatisch gesteuert zu einem Stückaustausch zwischen homologen Teilen der Chromatiden kommen (*Crossingover*; S. 99). Wenn ein solcher Austausch zwischen den genetisch unterschiedlichen Nichtschwesterchromatiden erfolgt, entstehen Chromatiden mit neuen Genkombinationen. Als Folge dieses Stückaustausches werden am Ende der Prophase Überkreuzungen (*Chiasmata*) zwischen den Chromatiden der Tetraden mikroskopisch sichtbar. Die Kernmembran löst sich auf und der Spindelapparat bildet sich.

Metaphase I: Die Tetraden werden vom Spindelapparat in die Äquatorialebene gebracht.

Anaphase I: Der Spindelapparat trennt jedes der homologen Paare voneinander und transportiert zufallsbedingt je ein homologes Chromosom zu einem der Zellpole.
Nach der anschließenden Zellteilung ist die *Reduktion vom diploiden zum haploiden Chromosomensatz* erreicht (1n, 2C).

Äquationsteilung

Metaphase II: Die Chromosomen werden vom Spindelapparat erneut in die Äquatorialebene gebracht.

Anaphase II: Die Chromatiden werden am Centromer getrennt und vom Spindelapparat zufallsbedingt zu den Zellpolen transportiert.

Telophase: Nach der Zellteilung sind vier haploide Zellen mit einfacher genetischer Information in ihren Interphasekernen entstanden (1n, 1C). Sie machen im Hoden noch die Umwandlung in Spermien durch. Im Eierstock entsteht nur eine Eizelle, die Polkörperchen werden mit ihrer DNA abgebaut.

1 Ablauf der Meiose (schematisch für zwei homologe Chromosomenpaare)

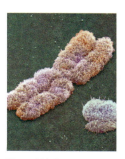

X- und Y-Gonosom (REM-Aufnahme)

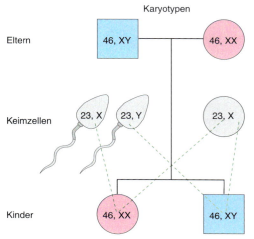

1 Genotypische Geschlechtsbestimmung

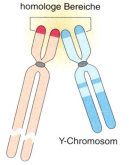

Paarung der Gonosomen

schmelzung mit der Eizelle (23, X) entsteht entweder der Karyotyp 46, XX oder 46, XY. Man spricht von einer *genotypischen Geschlechtsbestimmung* (Abb. 1).

Die beiden Gonosomen unterscheiden sich schon mikroskopisch, weil das Y-Chromosom viel kleiner ist (Randspalte). Das X-Chromosom trägt wie die Autosomen etwa tausend für Proteine codierende Gene, das Y-Chromosom dagegen nur 78. Darunter befindet sich das geschlechtsbestimmende *Gen SRY (= Sex-determining Region Y)*. Unter seiner Wirkung beginnt in den ersten Embryonalmonaten die Differenzierung der Keimdrüsenanlagen zu Hoden. Im weiblichen Geschlecht fehlt das SRY-Gen und die Anlage der Keimdrüsen differenziert sich in Eierstöcke. Die Entwicklung der weiteren männlichen oder weiblichen Geschlechtsmerkmale hängt von *Geschlechtshormonen* ab, die in den Hoden bzw. Eierstöcken entstehen (*Testosteron* bzw. *Östrogen*).

„Mädchen oder Junge?"

… so lautet oft die erste Frage, die frisch gebackenen Eltern gestellt wird. Dass die Antwort auf diese Frage bereits seit der Befruchtung der Eizelle feststeht, liegt an der Spermienentstehung in der Meiose (▶ s. S. 171).

In der Prophase I der Meiose finden in den Hoden auch die unterschiedlichen Gonosomen zusammen, weil X- und Y-Chromosom zumindest an ihrem Ende jeweils kurze homologe Bereiche mit 16 gemeinsamen Genen aufweisen (Randspalte). Durch die Trennung der homologen Paare in der Anaphase I entstehen zwei unterschiedliche Spermientypen: 23, X und 23, Y. Nach Ver-

Im Jahr 1949 entdeckte MURRAY L. BARR bei Interphasekernen weiblicher Zellen an der Innenseite der Kernmembran einen stark färbbaren Bereich, den er *Sexchromatin* nannte. Es stellte sich heraus, dass dieses *Barr-Körperchen* eines der beiden X-Chromosomen ist, das in den Zellkernen weiblicher Körperzellen auch in der Interphase stark verkürzt und genetisch inaktiv bleibt. Aus diesem Grund haben nicht nur Männer, sondern auch Frauen, in ihren Körperzellen nur *ein* aktives X-Chromosom. Welches der beiden X-Chromosomen in einer bestimmten Körperzelle einer Frau inaktiv bleibt, ist zufallsbedingt.

Hermaphroditen, Kalter Krieg und Sexchromatin-Test

Wenn die Differenzierung der männlichen Keimdrüsenanlagen gestört ist, können in seltenen Fällen neben Hoden auch Eierstöcke entstehen und die äußeren Geschlechtsmerkmale beim Karyotyp 46, XY weiblich erscheinen. Man spricht von *Hermaphroditismus*.

In der ersten Hälfte des 20. Jahrhunderts wurden bei Sportwettkämpfen immer wieder Frauen verdächtigt, Hermaphroditen zu sein. So wurde 1938 die Hochsprungweltrekordlerin von den Olympischen Spielen ausgeschlossen, weil sie angeblich weibliche und männlich Geschlechtsorgane hatte. Als solche Verdächtigungen im kalten Krieg zwischen Ost und West immer häufiger wurden, beschloss das IOC bei den Olympischen Spielen 1968 in Mexiko für alle weiblichen Athleten den Sexchromatin-Test einzuführen. Sie bekamen einen „Sex-Pass", wenn in ihren Mundschleimhautzellen das Barr-Körperchen festgestellt werden konnte.

Nachdem sich aber herausgestellt hatte, dass in Einzelfällen Frauen, die bereits Kinder geboren hatten, bei diesem „Sex-Test" durchgefallen, und deshalb von den Olympischen Spielen ausgeschlossen worden waren, wird seit den Spielen in Sydney im Jahr 2000 auf diesen Test verzichtet.

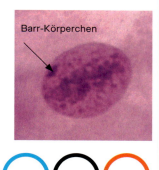

Geschlechterverhältnis

Theoretisches Verhältnis

In der Meiose entstehen aus den Urspermienzellen gleich viele Spermien mit dem X- bzw. dem Y-Chromosom. Aus diesem Grund kann man erwarten, dass nach der Befruchtung in der Zygote mit gleicher Wahrscheinlichkeit die Karyotypen 46, XX und 46, XY entstehen und deshalb *theoretisch gleich viele Jungen und Mädchen* gezeugt und geboren werden.

Tatsächliches Verhältnis

Jahr	Jungen	Mädchen	Geschl. verhältnis
1950	578 191	538 510	
1960	648 928	612 686	1059
1970	537 922	509 815	1055
1980	444 148	421 641	1053
1990	465 379	440 296	1057
2000	393 323	373 676	1053
2001	377 586	356 889	1058
2002	369 277	349 973	1055
2003	362 709	344 012	1054
2004	362 017	343 605	1054
2005	351 757	334 038	

Tab. 1: Lebendgeburten in Deutschland (Quelle: Statistisches Bundesamt)

Das tatsächliche Geschlechterverhältnis kann man aus Statistiken mit der Anzahl der *lebend geborenen Kinder* berechnen (Tab. 1).
Es wird in diesen Statistiken üblicherweise als *Anzahl der Jungen pro 1000 Mädchen* angegeben und fällt, wie Tabelle 1 zeigt, zugunsten der Jungen aus.

Aufgaben

1. Berechnen und vergleichen Sie das Geschlechterverhältnis in den Jahren 1950 und 2005.
2. In Bayern wurden 2005 insgesamt 107308 Kinder geboren, davon 52162 Mädchen. Berechnen Sie das Geschlechterverhältnis und vergleichen Sie mit dem gesamtdeutschen Wert für 2005.

Primäres Verhältnis

Unter dem primären Geschlechterverhältnis versteht man die Anzahl männlicher Zygoten bezogen auf 1000 weibliche Zygoten. Dieses Verhältnis lässt sich naturgemäß nicht direkt bestimmen. Man versucht es daher durch Berücksichtigung des Geschlechterverhältnisses bei Fehl- und Totgeburten näherungsweise zu ermitteln. Für dieses Verfahren gibt es allerdings nur sehr lückenhafte Statistiken (Tab. 2 und 3).

Schw.-monat	männliche Feten	weibliche Feten
1.	75	55
2.	551	280
3.	788	300
4.	343	187

Tab. 2: Spontane Fehlgeburten (verschiedene Studien 1957 – 1966)

Schw.-monat	männliche Feten	weibliche Feten
5.	10 627	7580
6.	14 314	11 680
7.	17 923	15 590

Tab. 3: Totgeburten (Studien 1922 – 1936, USA, U.S. Bureau of the Census)

Aufgaben

3. Bei frühen Fehlgeburten ist das Geschlecht an äußeren Merkmalen oft noch nicht zu erkennen. Verlässliche Ergebnisse liegen daher erst vor, seitdem 1959 die Bedeutung des Barr-Körperchens erkannt wurde. Erläutern Sie die darauf beruhende Methode der Geschlechtsbestimmung!
4. Berechnen Sie die Geschlechterverhältnisse, die sich summarisch aus den Tabellen 2 und 3 ergeben und stellen Sie aufgrund der Ergebnisse eine Hypothese über das primäre Geschlechterverhältnis auf!

Sekundäres Verhältnis

Das tatsächliche Geschlechterverhältnis (Tab. 1) ist ein sekundäres Verhältnis. Es entsteht, weil das primäre Verhältnis, das auf ca. 1700 Jungen pro 1000 Mädchen geschätzt wird, während der Schwangerschaft durch vermehrte Abgänge männlicher Föten zum tatsächlichen Verhältnis von ca. 1060 : 1000 verschoben wird. Als Ursachen werden unterschiedliche Faktoren diskutiert:

— Männliche Föten besitzen nur ein X-Chromosom in ihren Zellen. Letale Mutationen auf diesem Chromosom können nicht wie im weiblichen Geschlecht durch das zweite X-Chromosom ausgeglichen werden.
— Im dritten Schwangerschaftsmonat entwickelt der Hoden eines männlichen Fötus seine maximale Hormonproduktion (Testosteron).
— Im Sperma wurden mehr Y- als X-Spermien gefunden. Dies wird darauf zurückgeführt, dass Spermien mit dem X-Chromosom nach ihrer Entstehung in den männlichen Geschlechtsorganen schneller als Y-Spermien abgebaut werden.
— Statistische Untersuchungen bei künstlichen Befruchtungen zeigen, dass die Zeugung eines Jungen wahrscheinlicher wird, wenn die Übertragung des Spermas in die Gebärmutter zeitlich nahe beim Eisprung liegt. Findet sie zwei Tage früher statt, wird die Zeugung eines Mädchens wahrscheinlicher.

Aufgaben

5. Entwickeln Sie unter Berücksichtigung der Größe bzw. Masse der Gonosomen eine Hypothese, weshalb das primäre Geschlechterverhältnis ganz eindeutig zugunsten der männlicher Zygoten verschoben ist.
6. Berechnen Sie aus den Tabellen 2 und 3, in welchem Schwangerschaftsmonat die meisten männlichen Föten im Vergleich zu den weiblichen Feten absterben und finden Sie für das Ergebnis eine Begründung, indem Sie auf einen der oben angegeben Faktoren eingehen.
7. „Geschlechtliche Enthaltsamkeit steigert die Wahrscheinlichkeit, einen Stammhalter zu zeugen". Suchen Sie unter den oben genannten Faktoren nach einer Erklärung für diese These.
8. Entwickeln Sie eine begründete Hypothese über die Lebensdauer der Y- bzw. X-Spermien nach dem Geschlechtsakt in den weiblichen Geschlechtsorganen.

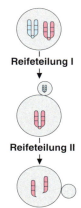

Entstehung einer Eizelle mit zwei Chromosomen 21 durch Nondisjunction in Reifeteilung II

Syndrom
Komplexes Krankheitsbild mit bestimmter Symptomkombination

„Wäre soziales Verhalten der beispielgebende Maßstab, müsste man Menschen mit dem Down-Syndrom nacheifern!"
RICHARD VON WEIZSÄCKER (Bundespräsident 1984 – 1994).

1 Mädchen mit Down-Syndrom

Das Down-Syndrom

1886 beschrieb der englische Kinderarzt JOHN LANGDON DOWN erstmals die Symptome des später nach ihm benannten *Down-Syndroms*: kleiner Körperwuchs, kurze Finger, kurzer Hals, Herzfehler, erhöhtes Infektionsrisiko und eine schräg gestellte Lidfalte. Die Betroffenen sind meist sehr freundlich und musikalisch, bleiben aber in ihrer geistigen Entwicklung zurück (Abb. 1). Durch intensive Frühförderung kann man diese Entwicklung jedoch sehr positiv beeinflussen.

Die cytogenetische Ursache des Down-Syndroms wurde 1959 geklärt, als im Karyogramm von Down-Patienten 47 Chromosomen gefunden wurden. Bei dieser *numerischen Chromosomenaberration* liegt das Chromosom 21 dreifach vor *(freie Trisomie 21)*. Der Grund dafür ist eine zufällige Nichttrennung der Chromosomen in der Meiose, die man *Nondisjunction* nennt. Wird beispielsweise bei der Äquationsteilung eine Chromatide des Chromosoms 21 nicht in das Polkörperchen transportiert, entsteht eine Eizelle, die zwei Chromosomen 21 enthält (Randspalte). Bei der Verschmelzung mit einem regulären Spermium entsteht dann die Trisomie 21. An frühen Fehlgeburten wurde festgestellt, dass Trisomie auch bei allen anderen Autosomen auftritt, aber dann die Keime meist bald absterben. Fehlt durch Nondisjunction in der Keimzelle eines der Autosomen, so kommt es nach der Befruchtung zur *Monosomie* mit tödlichen Folgen für den jungen Keim.

Unter 700 Neugeborenen befindet sich durchschnittlich ein Kind mit dem Down-Syndrom. Das Risiko, ein Kind mit Trisomie 21 zu bekommen, steigt mit dem Alter der Mutter. Bei 25-jährigen Frauen sind nur ca. 0,1 % der Kinder betroffen, bei 45-Jährigen dagegen über 2 %. Es scheint so, als ob die Meiose bei älteren Frauen häufiger nicht mehr korrekt erfolgt. Dies könnte damit zusammenhängen, dass die Eizellen ab der Geburt in der Prophase I der Meiose verharren. Erst Jahrzehnte später wird nach der Besamung die Meiose vollendet (siehe Kasten S. 88). Dieser lange Zeitraum könnte die Eizellen anfälliger für Störungen machen.

Seit im Rahmen des Human Genome Projects die Basensequenz des Chromosoms 21 bekannt ist, ergeben sich Anhaltspunkte für die am Down-Syndrom beteiligten Wirkmechanismen. Dies könnte in Zukunft neue Therapiemöglichkeiten eröffnen. So ist ein Gen auf dem Chromosom verantwortlich für die Synthese von Purin, einem Baustein für DNA-Basen. Eine verstärkte Aktivität dieses Gens durch die Trisomie führt zu einer höheren Purinkonzentration im Blut, die ein Faktor für die geistige Behinderung der Down-Patienten sein könnte.

Aufgabe

① Zeigen Sie mit Skizzen, welche unterschiedlichen Spermien bei Nondisjunction des Chromosomenpaars 21 in der Reifeteilung I entstehen können. Geben Sie die Folgen für den Chromosomensatz und die Lebensfähigkeit des Keimes an, wenn die verschiedenen Spermien eine reguläre Eizelle befruchten.

ettelkasten

Translokationstrisomie 21

Bei familiärer Häufung des Down-Syndroms (3 bis 4 % der Fälle) stellte man fest, dass bei *einem* gesunden Elternteil eines der beiden Chromosomen 21 mit einem größeren Chromosom (oft Chromosom 15) über die beiden endständigen Centromere verbunden ist *(Translokation)*.

Bei der Meiose wird das dadurch entstandene Fusionsprodukt als Einheit verteilt. Wenn es zusammen mit dem freien Chromosom 21, das keinen homologen Paarungspartner findet, in die gleiche Keimzelle gelangt, enthält diese das Chromosom 21 in doppelter Ausführung. Nach der Befruchtung mit einer regulären Keimzelle entsteht die *Translokationstrisomie 15/21*.

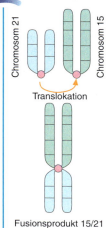

Gonosomale numerische Chromosomenaberrationen

Numerische Aberrationen
Die Anzahl der Chromosomen in den Körperzellen weicht vom Normalfall ab (z. B. Trisomie 21)

Ein Krankheitsbild, das mit einer Wahrscheinlichkeit von 1 : 2500 bei weiblichen Neugeborenen auftritt, ist das *Turner-Syndrom*. Betroffene Mädchen entwickeln sich geistig normal, fallen aber durch einen typischen Minderwuchs auf, der mit einer Wachstumshormontherapie jedoch meist erfolgreich behandelt werden kann. Fehlbildungen an inneren Organen sind möglich, die geschlechtliche Reifung bleibt fast immer aus und die Betroffenen sind unfruchtbar. Das Karyogramm (▶ s. S. 171) zeigt, dass bei diesen Mädchen im Zellkern der Körperzellen nur ein X-Chromosom vorhanden ist (Karyotyp: 45, X0). Sie besitzen ebenso wie Männer kein Barr-Körperchen. Das Turner-Syndrom ist die einzige nicht letal verlaufende Monosomie.

In manchen Fällen ist das Turner-Syndrom nicht auf eine Fehlverteilung von Chromosomen in der Meiose der elterlichen Keimzellen zurückzuführen, sondern auf eine Unregelmäßigkeit bei einer frühen mitotischen Teilung während der Embryonalentwicklung, die zum Verlust eines X-Chromosoms in der Zelle führte. Es gibt dann im Körper neben den normalen Zellen auch monosome Zellen *(XX/X0-Mosaik)*. Je später die Teilungsstörung auftritt, desto geringer ist der Prozentsatz der Zellen mit Monosomie und das Krankheitsbild ist deutlich schwächer ausgeprägt.

Die Zellkerne der vom *Klinefelter-Syndrom* betroffenen Männer enthalten 47 Chromosomen (47, XXY) und besitzen ein Barr-Körperchen. Es sind auch Einzelfälle mit zwei Barr-Körperchen (48, XXXY) bekannt. Auch die Zellen von *Triplo-X-Frauen* (47, XXX) haben zwei Barr-Körperchen. Bei *Diplo-Y-Männern* (47, XYY) sind im Zellkern zwei Y-Chromosomen enthalten.

Menschen mit gonosomalen Chromosomenzahlabweichungen (▶ s. S. 170) sind im Vergleich zu Personen mit autosomalen Abweichungen kaum auffällig (Abb. 1). Dies liegt zum einen daran, dass überzählige X-Chromosomen als Barr-Körperchen genetisch inaktiv sind. Ein zusätzliches Y-Chromosom wirkt sich wegen der geringen Anzahl seiner Gene ebenfalls nur wenig aus.

Das Diplo-Y-Syndrom ist ein Musterbeispiel für die Fehlinterpretation statistischer Daten. In Kopenhagen wurden alle zwischen 1944 und 1947 geborenen Männer mit einer Körpergröße von über 1,84 m untersucht. Unter 4139 Betroffenen wurden 12 Diplo-Y-Fälle gefunden. Fünf von diesen Männern (41,7 %) hatten eine oder mehrere Gefängnisstrafen verbüßt. Im Gegensatz dazu waren nur 7 % der männlichen Durchschnittsbevölkerung der Stadt vorbestraft. Die Schlagzeile: „Y: Mörder-Chromosom" wurde in Zeitungsberichten diskutiert, obwohl die untersuchte Gruppe zu klein für repräsentative Aussagen war. Folgestudien zeigten, dass das Diplo-Y-Syndrom unter Kriminellen nicht deutlich häufiger auftritt als in der männlichen Gesamtbevölkerung. Es gibt bis heute keinen haltbaren Beleg für den Zusammenhang zwischen einer Gewalttätigkeit und dem zusätzlichen Y-Chromosom.

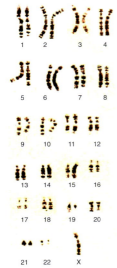

Karyogramm eines Mädchens mit dem Turner-Syndrom

Aufgaben

① Zeigen Sie durch Skizzen verschiedene mögliche Ursachen für das Zustandekommen des Turner-Syndroms.

② Zeigen Sie mit einer von Ihnen erstellten Skizze, in welchem Abschnitt der Meiose in den Hoden Nondisjunction stattfinden muss, damit bei anschließender Befruchtung das Diplo-Y-Syndrom zustande kommen kann.

③ Genetische Untersuchungen zeigen bei einem „Klinefelter-Mann", dass er zwei genetisch absolut identische X-Chromosomen besitzt. Leiten Sie durch Skizzen ab, wie es dazu kommen konnte.

④ Erläutern Sie unter Mitverwendung von Skizzen, welche vier Karyotypen unter den Kindern eines „Diplo-Y-Mannes" zu erwarten sind.

Turner Syndrom Karyotyp 45, X0; 1:2500 (weibliche Neugeborene)	Kleinwuchs (1,5 m), kurzer Hals, Fehlbildungen an inneren Organen möglich, unfruchtbar; Intelligenz normal
Klinefelter Syndrom Karyotyp 47, XXY; 1:660 (männliche Neugeborene)	sehr großer Körper (über 1,8 m), keine Spermienbildung in den Hoden, Neigung zu Diabetes, Intelligenz nur wenig vermindert
Triplo-X-Syndrom Karyotyp 47, XXX; 1:1000 (weibliche Neugeborene)	äußerlich unauffällig, Pubertätsverlauf normal, meist fruchtbar, Intelligenz nur leicht eingeschränkt
Diplo-Y-Syndrom Karyotyp 47, XYY; 1:590 (männliche Neugeborene)	überdurchschnittliche Körpergröße, normale Pubertät (fruchtbar), Intelligenz nahezu normal

1 Gonosomale Chromosomenzahlabweichungen und deren Symptome

Genetik und Gentechnik

3 Klassische Genetik

Mendelsche Regeln – monohybrider Erbgang

Der Augustinermönch JOHANN GREGOR MENDEL interessierte sich im 19. Jahrhundert im Klostergarten von Brünn für Varianten von Zierpflanzen. Er schreibt dazu: *„Künstliche Befruchtungen, welche an Zierpflanzen deshalb vorgenommen wurden, um neue Farbvarianten zu erzielen, waren die Veranlassung zu den Versuchen."* Sein Versuchsobjekt war die Saaterbse *(Pisum sativum)*, die im Mittelmeerraum beheimatet ist und von Insekten bestäubt wird, die in Mitteleuropa fehlen. Hier pflanzen sich Saaterbsen durch *Selbstbestäubung* fort.

Seine Kreuzungsexperimente in den Jahren 1858 bis 1864 sind heute noch ein Lehrbeispiel für exaktes naturwissenschaftliches Experimentieren. Er beschaffte sich 34 verschiedene Sorten der Saaterbse, die *„leicht und sicher zu unterscheidende Merkmale"* wie Form oder Färbung der reifen Samen aufwiesen. In einer zweijährigen Phase der Selbstbestäubung stellte MENDEL zunächst fest, dass 22 Sorten immer *„durchaus gleiche und constante Nachkommen"* hatten. Nur diese *reinerbigen* Sorten verwendete er für die folgenden Kreuzungsversuche, für die er eine Methode der gezielten *Fremdbestäubung* (Abb. 1) entwickelte: *„Zu diesem Zwecke wird die noch nicht vollkommen entwickelte Knospe geöffnet, das Schiffchen entfernt und jeder Staubfaden mittelst einer Pincette behutsam herausgenommen, worauf dann die Narbe sogleich mit dem fremden Pollen belegt werden kann."* Für seine ersten Kreuzungsexperimente wählte er Pflanzen, *„welche nur in einem wesentlichen Merkmale verschieden waren"*, was man heute als *monohybride Kreuzung* bezeichnet. So bestäubte er eine grünsamige Erbsensorte mit dem Pollen einer gelbsamigen und stellte dabei fest, dass als Nachkommen (Hybriden) ausschließlich gelbsamige Erbsen in den Hülsen entstanden. Um sicher zu gehen, dass nicht der Pollen den Ausschlag für die Samenfarbe gab, führte MENDEL auch die *reziproke Kreuzung* durch, indem er diesmal den Pollen der grünsamigen Pflanze verwendete. Doch auch bei diesem Versuch waren die Hybriden stets gelbsamig. Im folgenden Jahr säte er die gelben Hybridsamen aus und kreuzte die entstehenden Pflanzen durch künstliche Bestäubung miteinander. Als Ergebnis protokollierte er: *„258 Pflanzen gaben 8023 Samen, 6022 gelbe und 2001 grüne."* Die grüne Samenfarbe war also nicht verloren gegangen, sondern nur *„zurückgetreten"*.

Über Jahre wertete er über 13000 Kreuzungsversuche aus und stellte fest, dass *„die auffallende Regelmässigkeit, mit welcher dieselben Hybridformen immer wiederkehrten"*, es möglich macht, *„ein allgemein gültiges Gesetz für die Bildung und Entwicklung der Hybriden aufzustellen"*. Er entwickelte dazu eine Theorie, die heute noch in abgewandelter Form Gültigkeit besitzt. In dieser Theorie ging er davon aus, dass die äußerlich erkennbaren Merkmale *„in der materiellen Beschaffenheit und Anordnung der Elemente . . . in der Zelle"* begründet sind und spricht von *„Anlagen"* bzw. *„Factoren"*.

Der Begriff des *Gens* wurde erst 1909 vom dänischen Biologen WILHELM JOHANNSEN geprägt. Saaterbsen besitzen ein solches Gen für das Merkmal Samenfarbe. Dieses Gen existiert in zwei unterschiedlichen Varianten *(Allelen)*, die in der Elterngeneration (P) die Samenfarben Gelb oder Grün bewirken. In den Hybriden der 1. Tochtergeneration (F_1) kommen die beiden unterschiedlichen Allele zusammen, wobei das Allel für die gelbe Färbung dominiert, während das Allel für die grüne Färbung zurücktritt. Man spricht von *dominanten* und *rezessiven* Allelen (▶ s. S. 170). MENDEL führte eine Symbolik ein, nach der heute noch die dominanten Allele

---

Gregor Mendel
(1822 – 1884)

Zitate aus *„Versuche über Pflanzenhybriden"*
(G. MENDEL, Brünn 1866)

Allele
unterschiedliche Varianten eines Gens

Elterngeneration
Parentalgeneration (P)

Tochtergenerationen
Filialgenerationen (F_1, F_2 usw.)

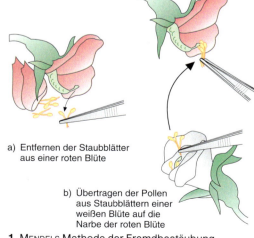

a) Entfernen der Staubblätter aus einer roten Blüte

b) Übertragen der Pollen aus Staubblättern einer weißen Blüte auf die Narbe der roten Blüte

1 MENDELS Methode der Fremdbestäubung

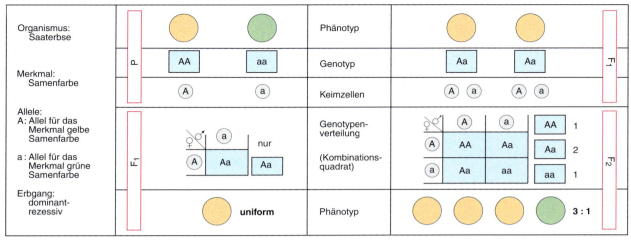

1 Kreuzungsschema zur 1. und 2. Mendelschen Regel

A: dominantes Allel
hier für das Merkmal „gelbe Samenfarbe"

a: rezessives Allel
hier für das Merkmal „grüne Samenfarbe"

Genotyp
Allel-Kombination z. B. AA, Aa oder aa

Phänotyp
Merkmalsausprägung z. B. grüne oder gelbe Samenfarbe der Erbse

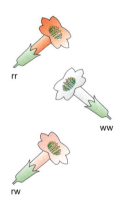

Genotypen und Phänotypen bei der Wunderblume
r: Allel für rote Blütenfarbe
w: Allel für weiße Blütenfarbe

durch Großbuchstaben (z. B. A) und die rezessiven durch Kleinbuchstaben (a) gekennzeichnet werden.

MENDEL erkannte, dass Keimzellen immer rein sind, d. h. sie enthalten für ein Merkmal auch nur ein Allel. Bei der Befruchtung entstehen durch die Verschmelzung der Keimzellen Körperzellen mit zwei Allelen pro Merkmal. Sie können in verschiedenen Kombinationen, den *Genotypen* auftreten: AA, Aa oder aa. Genotypen mit gleichem Allelenpaar (AA oder aa) bezeichnet man als *reinerbig* oder *homozygot*, der Genotyp Aa ist *mischerbig (heterozygot)*. Für diese drei Genotypen gibt es im dominant-rezessiven Erbgang (▶ s. S. 170) nur zwei verschiedene Markmalsausprägungen *(Phänotypen)*, weil beim Genotyp Aa das Allel A dominiert und der Phänotyp gelb erscheint.

MENDEL zeigte auch, dass sich das Zahlenverhältnis, in dem die Phänotypen auftraten, durch einfache Regeln erklären lässt. Weil die Keimzellen der F_1-Generation entweder das Allel A oder a enthalten, *„wird es nach den Regeln der Wahrscheinlichkeit im Durchschnitte vieler Fälle immer geschehen, dass sich jede Pollenform A und a gleich oft mit jeder Keimzellform A und a vereinigt."* Dies führt bei den Genotypen der F_2-Generation zum Zahlenverhältnis 1 : 2 : 1 (AA : Aa : aa), dem ein Phänotypenverhältnis von 3:1 entspricht. Der experimentelle Befund von 6022 : 2001 (3,0095 : 1) stimmt mit der theoretischen Voraussage überein. In einem Kombinationsquadrat lässt sich dieses für den *dominant-rezessiven Erbgang* typische Zahlenverhältnis leicht herleiten (Abb. 1).

Als 1900 der Tübinger Botaniker CARL CORRENS reinerbige Wunderblumen *(Mirabilis jalapa)* mit roter bzw. weißer Blütenfarbe kreuzte, stellte er fest, dass die mischerbigen Hybriden der F_1-Generation eine rosa Blütenfarbe aufwiesen. Der Phänotyp liegt bei den heterozygoten Pflanzen also zwischen den beiden elterlichen Merkmalen (siehe Randspalte). Man spricht deshalb von *unvollständiger Dominanz* bzw. einem *intermediären Erbgang* (▶ s. S. 170).

Die Kreuzungsergebnisse MENDELS wurden als Mendelsche Regeln (▶ s. S. 171) zusammengefasst:

1. Mendelsche Regel *(Uniformitätsregel)*:
Kreuzt man zwei Individuen einer Art, die sich in einem Merkmal reinerbig unterscheiden, dann sind die Individuen der F_1-Generation in diesem Merkmal untereinander gleich (uniform). Dies gilt auch für die reziproke Kreuzung.

2. Mendelsche Regel *(Spaltungsregel)*
Kreuzt man die Hybriden der F_1-Generation untereinander, dann treten in der F_2-Generation die Merkmale beider Eltern in einem bestimmten Zahlenverhältnis wieder auf („die F_2-Generation spaltet auf").

Aufgabe

① Stellen Sie analog zur Abb. 1 das Kreuzungsschema für die Vererbung der Blütenfarbe von Wunderblumen auf. Verwenden Sie die Allelsymbolik der Randspalte. Ermitteln Sie das Zahlenverhältnis, in dem die verschiedenen Blütenfarben in der F_2-Generation auftreten.

Genetik und Gentechnik **95**

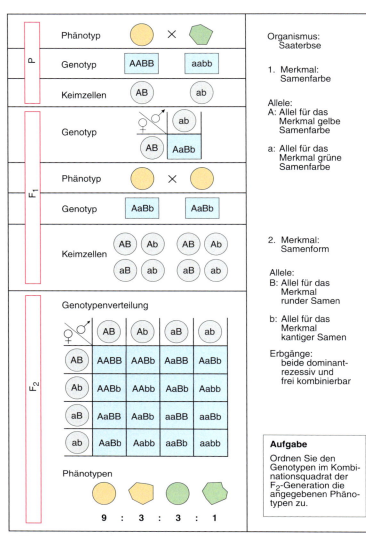

1 Kreuzungsschema zum dihybriden Erbgang

Zettelkasten

Rückkreuzung

Um seine Theorie der unabhängigen Vererbung der verschiedenen Allele experimentell zu bestätigen, kreuzte Mendel die doppelt heterozygoten Erbsen der F$_1$- Generation (AaBb) mit den reinerbig rezessiven Eltern (aabb) zurück. Zufrieden stellte er fest:

Die Ernte entsprach den gestellten Anforderungen vollkommen. Es wurden erhalten bei dem ...
3. Versuche 31 runde gelbe, 26 runde grüne, 27 kantige gelbe, 26 kantige grüne Samen;
4. Versuche 24 runde gelbe, 25 runde grüne, 22 kantige gelbe, 27 kantige grüne Samen.

Die Rückkreuzung zeigte, dass die Individuen der F$_1$-Generation tatsächlich heterozygot sind („Testkreuzung").

Dihybrider Erbgang

Für seine ersten Versuche hatte Mendel Pflanzen verwendet, *„welche nur in einem wesentlichen Merkmale verschieden waren."* Diese Versuche erweiterte er anschließend: *„Die nächste Aufgabe bestand darin, zu untersuchen, ob das gefundene Entwicklungsgesetz auch dann für je zwei differirende Merkmale gelte."* Eine Kreuzung, bei der zwei Merkmale gleichzeitig beobachtet werden, nennt man *dihybrid*. Ausgangssorten für solche Versuche waren homozygote Erbsen, die sich in Samenfarbe und Samenform unterschieden (gelb-rund bzw. grün-kantig). Die F$_1$-Hybriden waren uniform gelb-rund, weil die Allele für diese Merkmale dominant sind.

Interessant wurde der Versuch, als MENDEL die F$_1$-Hybriden untereinander kreuzte: *„Im Ganzen wurden von 15 Pflanzen 556 Samen erhalten, von diesen waren: 315 rund und gelb, 101 kantig und gelb, 108 rund und grün, 32 kantig und grün."* Es traten also in der F$_2$-Generation neue Merkmalskombinationen auf, die vorher nicht beobachtet wurden. Dies ist nur zu erklären, wenn *„Merkmale ... in alle Verbindungen treten können, welche nach den Regeln der Combination möglich sind."*

Wir wissen heute, dass die Allele für die unterschiedlichen Merkmale Samenfarbe und -form in den Keimzellen frei miteinander kombiniert werden können und die vier verschiedenen Kombinationen gleich wahrscheinlich sind. Das Kombinationsquadrat (Abb. 1) zeigt, dass in der F$_2$-Generation die Phänotypen im Zahlenverhältnis 9 : 3 : 3 : 1 auftreten müssen, was recht gut mit dem experimentellen Befund MENDELS übereinstimmt:

3. Mendelsche Regel (*Unabhängigkeits- bzw. Neukombinationsregel*): Jedes einzelne Allelenpaar wird nach der 2. Mendelschen Regel vererbt. Die Allele verschiedener Gene sind dabei in den Keimzellen frei miteinander kombinierbar.

Aufgaben

① Erklären Sie das Versuchergebnis MENDELS bei der Rückkreuzung (s. Zettelkasten) durch ein Kombinationsschema.

② Erklären Sie, welcher Vorgang in der Meiose Ursache für die von Mendel beim dihybriden Erbgang festgestellte Neukombination der Allele ist.

"Blüthen axenständig"

"Blüthen endständig"

Statistische Natur der Regeln

MENDEL erkannte bei seinen Kreuzungsversuchen, dass *„die Einzelwerthe nothwendigen Schwankungen unterliegen"* und deshalb *statistisch* ausgewertet werden müssen. Er schreibt: *„Die wahren Verhältniszahlen können nur durch das Mittel gegeben werden, welches aus der Summe möglichst vieler Einzelwerthe gezogen wird; je grösser ihre Anzahl, desto genauer wird das bloss Zufällige eliminiert."*

Die Aufspaltung der F_2-Generation in das phänotypische Zahlenverhältnis 3:1 belegte er daher in umfangreichen Versuchen mit verschiedenen Merkmalen der Erbse:

Gestalt der Samen	rund 5474	kantig 1850	Verhältnis 2,96 : 1
Färbung der Samen	gelb 6022	grün 2001	Verhältnis 3,01 : 1
Gestalt der Hülse	gewölbt 882	eingeschnürt 299	Verhältnis 2,95 : 1
Stellung der Blüten	achsenständig 651	endständig 207	Verhältnis 3,14 : 1

Chromosomentheorie der Vererbung
„Die Chromosomen sind die Träger der Erbanlagen."
(BOVERI und SUTTON 1903)

In keinem Fall erhielt er das exakte Verhältnis von 3:1, sondern nur Näherungswerte, weil jedes Einzelergebnis vom *Zufall* abhängt. Je größer allerdings die Anzahl der Versuche ist, desto *wahrscheinlicher* wird das experimentelle Ergebnis dem theoretischen Wert entsprechen und damit statistisch gesichert sein. Das Zahlenverhältnis beim Kreuzungsversuch mit der Samenfarbe (3,01 : 1) ist überraschend, weil statistische Berechnungen zeigen, dass ein so genaues Ergebnis bei einer Anzahl von insgesamt „nur" 8023 ausgewerteten Samen unwahrscheinlich ist. Man hat MENDEL sogar vorgeworfen, dass er die Ergebnisse manipuliert habe, damit sie besser zu seiner Theorie passten.

Chromosomentheorie der Vererbung

Trotz dieser unbewiesenen Vermutung bleibt MENDEL unbestritten der wichtigste Pionier der Genetik. Seine Arbeit wurde am Beginn des 20. Jahrhunderts von Genetikern wieder entdeckt und durch die Ergebnisse der Cytogenetik ausdrücklich bestätigt.

THEODOR BOVERI und WILLIAM SUTTON verknüpften die Ergebnisse der Zellforschung mit MENDELS Theorie (Abb. 1) und stellten fest: „Wir sehen also hier auf zwei Forschungsgebieten, die sich ganz unabhängig voneinander entwickelt haben, Resultate erreicht, die so genau zusammenstimmen, als sei das eine theoretisch aus dem anderen abgeleitet; ... so wird die Wahrscheinlichkeit, dass die in den Mendelschen Versuchen verfolgten Merkmale wirklich an bestimmte Chromosomen gebunden sind, ganz außerordentlich groß."

Aufgabe

① Berechnen Sie aus den Tabellenwerten das Gesamtzahlenverhältnis, das sich aus allen vier Versuchen ergibt. Vergleichen Sie es mit den Einzelergebnissen.

Annahmen der Vererbungstheorie			Beobachtungen der Cytologie
Die Gene (z.B. A oder B) werden als selbstständige, stabile Einheiten an die Tochtergeneration weitergegeben.	A oder B	A oder B	Chromosomen sind selbstständige Einheiten, die die Genorte (A oder B) tragen und an die Tochterzellen weitergegeben werden.
Die Allele eines Gens treten in den Körperzellen paarweise auf (AA, Aa oder aa).	AaBb	A a B b	Die diploiden Körperzellen enthalten homologe Chromosomenpaare.
Die Keimzellen enthalten pro Gen nur ein Allel (A oder a).	AB	A B	Durch Meiose entstehen haploide Keimzellen mit nur einem Chromosomensatz.
Die Allele verschiedener Gene werden bei Keimzellenbildung neu kombiniert.	AB Ab aB ab	A B, A b, a B, a b	Die Chromosomen der homologen Paare werden in der Reifeteilung I der Meiose zufällig getrennt und neu miteinander kombiniert.

1 Vergleich der Vererbungstheorie MENDELS mit den Beobachtungen der Cytologie

Genkoppelung:
Gene im „Doppelpack"

Portrait von THOMAS HUNT MORGAN (1866–1945) Nobelpreis 1933

Genkoppelung

Kurz nach der Wiederentdeckung der Mendelschen Regeln (▶ s. S.171) zeigte sich schon 1906, dass die 3. Regel nicht immer zutrifft. Nach dieser Regel sollten bei der Kreuzung von reinerbig hochwüchsigen Tomaten mit runder Frucht (AABB) und kleinwüchsigen mit länglicher Frucht (aabb) in der F_2-Generation alle 4 Merkmalskombinationen auftreten. Tatsächlich erhielt man aber ausschließlich die Phänotypen der Elterngeneration. Das war nur zu erklären, wenn die Allele A und B bzw. a und b sozusagen „im Doppelpack" *(gekoppelt)* weitergegeben werden.

Der Widerspruch zu MENDELS Theorie wird durch die Chromosomentheorie der Vererbung verständlich: wenn die Gene für Wuchshöhe und Fruchtform der Tomate (A/a bzw. B/b) auf dem *gleichen* Chromosom liegen, werden sie auch miteinander an die Keimzellen weitergegeben. Die Keimzellen können dann immer nur die Allelkombinationen A-B oder a-b enthalten, nicht aber Ab oder aB. Die 3. Mendelsche Regel muss deshalb an dieser Stelle eingeschränkt werden: Allele sind nur dann frei kombinierbar, wenn ihre Gene auf verschiedenen Chromosomen liegen.

Der amerikanische Genetiker THOMAS HUNT MORGAN untersuchte ab 1913 das Phänomen der Genkoppelung an der *Fruchtfliege Drosophila melanogaster*. Diese nur wenige Millimeter großen Tiere finden sich im Herbst auf reifem Obst und können leicht gezüchtet werden. Neben dem Wildtyp der Fliege (braune Körperfärbung und lange Flügel) gibt es viele gut unterscheidbare Mutationen. Der relativ kleine Chromosomensatz (2n = 8) führt zu einer großen Anzahl von Genkoppelungen.

Werden beispielsweise schwarze stummelflügelige Männchen (aabb) mit reinerbigen Wildtypweibchen (AABB) gekreuzt, entstehen nach der Uniformitätsregel in der F_1-Generation erwartungsgemäß nur einheitliche Nachkommen, nämlich Wildtypfliegen (AaBb). Die *Rückkreuzung* der Männchen aus der F_1-Generation mit reinerbig rezessiven Weibchen (aabb) zeigt in der Folgegeneration (RF_2), dass Genkoppelung vorliegt. Es treten nämlich nicht alle vier Merkmalskombinationen auf, sondern nur Wildtypfliegen und Doppelmutanten (schwarz / stummelflügelig) im Verhältnis 1:1 (Abb. 1).

Mit vielen weiteren Kreuzungsversuchen fand MORGAN heraus, dass Drosophila vier Koppelungsgruppen besitzt. Dies stimmt mit der Anzahl der Chromosomen im haploiden Satz überein und bestätigt die Chromosomentheorie der Vererbung.

Aufgabe

① Zeigen Sie durch ein Kreuzungsschema in welchem Zahlenverhältnis bei der Kreuzung von Tomaten (hochwüchsig / runde Frucht bzw. kleinwüchsig / längliche Frucht) die elterlichen Phänotypen in der F_2-Generation auftreten werden, wenn Genkoppelung (A-B bzw. a-b) vorliegt.

Drosophila (Wildtyp)

Drosophilamutation „stummelflügelig"

Chromosomen von Drosophila (♀)

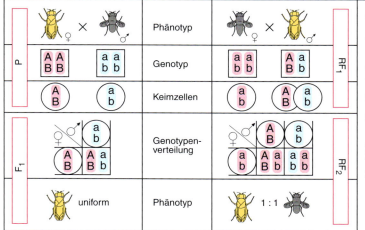

Organismus: Drosophila

1. Merkmal: Flügelform

Allele:
A: Allel für das Merkmal normalflügelig
a: Allel für das Merkmal stummelflügelig

2. Merkmal: Körperfarbe

Allele:
B: Allel für das Merkmal braune Farbe
b: Allel für das Merkmal schwarze Farbe

Beide Erbgänge dominant-rezessiv und gekoppelt

1 Genkoppelung bei Drosophila

Genaustausch

Weitere Kreuzungsversuche MORGANS mit schwarzen, stummelflügeligen Doppelmutanten erbrachten ein überraschendes Ergebnis. Die Nachkommen aus der reziproken Rückkreuzung eines heterozygoten *Weibchens* mit einer männlichen Doppelmutante zeigten alle vier Merkmalskombinationen, jedoch nicht, wie MENDEL es forderte, in *gleicher* Anzahl (Abb. 1). Die Einfachmutanten, die nur durch *Genaustausch (Rekombination)* der gekoppelten Gene erklärbar sind, traten nur mit 17% Wahrscheinlichkeit auf (= *Austauschwert*).

Eine Erklärung für diesen *Genaustausch*, den er *Crossingover* nannte, sah MORGAN in den Chiasmata, die in der Meiose auftreten (Seite 89). Er deutete jedes Chiasma als Folge eines *Stückaustausches zwischen den Chromatiden*, die während der Prophase der Meiose als Tetraden eng beieinander liegen. Wenn am Crossingover die genetisch unterschiedlichen *Nichtschwesterchromatiden* eines homologen Paares beteiligt sind, kommt es zu einer *Rekombination der gekoppelten Allele* (Abb. 2). Heute weiß man, dass bei einem Crossingover exakt homologe Bereiche der Chromatiden in einem hoch geordneten und enzymatisch gesteuerten Prozess durch Trennung und Neuverknüpfung der DNA ausgetauscht werden.

Die Tatsache, dass Rekombination durch Crossingover nur auftritt, wenn heterozygote *Weibchen* zurückgekreuzt werden, wird durch eine cytologische Besonderheit bei Zweiflüglern, zu denen Drosophila gehört, verständlich: Chiasmata kann man nur bei der Eizellbildung, nicht aber bei der Spermienbildung beobachten.

MORGAN fand heraus, dass die Wahrscheinlichkeit für ein Crossingover und damit auch der Austauschwert mit dem Abstand der linear auf dem Chromosom angeordneten Gene steigen. Dies ermöglicht es, die Reihenfolge der Gene auf dem Chromosom zu ermitteln und so eine *Genkarte* für Drosophila zu erstellen.

Wenn zwei Gene auf einem Chromosom sehr weit voneinander entfernt liegen, steigt die Crossingover-Wahrscheinlichkeit zwischen ihnen so stark an, dass sie sich bei Kreuzungsversuchen wie ungekoppelte Gene verhalten und sich nach der 3. Mendelschen Regel dann doch frei miteinander kombinieren lassen.

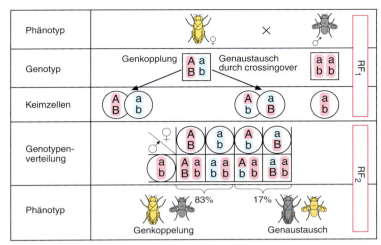

1 Genaustausch bei Drosophila

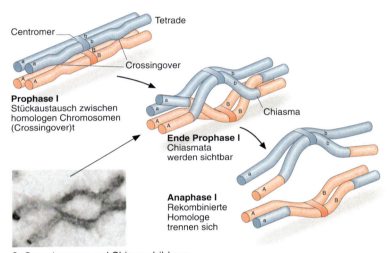

2 Crossingover und Chiasmabildung

Zettelkasten

Jo- „Hans im Glück"!

Die Saaterbse, mit der JOHANN GREGOR MENDEL arbeitete, hat nur 7 homologe Chromosomenpaare. Er hatte also Glück, dass er mit *Samenfarbe* und *-form* Merkmale erwischte, deren Gene tatsächlich auf unterschiedlichen Chromosomen liegen.

Die moderne Genetik hat allerdings gezeigt, dass einige weitere Erbsenmerkmale, die MENDEL untersuchte, Genkoppelung aufweisen. Jedoch liegen diese Gene so weit auseinander, dass sie frei kombinierbar sind. Nur in einem Fall (Hülsenform und Sprosslänge) ist die Koppelung so eng, dass MENDEL sie hätte feststellen müssen. Anscheinend hat er aber gerade diese Kreuzung nicht genau genug untersucht. Die 3. Mendelsche Regel ist somit ein gutes Beispiel für die *Überinterpretation einer wissenschaftlichen Arbeit*.

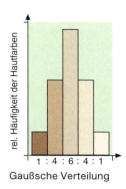

Gaußsche Verteilung

monogen
ein Merkmal wird durch ein Gen bestimmt

polygen
mehrere Gene bestimmen ein Merkmal

genetisch bedingte Pigmentierungsunterschiede

modifikatorisch bedingte Pigmentierungsunterschiede

Modifikation
umweltbedingte Änderung des Phänotyps innerhalb einer genetisch festgelegten Variationsbreite

1 Modell zur Vererbung der Hautfarbe

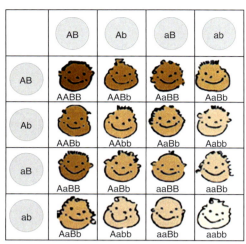

2 Körpergrößenvergleich: Väter — Söhne

Additive Polygenie und Modifikation

Für die Pigmentierung der Haut und der Haare sind Gene zuständig, die die Synthese eines braunen Farbstoffes *(Melanin)* bewirken. Dieser Farbstoff wird in den oberen Schichten der Haut eingelagert und schützt sie vor den gefährlichen UV-Strahlen.

Für die Synthese des Melanins sind mehrere Gene zuständig, die mit ihrem dominanten Allel (▶ s. S. 170) die Farbstoffbildung fördern und sich in ihrer Wirkung summieren *(additive Polygenie)*. Es ergeben sich so abgestufte Unterschiede in den Phänotypen. Wenn sich nur zwei Gene mit gleichstarker Wirkung bei der Melaninsynthese addieren, würden in einer theoretischen F_2-Generation fünf Phänotypen mit unterschiedlicher Hautfärbung im Zahlenverhältnis 1 : 4 : 6 : 4 : 1 auftreten (Abb. 1). Dieses Zahlenverhältnis entspricht einer *Gaußschen-Verteilung*, bei der mittlere Hauttöne am häufigsten vorkommen (Randspalte oben). Da an der Bildung des Melanins vermutlich vier oder mehr Gene beteiligt sind, die noch dazu unterschiedlich stark wirken, sind die Übergänge von der sehr dunklen Haut eines Schwarzafrikaners bis hin zur hellen Haut des blonden Nordeuropäers absolut fließend.

Die individuelle Hautfärbung eines Menschen hängt auch von der Intensität (Energie pro Zeit pro Fläche) der UV-Bestrahlung ab. Genetisch festgelegt ist bei jeder Person die *Variationsbreite* ihrer Hautfärbung. Innerhalb dieser Variationsbreite entscheidet die Umwelt — hier die UV-Strahlung — wie intensiv die Haut tatsächlich gefärbt ist. Diese umweltbedingte Veränderung des Phänotyps innerhalb genetisch festgelegter Grenzen nennt man *Modifikation*.

Wie bei der Hautfärbung ist auch bei der Körpergröße eine kontinuierliche Variation des Phänotyps zu beobachten, die der Normalverteilung folgt. Dies lässt den Schluss zu, dass auch hier additive Polygenie im Spiel ist. Statistische Untersuchungen belegen zudem, dass die Körpergröße teilweise genetisch, teilweise aber auch modifikatorisch bedingt ist (Abb. 2).

Aufgaben

① Erläutern Sie anhand von Genotypen, ob die Kinder eines Paares, bei dem ein Partner schwarze und der andere sehr helle Haut hat, auch schwarze oder helle Haut haben können oder ob sie eine mittlere Hautfarbe aufweisen.

② Erläutern Sie, weshalb aus Abb. 2 geschlossen werden kann, dass die Körpergröße einen genetisch bedingten Anteil hat. Wie würde die Grafik aussehen, wenn die Körpergröße überhaupt nicht erblich bedingt wäre?

③ Die Höhe der Türbögen in mittelalterlichen Burgen zeigt, dass die Körpergröße in den letzten Jahrhunderten zugenommen hat. Entwickeln Sie eine Hypothese, woran das liegen könnte!

④ Begründen Sie, weshalb auch Abb. 2 einen Hinweis darauf enthält, dass die Körpergröße im Laufe der Generationen zunimmt!

Genetik und Gentechnik

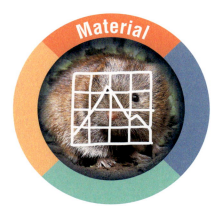

Vielfalt durch Polygenie

Blütenfarbe von Erbsen

Der rote Blütenfarbstoff von Erbsen wird in zwei aufeinander folgenden Reaktionsschritten hergestellt. Im ersten Schritt entsteht zunächst ein farbloses Zwischenprodukt, das im zweiten Schritt in den Farbstoff umgewandelt wird. Für die beiden Schritte sind zwei unterschiedliche Enzyme notwendig. Sie werden durch die dominanten Allele des jeweils verantwortlichen Enzyms (A und B) codiert. Der Farbstoff kann also nur entstehen, wenn von beiden Genen mindestens ein dominantes Allel vorliegt.

Man spricht von *komplementärer Polygenie*, weil das zweite Gen nicht wirksam werden kann, wenn das erste Gen nicht mit seinem dominanten Allel aktiv ist.

Aufgaben

① Zeigen Sie durch ein Kombinationsquadrat, dass bei einer bestimmten Kreuzung weißblühender Erbsen ausschließlich rotblühende entstehen können.
② Ermitteln Sie mit einem Kombinationsquadrat die Blütenfarben, die aus der Kreuzung von doppelt heterozygoten Elternpflanzen hervorgehen und zeigen Sie am Kreuzungsergebnis, dass kein einfacher monogener Erbgang nach der 2. Mendelschen Regel vorliegen kann.

Bunte Wellensittiche

Die Wildform der Wellensittiche lebt in Australien und hat eine grüne Grundfärbung. Dies ist auf zwei Pigmente im Gefieder zurückzuführen. Im Innern der Federn befindet sich ein blauer Farbstoff, im äußeren Bereich ein gelber. Die Federn der Wildform erscheinen so für den Betrachter in der Farbmischung grün. Seit 1840 wurden hellblaue, gelbe und weiße Farbvarianten gezüchtet.

Untersucht man die Federn dieser Farbvarianten, stellt man fest, dass beim blauen Sittich das gelbe Pigment fehlt und beim gelben Sittich das blaue. Weiße Sittiche sind pigmentfrei.

grüne Feder — blaue Feder

gelbe Feder — weiße Feder

Die Vererbung der Gefiederfarbe lässt sich erklären, wenn man annimmt, dass für jedes Pigment ein Gen zuständig ist, wobei jeweils das dominante Allel die Bildung des Farbstoffes bewirkt: A = Allel für blau; B = Allel für gelb. Die rezessiven Allele a und b führen zu keiner Pigmentbildung.

Aufgaben

③ Wellensittiche, die für beide Allele heterozygot sind, werden miteinander gekreuzt. Stellen Sie das Kreuzungsergebnis in einem Kombinationsquadrat dar.
④ Formulieren Sie das Kreuzungsschema für die Rückkreuzung der doppelt heterozygoten Wellensittiche mit Genotypen und Phänotypen.

Verschiedenfarbige Mäuse

Bei Mäusen sorgt das B-Gen für die Bildung eines Farbstoffes in den Haaren (dominantes Allel B = schwarzes Pigment; rezessives Allel b = braunes Pigment). Die Pigmentbildung kann jedoch nur erfolgen, wenn in den Zellen auch das C-Gen mit seinem dominanten Allel vorliegt, das rezessive Allel verhindert sie. Ein weiteres Gen sorgt für eine gleichmäßige Färbung des Fells (S) oder eine Scheckung (s).

Die Wildform der Maus ist graumeliert. Dieser Farbeffekt wird durch ein Ringelmuster auf den Deckhaaren hervorgerufen. Die Haarspitze ist schwarz. Es folgen ein oder mehrere gelbe Bereiche.

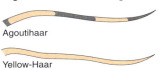

Agoutihaar

Yellow-Haar

Für diesen „Agouti-Effekt" ist das A-Gen mit seinem Allel A zuständig. Mäuse mit gelblichen ungeringelten Haaren besitzen das Allel Ay (y steht für *yellow*).

Wenn man gelbliche Mäuse mit reinerbigen Wildformen kreuzt, entstehen als Nachkommen gelbe und graumelierte Mäuse im Verhältnis 1:1. Wenn gelbliche Mäuse untereinander gekreuzt werden, entstehen gelbliche und graumelierte Mäuse im Zahlenverhältnis 2:1. Untersuchungen zeigen dann, dass $1/4$ der Embryonen starben.

Aufgaben

⑤ Ermitteln Sie in einem Kombinationsquadrat das Zahlenverhältnis, in dem schwarze, braune und weiße Mäuse aus der Kreuzung schwarzer Mäuse mit dem Genotyp BbCc hervorgehen.
⑥ Begründen Sie durch Angabe von Genotypen, dass es möglich ist, aus einfarbig schwarzen Mäusen auch braungescheckte zu züchten.
⑦ Begründen Sie, welchen Genotyp gelblich gefärbte Mäuse haben und welche Allele dominant sind.
⑧ Begründen Sie durch Angabe eines Kreuzungsschemas das Ergebnis der Kreuzung von Ay-Mäusen untereinander und erklären Sie, was man unter einem „rezessiven Letalfaktor" versteht (letal = tödlich).

Genetik und Gentechnik

4 Humangenetik

Methoden der Humangenetik

Die Cytogenetik zeigt, dass in der Meiose beim Menschen wie bei anderen Lebewesen die homologen Chromosomen in der Reduktionsteilung zufällig verteilt werden und Chiasmata auftreten können. Daraus kann man schließen, dass die Regeln der Vererbung ebenso gelten wie z. B. bei Saaterbsen oder Drosophila. Die Methoden der Klassischen Genetik allerdings (z. B. gezielte Kreuzungen oder Inzucht durch Geschwisterpaarung und Rückkreuzung) können aber selbstverständlich beim Menschen nicht angewendet werden. Um die Vererbung menschlicher Merkmale aufzuklären, analysiert man *Familienstammbäume* und wertet sie *statistisch* aus. Für solche Stammbäume wurde eine spezielle, allgemein gültige Symbolik entwickelt (s. Randspalte oben).

Viele Merkmale, wie Körperstatur, Haar-, Augen- oder Hautfarbe und auch psychische Eigenschaften wie die Intelligenz werden polygen vererbt und sind zudem teilweise noch von Umweltfaktoren abhängig. In diesen Fällen ist es kaum möglich, schlüssige Erbgänge nach den Mendelschen Regeln aufzustellen. Hier nutzt man die *Zwillingsforschung*, um Aussagen darüber zu machen, wie stark die Genetik ein Merkmal beeinflusst. Eineiige Zwillinge, die in unterschiedlicher Umwelt aufgewachsen sind, lassen sehr interessante Rückschlüsse über den Einfluss von Umweltfaktoren zu, weil sie genetisch identisch sind.

Vererbung der AB0-Blutgruppen

Schon im 19. Jahrhundert wurde bei Kriegsverwundeten versucht, große Blutverluste durch Transfusionen auszugleichen. Es kam dabei jedoch häufig zu schweren und lebensbedrohlichen Unverträglichkeitsreaktionen. Der Arzt Karl Landsteiner untersuchte 1901 diese Problematik, indem er rote Blutzellen und Blutseren verschiedener Personen im Reagenzglas vermischte. Die in manchen Fällen auftretende Verklumpung des Blutes *(Agglutination)* bestätigte seine Theorie, dass es *verschiedene Blutgruppen* (▶ s. S. 172) gibt. Spätere Untersuchen ergaben, dass die roten Blutzellen Oberflächenmerkmale tragen *(Antigene)*, die mit speziellen *Antikörpern* im Blutserum reagieren können, was zur Agglutination führt (Zettelkasten S. 103). Die Untersuchungen von Karl Landsteiner und seinen Mitarbeitern zeigten weiter, dass es vier unterschiedliche Blutgruppen gibt (A, B, AB und 0), die als *AB0-System* bezeichnet werden. Heute ist neben dem AB0-System eine Vielzahl weiterer Blutgruppensysteme bekannt.

1925 führten Stammbaumanalysen zur Theorie, dass für die Vererbung der AB0-Blutgruppen *drei* unterschiedliche Allele (A, B und 0) verantwortlich sind, von denen jeder Mensch allerdings nur zwei in seinem Genotyp besitzt (Abb. 1). Die Allele A und B sind jeweils dominant über das Allel 0. Beim Genotyp AB wirken sich beide Allele auch im Phänotyp aus, sie sind *kodominant*. Wenn für ein Gen mehr als zwei verschiedene Allele existieren, spricht man von *multipler Allelie*.

Rhesusunverträglichkeit

1940 wurde mit dem *Rhesusfaktor* ein Blutgruppensystem entdeckt, das dominant-rezessiv (▶ s. S. 170) vererbt wird. Für rhesuspositive Personen (Rh$^+$), die 85% der Bevölkerung ausmachen, gibt es zwei mögliche Genotypen (DD oder Dd), rhesusnegative Personen (rh$^-$) sind immer homozygot (dd). Für den Rhesusfaktor ist das *Antigen D* verantwortlich. Der passende Antikörper *Anti-D* wird allerdings erst durch das Immunsystem gebildet, wenn das Blut einer rhesusnegativen Person Kontakt zu rhesuspositivem Blut hatte *(= Sensibilisierung)*.

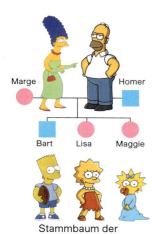

Stammbaum der Simpsons

Blutgruppen	mögliche Genotypen Häufigkeit in Mitteleuropa		mögliche Keimzellen
A	AA	31%	nur A
	A0	11%	A oder 0
B	BB	1%	nur B
	B0	14%	B oder 0
AB	AB	6%	A oder B
0	00	37%	nur 0

mögliche Kombinationen elterlicher Allele

	A	B	0
A	AA	AB	A0
B	AB	BB	B0
0	A0	B0	00

Genotypen der Nachkommen

1 Die Blutgruppen des AB0-Systems und ihre Erbgänge

Die Entdeckung des Rhesussystems war für schwangere Frauen von großer Bedeutung, weil unterschiedliche Rhesusfaktoren von Mutter und Kind zu schweren Schädigungen des Fötus führen können. Eine erste Schwangerschaft einer *rhesusnegativen* Frau mit einem *rhesuspositiven* Kind verläuft normal, denn die roten Blutzellen des Kindes können die Plazentaschranke nicht passieren. Bei der Geburt jedoch zerreißen Blutgefäße und etwas kindliches Blut gelangt in den Kreislauf der Mutter. Ihr Immunsystem wird sensibilisiert und bildet Anti-D. Diese Antikörper können bei der nächsten Schwangerschaft durch die Plazenta ins kindliche Blut gelangen. Ist das nächste Kind wieder rhesuspositiv, kommt es zur Agglutination mit anschließender Auflösung der roten Blutkörperchen des Kindes. Schwere Blutarmut, die zu Sauerstoffmangel im Gehirn und bis zu einer Fehlgeburt führen kann, sind die Folgen.

Heute spritzt man rhesusnegativen Frauen kurz nach der Geburt eines rhesuspositiven Kindes eine hohe Dosis Anti-D. Durch diese *Anti-D-Prophylaxe* werden die in den Kreislauf der Mutter eingedrungenen rhesuspositiven Blutzellen so schnell zerstört, dass eine Sensibilisierung des Immunsystems nicht eintritt. Die nächste Schwangerschaft verläuft ohne Rhesuskomplikationen, weil die von außen gespritzten Antikörper innerhalb weniger Wochen vom mütterlichen Organismus abgebaut werden.

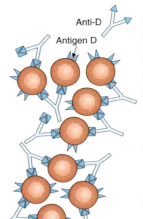

Antigen-Antikörper-Reaktion

α-Galaktose
das Anti-B bindende Molekül an der Oberfläche einer roten Blutzelle

Aufgaben

1. Erstellen Sie für die vier AB0-Blutgruppen eine Tabelle, in der die jeweils vorhandenen Antigene und Antikörper aufgelistet sind.
2. Eine Frau (A, rh⁻) hat ein Kind mit der Blutgruppe B, Rh⁺. Geben Sie die Genotypen von Mutter und Kind für beide Blutgruppenmerkmale an. Welche Blutgruppen können Männer haben, die als Vater des Kindes *nicht* in Frage kommen? Begründen Sie Ihre Auswahl.
3. In einer Klinik werden vier Kinder mit den Blutgruppen A, B, AB und 0 geboren. Ordnen Sie die Kinder eindeutig den Elternpaaren mit den Blutgruppenkombinationen AB / 0, A / B, 0 / 0 und B / 0 zu.

Antigene und Antikörper

Bei den Antigenen A und B handelt es sich um unterschiedliche Zuckermoleküle, die an Membranproteine der roten Blutzellen gebunden sind *(Glykoproteine)*. Genetisch bedingt sind sie bereits beim ungeborenen Kind vorhanden. Etwa sechs Monate nach der Geburt beginnt das Immunsystem *Antikörper* aus Eiweiß *(Immunglobuline)* zu bilden — allerdings nicht gegen die körpereigenen Antigene.

Die Sensibilisierung geschieht vermutlich über Darmbakterien, die ebenfalls die Antigene A und B auf ihren Zellen tragen. Gegen Blutzellen der Blutgruppe 0 werden keine Antikörper gebildet. Jeder erwachsene Mensch besitzt deshalb für das AB0-System in seinem Blut eine typische Kombination von Antigenen auf den roten Blutzellen und Antikörpern im Blutserum.

Nach dem *Schlüssel-Schloss-Prinzip* können die vergleichsweise winzigen Antikörper die etwa 300 mal größeren roten Blutzellen miteinander verknüpfen, wenn ihre beiden Bindungsstellen zu den Antigenen passen *(Agglutination)*. Bei einer Schwangerschaft führen unterschiedliche AB0-Blutgruppen von Mutter und Kind normalerweise zu keinen Komplikationen, weil im AB0-System jeweils fünf Antikörper A bzw. B fest miteinander verbunden sind. Die so entstandenen größeren Antikörpereinheiten können nicht durch die Plazenta ins kindliche Blut gelangen. Problematisch ist die Antikörperbildung bei unterschiedlichen Rhesus-Faktoren von Mutter und ungeborenem Kind (s. Natura 9, Seite 99).

Die Antigen-Antikörper-Reaktion wird zur *Blutgruppenbestimmung* genutzt. Man gibt zum Testblut die aus Blutserum gewonnenen Antikörper Anti-A bzw. Anti-B und kann am Agglutinationsmuster die Blutgruppe erkennen.

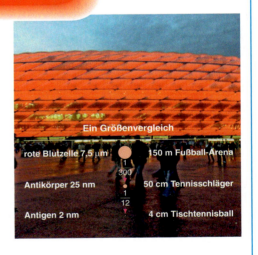

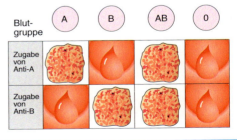

Genetik und Gentechnik

Stammbaumanalysen für genetisch bedingte Erkrankungen

Modellstammbäume

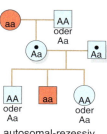
autosomal-rezessiv
(z. B. Albinismus)

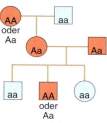
autosomal-dominant
(z. B. Marfan-Syndrom)

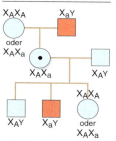
X-chromosomal-ressiv
(z. B. Bluterkrankheit)

Bei vielen Erkrankungen des Menschen, beispielsweise Herz-Kreislauf-Problemen, sind eindeutige Erbgänge schwer aufzustellen, weil die Veranlagung polygen vererbt wird und die Krankheit oft erst durch eine falsche Lebensweise zum Ausbruch kommt. Für aussagekräftige Stammbaumanalysen nach den Mendelschen Regeln (▶ s. S. 171) eignen sich deshalb nur solche Erkrankungen, die nicht teilweise umwelt-, sondern ausschließlich *genetisch bedingt* sind und streng *monogen* vererbt werden. In diesen Fällen kommen drei grundsätzlich unterschiedliche Erbgänge in Frage (Randspalte). Sie sind davon abhängig, ob das für die Krankheit verantwortliche Allel dominant oder rezessiv ist (▶ s. S. 170) und ob es auf einem der Autosomen oder dem X-Chromosom liegt. Allele auf dem sehr kleinen Y-Chromosom spielen bei genetisch bedingten Erkrankungen des Menschen kaum eine Rolle.

Im Modellstammbaum für *Albinismus* fällt auf, dass die Erkrankung eine Generation überspringen kann, was nach der 1. und 2. mendelschen Regel für *rezessiv* vererbte Merkmale zu erwarten ist. Weil außerdem beide Geschlechter gleichermaßen betroffen sind, muss das rezessive Allel auf einem *Autosom* liegen. Heterozygote Personen (Aa) sind beim *autosomal-rezessiven Erbgang* phänotypisch gesund, können aber das Allel auf die nächste Generation übertragen. Sie werden *Konduktoren* genannt und in Stammbäumen durch einen Punkt im Stammbaumsymbol gekennzeichnet.

Beim *autosomal-dominanten Erbgang* sind ebenfalls beide Geschlechter statistisch gesehen gleichmäßig betroffen. Das verantwortliche Allel muss allerdings dominant sein, weil betroffene Kinder immer mindestens einen erkrankten Elternteil haben und die Krankheit keine Generation überspringen kann. Personen, die beispielsweise am *Marfan-Syndrom* erkrankt sind, haben entweder den Genotyp AA oder Aa.

X-chromosomal-rezessive Erkrankungen, wie die *Bluterkrankheit*, können aufgrund des rezessiven Allels Generationen überspringen und treten fast ausschließlich bei Männern auf. Dies liegt daran, dass diese nur *ein* X-Chromosom haben und daher für alle Gene auf diesem Chromosom nur jeweils *ein* Allel besitzen. Sie sind *hemizygot* und haben entweder den Genotyp X_AY oder X_aY. In diesem Fall können nur weibliche Personen Konduktoren sein (X_AX_a).

X-chromosomal-dominant vererbte Krankheiten sind in der Humangenetik kaum von Bedeutung.

Aufgaben

① Formulieren Sie grundsätzliche Regeln, mit denen man an einem Stammbaum erkennen kann, ob ein Merkmal autosomal oder X-chromosomal bzw. dominant oder rezessiv vererbt wird.

② Zeigen Sie durch ein Kombinationsquadrat, dass statistisch gesehen 25 % der Kinder zweier Konduktoren für Albinismus Albinos sind.

③ Wenn Stammbäume nur wenige Personen umfassen (Randspalte), können sie manchmal unterschiedlich gedeutet werden. Erst statistische Auswertungen größerer genetischer Studien zeigen dann, ob ein Merkmal tatsächlich autosomal oder X-chromosomal bzw. dominant oder rezessiv vererbt wird. Zeigen Sie durch Angabe möglicher Genotypen, ob die Modellstammbäume für die Bluterkrankheit bzw. das Marfan-Syndrom auch autosomal-rezessiv interpretiert werden könnten.

④ Erläutern Sie, weshalb nur in sehr seltenen Fällen Mädchen bluterkrank sind, und bluterkranke Väter einen bluterkranken Sohn haben können.

⑤ Listen Sie die Unterschiede zwischen Blutgerinnung und Agglutination der roten Blutzellen tabellarisch auf.

Zettelkasten

Blutgerinnung

Nach einer Verletzung von Blutgefäßen beginnt der Prozess der *Blutgerinnung*, an dem mehr als 10 verschiedene Gerinnungsfaktoren beteiligt sind. Er führt in 5 bis 7 Minuten zum Verschluss der Wunde. Zunächst werden von den Blutplättchen *(Thrombozyten)* gerinnungsfördernde Faktoren freigesetzt. Sie aktivieren weitere im Blutplasma gelöste Faktoren. Weil dabei jedes Einzelmolekül auf mehrere Folgemoleküle wirkt, kommt es zu einem Verstärkungseffekt, der den Gerinnungsprozess beschleunigt.

Am Ende der Wirkkette wird das im Blutplasma gelöste Protein *Prothrombin* in *Thrombin* umgewandelt. Unter seiner enzymatischen Wirkung verbinden sich die globulären Bluteiweißmoleküle des *Fibrinogens* zu langen, wasserunlöslichen *Fibrinfäden*. In diesem Fibrinnetz verfangen sich die roten Blutzellen und es entsteht der Thrombus, der das Blutgefäß verschließt.

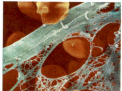
Fibrinfäden bewirken die Blutgerinnung

Genetik und Gentechnik

Genetisch bedingte Krankheiten

Es sind über 3000 verschiedene genetisch bedingte Krankheiten des Menschen bekannt, die aber allerdings mit sehr unterschiedlicher Häufigkeit auftreten.

Autosomal-rezessiv

Albinos können aufgrund eines genetisch bedingten Enzymmangels das Pigment Melanin aus der Aminosäure Tyrosin nicht oder nur unzureichend häufig herstellen. Blonde bis fast weiße Haare, ein hellrosa Teint sowie eine hellblaue Iris sind die Folgen dieser Störung der Pigmentbildung, die mit einer Häufigkeit von etwa 1 : 40 000 Menschen aller Rassen betreffen kann. Der geringe UV-Schutz der Haut, der ein höheres Hautkrebsrisiko zur Folge hat, kann durch Lichtschutzcremes in etwa ausgeglichen werden. Die Lichtempfindlichkeit der Augen erfordert meist das Tragen dunkler Sonnenbrillen.

Bei der *Sichelzellenanämie* nehmen die roten Blutzellen bei Sauerstoffmangel eine typische Sichelform an. Ursache dafür ist eine Punktmutation im Gen der β-Kette des Hämoglobins. Dies führt bei homozygot betroffenen Personen zu Gefäßverschlüssen in den sauerstoffarmen, Blut führenden Körpervenen. Die Sichelzellen werden beschleunigt abgebaut und es tritt eine Blutarmut (Anämie) ein. Durch diese Anämie hervorgerufenes Nieren- oder Herzversagen setzt die Lebenserwartung des Betroffenen deutlich herab.

Heterozygote Personen zeigen kaum Krankheitssymptome, weil sich ihre roten Blutzellen nur außerhalb des Körpers im Labor bei experimentell stark verringerter Sauerstoffkonzentration verformen. Während in Mitteleuropa diese Erkrankung äußerst selten ist, sind in den Malariagebieten Afrikas bis zu 30 % der Bevölkerung heterozygot für die Sichelzellenanämie. Diese Personen haben dort einen Selektionsvorteil, weil ihre roten Blutzellen resistent gegen die Übertragung des Malariaerregers durch Mücken sind.

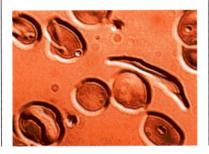

Autosomal-dominant

Einige genetisch bedingte *Skelettdeformationen*, wie überzählige Finger oder Zehen und miteinander verwachsene oder verkürzte Fingerglieder können heute durch plastische Chirurgie behoben werden. Am Stammbaum einer Familie mit *Kurzfingrigkeit* konnte man schon 1905 nachweisen, dass die Mendelschen Regeln auch beim Menschen gelten.

Beim *Marfan-Syndrom* (Häufigkeit ca. 1 : 15 000) haben bereits Neugeborene auffallend lange und schmale Finger. Später kommen weitere Symptome hinzu: Überstreckbarkeit der Gelenke, Deformationen des Brustkorbes und der Augenlinsen, Herzklappenfehler und Erweiterungen der Aorta.

Das verantwortliche Gen FBN1 codiert für ein Eiweiß, das Bestandteil von Bindegewebsfasern ist. Wenn auch nur ein Allel dieses Gens mutiert ist, werden bereits zu viele defekte Proteine produziert. Die Bindegewebsfasern werden dadurch zu elastisch, was die genannten Symptome erklärt.

X-chromosomal-rezessiv

Bei einem gesunden Menschen kommt es 5 bis 7 Minuten nach einer Verletzung zur Blutgerinnung, die die Blutung stillt. Bei der *Bluterkrankheit Hämophilie A* fällt der Gerinnungsfaktor VIII aus. Dies führt zu einer Verzögerung der Blutgerinnung. Blutungen im Gewebe und in den Gelenken sowie die Gefahr eines hohen Blutverlustes bei Verletzungen sind die typischen Symptome der Hämophilie A. Weil QUEEN VICTORIA VON ENGLAND (1819 – 1901) Konduktorin für diese Erkrankung war, wurden von ihren Töchtern und Enkeltöchtern in den eng verwandten europäischen Herrscherhäusern oft bluterkranke Jungen geboren. In der Durchschnittsbevölkerung tritt die Bluterkrankheit allerdings lediglich mit einer Häufigkeit von 1 : 10 000 bei Männern auf.

Einer unter etwa 2 500 Jungen ist in Deutschland von der *Muskeldystrophie Duchenne* betroffen. Dabei wird Dystrophin, das ein wichtiger Eiweißbestandteil der Zellmembran von Muskelfasern ist, nicht gebildet. Ein ab dem 2. bis 4. Lebensjahr langsam fortschreitender Muskelabbau, der zunächst die Wadenmuskulatur betrifft und eine Gehunfähigkeit bewirkt, sind die Folge. Später ist die gesamte Skelettmuskulatur betroffen und durch Schwächung der Atemmuskulatur ist oft eine Beatmungshilfe notwendig. Die Lebenserwartung der Betroffenen beträgt durchschnittlich nur 25 Jahre.

Recht häufig ist eine erbliche Störung des Farbsehvermögens, die *Rot-Grün-Sehschwäche*. Etwa 8 % der Männer in Mitteleuropa sind betroffen und können rote und grüne Farbnuancen nur mehr oder weniger gut voneinander unterscheiden. Diese Sehschwäche wird allerdings oft erst mit Testbildern erkannt. Falls Sie also in diesem mit Punkten gefüllten Kreis keine Zahl erkennen, sollten Sie vielleicht einmal ihren Augenarzt um Rat fragen.

Genetik und Gentechnik

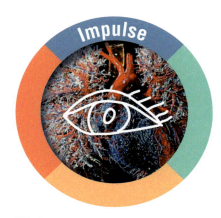

Mukoviszidose

Der Kuss auf die Stirn eines erkrankten Kindes schmeckt salzig. So diagnostizierten schon die ehrwürdigen Schwestern am Hof des spanischen Königs im Mittelalter eine Krankheit, mit der jährlich in Deutschland mehrere hundert Kinder geboren werden: *Mukoviszidose oder Cystische Fibrose (CF).* Zäher Schleim verstopft lebenswichtige Organe, quälender Husten, Atemnot und schwere Verdauungsstörungen sind die Folge. Die Lebenserwartung ist eingeschränkt. Der NaCl-Schweißtest ist auch heute noch die übliche Diagnosemethode für diese recht häufig vorkommende Drüsenfehlfunktion (Häufigkeit in Mitteleuropa ca. 1 : 2000 bis 1 : 5000).

Ab 1980 konnte gezeigt werden, dass bei CF-Patienten die Zellmembran der Schleimhautzellen eine gestörte Chloridionendurchlässigkeit hat. Ursache dafür ist ein Chloridionenkanal, der sich nicht öffnet. Nachdem diese Zusammenhänge bekannt sind, besteht nun Hoffnung, ein Medikament zu entwickeln, das die Symptome der Mukoviszidose beseitigt.

Erbgang der Mukoviszidose

Mukoviszidose folgt einem autosomal-rezessiven Erbgang. In Europa ist etwa jede 20. Person heterozygoter Anlagenträger für CF. Es kommt also recht häufig vor, dass zwei Konduktoren für CF gemeinsam Kinder haben.

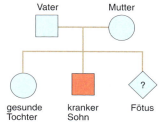

Ermitteln Sie die Wahrscheinlichkeit, mit der der ungeborene Fötus Mukoviszidose hat. Durch pränatale Diagnose kann man mit 99 % Sicherheit feststellen, ob der Fötus tatsächlich homozygot ist. Welche Probleme ergeben sich für die Eltern?

Klassische Therapie

Eine klassische Methode, einem an Mukoviszidose erkrankten Kind Erleichterung zu schaffen, besteht in leichtem Abklopfen von Rücken und Brust. Etwa 90 Minuten pro Tag sollte diese Therapie durchgeführt werden. Sie soll helfen, den zähen Schleim in den Atemwegen zu lösen und zu entfernen.

Informieren Sie sich über weitere Möglichkeiten der Symptombehandlung bei Mukoviszidose.

Bewältigungsstrategien

„Georg ist mir als ruhiger und blasser Schüler gut in Erinnerung. Er saß in meinem Biologiekurs in einer der letzten Bänke. Seine Leistungen waren nicht schlecht, doch ich hatte den Eindruck, er hätte durchaus mehr erreichen können. Hinter seinem ständigen Hüsteln vermuteten Mitschüler und Lehrer eine chronische Erkältung. Ab und zu war er in den Wintermonaten längere Zeit abwesend, in der Biologie-Facharbeit beschäftigte er sich als leidenschaftlicher Hobbyangler mit Libellenlarven. 3 1/2 Jahre nach dem Abitur fand ich in der Zeitung seine Todesanzeige. Unfall? Drogen? Solche Gedanken gingen mir durch den Kopf. Die Antwort wusste sein Beratungslehrer. Nur ihm hatte Georg vor Jahren erzählt, dass er Mukoviszidose hat. Er wollte nicht, dass Mitschüler oder Lehrer davon wussten." (Bericht eines Biologielehrers)

„Bei meinem letzten Anfall hatte ich eine Vorahnung, wie es ist, wenn man erstickt" berichtet die 25-jährige Pädagogikstudentin Dagmar Ziegler. „Ich weiß, dass meine Krankheit immer schlimmer wird, aber meist verdränge ich das." (aus Stern, Hamburg 1989)

„Da stand ich nun. Es gibt Stunden, da weiß man nicht, ob man nun weinen oder lachen soll. Einerseits erfuhr ich, dass CF eine unheilbare Krankheit ist, die die Lebenserwartung erheblich einschränkt und eine intensive Therapie erfordert, andererseits bekam ich Medikamente, die mir halfen, nun wieder auf die Beine zu kommen und ich hatte ein Stück Gewissheit. Für mein Leben habe ich mir folgenden Grundsatz vorgenommen: Weniger Arbeit, mehr Therapie und auch mehr Vergnügen. Neben meinem Halbtagsjob als Schriftsetzer sollen also weder das Inhalieren und die Atemtherapie noch meine Hobbys Tischtennisspielen und das Schreiben von Sportberichten zurückstehen. Dann lässt es sich auch mit Mukoviszidose gut leben." (Klaus, 26 Jahre alt)

„Der sehr geringe Bekanntheitsgrad der CF kann sich psychosozial belastend auswirken. Die Eltern und später die Betroffenen selbst sehen sich ständig genötigt, Erklärungen zur Krankheit oder ihrer Therapie abzugeben, um den erblichen Charakter des Leidens zu verbergen. Den krankheitsbedingten Belastungen steht bei CF eine Krankheitsbewältigung gegenüber, die Anforderungen in Schule oder Beruf aufgrund hoher Willensanstrengung zu erfüllen." (gekürzt aus der Zeitschrift für Medizinische Psychologie 2/94)

Vergleichen Sie Bewältigungsstrategien der an CF erkrankten Personen in den Berichten. Wo finden Sie Aussagen der Fachzeitschrift bestätigt?

Das CFTR-Gen

Bis zum Jahr 1990 hat man zwar den Erbgang der Mukoviszidose als autosomal-rezessiv aufgeklärt und sogar das mutierte Gen auf dem langen Arm des Chromosoms 7 lokalisiert, kannte aber seine Wirkung nicht.

Das relativ große Gen (250 000 Basenpaare) besteht aus 27 Exons. Es codiert für ein Protein aus 1480 Aminosäuren, das nach seiner Synthese in die Zellmembran transportiert und eingebaut wird. Das Protein ist Bestandteil eines Chloridionenkanals, der durch ATP geöffnet werden kann.

Die Bezeichnung CFTR für dieses Gen kommt aus dem Englischen: *„cystic fibrosis transmembrane conductance regulator"*. In dieser Bezeichnung wird ausgedrückt, dass bei Cystischer Fibrose die Leitfähigkeit für Chloridionen durch die Zellmembran nicht korrekt reguliert wird. Dies liegt an einer veränderten Bindungsstelle für ATP.

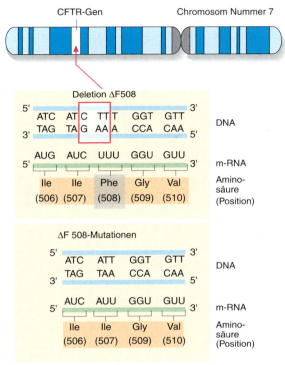

Das CFTR-Gen und die ΔF508-Mutation

Bei CF-Patienten ist der Chloridionen-Transport aus der Zelle eingeschränkt oder kommt ganz um Erliegen.

Die häufigste Mutation (ca. 70 % der Fälle) ist ein Verlust (Deletion) von drei Basenpaaren im Exon 10 des Gens. Dadurch fehlt im CFTR-Protein die Aminosäure 508 (Pheneylalanin). Diese Mutation wird als ΔF508 bezeichnet. Das „Δ" steht dabei für „Deletion" und „F" ist das internationale Einbuchstabensymbol für die Aminosäure Phenylalanin.

Erklären Sie mithilfe der Code-Sonne (Seite 68), weshalb bei der ΔF508-Mutation die Aminosäure 507 gleich bleibt, obwohl auch aus ihrem Triplett eine Base entfernt wurde.

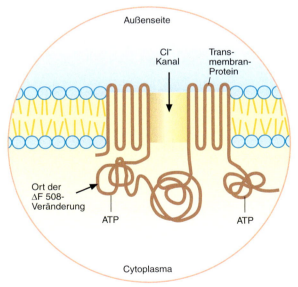

Listen Sie alle Drüsen des Körpers auf, die ein schleimiges Sekret produzieren.

Nach einer Hypothese sollen Personen, die heterozygot für CF sind, weniger anfällig für Durchfallerkrankungen wie beispielsweise Cholera sein. Begründen Sie, weshalb dies zur großen Häufigkeit des CF-Allels beigetragen haben könnte.

Der Chloridionenkanal

Die Chloridionenkanäle sorgen für die benötigte Fließfähigkeit des im Darm und den Atemwegen abgesonderten Schleims. Sie scheiden aktiv Cl⁻-Ionen in den Schleim aus, die osmotisch Wasser anziehen und ihn so fließfähig halten. Ist dieser Prozess gestört, behindert der zähe Schleim die Atmung und bewirkt eine erhöhte Anfälligkeit für Entzündungen der Atemwege und der Lunge.

In den Schweißdrüsen wird durch diese Kanäle Chlorid rückresorbiert. Bei einer Störung unterbleibt der Rückfluss der Chloridionen, es bildet sich Kochsalz (NaCl), wodurch der Schweiß der Betroffenen deutlich salzhaltiger wird.

Somatische Gentherapie

Ein interessanter Versuch, CF-Patienten zu helfen, wird verfolgt, seitdem das Gen isoliert werden konnte. Mithilfe von Viren bzw. Liposomen, in die das Gen eingeschleust wurde (Seite 121), werden versuchsweise die Nasenschleimhäute betroffener Personen infiziert. Die Stoffwechseltätigkeit konnte zu 20 % korrigiert werden. Die Wirkung hält allerdings nur wenige Tage bis Wochen an. Deshalb müsste die Therapie mehrmals im Jahr durchgeführt werden. Ziel ist es, solche Zellen der Schleimhaut zu verändern, die noch fähig sind, neue Schleimhautzellen zu produzieren. Diese seltenen Zelltypen *(adulte Stammzellen)* müssen dazu gebracht werden, das intakte Gen einzubauen.

Informieren Sie sich darüber, unter welchen Bedingungen eine Gentherapie in Deutschland zulässig ist.

Bei welchen erblich bedingten Krankheiten außer Mukoviszidose wird eine somatische Gentherapie erprobt? Recherchieren Sie.

Genetik und Gentechnik

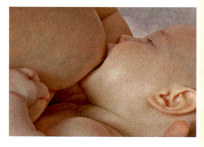
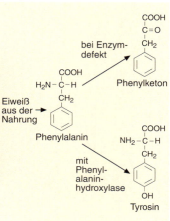

1 Phenylalanin-Stoffwechsel

Therapiemöglichkeiten und ihre Grenzen

Phenylketonurie

Phenylketonurie (PKU), eine recht häufig in Mitteleuropa vorkommende Stoffwechselstörung (1 : 7 000), ist ein Beispiel für die Entwicklung einer effektiven Therapie. Bei PKU kann die mit der Nahrung aufgenommene Aminosäure *Phenylalanin* nicht in Tyrosin umgewandelt werden, weil das Enzym *Phenylalaninhydroxylase* nicht korrekt arbeitet (Abb. 1). Phenylalanin reichert sich deshalb im Körper an und wird teilweise in Phenylketone umgewandelt, die im Urin ausgeschieden werden. Durch die zu hohen Konzentrationen an Phenylalanin und Phenylketonen wird die Bildung von Nervenzellen beeinträchtigt, was in den ersten Lebensmonaten nach der Geburt zu einer Störung der Gehirnentwicklung führt. Unbehandelt kommt es zu einer schweren geistigen Behinderung der betroffenen Kinder. Während der Schwangerschaft ist das ungeborene Kind allerdings nicht gefährdet, weil Phenylalanin plazentagängig ist und der intakte Stoffwechsel der Mutter eine Anreicherung verhindert. PKU wird *autosomal-rezessiv* vererbt. Es ist zwar beim Genotyp Aa nur die Hälfte der Enzymmenge vorhanden, aber diese reicht bei den Betroffenen vollkommen aus, um eine genügend große Menge Phenylalanin in Tyrosin umzuwandeln und phänotypisch gesund zu bleiben.

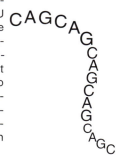

Aspartam

1953 wurde eine Therapie entwickelt, bei der PKU-kranke Kinder ab der Geburt eine *phenylalaninarme und tyrosinreiche Diät* erhalten. Die Konzentrationen dieser Stoffe bleiben dann im Normalbereich und die Nervenzellen können sich korrekt entwickeln. In Deutschland wird das Blut aller Neugeborenen routinemäßig auf einen erhöhten Phenylalaningehalt getestet und alle Kinder mit PKU erhalten die spezielle Diät. So gibt es bei uns keine PKU-bedingten geistigen Behinderungen mehr.

Chorea Huntington

Im Jahr 1872 beschrieb der englische Arzt HUNTINGTON eine Krankheit, bei der die Betroffenen bis ins Alter von 30 bis 60 Jahren gesund sind. Erst dann kommt es durch Degeneration von Nervenzellen zu Gedächtnisschwund, unkontrollierbaren Bewegungen und Sprachstörungen. *Chorea Huntington*-Patienten werden mit der Zeit vollkommen hilflos und pflegebedürftig. Die *autosomal-dominant* vererbte Erkrankung kommt weltweit in sehr unterschiedlichen Häufigkeiten vor (England 1 : 18 000; Japan nur 1 : 300 000). Die Krankheit zerstört die Persönlichkeit eines Menschen und führt etwa 15 Jahre nach ihrem Ausbruch zum Tod. Eine effektive, d. h. nicht nur Symptome abschwächende Therapie, ist nicht in Sicht.

Chorea Huntington eine „Trinucleotid-Repeat-Erkrankung"

Das Human-Genome-Project hat gezeigt, dass in menschlicher DNA häufig Trinucleotide vorkommen, die sich vielfach wiederholen. Eine Veränderung in der Anzahl dieser Repeats bleibt meist folgenlos. Seit 1991 konnten aber für einige genetisch bedingte Erkrankungen verlängerte Trinucleotid-Repeats als Ursache nachgewiesen werden.

Im Exon des Huntington-Gens auf Chromosom 4 liegen bei gesunden Personen bis maximal 35 Repeats des Trinucleotids CAG vor. Chorea-Huntington-Patienten haben über 35 Wiederholungen und die Schwere der Erkrankung nimmt mit der Anzahl der Repeats zu. Mit steigender Anzahl sinkt auch das Erkrankungsalter. Die wenigen Patienten, die beim Auftreten der ersten Symptome jünger als 20 Jahre waren, hatten 45 bis weit über 60 CAG-Repeats im Huntington-Gen.

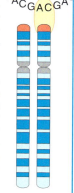

Aufgaben

1. Erklären Sie, weshalb eine Frau mit erfolgreich behandelter PKU die PKU-Diät während einer Schwangerschaft besonders streng einhalten muss.
2. Erklären Sie, weshalb der Süßstoff Aspartam (s. Randspalte) für Personen mit PKU ungeeignet ist.

Genetische Beratung

In mehr als zehn *genetischen Beratungsstellen* in Bayern können sich beispielsweise Paare, in deren Familien in der Vergangenheit schon eine erblich bedingte Erkrankung aufgetreten ist, fachärztlichen Rat holen. Dabei wird am Familienstammbaum eine Risikoabschätzung vorgenommen und über Methoden vorgeburtlicher Diagnostik und mögliche Therapien gesprochen. Die Beratung (▶ s. S. 170) ist ergebnisoffen und es geht zunächst nicht darum, die schwierige Entscheidung für oder gegen die Austragung eines Kindes zu beeinflussen.

Im Fall eines *autosomal-dominanten* Erbganges ist eine Risikoabschätzung meist relativ einfach: gesunde Eltern haben auch gesunde Kinder. Ist *ein* Partner heterozygot erkrankt, werden durchschnittlich 50% der Kinder auch die Erkrankung haben. Sind *beide* Eltern heterozygot, beträgt die Erkrankungswahrscheinlichkeit nach der 2. Mendelschen Regel 75%.

Bei *Chorea Huntington* ist die Sache etwas komplizierter, da junge Eltern zwar für die Krankheit heterozygot sein können, aber phänotypisch noch gesund sind. Seit 1993 lässt sich aber bei ihnen das krankmachende Allel *gendiagnostisch* nachweisen. Da es weder eine Prophylaxe noch eine Chance auf Heilung gibt, stehen Personen, in deren Familien bereits Chorea Huntington-Fälle auftraten, vor der persönlich sehr schwierigen Entscheidung, ob sie bei sich selbst den Gentest auf Chorea Huntington durchführen lassen sollen.

Liegt ein *rezessiver* Erbgang vor, ist eine Stammbaumanalyse schwieriger, weil phänotypisch gesunde Eltern Konduktoren sein können. Der Stammbaum in Abb. 1 zeigt eine Familie, in der zwei Urgroßeltern (aa) eine seltene autosomal-rezessiv vererbte Krankheit hatten. Wenn man annimmt, dass die gesunden Personen, die in die Familie einheirateten, homozygot gesund waren (AA), lässt sich die Erkrankungswahrscheinlichkeit für das Urenkelkind berechnen. Die beiden Großväter waren sicher heterozygot (Aa). Die beiden Personen in der 3. Generation sind mit 50% Wahrscheinlichkeit ($^1/_2$) heterozygot und 25% ihrer Kinder ($^1/_4$) würden nach der 2. Mendelschen Regel den Genotyp aa haben. Die Gesamtwahrscheinlichkeit, dass sie ein erkranktes Kind bekommen werden, errechnet sich aus dem Produkt aller Einzelwahrscheinlichkeiten (6,25%).

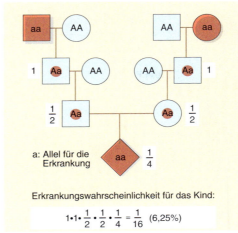

1 Stammbaumanalyse autosomal-rezessiv

Um Risiken noch besser abschätzen zu können, hilft bei einigen rezessiven Krankheiten ein *Heterozygotentest*. Er zeigt, ob Eltern Überträger des Allels einer rezessiven Erkrankung sind. So kann man bei Konduktoren für PKU mit biochemischen Methoden die geringere Konzentration des Enzyms Phenylalaninhydroxylase feststellen. Bei der Mukoviszidose lässt sich im Schweiß heterozygoter Personen ein erhöhter Chloridionengehalt leicht nachweisen.

Unter *Pränataldiagnostik* versteht man Untersuchungen, mit denen man während der Schwangerschaft mögliche Erkrankungen des ungeborenen Kindes erkennen kann. Dazu gehören bildgebende Verfahren, wie Ultraschalluntersuchungen, mit denen man Fehlbildungen des Embryos feststellen kann, die allerdings nicht unbedingt genetisch bedingt sein müssen. Viruserkrankungen, Strahlenbelastung oder Medikamenten- und Drogenmissbrauch der Mutter können das ungeborene Kind schädigen. Hier kann eine Beratung die Chancen auf ein gesundes Kind deutlich erhöhen.

Zur Pränataldiagnostik gehören auch medizinische Eingriffe, um Zellen des ungeborenen Kindes für genetische Untersuchungen aus dem Mutterkuchen, dem Fruchtwasser oder dem Nabelschnurblut zu gewinnen (*Chorionzottenbiopsie, Amniozentese, Nabelschnurvenen-Punktion*, s. Seite 110). In den embryonalen Zellen lassen sich Trisomien wie das Down-Syndrom leicht mikroskopisch nachweisen und Stoffwechselstörungen können mithilfe biochemischer Tests festgestellt werden.

MGZ
Medizinisch Genetisches Zentrum

Logo einer genetischen Beratungsstelle in München

ungeborene Kinder (Geschlecht unbekannt)

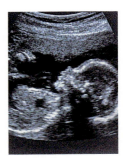

Fötus: 2D-Ultraschalltechnik

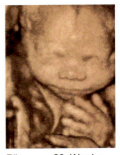

Fötus ca. 20. Woche in moderner 3-D-Ultraschalltechnik („Babykino")

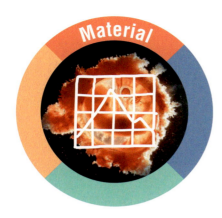

Pränatale Diagnostik

Krankheits- und Familiengeschichte

Anhand der Krankheits- und Familiengeschichte der zukünftigen Eltern lässt sich oft schon das Risiko für ein Kind mit einer erblich bedingten Krankheit erkennen.

Aufgabe

① In einer genetischen Beratungsstelle berichtet eine Frau, dass ihr Großvater mütterlicherseits und der Sohn ihrer Schwester bluterkrank sind. Weitere Fälle der Bluterkrankheit sind in der Familie nicht bekannt. Ermitteln Sie über einen Stammbaum der Familie das Risiko, mit dem ein Sohn dieser Frau ebenfalls bluterkrank sein wird.

Pränataldiagnostik (PND)

Bei einer Fruchtwasseruntersuchung wird eine Kanüle durch Bauchdecke und Gebärmutter der werdenden Mutter in die Fruchtblase gestochen. Unter Ultraschallkontrolle entnimmt der Arzt Frucht(blasen)wasser mit Zellen des Fötus. Durch biochemische Untersuchungen des Fruchtwassers lassen sich Stoffwechselstörungen des Fötus nachweisen.

Fetale Zellen gewinnt man durch Zentrifugieren von Fruchtwasser und regt sie in einer Nährlösung zur Teilung an. Es wird ein Karyogramm der Zellen erstellt und numerische Chromosomenaberrationen (z. B. Down- oder Turner-Syndrom) lassen sich leicht diagnostizieren.

Die durch Chorionzottenbiopsie bzw. Nabelschnurvenenpunktion gewonnenen Zellen werden entsprechend behandelt.

Aufgaben

② Vergleichen Sie anhand der Abbildungen die Methoden hinsichtlich des Risikos für das Kind und der Zeit, die den Eltern für eine Entscheidung bleibt.

③ Listen Sie mögliche Fälle auf, in denen eine Pränataldiagnostik anzuraten ist.

④ Der *Triple-Test* misst die Konzentration von drei Hormonen im Blut der Mutter (ab der 15. Schwangerschaftswoche). Bei genauer Kenntnis des Schwangerschaftsalters kann aus den Messwerten errechnet werden, ob ein erhöhtes Risiko besteht, dass das ungeborene Kind am Down-Syndrom oder an einer gestörten Entwicklung des Neuralrohres („offener Rücken", Spina bifida) leidet. Es gibt jedoch viele falschpositive und einige falschnegative Ergebnisse. Diskutieren Sie Vor- und Nachteile des Tests.

Präimplantationsdiagnostik (PID)

Die *Präimplantationsdiagnostik* (PID) ist ein Spezialfall der pränatalen Diagnostik, sie kommt in der Reproduktionsmedizin in Frage. Nach einer In-vitro-Fertilisation (Befruchtung im Reagenzglas) wird dem Embryo im Achtzellstadium eine Zelle entnommen und auf genetische Schäden untersucht. Erst danach wird entschieden, ob dieser Embryo in die Gebärmutter der Frau eingepflanzt wird.

Aufgabe

⑤ Diskutieren Sie auch im Blick auf die deutsche Geschichte Gründe, weshalb PID in Deutschland verboten ist.

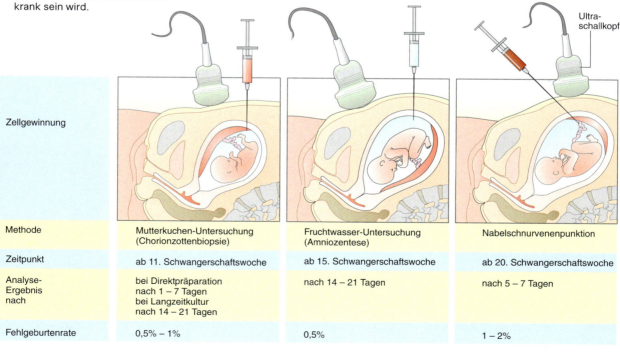

Zellgewinnung			
Methode	Mutterkuchen-Untersuchung (Chorionzottenbiopsie)	Fruchtwasser-Untersuchung (Amniozentese)	Nabelschnurvenenpunktion
Zeitpunkt	ab 11. Schwangerschaftswoche	ab 15. Schwangerschaftswoche	ab 20. Schwangerschaftswoche
Analyse-Ergebnis nach	bei Direktpräparation nach 1 – 7 Tagen bei Langzeitkultur nach 14 – 21 Tagen	nach 14 – 21 Tagen	nach 5 – 7 Tagen
Fehlgeburtenrate	0,5% – 1%	0,5%	1 – 2%

Beiträge zur Diskussion ethischer Fragen

Die Humangenetik mit ihren modernen Methoden der vorgeburtlichen Diagnostik und den sich daraus ergebenden ethischen Fragen berührt Grundrechte, die im Grundgesetz der Bundesrepublik Deutschland festgelegt sind.

Euthanasie

In der Zeit des Nationalsozialismus wurden Menschen, die von Chorea Huntington oder anderen genetisch bedingten Krankheiten betroffen waren, durch das **Gesetz zur Verhütung erbkranken Nachwuchses** vom 14. Juli 1933 zunächst zwangssterilisiert.

> RGBl. I,§1 (1): Wer erbkrank ist, kann durch chirurgischen Eingriff unfruchtbar gemacht (sterilisiert) werden, wenn nach den Erfahrungen der ärztlichen Wissenschaft mit großer Wahrscheinlichkeit zu erwarten ist, dass seine Nachkommen an schweren körperlichen oder geistigen Erbschäden leiden werden.

In der „Aktion T4" wurden bis 1942 mehr als 70 000 der „erbkranken" Personen von SS-Ärzten umgebracht. In der grausamen NS-Terminologie sprach man von „Gnadentod" oder „Euthanasie". Die Aktion wurde eingestellt, vermutlich, weil es nach einer Predigt des Bischofs von Münster, CLEMENS AUGUST GRAF VON GALEN, erstmals öffentliche Proteste gab. Durch „wilde Euthanasie" kamen dennoch schätzungsweise weitere 87 400 Menschen während der NS-Zeit um.

Diskutieren Sie, weshalb in diesem Schulbuch nie von „Erbkrankheiten" sondern immer von „genetisch bedingten Erkrankungen" die Rede ist.

Unter dem Eindruck der nationalsozialistischen Ideologie entstand 1949 das **Grundgesetz der Bundesrepublik Deutschland**, das ausdrücklich jede Diskriminierung eines Menschen verurteilt.

> Art. 1, Absatz 1: Die Würde des Menschen ist unantastbar.
> Art. 2, Absatz 2: Jeder hat das Recht auf Leben und körperliche Unversehrtheit. ...

Nach einer Stellungnahme des **Nationalen Ethikrates der Bundesrepublik** genießen Embryonen gemäß Art. 1 und 2 GG Würde und Lebensschutz von der Verschmelzung von Ei- und Samenzelle, also von der Befruchtung an.

Schwangerschaftsabbruch

Der **§ 218a StGB von 1992** sah vor, dass eine in Folge einer Erbanlage zu befürchtende Schädigung des Kindes vor dem Gesetz ein hinreichender Grund für einen straffreien Schwangerschaftsabbruch sei *(Indikationsregelung)*. In einem Urteil von 1993 entschied daraufhin das **Bundesverfassungsgericht**:

> „Das Grundgesetz verpflichtet den Staat, menschliches Leben, auch das ungeborene, zu schützen. [ ] Das grundsätzliche Verbot des Schwangerschaftsabbruches und die grundsätzliche Pflicht zum Austragen des Kindes sind zwei untrennbar verbundene Elemente des verfassungsrechtlich gebotenen Schutzes."

Nach der Neufassung des § 218a StGB von 1995 ist der von einem Arzt vorgenommene Schwangerschaftsabbruch in den ersten 12 Schwangerschaftswochen zwar *rechtswidrig* aber *straffrei*, wenn die Schwangere eine Schwangerschaftskonfliktberatung nachweisen kann *(Fristenregelung)*. Werden medizinische Gründe bekannt, die eine Schädigung des Kindes befürchten lassen, gibt es keine zeitliche Befristung für einen Schwangerschaftsabbruch.

Der notwendige Beratungsschein kann nur von staatlich anerkannten Beratungsstellen ausgestellt werden. Beratungsstellen ohne staatliche Anerkennung, z. B. der katholische *Caritas-Verband*, bieten zwar Beratungen an, stellen den Frauen aber keine Bescheinigung aus. Ihr Hauptziel ist es, deutlich zu machen, dass das Leben mit einem behinderten Kind eine Bereicherung sein kann und Hilfestellungen anzubieten.

> „Alle Glieder der katholischen Kirche sind einmütig davon überzeugt, dass die Abtreibung in keinem Fall eine Lösung ist, sondern ... die direkte und freiwillige Tötung eines unschuldigen, wehrlosen Menschen."
> **Josef Kardinal Ratzinger**, 18.9.1999

Diskutieren Sie die unterschiedlichen Auffassungen zur Abtreibung und bilden Sie sich eine eigene Meinung.

PND und PID

Die Pränatal- und die in Deutschland verbotene Präimplantationsdiagnostik (PND bzw. PID) sind sehr umstritten, weil sie die Eltern vor schwerwiegende Entscheidungen stellen.

> „Verantwortlicher Umgang mit Pränataldiagnostik und Beratung bei Pränataldiagnostik setzen für evangelische Christinnen und Christen das Bekenntnis voraus, dass jeder Mensch Geschöpf und Ebenbild Gottes ist. Von Gott her ist jedem Menschen Würde zugesprochen, die es ab dem frühestmöglichen Zeitpunkt menschlichen Werdens zu schützen gilt."
> (aus einer Pressemitteilung der **Evangelisch Lutherischen Kirche in Bayern** vom 27.11.2003)

„Der Blick auf die USA verdeutlicht, dass die Einführung der PID einen Dammbruch in Richtung „Schöne neue Welt" bewirken könnte: In USA wird inzwischen aufgrund geänderter Richtlinien der Frauenärzte jeder Schwangeren und jedem zeugungswilligen Paar das Merkmalsträgerscreening auf Mukoviszidose angeboten (Washington Post 1.10.2001). Dieses Bevölkerungsscreening hat nicht mehr die Hilfestellung im Einzelfall, sondern die Vermeidung von Erbkranken aus Kostengründen zum Ziel."
(aus einer Stellungnahme des Arbeitskreises **„Leben mit Mukoviszidose"** vom 3.11.2001)

„Alle Untersuchungen haben den Ansatz, fetale Erkrankungen zu erkennen, um evtl. mögliche vor- oder nachgeburtliche Therapien zu planen oder aber bei schweren Erkrankungen den Eltern die Möglichkeit zu geben, über sonstige Konsequenzen nachzudenken."
(aus: www.frauenarzt-infos.de)

Diskutieren Sie, über welche „Konsequenzen" die Eltern als Folge einer PND nachzudenken hätten.

Gentechnik

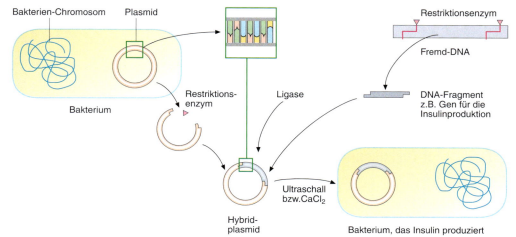

1 Gentechnische Veränderung von Bakterien

Restriktionsenzym
„genetische Schere", schneidet DNA an spezifischer Basensequenz.

Ligase
„genetischer Kleber", verbindet DNA-Fragmente zu einem durchgehenden DNA-Strang.

Vektor
„Gentaxi", z. B. ein Plasmid, das dazu dient, Fremd-DNA in eine Zelle einzuschleusen.

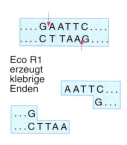

Wirkungsweise von Restriktionsenzymen

Palindromische Sequenz
DNA-Abschnitt, der jeweils vom 5` zum 3` Ende jedes Einzelstranges gelesen, die gleiche Basensequenz besitzt.

Gentechnik – Moderne Biotechnologie

Biotechnologie und ihr modernes Teilgebiet, die Gentechnik (▶ s. S. 170), werden als Schlüsseltechnologien des 21. Jahrhunderts bezeichnet. Im Gegensatz zu den älteren Methoden der Biotechnologie wie der Herstellung von Käse und Bier oder den klassischen Züchtungen, werden unter den Begriffen Gentechnik und Gentechnologie Verfahren zusammengefasst, die gezielt in das Erbgut von Lebewesen eingreifen. Unter Gentechnik versteht man demnach die Identifikation, Isolation und gezielte Veränderung der Erbanlagen von lebenden Organismen. Die Organismen mit einem auf diese Weise veränderten Erbgut werden als transgene Lebewesen bezeichnet.

Werkzeuge des Gentechnikers

Die Methoden der Gentechnik basieren auf der Möglichkeit, Gene aus einem Genom herauszuschneiden und als selbständige Einheit in einen anderen Organismus einzuschleusen (s. Abb. 1).

Bereits in den 60er Jahren des 20. Jahrhunderts wurden in Bakterien Enzyme entdeckt, die DNA spezifisch schneiden können. Bakterien enthalten diese *Restriktionsenzyme* zum Abbau von eingedrungener Phagen-DNA (s. Seite 115). In der Gentechnik werden Restriktionsenzyme als „Scheren" eingesetzt, um eine bekannte DNA in genau definierte Abschnitte zu zerlegen. Die Enzyme erkennen die DNA an einer bestimmten meist palindromischen Sequenz (s. Randspalte) von 4 bis 8 Nukleotiden. Unterschiedliche Restriktionsenzyme schneiden an unterschiedlichen Stellen. Meist schneiden sie nicht „glatt" *(blunt)*, sondern lassen überstehende Einzelstrangenden entstehen. Da diese sich leicht wieder über Wasserstoffbrückenbindungen verbinden können, nennt man die Enden „klebrig" *(sticky ends)*.

Ein *Vektor* ist das Transportmittel („Gentaxi"), welches das DNA-Fragment in eine andere Zelle überträgt. Dafür werden häufig *Plasmide* eingesetzt, die bei vielen Bakterien als kleine ringförmige DNA-Moleküle neben dem größeren „Bakterienchromosom" im Cytoplasma zu finden sind (s. a. Seite 16). Das Plasmid wird mit dem gleichen Restriktionsenzym aufgeschnitten, so dass passende sticky ends entstehen.

Das Enzym *Ligase* verbindet die *sticky ends* des Plasmids mit denen der isolierten Fremd-DNA. Durch diese Ligation erhält man eine rekombinante DNA *(Hybridplasmid)*. Durch Zugabe von $CaCl_2$ oder Einwirkung von Ultraschall wird die Bakterienwand durchlässig gemacht. Danach können diese Plasmide in geeignete Wirtszellen wie z. B. Bakterien eingeschleust werden, so dass ein *transgenes* Bakterium entsteht.

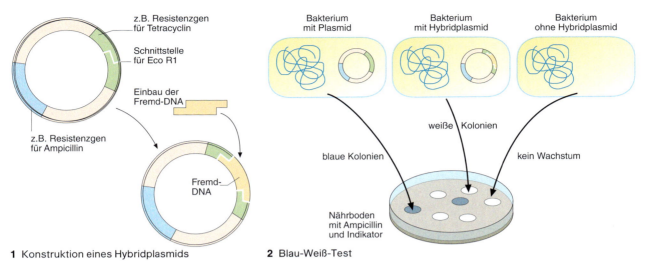

1 Konstruktion eines Hybridplasmids

2 Blau-Weiß-Test

Selektion durch Markergene

Tatsächlich nimmt nur ein sehr geringer Bruchteil der Bakterienzellen (ca. fünf von tausend) durch Transformation Plasmide auf. Unter diesen sind zusätzlich noch Bakterien, die nur das Plasmid ohne Fremd-DNA eingeschleust haben. Um die gewünschten Zellen mit Hybridplasmid wie eine „Nadel im Heuhaufen" zu finden, muss eine Selektion durch Markergene erfolgen.

Dazu kann man ein Plasmid verwenden, das Antibiotikaresistenzen enthält. Bakterien, die dieses Plasmid nicht aufgenommen haben, besitzen keine Antibiotikaresistenz und können auf einem Nährmedium mit Antibiotikum nicht wachsen. Bakterien, die dieses Plasmid aufgenommen haben, überleben z. B. durch das Ampicillin-Resistenzgen auf dem Nährmedium mit dem Ampicillin und bilden Kolonien. Die zweite Resistenz, z. B. für das Antibiotikum Tetracyclin, wird durch den Einbau der Fremd-DNA zerstört, da die Schnittstelle für das Restriktionsenzym im Gen liegt (Abb. 1). Das rekombinierte Bakterium hat nun die Resistenz gegen Tetracyclin verloren und kann auf diesem Nährboden nicht mehr wachsen.

Mit Hilfe der Stempeltechnik (s. Randspalte) überträgt man nun die Kolonien, die auf ampicillinhaltigem Nährboden wachsen, auf den Nährboden mit Tetracyclin. Durch einen Vergleich der Koloniemuster erhält man die Bakterien, die auf Ampicillin, nicht aber auf Tetracyclin wachsen und demnach das Hybridplasmid aufgenommen haben müssen. Von diesen Bakterien wird anschließend eine Reinkultur angelegt, in der bei jeder Bakterienteilung auch das Hybridplasmid verdoppelt wird. Diese Methode der DNA-Vermehrung bezeichnet man als *Klonierung*. Die Bakterien können nun z. B. das gewünschte Polypeptid Insulin, das aus der Bakterienkultur isoliert werden kann, herstellen.

Da Resistenzen von einem Bakterienstamm auf andere übertragen werden können, sind Marker mit Antibiotika-Resistenz-Genen umstritten. Eine mögliche Alternative bietet z. B. das GFP-Gen, das für ein „grün fluoreszierendes Protein" codiert. Es lässt genetisch veränderte Zellen unter UV-Licht-Einstrahlung grün leuchten (Abb. 3).

Ein anderes oft verwendetes Gen zur Selektion codiert für ein Enzym, das man auf Agarplatten durch einen Indikator direkt nachweisen kann. Dieses Enzym spaltet einen farblosen Indikator unter Freisetzung eines blauen Farbstoffs. Bakterien, die ein Plasmid ohne Fremd-DNA aufgenommen haben, bilden daher blaue Kolonien. Da durch den Einsatz der Fremd-DNA das Gen unterbrochen wird und kein Enzym hergestellt werden kann, bleiben diese Bakterien weiß (Blau-Weiß-Test, Abb. 2).

Aufgabe

① „Im Labor sind Marker mit Antibiotikaresistenzen ein notwendiges technisches Hilfsmittel, in der öffentlichen Diskussion dagegen ein Anlass zur Besorgnis." Nehmen Sie zu dieser Aussage Stellung!

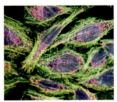

3 Mit GFP transformierte Zelle

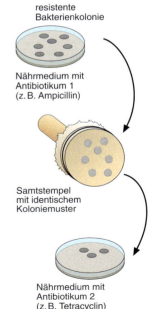

Selektion durch Antibiotikaresistenzen

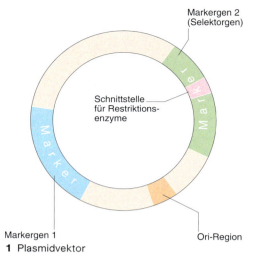
1 Plasmidvektor

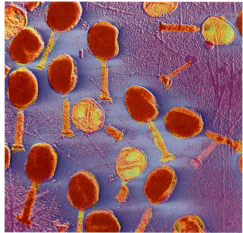
2 Lamda-Phagen

„Gentaxis"

Mit Hilfe der Gentechnik können gezielt Fremd-Gene in einen Organismus eingeschleust werden. Zum Einbau und zur Vermehrung des gewünschten Fremd-Gens benötigt man ein Transportmittel, einen Vektor. Die beiden gebräuchlichsten Vektoren um rekombinante DNA aus einem Reaktionsgefäß wieder in Zellen einzubringen, sind Plasmide und Viren (▶ s. S. 171).

Plasmidvektoren sind von natürlichen Plasmiden abgeleitet und für ihre Verwendung als „Gentaxi" im gentechnischen Labor optimiert worden. Alle konstruierten Plasmidvektoren zeichnen sich durch einige gemeinsame Strukturen aus:
— einen Replikationsursprung (origin of replication, ori) als Erkennungsstelle der DNA-Polymerase, die diese Plasmide unabhängig vom Chromosom repliziert.
— verschiedene Schnittstellen für Restriktionsenzyme (multiple cloning site, MCS), die man zur Integration von Fremd-DNA nutzen kann.
— unterschiedliche Markergene, um die Bakterien auszuselektieren, die das gewünschte Hybridplasmid aufgenommen haben.

Viren lassen sich in ähnlicher Weise als Klonierungsvektoren bei Bakterien verwenden, indem man Fremd-DNA in das Virengenom einfügt. Viren sind mit einer Größe unter 500 nm deutlich kleiner als Bakterien. Sie bestehen im Wesentlichen aus einer Proteinhülle, die ein oder mehrere Nucleinsäuremoleküle (DNA oder RNA) enthält. Da Viren nicht zellulär aufgebaut sind und keinen eigenen Stoffwechsel aufweisen, kann man sie nicht als Lebewesen ansehen. Zur Vermehrung benötigen sie lebende Zellen und sind von Natur darauf ausgerichtet, ihre Gene in fremde Zellen einzuschleusen. Viren, die Bakterienzellen befallen, bezeichnet man als Bakteriophagen, kurz: Phagen. In der Biotechnologie gut untersucht sind Lamda (λ)-Phagen, temperente Phagen des Bakteriums E. coli (s. Zettelkasten). Sie enthalten in ihrem Kopf ein lineares, doppelsträngiges DNA-Molekül. Bemerkenswerterweise sind nur 60 % der Phagen-Erbsubstanz zum Einschleusen der DNA nötig, so dass sich in die Erbsubstanz von Phagen relativ lange DNA-Fragmente einbauen lassen. Vergleichbar lange DNA-Moleküle lassen sich durch Plasmide nicht einschleusen. Dadurch ermöglichen Phagen dem Gentechnologen ein breiteres Einsatzgebiet.

In den meisten Fällen entfernt man bestimmte Phagen-DNA-Bereiche, so dass der Phage nicht mehr repliziert werden kann und in den lytischen Zyklus (s. Zettelkasten) übergeht. Die rekombinante Phagen-DNA wird in leere Phagenköpfe, bei denen die DNA entfernt wurde, eingebaut, über den normalen Infektionsprozess in das Bakterium eingeschleust und in die ringförmige DNA des Bakteriums integriert. Teilt sich das Bakterium, so wird die Phagen-DNA mitkopiert. Da aus dem infizierten Bakterium durch kontinuierliche Zellteilung Millionen von Bakterien entstehen, ist die rekombinierte DNA in gleicher Weise kloniert worden.

Plasmidvektoren tragen zur Erkennung Namen wie z. B. pBR322. p steht für Plasmid. B und R beruhen auf der Abkürzung der Personen, die das Plasmid konstruiert haben (BOLIVAR und RODRIGUEZ). 322 ist eine fortlaufende Nummer, um ähnliche Plasmide unterscheiden zu können.

Phagen
phagein, gr = fressen

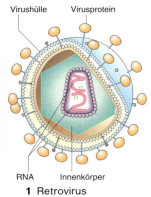

1 Retrovirus

Möchte man jedoch DNA in eine Eukaryotenzelle einschleusen, bedarf es anderer Viren, die die DNA in den Zellkern einschleusen. Die in diesem Einsatzgebiet am häufigsten verwendeten Viren sind besondere RNA-Viren, die Retroviren (gr. *retro* = zurück), zu denen auch das HI-Virus zählt. Selbstverständlich werden bei diesem Verfahren keine HI-Viren verwendet. Ihnen allen gemeinsam ist aber das Enzym *Reverse Transkriptase*. Dieses Enzym kann RNA in DNA umschreiben, die sich nach der Infektion in die Chromosomen einbaut. Durch diese umgekehrte Transkription wird die rekombinierte DNA direkt ins Chromosom eingegliedert. Die Übertragung genetischer Information mit Hilfe eines Virus oder eines Plasmids in fremde Zellen wird wissenschaftlich als *Transduktion* bezeichnet.

Aufgabe

1. Erläutern Sie, wie man vorgehen muss, um einen rekombinanten Retrovirus und einen gentechnisch veränderten Phagen zu konstruieren. Stellen Sie in einer Tabelle Gemeinsamkeiten und Unterschiede der Viren gegenüber.

Vermehrungszyklen bei Phagen

Phagen sind in der Lage, DNA oder RNA in andere Zellen einzuschleusen, um sich zu reproduzieren. Beim **lytischen** Vermehrungszyklus z. B. eines T-Phagen an *E. coli*-Zellen heftet sich ein Phage mit den Schwanzfasern und seinen Spikes an bestimmte Rezeptormoleküle auf der Oberfläche seines Wirtsbakteriums an (Adsorption). Das hohle Schwanzrohr durchdringt enzymatisch die Zellwand und injiziert die Phagen-Nucleinsäure, die leere Phagenhülle bleibt auf der Bakterienoberfläche zurück (Injektion).

Ein Phagen-Genom besteht aus etwa 100 Genen, die nun durch die „versklavte" Bakterienzelle transkribiert und translatiert werden können. Eines der ersten Phagen-Genprodukte ist ein Enzym, das die Bakterien-DNA in Nucleotide zerschneidet. Diese dienen als Bausteine bei der Replikation der Phagen-Nucleinsäure. Damit übernimmt das Phagenom die komplette Kontrolle über den Stoffwechsel der Bakterienzelle. Die Ribosomen der Bakterienzelle synthetisieren nun Phagenproteine, die sich selbstständig zur Phagenhülle zusammenlagern und die Phagen-Erbsubstanz umschließen. Ein Enzym löst schließlich die Bakterienzellwand auf, die Bakterienzelle platzt und setzt 50 bis 200 Phagen frei, was als Lyse bezeichnet wird. Der lytische Zyklus dauert bei optimaler Temperatur nur ca. 20–30 Minuten. Phagen, die wie der T-Phage einen lytischen Vermehrungszyklus besitzen, bezeichnet man als virulente Phagen (lat. *virulens*, giftig). Der Zyklus endet mit dem Tod der Wirtszelle.

Beim **lysogenen** Vermehrungszyklus werden die Phagengene in der Wirtszelle nicht sofort aktiv, sondern bauen sich in das Bakteriengenom ein. Man bezeichnet solche Phagen, zu denen auch der λ-Phage gehört, als temperenten Phagen (lat. temperans, enthaltsam), das eingebaute Phagenenom als Prophagen. Ein Prophage wird vor jeder Zellteilung zusammen mit dem Bakteriengenom repliziert und auf die Tochterzellen übertragen. Erst bestimmte Umweltbedingungen veranlassen den Prophagen, das Bakteriengenom zu verlassen und in den lytischen Zyklus zu wechseln.

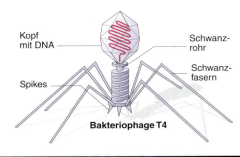

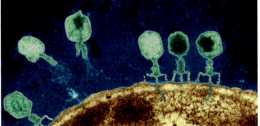

2 Bau eines Bakteriophagen

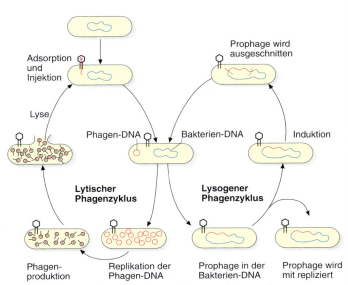

3 Lysogener und lytischer Vermehrungszyklus von Phagen

Genetik und Gentechnik

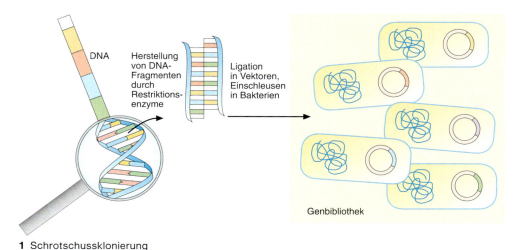

1 Schrotschussklonierung

Isolierung gewünschter Gene

Eine wichtige Anwendung der Gentechnik ist die Herstellung des Blutgerinnungsfaktors (Faktor VIII). Dieses Protein fehlt Bluterkranken, deren Blutgerinnung deshalb gestört ist.

Bei der gentechnischen Isolation stellt der äußerst geringe Anteil dieses Gens am gesamten Genom eines Organismus ein großes Problem dar. Während das gesamte menschliche Genom 3,2 Milliarden Nukleotide umfasst, sind einzelne Gene wie auch das für den Faktor VIII im Durchschnitt nicht länger als einige tausend bis zehntausend Nukleotide (0.0001 %). Daher gleicht die Suche im Genom der sprichwörtlichen Suche nach der Stecknadel im Heuhaufen. Sind zusätzlich dazu Lage und Restriktionsschnittstellen des gewünschten Gens nicht bekannt, muss man für die Konstruktion eines rekombinanten Vektors und dessen Klonierung erst die entsprechende Basensequenz im Genom finden und isolieren. Grundsätzlich nutzt der Gentechniker dafür zwei verschiedene Verfahren, die von der Basensequenz der DNA oder der zugehörigen mRNA ausgehen.

Schrotschussklonierung und Genbibliothek

Bei dieser Methode isoliert man das gesamte Genom eines Organismus und spaltet es mit Hilfe von Restriktionsenzymen in verschiedene kleinere Fragmente, die dann durch Ligasen in Vektoren eingebaut werden. Diese verschiedenen rekombinanten Vektoren werden daraufhin in Bakterien eingeschleust, so dass nach deren Vermehrung tausende identische Klone der verschiedenen Fragmente vorhanden sind. Eine solche DNA-Fragment-Sammlung bezeichnet man als *Gen-Bibliothek* oder *Genbank*. In einer vollständigen Gen-Bibliothek ist das gesamte Genom eines Organismus komplett vorhanden (s. Abb. 1).

Da man durch diese Methode nicht nur das gewünschte Gen für den Faktor VIII, sondern alle Fragmente des Genoms kloniert, wird diese Methode „Schrotschussklonierung" oder „shot-gun"-Klonierung genannt.

Gene werden sichtbar: Gensonden

Um nun das entsprechende Gen unter den vielen tausenden Klonen in der Gen-Bibliothek finden zu können, bedient man sich radioaktiv markierter Gensonden. Hierbei handelt es sich um synthetisch hergestellte kurze DNA- oder RNA-Abschnitte, die mit Teilen des gesuchten Gens komplementär sein müssen, um mit diesen Basenpaarungen eingehen zu können (Hybridisierung). Die Hybridisierung gelingt allerdings nur, wenn sowohl die Sonde als auch das DNA-Fragment als Einzelstrang vorliegen. Die Bakterienkolonien werden daher auf eine Nylon-Membran gestempelt, so dass Duplikate dieser Kolonien auf der Ausgangsplatte erhalten bleiben. Die Kolonien auf der Membran werden nun mit Alkalien behandelt, um die Bakterienzellwand aufzulösen und die DNA zum Einzelstrang zu denaturieren. Dies ist die Grundlage für die Hybridisierung mit den

Sonden, die sich durch Ausbilden von Wasserstoffbrücken anlagern. Zu ihrer Sichtbarmachung wird die Nylonmembran auf einen radioaktiv empfindlichen Film gelegt. Durch die Autoradiographie können die Hybridisierungsstellen und so die gewünschten Gene ermittelt werden. Die Kolonien, bei denen eine Schwärzung auftritt, können dann auf der Referenzplatte entnommen werden (Abb. 1). Die Identifikation des gewünschten Klons ermöglicht eine gezielte Vermehrung und auch die Multiplikation und Translation des Gens.

mRNA und cDNA

Bakterien sind nicht in der Lage nichtcodierende Introns der DNA bei der Transkription zu entfernen. Es ist daher günstiger die gespleißte mRNA als Matrize für das gewünschte Gen heranzuziehen. Im Gegensatz zur DNA besitzt die reife mRNA bei Eukaryoten keine Introns mehr, da sie während der RNA-Prozessierung bereits modifiziert und gespleißt wurde (s. S. 74 – 75).

Aus Zellen, in denen das Gen besonders aktiv ist, kann man entsprechend viel mRNA isolieren; so erhält man beispielsweise größere Mengen mRNA des Insulin-Gens aus Zellen der Bauchspeicheldrüse. Diese reife Einzelstrang-mRNA lässt sich mit Hilfe des Enzyms *Reverse Transkriptase* (s. S. 115) in die Basensequenz einer doppelsträngigen DNA umschreiben (cDNA, engl. complementary-DNA). Sie entspricht demnach den codierenden Exons eines Eukaryoten-Gens. Damit die Ligation in einen Vektor erfolgen kann, müssen durch das Enzym Ligase im letzten Schritt sticky ends angefügt werden. Durch diese Restriktionsschnittstellen kann nun die DNA mit der des Vektors „verklebt" werden.

Oft können die verschiedenen mRNA-Moleküle innerhalb einer Zelle nicht voneinander getrennt werden, so dass deren Klonierung ebenfalls zu einer Gen-Bibliothek führt. Diese Sammlung von Fragmenten bezeichnet man als cDNA-Bibliothek oder cDNA-Bank.

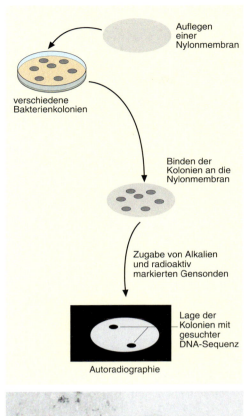

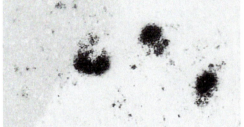

1 Anwendung von Gensonden

Das links stehende Foto zeigt autoradiografisch dargestellte DNA-Sequenzen in Bakterienkolonien

Aufgaben

① Erläutern Sie die Vorgehensweise von der Gewinnung des Gens bis zur Produktion des Blutgerinnungsfaktors!

② Gensonden lassen sich durch das Übersetzen der bekannten Aminosäuresequenz in die Basensequenz der DNA konstruieren. Welche Problematik tritt hierbei auf?

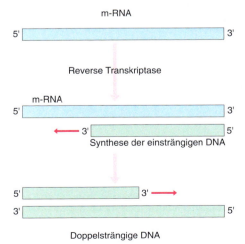

2 mRNA als „Genquelle"

Genetik und Gentechnik

Vervielfältigung von DNA

Mit der *PCR (Polymerasekettenreaktion* ▶ s. S. 171) beschrieb Kary B. Mullis 1983 ein Verfahren zur gezielten Vervielfältigung von DNA-Abschnitten im Reagenzglas, für das er 1993 den Nobelpreis erhielt. Mullis nutzte das bestehende Grundlagenwissen zur DNA-Replikation und kombinierte es auf geniale Weise. Die PCR zählt zu den wichtigsten Methoden der Molekularbiologie und hat die Genetik revolutioniert. Mit ihr lassen sich selbst geringste DNA-Proben in kurzer Zeit identisch vervielfältigen, so dass sie für gelelektrophoretische Analysen ausreichen.

Dies geschieht, indem man das zu vermehrende DNA-Fragment mit passenden gegenläufigen kurzen Primern versetzt, die zu den beidseitig angrenzenden Abschnitten des DNA-Bereichs komplementär sind. Die der Reaktion beigefügte Polymerase kann nun mit Hilfe der Primer genau den gewünschten DNA-Abschnitt vermehren, was in drei Stufen erfolgt:

1. Das zu vermehrende doppelsträngige DNA-Fragment wird bei ca. 94 °C durch Lösen von Wasserstoffbrücken einzelsträngig gemacht.
2. Die Temperatur wird für wenige Sekunden auf etwa 50 °C abgekühlt. Im Überschuss vorhandene gegenläufige Primer mit den komplementären Sequenzen der DNA lagern sich an.
3. Bei 72 °C synthetisiert die Polymerase unter Verwendung der dem Ansatz beigefügten Nukleotidtriphosphate den jeweils komplementären Strang. Indem wieder auf 94 °C erhitzt wird, kann der nächste Replikationszyklus beginnen.

Wird der Prozess wiederholt, so dienen die neu synthetisierten DNA-Stränge als Muster für den nächsten Zyklus. Deshalb liegt schon nach wenigen Zyklen hauptsächlich dasjenige DNA-Fragment in großer Menge vor, das zwischen den beiden Primern liegt (Abb. 1). Für diese DNA-Synthese benötigt man eine Polymerase, die bei 94 °C nicht denaturiert. Ein solches Enzym hat man aus dem Bakterium *Thermus aquaticus* (Taq), das in heißen Quellen lebt und Hitze liebt, isoliert. Seine Taq-Polymerase hat mit 72 °C ein ungewöhnlich hohes Temperaturoptimum und übersteht auch die hohen Temperaturen der PCR. Für die PCR werden Thermocycler (Randspalte) eingesetzt. Kernstück dieser Geräte ist ein Thermoblock, dessen Temperatur veränderbar ist. Zyklenzahl sowie Dauer der drei PCR-Einzelschritte werden programmiert und automatisch abgearbeitet. Nach 32 PCR-Zyklen liegen bereits ca. 5 Millionen DNA-Kopien vor.

Genetischer Fingerabdruck

Winzige DNA-Spuren aus kernhaltigen Zellen von Blut, Sperma, Haaren oder Speichel genügen, um einen *genetischen Fingerabdruck* (▶ s. S. 170) zu erstellen und einen Menschen dadurch eindeutig identifizieren zu können. 5 – 10 µg DNA in den Proben reichen zur Analyse dabei aus, da die DNA mithilfe der PCR beliebig vervielfältigt werden kann.

Für die Identifizierung eines Menschen muss nicht sein gesamtes Genom untersucht werden. Die für Proteine codierenden Bereiche des menschlichen Genoms eignen sich nicht für die Analyse, da diese Gene sich von Person zu Person kaum unterscheiden. Die zwischen den Genen liegenden nichtcodierenden Bereiche hingegen variieren beträchtlich. Mutationen dort sind nämlich meist selektionsneutral, da sie sich phänotypisch nicht auswirken und sich so im Laufe der Evolution angehäuft haben. Innerhalb dieser Introns findet man Sequenzen, in denen sich Stücke aus wenigen Basen mehrfach wiederholen.

Die Anzahl dieser „short tandem repeats" (STR) variiert von Mensch zu Mensch und wird deshalb für den genetischen Fingerabdruck eingesetzt. Zum Beispiel wird bei einer Person in der Basenabfolge ... TAC TACTACTAC ... die Sequenz TAC viermalig wiederholt. Es gibt verschiedene Stellen im

Thermocycler und Eppendorf-Cup

Für einen PCR-Ansatz werden nur geringe Flüssigkeitsmengen benötigt, z. B.
2 µl DNA-Proben,
1 µl Taq-Polymerase,
je 2 µl Primer 1 + 2.

Polymerasekettenreaktion
PCR, engl. *polymerase chain reaction*

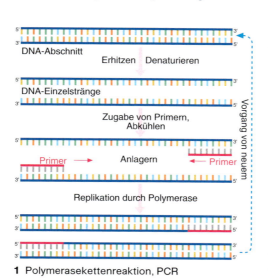

1 Polymerasekettenreaktion, PCR

118   *Genetik und Gentechnik*

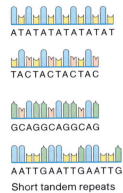

Short tandem repeats

1985
ALEC JEFFREYS entwickelt das Verfahren des genetischen Fingerabdrucks.

1988
Der genetische Fingerabdruck wird in Deutschland erstmals als Indiz in einem Strafprozess anerkannt.

1998
Führung einer DNA-Datenbank von Verbrechern (über acht verschiedene STR-Regionen) im Bundeskriminalamt zur schnelleren Zuordnung von Wiederholungstätern.

Genom, an denen man solche STR's findet. Diese werden gezielt mittels geeigneter Primer durch PCR angereichert. Die gewonnenen Ansätze mit den DNA-Fragmenten werden danach mit Hilfe der Gelelektrophorese aufgetrennt (Abb. 1). In diesem Verfahren wandert die DNA je nach Fragmentlänge unterschiedlich schnell in einem netzartigen Agarosegel, wobei kürzere Moleküle schneller den positiven Pol erreichen. Gleichartige Stücke konzentrieren sich dabei zu Banden. So entsteht für jede Person ein charakteristischer „Strichcode". Um die Größe der DNA-Fragmente abschätzen zu können, läuft zum Vergleich ein Längenmarker mit. Dieser besteht aus DNA-Fragmenten bekannter Größe, die durch Basenpaare (bp) angegeben werden. Zugegebene Farbstoffe lagern sich in die DNA ein und machen die DNA unter UV-Licht sichtbar.

Die STR's werden nach den Mendelschen Regeln (▶ s. S. 171) vererbt. Man erwartet bei einer untersuchten Person pro Region 2 Banden, d.h. 2 Allele des STR-Gens, die von den beiden homologen Chromosomen (eines vom Vater, eines von der Mutter) stammen. Die Abb. 1 zeigt die Banden der STR's verschiedener Personen. Verwandte Personen weisen in Abhängigkeit ihres Verwandtschaftsgrades mehr oder weniger identische Muster auf. Eineiige Zwillinge besitzen einen identischen genetischen Fingerabdruck. Um bei zwei verschiedenen Personen nicht zufällig das gleiche Bandenmuster zu erhalten, werden 5 bis 10 festgelegte STR-Regionen gleichzeitig untersucht. Dadurch ist die Wahrscheinlichkeit der Verwechslung bereits so gering, dass rein statistisch ein einziger Mensch aus der gesamten Erdbevölkerung identifiziert werden könnte. Trotzdem darf ein Gericht sich nicht auf einen genetischen Fingerabdruck als alleiniges Beweismittel stützen, sondern kann mithilfe dieses Verfahrens nur Verdächtige ausschließen.

Das Verfahren des genetischen Fingerabdrucks findet heute überwiegend in der Humangenetik Anwendung. Bei einer zweifelhaften Vaterschaft wird DNA von Mutter und Kind und dem in Frage kommenden Mann analysiert. Da das Kind die eine Hälfte seiner Gene von der Mutter, die andere vom Vater erbt, lässt sich durch Vergleich der STR's sagen, ob der Mann tatsächlich der Vater ist. Treten beim Kind Banden auf, die weder bei der Mutter noch beim untersuchten Mann zu finden sind, scheidet er als leiblicher Vater aus.

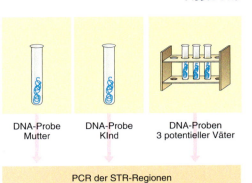

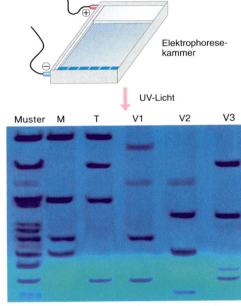

1 Genetischer Fingerabdruck als Vaterschaftstest

Aufgaben

① Vergleichen Sie den PCR-Zyklus im Reagenzglas mit der DNA-Replikation in Zellen.

② In Abb. 1 sind vergleichbare Ausschnitte aus dem genetischen Fingerabdruck einer Mutter (M), ihrer Tochter (T) und möglicher Väter (V) wiedergegeben. Begründen Sie, welcher Mann der leibliche Vater ist.

③ Nehmen Sie Stellung zu der Befürchtung, dass sich mit dem genetischen Fingerabdruck neben der Identität auch Informationen über z. B. das Aussehen und mögliche Krankheiten gewinnen lassen. Begründen Sie Ihre Stellungnahme mit Beispielen.

Genetik und Gentechnik

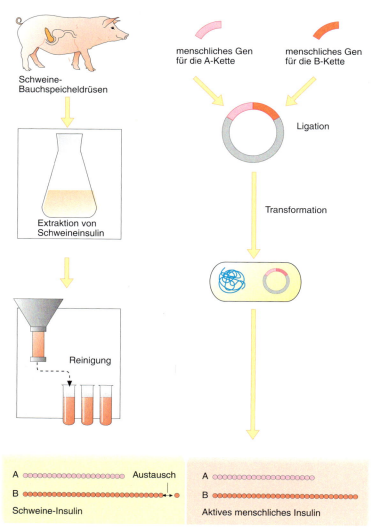

1 Klassische und gentechnische Insulin-Herstellung

Gentechnik in der Medizin

Die Gentechnik hat die diagnostischen und therapeutischen Möglichkeiten in der Medizin tiefgreifend verändert. Das betrifft die Herstellung von Medikamenten, den Nachweis bestimmter genetisch bedingter Krankheiten (genetische Diagnostik), aber auch die Behandlungsmöglichkeiten von Krankheiten (▶ s. S. 170).

Gentechnisch produzierte Medikamente

Bereits 1982 wurde ein Herstellungsverfahren für das erste gentechnisch produzierte Medikament Humaninsulin entwickelt. Bevor es gentechnisch hergestellt werden konnte, waren Diabetiker auf Insulin aus den Bauchspeicheldrüsen von Schlachttieren angewiesen. Da dieses nicht mit dem körpereigenen Insulin des Menschen identisch ist, konnte es bei längerer Anwendung zu Abwehrreaktionen des Körpers kommen. Gentechnisch hergestelltes Insulin besitzt diese Nebenwirkungen nicht, da es identisch mit dem Humaninsulin ist. Ein weiterer Vorteil besteht darin, dass durch diese Methode Insulin in großen Mengen erzeugt werden kann, was angesichts der steigenden Anzahl an Diabetikern einen wichtigen Faktor darstellt. Insulin ist ein relativ kurzes Peptid aus einer A-Kette mit 21 und einer B-Kette mit 30 Aminosäuren, die miteinander verknüpft sind (Abb. 1). Nachdem es gelang, die synthetisierte DNA-Sequenz beider Insulinketten mit einem Plasmid in Bakterienzellen einzuschleusen, war es ein Leichtes, das Insulin zu gewinnen. Heute werden die Bakterien in großen Fermentern optimal mit Nährstoffen und Sauerstoff versorgt. Sobald genügend Insulin gebildet ist, bricht man die Zellen auf, extrahiert das Peptid und reinigt es. Die entstandene Vorstufe des Hormons (s. S. 166) bildet die Verknüpfungen dann selbstständig aus. Inzwischen wurden weitere Arzneimittel über transgene Bakterien- oder Hefekulturen gewonnen (s. Randspalte).

Genetische Diagnostik

Kennt man die Basensequenz von Genen, die erblich bedingten Krankheiten zu Grunde liegen, kann man diese durch komplementäre Gensonden aufspüren. Seit dem 1. Januar 1999 besteht für alle Neugeborenen in Bayern die Möglichkeit einer Blutuntersuchung auf über 20 genetisch bedingte Stoffwechselerkrankungen, durch deren frühzeitige Behandlung gute Aussichten bestehen, bleibende Behinderungen oder sogar Todesfälle bei den betroffenen Kindern zu vermeiden. Etwa eines von 1000 Neugeborenen ist durch eine dieser Krankheiten gefährdet. Beim MCAD-Mangel beispielsweise liegt eine Störung des Fettabbaus vor. Die Eltern müssen bei ihrem Kind stark darauf achten, dass es nie länger als 4 – 6 Stunden ohne kohlenhydrat- bzw. eiweißhaltige Nahrung auskommen muss. Wird der Zeitraum überschritten, kann für das Kind eine lebensbedrohliche Situation entstehen.

Anders liegt die Sache bei Brustkrebs: Hier bedeutet die Identifizierung des Brustkrebsgens nur ein erhöhtes Risiko für die Trägerin, an Brustkrebs zu erkranken. Nur jede 20. Brustkrebserkrankung geht auf diesen Gendefekt zurück. Bei den meisten Krankheiten

Beispiele für gentechnisch hergestellte Arzneimittel

1982
Humaninsulin für Diabetiker

1983
Faktor VIII für Bluter

1986
Impfstoff gegen Hepatitis B

2007
HPV-Impfstoff gegen Viren, die Gebärmutterhalskrebs auslösen

ermöglicht die genetische Diagnose nur eine Risikoabschätzung. Daran wird auch die DNA-Chip-Technologie — so leistungsstark sie auch sein mag — nichts ändern (siehe Zettelkasten).

Somatische Gentherapie

In der somatischen Gentherapie versucht man die Körperzellen eines Patienten mit dem intakten Exemplar des krankheitsauslösenden Gens auszustatten. Zur Behandlung der Mukoviszidose (s. S. 106–107) werden DNA-Abschnitte in Vektoren wie z. B. Fetttröpfchen eingeschlossen und von den Patienten inhaliert. Sie können von Lungenepithelzellen aufgenommen werden, werden aber leider nur einige Wochen exprimiert. Bei Krebspatienten versucht man, aktive Tumor-Suppressorgene zu übertragen oder Krebsgene unwirksam zu machen. Oft werden dem Patienten Zellen entnommen, genetisch verändert und dann wieder zurück übertragen. Hier in Deutschland bedarf jede Behandlung der Zustimmung einer Ethikkommission und der Bundesärztekammer.

Keimbahntherapie

Bei der Keimbahntherapie wird ein intaktes Gen in die befruchtete Eizelle eingeschleust und die veränderte Zelle anschließend in die Gebärmutter eingepflanzt. Das Gen ist dann später in allen Zellen des ausgewachsenen Individuums enthalten und evtl. funktionsfähig. Beim Menschen könnte man theoretisch auf diese Weise erblich bedingte Krankheiten beeinflussen. Unbeabsichtigt können aber auch andere Merkmale verändert werden, die Risiken sind nicht immer kalkulierbar. Die Keimbahntherapie am Menschen ist in Deutschland und vielen anderen Ländern verboten.

Bei Tieren sind genetische Veränderungen an Zellen der Keimbahn nicht verboten. Beim so genannten Gene-Pharming (Wortspiel aus „Pharma" und „Farming") dienen solche transgenen Tiere der Herstellung von Medikamenten. So gibt es zum Beispiel Kühe oder Schafe, die in ihrer Milch eine Substanz produzieren, die als Medikament eingesetzt werden kann.

Aufgabe

① Vergleichen Sie die somatische Gentherapie mit der Keimbahntherapie unter ethischen Gesichtspunkten. Begründen Sie Ihre Meinung.

DNA-Chips

Alle Gene des Menschen, handlich gepackt auf 1,63 Quadratzentimeter — das klingt unmöglich. Ist aber inzwischen Realität (a).
Einsträngige DNA-Moleküle lassen sich zu Hunderttausenden auf einem fingernagelgroßen Chip aus Glas oder Silicium unterbringen. Mit den so entstandenen DNA-Chips hofft man in Zukunft sehr schnell und kostengünstig die DNA-Sequenzen von bis zu 10 000 Genproben gleichzeitig untersuchen zu können.

Alle Genchips funktionieren nach demselben Prinzip: Die Oberfläche des Chips ist in ein regelmäßiges Punktraster unterteilt, jeder Punkt enthält eine definierte Sequenz eines bindungsfreudigen einzelsträngigen DNA-Moleküls, den „Abfangstrang". Die zu untersuchende DNA-Probe wird in Einzelstränge geteilt, mit einem Fluoreszenz-Farbstoff markiert und auf den Chip aufgebracht. Die DNA der Probe paart sich nun mit der komplementären DNA-Sequenz auf dem Punktraster (b) und hinterlässt ein Signal (c). Nicht gepaarte Einzelstrang-DNA wird ausgewaschen. Die Signale des Chips werden mit empfindlichen Scannern am Computer ausgewertet. Mit der Kenntnis der DNA-Sequenz auf dem Punktraster kann man die Proben-DNA zuordnen (d). Liefert die Proben-DNA z. B. ein Signal in einem Abschnitt, der eine Mutante trägt, enthält die Probe genau diesen Defekt.

Umgekehrt lässt sich auch DNA eines Patienten isolieren, per PCR vervielfältigen (s. S. 118) und auf einen Träger aufbringen. Gibt man jetzt fluoreszenzmarkierte DNA-Moleküle mit bekannter Sequenz hinzu (z. B. das Gen für eine bestimmte Krankheit), so paart sich diese einsträngige Gensonde nur mit der passenden komplementären DNA. Ein Fluoreszens-Signal bedeutet, der Patient ist Träger des Gens.

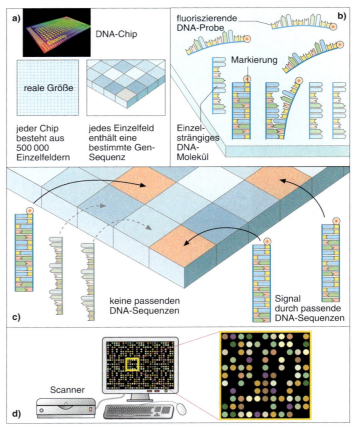

Genetik und Gentechnik **121**

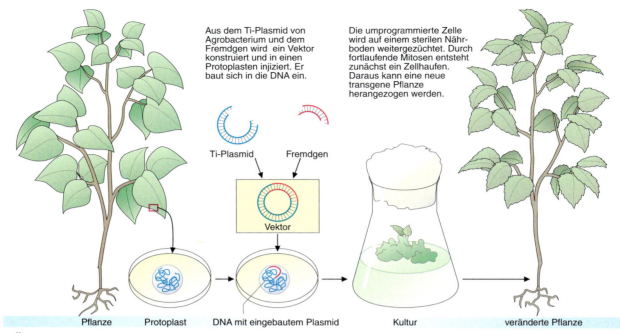

1 Übertragung von Fremdgenen auf eine Pflanze (Ti-Plasmid-Technik)

Gentechnik in der Landwirtschaft

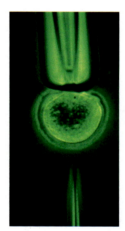

Gene werden „verpflanzt". In eine Pflanzenzelle wird mithilfe einer Mikropipette DNA injiziert.

Bei der Gentechnik in der Landwirtschaft sollen Gene für erwünschte Merkmale gezielt in Nutzpflanzen oder Nutztiere eingeschleust oder unerwünschte Merkmale ausgeschaltet werden. Anders als bei der herkömmlichen Züchtung spielen Artgrenzen dabei keine Rolle mehr: es lassen sich Gene aus Bakterien, Pilzen, Tieren und Menschen übertragen. *Grüne Gentechnik* beschäftigt sich mit transgenen Pflanzen, *rote Gentechnik* mit transgenen Tieren (z. B. Gen-Pharming, S.121).

Zum Einschleusen von Genen in Pflanzen (▶ s. S.170) hat sich das Bakterium *Agrobacterium tumefaciens* bewährt. Es handelt sich um den Erreger der Wurzelhalsgalle, eines Pflanzentumors. Durch Verletzungen kann das Bakterium in die Pflanze gelangen und schleust dann ein tumorinduzierendes Plasmid (Ti-Plasmid) in einzelne Zellen ein. Teile des Plasmids werden in die pflanzliche DNA integriert und veranlassen Zellen im Wundbereich der Pflanze zu unkontrolliertem Wachstum. Es entsteht ein Pflanzentumor, der Nährstoffe für das Bakterium absondert. Die Fähigkeit des Bakteriums, DNA in das Pflanzengenom zu integrieren, macht man sich in der Gentechnik zunutze: Entfernt man die tumorinduzierenden Basensequenzen und baut ein Fremdgen in das Plasmid ein, so lassen sich auf diesem Wege die gewünschten Gene in die Pflanzen-DNA integrieren. Durch gleichzeitige Übertragung eines Markers (s. S.113) wird der Erfolg des Gentransfers überprüfbar. Die Übertragung gelingt am leichtesten an jungen Pflanzenzellen, deren Zellwand enzymatisch entfernt wurde. Diese *Protoplasten* kann man unter geeigneten Wachstumsbedingungen zu Zellteilungen anregen und so ganze Pflanzen regenerieren. Bei dieser ungeschlechtlichen Vermehrung findet keine Rekombination der genetischen Information statt, das transgene Merkmal kann also nicht verloren gehen.

Im Jahr 2008 waren in der EU 30 *transgene Pflanzen* zugelassen. Die größte wirtschaftliche Bedeutung haben bisher Sojabohne, Baumwolle, Mais und Raps. Mitunter geht es darum, eine erhöhte Resistenz der Pflanze gegenüber Insekten, Pilzen, Bakterien und Viren zu erreichen. Am häufigsten (71%) werden aber Herbizidresistenz-Gene übertragen. Sie bewirken, dass die Pflanze unempfindlich gegenüber bestimmten schnell abbaubaren Unkrautvernichtungsmitteln wird. Gentechnik-Gegner hinterfragen die Motive von Firmen, die sowohl die transgene Pflanze als auch das entsprechende Herbizid an die Landwirte verkaufen.

Tomaten und andere weiche Früchte müssen oft grün geerntet werden, damit sie nicht zerdrückt zu den Großmärkten gelangen. Leider fehlt solchen unreifen Früchten das volle Aroma. Die Expression mehrerer Gene ist für die Reifung einer Tomate verantwortlich, sie machen die Tomate rot, aromatisch, weich und schließlich matschig. Das „Matsch"-Enzym trägt zum Abbau der Zellwände bei. Eine nicht matschende Tomate war die erste gentechnisch veränderte Pflanze, die für die Vermarktung zugelassen wurde. Bei ihr wurde das „Matsch"-Gen durch die *Antisense-Technik* ausgeschaltet. Dazu wird das „Matsch"-Gen noch einmal verkehrt herum hinter demselben Promotor eingebaut. Wird es transkribiert, entsteht eine zum Original komplementäre mRNA (antisense). Normale (sense) und Antisense-mRNA lagern sich zusammen, dadurch unterbleibt die Translation. Das Enzym, welches für den Abbau der Zellwände verantwortlich ist, wird nicht mehr gebildet (Abb. 1). Die transgenen „Anti-Matsch-Tomaten" reifen langsamer und die roten Früchte bleiben 14 Tage länger fest. Sie können daher im reifen, aromatischen Zustand geerntet und versandt werden. Unsichtbar altert die Tomate trotzdem, ihr Vitamingehalt nimmt wie bei den herkömmlichen Tomaten ab. Allerdings entsprach der veränderte Geschmack der Tomate nicht mehr den Vorstellungen der Verbraucher, so dass solche Tomaten nur noch als Konzentrat, Püree oder Ketchup auf den Markt kommen. Seit 1996 dürfen diese Produkte auch auf dem EU-Markt verkauft werden.

Im Jahre 1999 wurde von Schweizer Forschern „Vitamin A-Reis" vorgestellt. Seine gelbe Farbe („Golden Rice") verdankt er dem Gehalt an Beta-Carotin, der Vorstufe von Vitamin A. „Golden Rice" entstand in zwei Schritten durch die Übertragung von sieben verschiedenen Genen auf das Reis-Genom. Er enthält neben dem Beta-Carotin auch Stoffe, welche die Verfügbarkeit von Eisen für den menschlichen Organismus verbessern. Dieser Reis soll dazu beitragen, die Ernährungsbedingungen in Entwicklungsländern zu optimieren, führt aber auch zu wirtschaftlichen Abhängigkeiten, weil diese Länder das Saatgut meist teuer von reichen Industrienationen importieren müssen, ohne über die finanziellen Mittel zu verfügen.

Zettelkasten

EU-Gesetz für Genfood

Am 07. November 2003 trat in allen EU-Ländern eine einheitliche neue Verordnung mit der Zulassung und Kennzeichnung von gentechnisch veränderten (gv) Lebens- und Futtermitteln in Kraft.
Darunter fallen Lebensmittel, Zutaten, Zusatzstoffe und Aromen, die:
— gentechnisch veränderte Organismen sind oder solche enthalten (z.B. Anti-Matsch-Tomate)
— aus gv Organismen stammen oder daraus hergestellt sind, unabhängig davon, ob dies noch im Lebensmittel nachweisbar ist (z.B. Tomatenketchup aus gv Tomaten)
— die mit gv Mikroorganismen produziert werden — sofern diese noch im Lebensmittel vorhanden sind (z.B. Würze, die durch gv Hefen produziert wird)
Nicht in der Verordnung enthalten sind jedoch Lebensmittel, Zutaten und Zusatzstoffe, die mit Hilfe von gv Organismen (gvO) hergestellt wurden (z.B. Tiere, die gv Futter erhalten haben).

Aufgabe

① Finden Sie Argumente für und gegen die Gentechnik am Beispiel von Herbizidresistenz, Insektenresistenz, Golden Rice und Gen-Tomate.

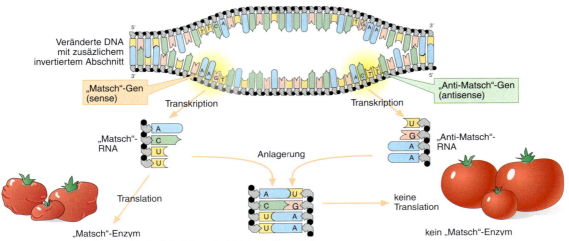

1 Anwendung der Antisense-Technik bei der „Anti-Matsch-Tomate"

Genetik und Gentechnik

Gen-Ethik

Spannungsfeld genetische Diagnostik

Im Zeitalter von Test-Kits und DNA-Chips spielt auch die Diagnostik genetisch bedingter Krankheiten eine entscheidende Rolle. Für viele Krankheitsbilder wie zum Beispiel den erblichen Brustkrebs oder Chorea Huntington gibt es bereits Sonden, die der Identifizierung des entsprechenden Gens dienen (s. S.109).

Nun stellen sich jedoch die Fragen, welchen Gewinn der Patient durch diese Diagnostik hat und wann sie sinnvoll ist. Welche Verantwortung übernimmt der behandelnde Arzt, wenn er dem Patienten das Testergebnis übermittelt? Genetische Screening-Programme gibt es zur Zeit in Deutschland nur bei Neugeborenen. Routinemäßig wird in der ersten Untersuchung im Bundesland Bayern nach über 20 angeborenen Stoffwechselkrankheiten gesucht. Dem Baby werden dabei ein paar Tropfen Blut aus der Ferse entnommen und auf eine Testkarte gegeben, die dann in ein biochemisches Labor geschickt wird. Erweiterungen durch vereinfachte Testverfahren auch in anderen Bundesländern sind derzeit im Gespräch.

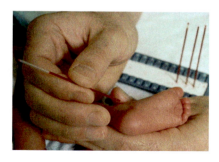

Nehmen Sie Stellung zur geplanten Erweiterung des Neugeborenen-Screenings. Sollte darüber hinaus auch ein Screening des Embryos in den ersten Wochen der Schwangerschaft erfolgen?
Stellen Sie Vor- und Nachteile dieser Erweiterung dar.

Menschen nach Maß?

„Im Jahre 2003 wurde das erste genetisch selektierte Designer-Baby Europas in England geboren. Stammzellen aus der Nabelschnur des Säuglings sollen dem vierjährigen krebskranken Bruder helfen. Es kommen nur genetisch vollkommen identische Stammzellen in Betracht, daher ist der Embryo bei einer In-vitro-Fertilisation (Befruchtung im Reagenzglas) nach diesen Gesichtspunkten ausgewählt worden".
(Agenturmeldung)

„This year's 50th anniversary of the discovery of the structure of DNA has kindled many debates about the implications of that knowledge for the human condition. Arguably the most emotionally charged is the debate over the prospect of human genetic enhancement or "designer babies". It's only a matter of time, may say, before parents will improve their children's intelligence and personality by having suitable genes inserted into them shortly after conception."
(Guardian 2003)

Wie in den beiden Zitaten deutlich wird, birgt die Kombination von Gentechnik und Reproduktionstechnik Möglichkeiten, die Hoffnung oder Angst machen. Sammeln Sie Argumente für beide Positionen.

Datenschutz für Gene

The HUGO (Humangenomproject) Ethics Committee (s. S. 83) adopts the following principles as a basis for its recommendations:
1. Human genomic databases are global public goods.
2. Individuals, families, communities, commercials entities, institutions and governments should foster the public good.
3. The free flow of data and the fair and equitable distribution of benefits from research using databases should be encouraged.
4. The choises and privacy of individuals, families and communities with respect to the use of their data should be respected.
5. Individuals, families and communities should be protected from discrimination and stigmatization.
6. Researchers, institutions and commercial entities have a right to a fair return for intellectual and financial contributions to databases.

Informieren Sie sich, inwieweit ein genetischer Steckbrief für Knochenmarkspende, Versicherungen, Verbrechensaufklärung oder Einwanderung einsetzbar wäre bzw. in Europa bereits eingesetzt wird.
Welche Auswirkungen hätte eine generelle Speicherung und Freigabe der Daten für den einzelnen Menschen?

Rückschläge in der Gentherapie

1999: Der US-Amerikaner JESSE GELSINGER, der an einer erblich bedingten Fehlfunktion der Leber leidet, stirbt. Sein Immunsystem hatte zu heftig auf eine scheinbar zu große Dosis eines viralen Vektors reagiert.
2002–2007: Vier Patienten einer Immunschwächekrankheit, die mit retroviralen Vektoren behandelt wurden, erkranken Jahre nach erfolgreicher Therapie an Leukämie als nachgewiesener Folge der Gentherapie.
2006: Mehr als zwei Jahre nach zunächst erfolgreicher Gentherapie ist der erste Patient einer Immunschwäche-Krankheit an einer schweren infektiösen Komplikation seiner Krankheit gestorben. Die meisten gentechnisch veränderten weißen Blutkörperchen haben ihre Funktion teilweise oder vollständig verloren.

Die Gentherapie (s. S.121) stellt trotz ihrer bisherigen Errungenschaften immer noch ein heiß umstrittenes Feld der Gentechnologie dar. Nehmen Sie begründete Stellung, ob das Forschungsgebiet der Gentherapie weiterhin seine Berechtigung haben sollte.

Informieren Sie sich über die Bestimmungen des Aufdruckes „ohne Gentechnik". Welche Voraussetzungen müssen Lebensmittel mit einer solchen Kennzeichnung erfüllen?

Genfood

Auf die Frage „Würden Sie genhaltige Nahrungsmittel essen?" antworteten 70% der Befragten mit „nein". Knapp die Hälfte der Deutschen glauben: „Normales Gemüse hat keine Gene".

Erarbeiten Sie in der Gruppe eine eigene Fragestellung zum Thema „Genfood" und stellen Sie das Ergebnis Ihrer Umfrage in einer Präsentation vor.

Informieren Sie sich über Chancen und Risiken gentechnisch veränderter Nahrung und bilden Sie Diskussionsgruppen pro und contra Genfood.

Änderung des Gentechnik-Gesetzes

Am 25.01.2008 wurde die Änderung des Gentechnik-Gesetzes vom Bundestag verabschiedet. Ziele sind die Forschung und Anwendung der Gentechnik in Deutschland zu fördern. Der Schutz von Mensch und Umwelt bleibt, entsprechend dem Vorsorgegrundsatz, oberstes Ziel des Gentechnikrechts. Neu ist die Verordnung für die fachliche Praxis beim Anbau von gv-Pflanzen. Danach ist etwa zwischen einem Feld mit gv-Mais und der nächsten konventionell bewirtschafteten Maisfläche ein Mindestabstand von 150 Metern vorgeschrieben, bei Öko-Mais von 300 Metern. Bei verschiedenen Anbauversuchen hat sich gezeigt, dass Einträge von gv-Organismen in 150 Meter Entfernung mit ca. 0,1% auftreten. Sie liegen damit weit unterhalb des für die Kennzeichnung maßgebenden Schwellenwerts von 0,9%.

Kennzeichnung Gentechnik

Bio-Produkte dürfen keine gv-Organismen enthalten. Auch konventionelle Erzeuger können ihre Produkte mit dem Hinweis „gentechnikfrei" kennzeichnen. Geringfügige Beimischungen von gv-Organismen sind jedoch nicht auszuschließen. Der Schwellenwert für zufällige, technisch unvermeidbare GVO (Gentechnisch veränderte Organismen)-Beimischungen liegt für Bio- und konventionelle Produkte einheitlich bei 0,9 Prozent. GVO-Anteile unterhalb dieses Schwellenwerts sind auch bei Bio-Produkten von der Kennzeichnungspflicht befreit.

normaler Raps | gv Raps

Informieren Sie sich über den Anbau gentechnisch veränderter Pflanzen in Deutschland. Stellen Sie Chancen und Risiken beim Anbau transgener Pflanzen gegenüber.

Wer entscheidet?

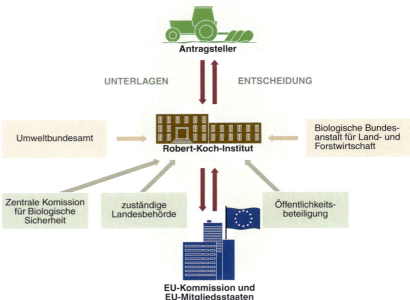

Genetik und Gentechnik

Lexikon

Gen-Geschichte

1866: Der Augustiner-Pater JOHANN GREGOR MENDEL veröffentlicht seine „Versuche über Pflanzenhybriden". Aus über 10 000 Kreuzungsexperimenten ermittelte er Zahlenverhältnisse, von denen er die Vererbungsregeln ableitete. Ihre allgemeine Gültigkeit haben seine Zeitgenossen nicht erkannt.

1869: Der Chemiker und Mediziner FRIEDRICH MIESCHER isoliert aus Zellkernen „Nuclein", das WALTHER FLEMMING 1879 in mikroskopischen Schnitten *Chromatin* nennt. R. ALTMANN prägte 1889 den Begriff Nucleinsäuren.

1881: EDOUARD-GÉRARD BALBIANI entdeckt „Kernfäden" in den Zellkernen von Mückenlarven. Erst 1933 beweisen EMIL HEITZ und HANS BAUER die Chromosomennatur dieser Riesenchromosomen.

J. G. MENDEL

1888: Der Anatom WILHELM WALDEYER verwendet erstmals den Ausdruck „Chromosomen" für die bei der Zellteilung beobachteten „Kernschleifen".

ca. 1900: ALBRECHT KOSSEL (Nobelpreis 1910) spaltet Nucleinsäuren chemisch und weist Phosphorsäure, Zuckereinheiten sowie die Purin- und Pyrimidinbasen als Bestandteile nach.

1900: CARL CORRENS, HUGO DE VRIES und ERICH VON TSCHERMAK-SEYSENEGG bestätigen unabhängig voneinander MENDELS Vererbungsregeln.

1902: Der Zoologe THEODOR HEINRICH BOVERI und der Cytologe WILLIAM S. SUTTON formulieren unabhängig voneinander die *Chromosomentheorie der Vererbung*, indem sie Zellbiologie und Vererbungslehre kombinieren.

1905: WILLIAM BATESON, EDITH REBECCA SAUNDERS und REGINALD CURDELL PUNNETT entdecken die gekoppelte Vererbung von Genen.

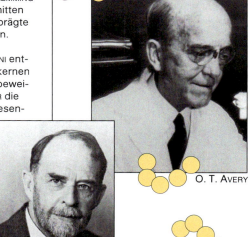

O. T. AVERY

T. H. MORGAN

1909: WILHELM JOHANNSEN definiert die Gene als unteilbare Einheiten der Vererbung. Er unterscheidet zwischen dem *Genotyp* und dem *Phänotyp* eines Lebewesens. Bei der Keimzellenbildung des Salamanders beobachtet er Überkreuzungen homologer Chromosomen (*Chiasmata*).

1911: THOMAS HUNT MORGAN (Nobelpreis 1933) erkennt bei Kreuzungsversuchen mit Drosophila, dass gekoppelt vererbte Gene auf demselben Chromosom liegen. Kopplungsgruppen können durch Genaustausch aufgebrochen werden. Auf dieser Basis lassen sich relative Genkarten erstellen. Der Genabstand wird in der Einheit *Morgan* angegeben.

J. D. WATSON   F. H. C. CRICK

1926: HERMANN J. MÜLLER (Nobelpreis 1948) zeigt, dass Röntgenstrahlen Mutationen verursachen.

1928: FREDERICK GRIFFITH beweist, dass Erbinformation von einer Bakterienzelle in eine andere übertragbar ist.

1935: MAX DELBRÜCK (Nobelpreis 1969) vermutet, dass Gene fest umrissene, molekulare Einheiten eines Stoffes sind, der später als DNA erkannt wird.

1941: GEORGE W. BEADLE und EDWARD TATUM (Nobelpreis 1958) formulieren die „Ein-Gen-ein-Enzym-Hypothese".

1944: A. M. SRB und N. H. HOROWITZ definieren das Gen neu: „Jedes Gen kontrolliert einen Schritt in einer Kette biochemischer Reaktionen."

1944: OSWALD T. AVERY, COLIN MCLEOD und MCLYN MCCARTHY beweisen, dass DNA Träger der Erbinformation ist.

1947: BARBARA MCCLINTOCK (Nobelpreis 1983) beschreibt „springende Gene" beim Mais.

1951: ERWIN CHARGAFF findet heraus, dass die vier Basen der DNA in bestimmten Zahlenverhältnissen zueinander vorliegen (*Chargaff-Regel*).

Genetik und Gentechnik

1969: Joseph G. Gall und Mary Loupardue erfinden die *In-situ-Hybridisierung* von Nucleinsäuren. Diese Technik erlaubt es, Gene auf Chromosomen zu lokalisieren.

1982: Das erste gentechnisch hergestellte Medikament *(Insulin)* kommt in den USA auf den Markt.

J. H. Matthaei und M. Nirenberg

C. Nüsslein-Volhard

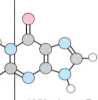
F. Jacob und J. L. Monod

W. Arber

1953: James D. Watson und Francis H. C. Crick (Nobelpreis 1962) stellen das Doppelhelixmodell der DNA auf, in das u. a. Röntgenbeugungsergebnisse von Rosalind Franklin einfließen. Sie erhielt keinen Nobelpreis, da sie zuvor im Alter von 37 Jahren starb.

1958: Matthew Meselson und Frank und Mary Stahl weisen nach, dass DNA semikonservativ verdoppelt wird.

1959: Claus Pelling zeigt Gentranskription, indem er RNA-Synthese in den Puffs von Riesenchromosomen nachweist.

1961: François Jacob und Jacques L. Monod (Nobelpreis 1965) veröffentlichen das *Operon-Modell*, das veranschaulicht, wie Gene an- und ausgeschaltet werden. Sie entwickeln die *Ein-Gen-eine-mRNA-Hypothese*.

1965: Auf Grundlage der Arbeiten von Marshall Nirenberg (Nobelpreis 1968) gelingt es Heinrich Matthaei und Severo Ochoa den genetischen Code aufzuklären: Jeweils drei Nucleotide definieren eine Aminosäure.

1970: Howard Temin und David Baltimore (Nobelpreis 1975) finden in Retroviren die *reverse Transkriptase*. Mit diesem Enzym übersetzen Retroviren ihre RNA-Erbinformation in DNA.

1972: Werner Arber (Nobelpreis 1978) entdeckt die *Restriktionsenzyme* („enzymatische Scheren").

1972: Paul Berg und Mitarbeiter (Nobelpreis 1980) bauen das erste rekombinante DNA-Molekül, indem sie DNA zerschneiden und die Fragmente neu verkleben.

1973: Stanley N. Cohen, Herbert W. Boyer und ihre Mitarbeiter zeigen, dass rekombinante DNA in lebenden Zellen die Produktion von Proteinen anweisen kann.

1975: Georges Köhler und Cesar Milstein (Nobelpreis 1984) gelingt die Herstellung von monoklonalen Antikörpern.

1977: Richard J. Roberts und Philipp A. Sharp (Nobelpreis 1993) entdecken in Eukaryoten die *Spleißreaktion*. Aus dem primären Transkript *(Prä-mRNA)* werden die Introns entfernt und die Exons noch im Zellkern zur reifen mRNA zusammengefügt.

1977: Allan Maxam und Frederick Sanger (Nobelpreis 1980) entwickeln unabhängig voneinander leistungsfähige Methoden zur DNA-Sequenzierung.

1983: Kary B. Mullis (Nobelpreis 1993) erfindet die *Polymerasekettenreaktion (PCR)*. Diese Technik kopiert DNA im zellfreiem System.

1985: Alec J. Jefferys, Victoria Wilson und S. L. Thein entwickeln die Methode des genetischen Fingerabdrucks.

1990: Das *Human-Genome-Project* wird gestartet, um das menschliche Genom zu entschlüsseln.

1995: Edward B. Lewis, Christiane Nüsslein-Volhard und Eric F. Wieschaus (Nobelpreis 1995) klären grundlegende genetische Mechanismen der Embryonalentwicklung auf.

1996: Das Genom eines komplexen Organismus, der Backhefe, wird vollständig entschlüsselt.

2001: Leland H. Hartwell, R. Timothy Hunt und Paul M. Nurse (Nobelpreis 2001) erforschen an Hefe die Schlüsselgene zur Kontrolle des Zellzyklus.

2002: Sydney Brenner, H. Robert Horvitz und John E. Sulston (Nobelpreis 2002) verfolgen am Fadenwurm *Caenorhabditis elegans*, welche Gene das programmierte Zellsterben *(Apoptose)* auslösen. Solche Gene sind auch bei der menschlichen Embryonalentwicklung und der Tumorabwehr aktiv.

Genetik und Gentechnik

Material

Anwenden • Festigen • Wissen

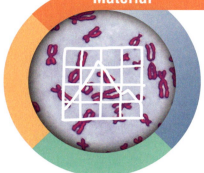

Genetik und Gentechnik

Genetischer Code

Aufgaben

1. Übernehmen Sie die Tabelle in Ihr Heft und ergänzen Sie die prozentualen Anteile der Basen mit Hilfe Ihres Kenntnisstandes über den genetischen Code. Begründen Sie Ihre Angaben.
2. Welchen Typ von Erbsubstanz besitzen die verschiedenen Lebewesen? Begründen Sie Ihre Meinung anhand der Daten der Tabelle.

Herkunft	Adenin	Thymin	Guanin	Cytosin
Mensch, Haar	30	?	20	?
Mensch, Auge	30	?	?	?
Echerichia coli	?	34	?	?
Grippe-Virus	30	?	26	18

Proteinbiosynthese

Die unten stehende Abbildung zeigt die ersten vier tRNA-Moleküle, die bei der Translation an ein Ribosom binden.

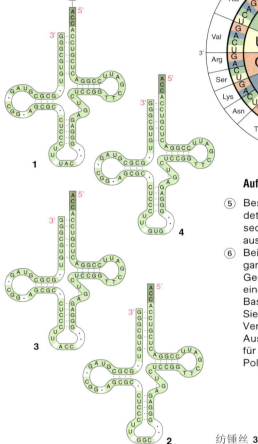

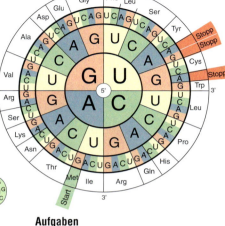

Aufgaben

5. Bestimmen Sie anhand der abgebildeten Codesonne die Aminosäuresequenz des entstehenden Peptidausschnitts.
6. Bei einem späteren Translationsvorgang einer Mutante des gleichen Gens bindet statt der dritten tRNA eine fehlerhafte tRNA, deren mittlere Base ausgetauscht wurde. Erläutern Sie eine mögliche Ursache für diese Veränderung. Welche verschiedenen Auswirkungen ergeben sich dadurch für die Aminosäuresequenz des Polypeptids?

Mitose und Meiose

Aufgabe

3. Benennen Sie die Zelltypen (rote Zahlen der Abbildung), die im Verlauf der Entwicklung eines Menschen auftreten und geben Sie jeweils den Chromosomenbestand an (z. B. 1: Ureizelle 2n, 2C). Welche Vorgänge (blaue Zahlen) laufen in der Entwicklung der Zellen ab? Geben Sie jeweils den Chromosomenbestand an.
4. Im Biologie-Heft eines chinesischen Schülers findet man folgende Skizze: Übersetzen Sie die an den Ziffern befindlichen Schriftzeichen!

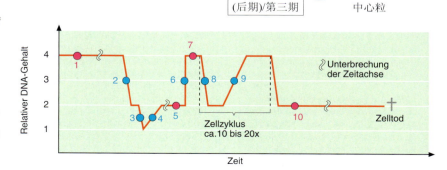

Anwenden • Festigen • Wissen

Humangenetik

Eine schwangere Frau sucht mit ihrem Mann eine genetische Beratungsstelle auf, nachdem das junge Paar erfahren hat, dass bei der Mutter des Mannes Chorea Huntington diagnostiziert worden ist. Der Vater des Mannes trägt keine Anlagen für diese Krankheit. Die Großmutter bzw. der Großvater des Mannes väterlicherseits sind mit 72 Jahren bzw. mit 78 Jahren ohne Krankheitsanzeichen gestorben. In der Familie der Frau gibt es keinerlei Krankheitshinweise.
Die äußerst selten vorkommende Krankheit Chorea Huntington wird autosomal dominant vererbt und führt zu geistigem Verfall (S. 108).

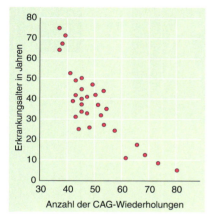

Aufgaben

⑦ Werten Sie die Abbildung mithilfe des Zettelkastens auf Seite 108 aus. Begründen Sie, warum die Krankheit trotz tödlichen Verlaufs bei dominater Vererbung immer wieder auftritt.
⑧ Erstellen Sie eine Stammbaumskizze der beschriebenen Familie mit allen möglichen Genotypen.
⑨ Leiten Sie mit Kombinationsquadraten aus dem Stammbaum ab mit welcher Wahrscheinlichkeit das erwartete Kind von dieser Krankheit betroffen ist.
⑩ Die genetische Beratungsstelle schlägt dem Ehepaar die Möglichkeit eines Gentests vor. Eine eindeutige Diagnose für Vater und Kind wäre dadurch möglich.
Versetzen Sie sich in die Lage des Ehepaares und suchen Sie nach Argumenten für bzw. gegen diese Tests.

X-chromosomale Erbgänge

Die Rot-Grün-Sehschwäche wird wie die Bluterkrankheit X-chromosomal-rezessiv vererbt (s. S.105). 1939 wurden in einer Familie beide Erkrankungen festgestellt. Vier Söhne phänotypisch gesunder Eltern wiesen vier verschiedene Phänotypen auf: ein Bruder war bezüglich dieser Merkmale gesund, einer hatte beide Erkrankungen und zwei waren nur von je einer Krankheit betroffen.

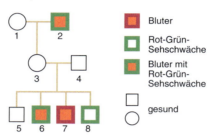

■ Bluter
□ Rot-Grün-Sehschwäche
▣ Bluter mit Rot-Grün-Sehschwäche
□ gesund

Aufgaben

⑪ Erklären Sie das Zustandekommen der Genotypen der Kinder.
⑫ Begründen Sie, ob man aus dem vorgegebenen Familienstammbaum die beiden Krankheiten jeweils eindeutig dem bekannten Erbgangstyp zuordnen kann!
⑬ Geben Sie die Genotypen für alle Personen des Stammbaums an.
⑭ Person 6 heiratet eine phänotypisch gesunde Frau. Aus dieser Ehe geht eine Tochter hervor, die das unten abgebildete Karyogramm aufweist. Stellen Sie begründet dar, ob diese Tochter ebenfalls den Phänotyp ihres Vaters, bzw. seiner drei Brüder aufweisen könnte.

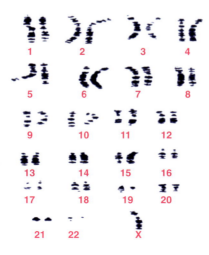

Gentechnik

Eine pharmazeutische Firma möchte unter Verwendung gentechnischer Methoden Insulin mithilfe von Bakterien herstellen. Das Gen, das dieses Protein codiert, ist bereits isoliert worden und steht in ausreichender Menge zur Verfügung. Die Abbildung zeigt das Plasmid, das als Vektor dienen soll, mit den Schnittstellen möglicher Restriktionsenzyme.

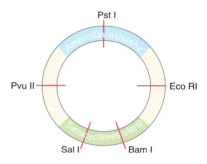

Aufgaben

⑮ Begründen Sie, welche Restriktionsenzyme für das Schneiden des Plasmids geeignet sind.
⑯ Durch die Anwendung verschiedener Kombinationen von Restriktionsenzymen erhält man DNA-Fragmente mit unterschiedlicher Länge. Beschreiben Sie ein Verfahren zur Bestimmung der Länge (Basenpaare) der unterschiedlichen DNA-Fragmente.
⑰ Stellen Sie das Prinzip der Gewinnung des entsprechenden Hybridplasmids mit Hilfe beschrifteter Skizzen dar.
⑱ Leiten Sie aus den Angaben her, wie man Kolonien von Bakterien, die das gewünschte Plasmid mit Fremd-DNA enthalten, von anderen Bakterien unterscheiden kann.

Übrigens!

Zwillinge sind besonders interessant für die Erforschung von Erbanlagen. Mit ihnen lässt sich erschließen, wie hoch der Einfluss des Genotyps am Phänotyp ist. Vergleicht man eineiige Zwillingspaare, die getrennt aufgewachsen sind, treten in gewissen Bereichen starke Übereinstimmungen, in andere Bereichen große Differenzen auf.

Neurobiologie

Nervenzellen kommunizieren miteinander. Sie verwenden zwei „Sprachen", um sich miteinander zu verständigen.

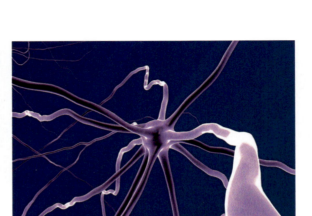

Die erste „Sprache" der Nervenzelle ist der Nervenimpuls, auch Aktionspotenzial genannt. Ein elektrischer Impuls, der sich entlang der Nervenfaser fortpflanzt.

Zusammen mit Computerherstellern haben Wissenschaftler der Biochemie einen Neurochip gebaut. Mit bislang unerreichter Genauigkeit kann der Mikrochip Impulse einer einzigen Nervenzelle aufnehmen und diese zur Weiterverarbeitung an einen Computer vermitteln.

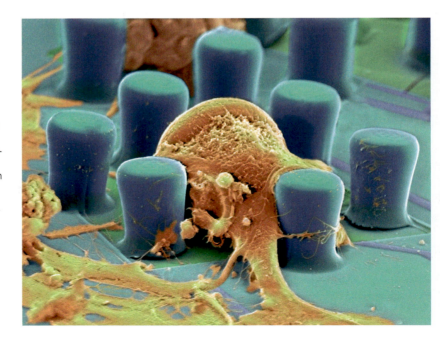

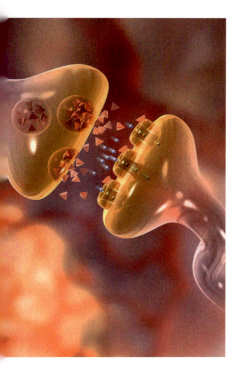

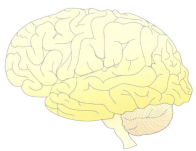

Unser menschliches Gehirn ist ein informationsverarbeitendes Netzwerk, das jeden noch so modernen Computer primitiv erscheinen lässt.
Es besteht schätzungsweise aus über 100 Milliarden Nervenzellen.

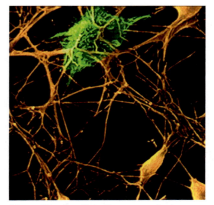

Bei der zweiten Art der Kommunikation sind Informationen chemisch verschlüsselt. An den Kontaktstellen der Nervenzellen werden Botenstoffe freigesetzt. Diese Moleküle binden an Rezeptoren in der Membran der nachgeschalteten Nervenzelle und bewirken dort einen elektrischen Stromfluss.

Abermilliarden Schaltungen zwischen den Nervenzellen sammeln Informationen, vergleichen, verstärken oder unterdrücken und speichern sie.

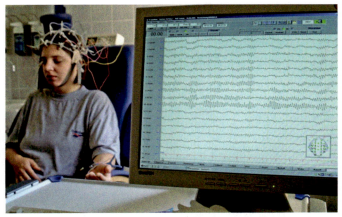

Ein Mittel zur Analyse von Gehirnaktivitäten stellt die Messung der Gehirnströme dar. Mit einem EEG werden Spannungsschwankungen an der Kopfoberfläche gemessen.

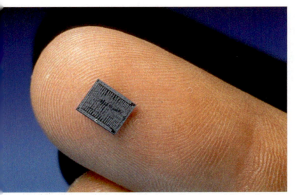

Die Vision vom Neurochip, der die menschliche Intelligenz oder unser Gedächtnis verbessert, ist jedoch Sciene Fiction.

131

1 Struktur und Funktion von Neuronen und Synapsen

Nervenfaser
Axon mit umgebenden Hüllzellen

Nervenzelle
auch Neuron genannt; spezialisierte Zelle für die Verarbeitung und Weiterleitung von Erregungen

Nerv
Bündel von Nervenfasern, umgeben von Bindegewebe

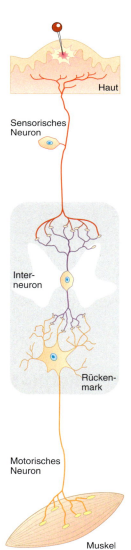

Das Neuron

Die wichtigsten Bauelemente eines Nervensystems sind die Nervenzellen, die *Neurone* (▶ s. S. 172). Diese Zellen können elektrische Erregungen erzeugen, verarbeiten und weiterleiten. Man unterteilt sie in drei funktionelle Hauptklassen. Die *sensorischen Neurone* übertragen Informationen von den Sinneszellen in das Zentralnervensystem. Über *Motoneurone* werden Befehle in Form elektrischer Signale an ausführende Organe geschickt. *Interneurone* verbinden vor allem im Zentralnervensystem die sensorischen Nervenzellen mit den motorischen. Die Spezialisierung der verschiedenen Neurone aufgrund ihrer unterschiedlichen Funktionen zeigt sich unter anderem in ihrer Form (Randspalte). Ihre Länge reicht von wenigen Mikrometern bei Interneuronen bis über einem Meter bei motorischen und sensorischen Neuronen. Dennoch kann die Vielfalt der Nervenzellen auf einen einheitlichen typischen Bauplan zurückgeführt werden (Abb. 1).

Das Neuron ist gegliedert in einen *Zellkörper* und Zellfortsätze. Der Zellkörper, auch *Soma* genannt, enthält unter anderem den Zellkern. Bei den Zellfortsätzen werden *Dendriten* und *Axon* unterschieden. Dendriten leiten Erregungen zum Zellkörper hin, das Axon leitet Erregungen von ihm weg.

Dendriten bilden oft weit verzweigte Fortsätze von selten mehr als 2 mm Länge. Sie sind in der Nähe des Zellkörpers meistens dicker als das Axon, verjüngen sich aber nach jeder Gabelung mehr und mehr. Das Axon ist oft wesentlich länger als die Dendriten. Ein Neuron besitzt meist nur ein einziges Axon mit einem kegelförmigen Ursprungsbereich, dem *Axonhügel*. Viele Axone verzweigen sich am Ende. Diese Verzweigung nennt man *Kollaterale*. An jedem Axonende befindet sich eine Verdickung. Diese *Endknöpfchen* bilden Verbindungen *(Synapsen)*, in denen Informationen zum Beispiel auf ein anderes Neuron oder auf Muskelfasern übertragen werden.

Nervenzellen sind von sogenannten *Gliazellen* umgeben. Es gibt schätzungsweise 10 bis 50-mal so viele Gliazellen wie Neurone. Sie stützen und ernähren die Nervenzellen und sorgen für die elektrische Isolation. Dies wirkt sich auf die Leitungsfähigkeit des Axons

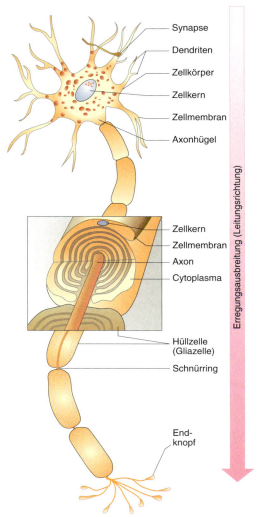

1 Bauplan eines Neurons

aus. Das Axon mit den umgebenden Gliazellen wird *Nervenfaser* (▶ s. S. 172) genannt. Viele dieser einzelnen Fasern bilden gebündelt und von Bindegewebe umgeben einen *Nerv*.

Man unterscheidet markhaltige von marklosen Nervenfasern (s. S. 133, Abb. 1). Beide besitzen Gliazellen, die der marklosen sind jedoch bei weitem einfacher gebaut, so dass deren isolierende Wirkung nur gering ist.

Die Gliazellen spielen eine wichtige Rolle bei einigen Erkrankungen des menschlichen Nervensystems wie zum Beispiel der Multiplen Sklerose. (s. S. 150).

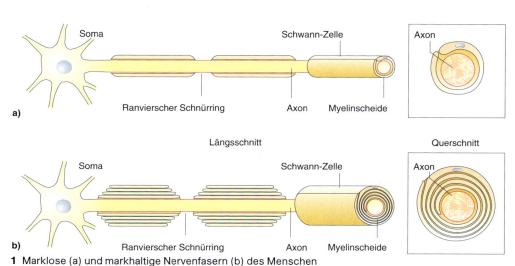

1 Marklose (a) und markhaltige Nervenfasern (b) des Menschen

Tintenfisch Loligo

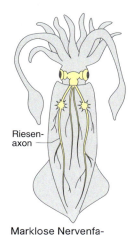

Marklose Nervenfasern können sehr dick werden.
Die Axone der Tintenfischgattung *Loligo* besitzen einen besonders großen Durchmesser von bis zu 1mm und sind daher für experimentelle Untersuchungen sehr gut geeignet.

Gliazelle
Glia,
gr. = Leim

Myelinscheide
Myelinos,
gr. = markhaltig

Marklose und markhaltige Nervenfasern

Alle Nerven wirbelloser Tiere bestehen aus marklosen Nervenfasern. Sie sind nur locker in Gliazellen eingebettet. Die Bezeichnung „marklos" ist demnach eigentlich irreführend, da auch sie eine Myelinscheide besitzen, allerdings mit nur einer nicht ganz vollständigen, isolierenden Wicklung (Abb. 1, rechts oben). Auch einige Neuronen des vegetativen Nervensystems der Wirbeltiere sind marklos. Dies sind z. B. Nervenzellen, die die glatte Muskulatur des menschlichen Darmtraktes innervieren. Für die Darmperistaltik ist eine langsame, kontinuierliche Erregung notwendig, die durch solche marklose Nervenzellen ermöglicht wird.

Die meisten erregungsleitenden Axone der sensorischen und motorischen Nervenzellen sind bei den Wirbeltieren durch Lagen von Zellmembranen *(Myelin)* fest umwickelt. Diese *Markscheide* bzw. *Myelinscheide* beginnt sich bereits beim menschlichen Fötus zu bilden. Sie wird gebildet von speziellen Gliazellen, die nach ihrem Entdecker THEODOR SCHWANN (1810 – 1882), der den Bau von Nervenzellen erforschte, *Schwann'sche Zellen* genannt werden. Bis zum zweiten Lebensjahr eines Menschen haben die Gliazellen das Axon mehrfach umschlungen (Abb. 1, rechts unten). Da Zellmembranen überwiegend aus Lipiden bestehen, die eine geringe elektrische Leitfähigkeit besitzen, kommt es durch die Myelinschicht zu einer elektrischen Isolierung des Axons.

Die Gliazellen können 1 bis 3mm breit werden. Zwischen zwei Schwann'schen Zellen ist ein etwa 1μm schmaler, myelinfreier Bereich, an dem das Axon nicht isoliert ist. Diese Bereiche entdeckte der französische Histologe LOUIS ANTOINE RANVIER (1835 – 1922), und bezeichnete sie als „Einschnürungen". Sie werden heute als *Ranvier'scher Schnürring* bezeichnet.

Nervenfasertyp	Faserdurchmesser (μm)	mittlere Leitungsgeschwindigkeit (m/s)	Beispiele
nicht myelinisiert	1	1	langsame Schmerzfaser (Säuger)
	700	25	Riesenfaser (Tintenfisch)
myelinisiert	3	15	sensorische Fasern von Mechanorezeptoren des Muskels (Säuger)
	9	60	Berührungsempfindungen der Haut
	13	80	sensorische Faser von den Muskelspindeln (Säuger)
	13	30	Faser im Rückenmark (Frosch)

2 Beispiele für die mittlere Leitungsgeschwindigkeit unterschiedlicher Neurone

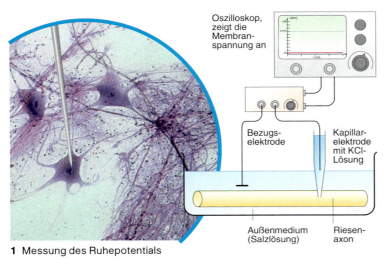

1 Messung des Ruhepotentials

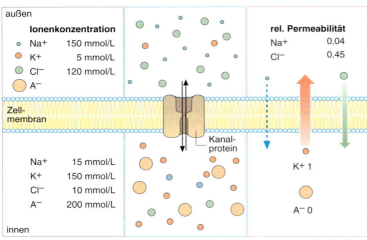

2 Ionenverteilung und relative Permeabilität

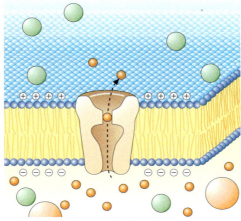

3 Proteinkanal, in der Membran integriert

Das Ruhepotenzial

Bereits im 18. Jahrhundert beobachtete der Forscher Luigi Galvani eine Kontraktion am Froschschenkel, während er die freigelegten Beinnerven des Frosches mit seinem Metallbesteck berührte. Er führte diese Beobachtung auf „tierische Elektrizität" zurück, konnte die auftretenden Spannungen aber noch nicht messen. 1939 gelang es Alan Hodkin und Andrew Huxley Spannungen an den Riesenaxonen des Tintenfisches der Gattung Loligo (s. S. 133) zu messen. Mithilfe der Glaskapillar-Methode und Messverstärkern konnten die Wissenschaftler die am Axon auftretenden Potenziale exakt bestimmen.

Membranpotenzial

Befinden sich beide Mikroelektroden außerhalb der Membran in der umgebenden Flüssigkeit, so tritt zwischen ihnen keine Spannungsdifferenz auf. Wird eine der beiden Mikroelektroden durch die Axonmembran eingestochen, so stellt man eine Spannungsdifferenz zwischen der Innen- und Außenseite der Membran fest (Abb. 1).

Eine Spannung ist eine elektrische Potenzialdifferenz. Bei den Messungen am Axon liegt dieser Ladungsunterschied zwischen der Außenseite und der Innenseite der Membran. Man nennt diese Spannung das *Membranpotenzial*. Das Potenzial der außen liegenden Bezugselektrode wird willkürlich als Null definiert. Für die Innenseite der Membran ergibt sich ein Potenzial im Bereich von -50 bis -100 mV. Die Innenseite der Axonmembran ist also gegenüber der Außenseite negativ geladen.

Eine Voraussetzung für die Bildung eines Membranpotenzials ist die unterschiedliche Konzentration von positiv bzw. negativ geladenen Ionen an der Membran. Innerhalb des Axons ist die Konzentration positiv geladener Kalium-Ionen (K^+) und negativ geladener organischer Anionen (A^-) hoch, außerhalb die von Natriumionen (Na^+) und Chloridionen (Cl^-). Eine weitere Voraussetzung für den Aufbau einer Spannungsdifferenz ist die unterschiedliche Durchlässigkeit der Membran für bestimmte Ionen. Man spricht hier von einer *selektiven Permeabilität* der Axonmembran (Abb. 2). Diese ergibt sich durch zahlreiche Proteinkanäle, die in die Membran eingelagert sind. Sie sind auf Grund ihrer eigenen Polarität und ihres Porendurchmessers eben nur für bestimmte Ionen passierbar (Abb. 3).

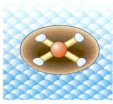

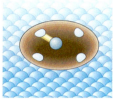

1 K⁺-Ion (oben) bzw. Na⁺-Ion (unten) in einem Kanal-Protein

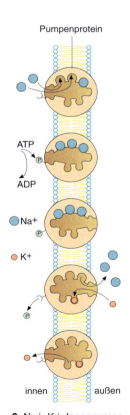

2 Na⁺-K⁺-Ionenpumpe

Entstehung des Ruhepotenzials

Untersuchungen, bei denen radioaktiv markierte Kalium- und Natriumionen entweder extra- oder intrazellulär zugeführt wurden, zeigten, dass ein Teil dieser Ionen anschließend auf jeweils der anderen Seite der Axonmembran zu finden war. Die Permeabilität für die einzelnen Ionen ist an der nicht erregten Axonmembran jedoch verschieden. Für Na⁺-Ionen beträgt sie nur 4% der Permeabilität für K⁺-Ionen. Die großen organischen Anionen (A⁻), wie z. B. Proteine oder Aminosäuren können dagegen die Membran überhaupt nicht durchqueren.

Diese unterschiedliche Permeabilität kommt durch *selektive Ionenkanäle* zustande. Es wurden verschiedene Kanalproteine nachgewiesen, die in der Lipidschicht der Zellmembran liegen und jeweils nur eine Ionenart hindurchlassen. Durch jede Kanalpore passt eine spezifische Ionen-Art einer bestimmten Größe und Ladung, da die hindurchfließenden Ionen einen engen Kontakt zu den Wänden des Kanals halten müssen (Abb. 1). Die hohe Permeabilität für K⁺-Ionen lässt darauf schließen, dass verhältnismäßig viele K⁺-Kanäle in der Membran vorliegen.

Da die Konzentration der K⁺-Ionen auf der Innenseite der Axonmembran etwa 30fach größer ist als auf der Außenseite (*Konzentrationsgradient*), ist die Wahrscheinlichkeit, dass ein K⁺-Ion von innen nach außen den Kanal durchquert, ebenfalls etwa 30mal höher als umgekehrt. Jedes K⁺-Ion, das sich durch den Ionenkanal von innen nach außen bewegt, entfernt eine positive Ladung von der Membran-Innenseite. Diese wird also relativ zur Außenseite der Membran negativ geladen. Es kommt zu einer Ladungstrennung, ein Membranpotenzial wird aufgebaut.

Ein *elektrischer Gradient* baut sich auf. Dieser wirkt dem Konzentrationsgradienten entgegen, weil positiv geladene K⁺-Ionen von der negativen Ladung der Membran-Innenseite angezogen werden. Dies führt letztlich zu einem Zustand, bei dem beide Vorgänge im Gleichgewicht stehen. Der Ausstrom, bedingt durch das Konzentrationsgefälle, entspricht gleich dem Einstrom, der durch das elektrische Feld verursacht wird.

Die hier durch die K⁺-Ionen entstandene Spannung, das „Kaliumgleichgewichtspotenzial", bildet die Grundlage für das Membranpotenzial, wie es am nicht erregten Neuron vorliegt. Kaliumionen sind jedoch nicht die einzigen Ionen, die die Membran passieren können. Na⁺-Ionen werden auf Grund ihres Konzentrationsgradienten und des elektrischen Gradienten in den Axon-Innenraum fließen. Dieser Einstrom ist jedoch aufgrund der geringen Permeabilität der Membran für Natriumionen so schwach, dass das Membranpotenzial nur einen geringfügig positiveren Wert als das Kaliumgleichgewichtspotenzial annimmt. Auch der Einfluss der Cl⁻-Ionen, sowie der organischen Anionen ist so unbedeutend, dass man vereinfachend die Behauptung aufstellen kann, das Membranpotenzial eines Neurons wird von dem Kaliumgleichgewichtspotenzial dominiert. Dieses „ruhende" Membranpotenzial nennt man *Ruhepotenzial* (▶ s. S. 173).

Natrium-Kalium-Pumpe

Wird die Bildung von ATP durch Zellgifte behindert, zeigt sich, dass sich das Ruhepotenzial langsam abbaut. Der geringfügige, aber kontinuierliche Na⁺-Ionen-Einstrom erhöht auf Dauer die Na⁺-Ionen-Konzentration auf der Membran-Innenseite. Die negative Ladung der Innenseite nimmt ab, was wiederum einen gesteigerten K⁺-Ionen-Ausstrom und damit eine Abnahme der internen K⁺-Ionen-Konzentration zur Folge hat.

Diese *Ionenleckströme* durch die Axonmembran werden im intakten Neuron durch einen aktiven, Energie benötigenden Transportmechanismus, die *Natrium-Kalium-Pumpe* (Abb. 2) ausgeglichen. Ohne sie würden sich die Ionenkonzentrationen langsam egalisieren und damit würde das Membranpotenzial gegen Null gehen. Die Pumpe ist ein Membranprotein, das Na⁺-Ionen aus der Zelle und K⁺-Ionen in die Zelle transportiert. Die dazu notwendige Energie liefert ATP. Die hier beschriebene Ionenpumpe tauscht, dem Leckstromverhältnis entsprechend, in einem Pumpzyklus drei Na⁺-Ionen gegen zwei K⁺-Ionen aus.

Aufgabe

① Erklären Sie im Blick auf die Konzentrationsverhältnisse und den elektrischen Gradienten, weshalb die Chloridionen kaum Einfluss auf das Membranpotenzial haben.

② An einem Axon wird mithilfe einer geeigneten Versuchsanordnung dafür gesorgt, das kein Sauerstoff mehr zur Verfügung steht. Geben Sie die eintretende Änderung des Membranpotenzials an und begründen Sie die Änderung.

Neurobiologie

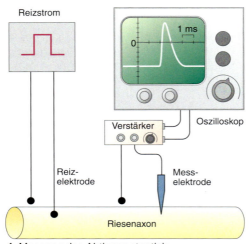

1 Messung des Aktionspotentials

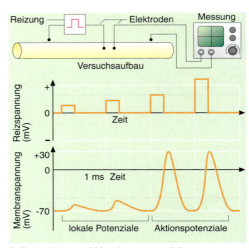

2 Reizstärke und Membranpotential

Das Aktionspotenzial

Depolarisation
de, lat. Vorsilbe = weg, ab; Veränderung des Ruhepotenzials in Richtung des positiven Spannungsbereiches

Repolarisation
re, lat. Vorsilbe = zurück; Rückkehr zum Ruhepotenzial

Hyperpolarisation
hyper, gr. = über; Spannung ist negativer als das Ruhepotenzial

Reize rufen in Sinneszellen elektrische Erregungen hervor. Sensorische Nervenzellen leiten diese Erregungen zum Gehirn weiter. Motorische Nervenzellen leiten Erregungen zu den Muskeln, wodurch deren Kontraktion ausgelöst wird. An einer erregten Axonmembran misst man kurzfristige Veränderungen des Membranpotenzials, die Aktionspotenziale (▶ s. S. 172) genannt werden.

Messung des Aktionspotenzials

Im Experiment wird ein Axon an einer bestimmten Stelle mit unterschiedlichen Spannungen elektrisch gereizt. An einer etwas entfernt liegenden Stelle wird die Reaktion des Axons mithilfe einer Glaskapillarelektrode und des daran angeschlossenen Oszilloskops gemessen (Abb. 1).

Wird durch die Reizelektroden kurzzeitig eine stärkere positive Spannung als das Ruhepotenzial angelegt, steigt die Membranspannung auch vorübergehend an der Messstelle (Abb. 2). Je höher die Reizspannung, desto höher wird auch die Depolarisation an der Messstelle. Überschreitet der Reiz jedoch einen bestimmten Schwellenwert (ca. -50 mV), erreicht das Membranpotenzial schlagartig innerhalb einer Millisekunde einen Spitzenwert von ca. +30 mV. Die Innenseite der Axonmembran ist nun gegenüber der Außenseite positiv. Man spricht von einem *Aktionspotenzial*, das durch den überschwelligen Reiz ausgelöst worden ist. Das Aktionspotenzial bleibt gleich hoch, auch wenn der Reiz stärker wird.

Ionentheorie des Aktionspotenzials

Eine Veränderung der Ionenkonzentration an der Innen- oder Außenseite der Axonmembran führt zu einer Änderung des Membranpotenzials. ALAN HODGKIN und BERNHARD KATZ wiesen 1949 durch Experimente an Tintenfischaxonen nach, welche Ionen hierbei eine Rolle spielen. Sie ersetzten die außerhalb des Axons vorhandenen Na^+-Ionen durch positiv geladene, aber wesentlich größere Cholin-Ionen, die die Axonmembran nicht durchqueren können. So konnten keine Aktionspotenziale mehr ausgelöst werden. Die Forscher vermuteten, dass das Aktionspotenzial durch das Öffnen von Na^+-Ionenkanälen und den schnellen Einstrom von Na^+-Ionen auf die Innenseite der Axonmembran entsteht. Sie entwickelten die sogenannte *Ionentheorie der Erregung*.

Die Abb. 1 auf Seite 137 veranschaulicht die Entstehung des Aktionspotenzials. Durch einen elektrischen Reiz wird das Axon überschwellig depolarisiert (Abb. 137.1, b). Membrangebundene, spannungsabhängige Na^+-Ionenkanäle öffnen sich daraufhin schlagartig. Na^+-Ionen strömen, angetrieben vom Konzentrationsgradienten und angezogen von der negativen Ladung auf der Innenseite des Axons, durch die Membran. Der Anteil der positiv geladenen Ionen wird dadurch auf der Außenseite der Membran geringer, auf der Innenseite dagegen größer. Diese Veränderung des Membranpotenzials führt zur Öffnung weiterer spannungsabhängiger Na^+-Ionenkanäle und zur weiteren Depolarisation bis zum Höhepunkt des Aktions-

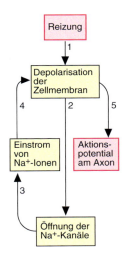

potenzials. Die einzelnen Na⁺-Ionenkanäle schließen sich jedoch sehr schnell wieder und sind anschließend für eine kurze Zeit nicht mehr zu öffnen. Dieser Zeitraum, in der diese Membranstelle unerregbar ist, nennt man *Refraktärzeit* (s. a. S. 139) (▶ s. S. 172).

Die Repolarisation der Axonmembran wird wesentlich durch den Ausstrom von K⁺-Ionen bedingt (Abb. 1, c). Dies ließ sich durch Experimente mit Giftstoffen nachweisen, die spannungsabhängige K⁺-Ionenkanäle blockieren. Die Repolarisation ist bei solchen Experimenten sehr stark verlangsamt. Messungen an den spannungsabhängigen K⁺-Ionenkanälen ergaben, dass ihre Öffnungswahrscheinlichkeit im Vergleich zu Na⁺-Ionenkanälen erst bei einer stärkeren Depolarisation gegeben ist. Das bedeutet, dass sie sich erst mit einer gewissen Zeitverzögerung öffnen. Als Konsequenz strömen K⁺-Ionen, aufgrund des Konzentrationsgefälles und des elektrischen Gradienten, aus dem Axon heraus. Die Membran-Innenseite wird nun wieder zunehmend negativ, bis das Ruhepotenzial erreicht ist. Nun beginnen sich die spannungsabhängigen K⁺-Kanäle wieder zu schließen.

Die geöffneten K⁺-Ionenkanäle sind auch der Hauptgrund, warum es kurzfristig zu einer Hyperpolarisation kommen kann (Abb. 1, d). Da sie relativ langsam reagieren, bleiben sie für eine gewisse Zeit nach der vollständigen Repolarisation noch geöffnet. So können weiterhin K⁺-Ionen an die Außenseite der Membran gelangen. Durch diesen Ausstrom wird das Membranpotenzial kurzzeitig negativer als das Ruhepotenzial.

Aktionspotenziale zeigen unabhängig von der Reizstärke stets den gleichen Verlauf. Sowohl die zeitliche Dauer der einzelnen Phasen als auch ihr elektrisches Potenzial sind immer gleich. Ein Aktionspotenzial ist demnach ein *Alles-oder-Nichts-Ereignis*. Verschiedene Reizintensitäten werden nur über den zeitlichen Abstand der Aktionspotenziale, also in ihrer Frequenz verschlüsselt.

Ein einzelnes Aktionspotenzial verändert die Ionenkonzentrationen an der Membran nur geringfügig, so dass sich das Ruhepotenzial leicht wieder einstellt (Abb. 1, a). Laufen jedoch tausende von Aktionspotenzialen über die Axonmembran, so müssen die ATP verbrauchenden Natrium-Kalium-Pumpen vermehrt arbeiten. Sie stellen die Ionenverteilung wieder her, die an der Membran im Ruhezustand vorliegt. Aus diesem Grunde hat das Neuron einen hohen Energiebedarf.

Aufgabe

① Beschreiben Sie die in Abb. 1 dargestellten Vorgänge eines Aktionspotenzials genau mit eigenen Worten. Übersetzen Sie dafür die englischen Bezeichnungen.

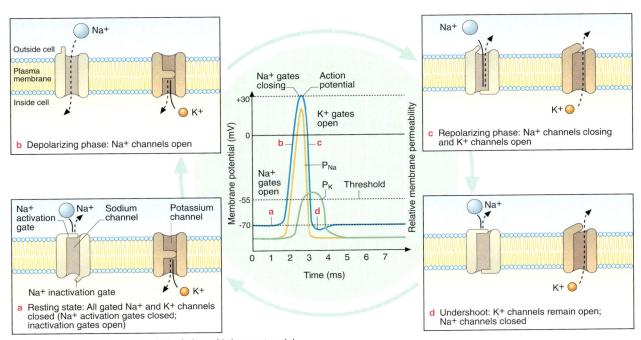

1 Molekulare Vorgänge beim Ablauf eines Aktionspotenzials

Neurobiologie **137**

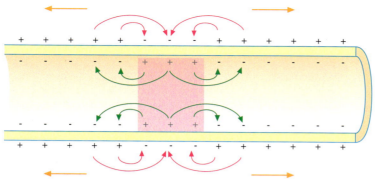

1 Kontinuierliche Erregungsleitung

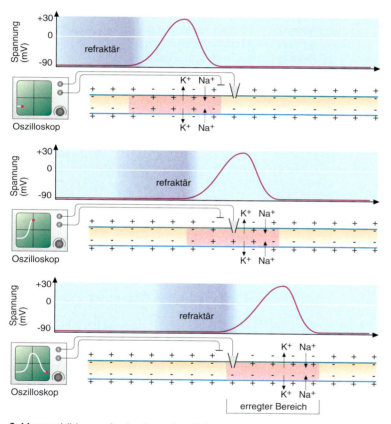

2 Momentbilder zur Ausbreitung des Aktionspotentials

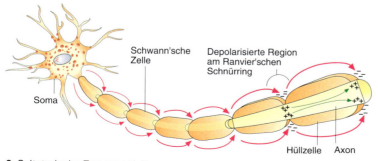

3 Saltatorische Erregungsleitung

Fortleitung des Aktionspotenzials

Eine Nervenzelle wird normalerweise an den Dendriten oder am Soma gereizt. Von dort werden elektrische Signale passiv zum Axonhügel weitergeleitet, da im Bereich des Zellkörpers keine spannungsgesteuerten Ionenkanäle vorhanden sind, die ein Aktionspotenzial auslösen könnten. Eine solche passive Ausbreitung der Spannungsänderung nennt man *elektrotonische Leitung*. Bei dieser Art der Fortleitung erfolgt mit zunehmender Entfernung vom Ort des Reizes eine Abschwächung der Depolarisation. Ist die Stärke des elektrischen Feldes, die den Axonhügel erreicht, noch groß genug werden dort spannungsgesteuerte Ionenkanäle geöffnet. Das daraufhin entstehende Aktionspotenzial „läuft" am Axon entlang (Abb. 2) bis zu den einzelnen Endknöpfchen und überträgt dort das Signal weiter an ein anderes Neuron oder auf Muskelfasern. Exakt formuliert wandert nicht ein Aktionspotenzial entlang des Axons, sondern es wird über die gesamte Strecke sequenziell immer wieder neu aufgebaut (▶ s. S. 172).

Kontinuierliche Erregungsleitung

Bei marklosen Nervenfasern führt die Depolarisation eines Axonabschnittes elektrotonisch auch in den benachbarten Membranbereichen zur Öffnung von spannungsabhängigen Na^+-Ionenkanälen. Es werden dort Kationen an der Membran-Außenseite angezogen und an der Innenseite abgestoßen. Diese Verschiebung der Ionen werden *Ausgleichsströmchen* genannt. Erreicht diese Depolarisation einen bestimmten Schwellenwert, wird ein Aktionspotenzial gebildet. So entsteht in der Nachbarregion ebenfalls ein Aktionspotenzial. Auf Grund der Refraktärzeit kann jedoch immer nur der kurz zuvor nicht erregte Membranbereich ein neues Aktionspotenzial aufbauen. Deshalb verläuft die Erregungsleitung nur in eine Richtung weiter und wandert nicht zum Ursprungsort zurück. Man spricht von einer *kontinuierlichen Erregungsleitung* (Abb. 1).

Die Geschwindigkeit, mit der sich ein Aktionspotenzial an der Axonmembran ausbreitet, ist bei marklosen Nervenfasern vom Durchmesser des Axons abhängig. Je größer der Durchmesser, desto geringer ist der elektrische Widerstand und dementsprechend schneller die Fortleitung. In dünnen Axonen, deren Faserdurchmesser nur 1 µm misst, beträgt die Leitungsgeschwindigkeit nur wenige Zentimeter pro Sekunde. Bei den

kontinuierlich
lat. *continuare* = fortsetzen

saltatorisch
lat. *saltare* = springen

Riesenaxonen der Tintenfische (s. S. 133) erreicht die mittlere Leitungsgeschwindigkeit 25 m pro Sekunde. Bedenkt man den relativ hohen Platz- und Materialaufwand, ist die Erregungsleitung bei marklosen Nervenfasern relativ langsam. Bei Wirbeltieren wird die Erhöhung der Fortleitungsgeschwindigkeit des Aktionspotenzials dabei auf ganz andere Weise erreicht.

Saltatorische Erregungsleitung

Sehr hohe Fortleitungsgeschwindigkeiten findet man bei myelinisierten Axonen, die nur an den Schnürringen Aktionspotenziale ausbilden können, da sich nur hier spannungsgesteuerte Natrium-Ionenkanäle befinden. Die myelinisierten Bereiche dazwischen werden von den Aktionspotenzialen scheinbar fast ohne zeitliche Verzögerung übersprungen. Man spricht daher von einer *saltatorischen Erregungsleitung* (s. S. 138, Abb. 3).

Die Membranen der Gliazellen sind in vielen Schichten um das Axon gewickelt. Die Lipide dieser Membranen isolieren elektrisch sehr gut und sorgen daher für eine extrem geringe Leitfähigkeit quer durch die Membran. Die bei einem Aktionspotenzial eingeströmten Na^+-Ionen bewirken eine Verschiebung der Ionen entlang der Membran bis zum nächsten Schnürring (elektrotonische Leitung).

Dort erst bewirken diese Ausgleichsströmchen eine sehr rasche Depolarisation, die zu einem Aktionspotenzial führt. Da die Schnürringe etwa 1 bis 2 mm Abstand haben und nur dort die zeitaufwendigere Verstärkung des Aktionspotenzials auf den Ausgangswert erfolgt, beobachtet man bei myelinisierten Axonen Fortleitungsgeschwindigkeiten bis zu 180 m/s (ca. 650 km/h).

Die saltatorische Erregungsleitung ist nicht nur in zeitlicher Hinsicht der kontinuierlichen Erregungsleitung überlegen. Da ein geringerer Axondurchmesser für eine hohe Leitungsgeschwindigkeit ausreicht, wird auch Material eingespart. Nur dünne Axone ermöglichen die Entstehung komplexer Nervensysteme wie des Gehirns auf kleinem Raum. Auch der Energiebedarf ist bei solchen Systemen geringer.

Aufgaben

① Erklären Sie, warum die saltatorische Erregungsleitung an Nervenbahnen weniger Energie benötigt als die kontinuierliche Erregungsleitung.

② Im Experiment wird ein präpariertes Axon überschwellig in der Mitte gereizt. Vergleichen sie die Erregungsleitung in diesem Versuch mit der Reizung unter natürlichen Verhältnissen.

ettelkasten

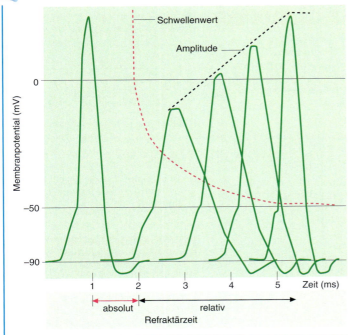

Absolute und relative Refraktärzeit

Die kurze Zeitspanne von etwa 1 ms nach dem Maximum eines Aktionspotenzials, in der die betreffende Membranstelle völlig unerregbar ist, nennt man *absolute Refraktärzeit*. In dieser Phase kann durch eine noch so starke Depolarisierung eine erneute Öffnung der spannungsabhängigen Na^+-Ionenkanäle nicht erreicht werden.

Auf die absolute Refraktärzeit folgt die so genannte *relative Refraktärzeit*, die ebenfalls 1 bis 3 ms dauert. Hier muss die Membran wesentlich stärker depolarisiert werden als normal, um ein Aktionspotenzial auszulösen, d. h. der Schwellenwert liegt höher. Das Aktionspotenzial erreicht noch nicht vollständig seine übliche Höhe.

Durch eine stärkere Depolarisation am Axonhügel können daher Aktionspotenziale in schnellerer Folge ausgelöst werden als durch eine schwache Depolarisation. Die Stärke der Erregung einer Sinnes- oder Nervenzelle, als Maß für die Reizintensität, führt so zu einer höheren Aktionspotenzial-Frequenz. Reizintensitäten werden demzufolge durch die Aktionspotenzial-Frequenz verschlüsselt.

Neurobiologie

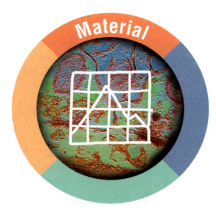

Neurobiologische Experimente

Patch-Clamp-Technik

Mithilfe von Mikropipetten, die an der Zelloberfläche direkt im Bereich eines Ionenkanals angesaugt werden (s. Abb. unten), kann man untersuchen, welche Ionen durch einzelne Ionenkanäle diffundieren.

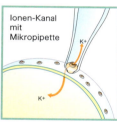

Mit dieser *Patch-Clamp-Technik* lassen sich die Öffnungswahrscheinlichkeit und der Zeitpunkt der Öffnung einzelner Ionenkanäle am Axon ermitteln. Für Messungen an den Natriumionenkanälen werden die auch vorhandenen Kaliumionenkanäle auf der Zelloberfläche chemisch blockiert.

Die Membran wird an der Stelle des angesaugten Membranflecks elektrisch gereizt. Die Messungen werden kurz hintereinander wiederholt und die Messergebnisse summiert. Die Summe der Kanalströme ist ein Maß für die Öffnungswahrscheinlichkeit eines Ionenkanals.

Aufgaben

① Informieren Sie sich genauer über die Patch-Clamp-Technik.
② Erklären Sie Form und Amplitude der Einzelmessergebnisse (Abb. 1).
③ *Tetradotoxin*, das Gift von Kugelfischen, wird zur Untersuchung der Kaliumionenkanäle verwendet, weil es die Natriumionenkanäle verschließt. Erläutern Sie, welche medizinische Bedeutung dieser Stoff bei der Zahnbehandlung hat, wenn er in die Umgebung der von den Zähnen kommenden Nerven gespritzt wird.

2 Kugelfisch

Membranveränderung

Bei den Messungen zur Membranpermeabilität am Axon wurden unterschiedliche Messergebnisse bei den Kalium- und Natrium-Ionen gefunden. Gleichzeitig wurde das Aktionspotenzial gemessen (Abb. 3).

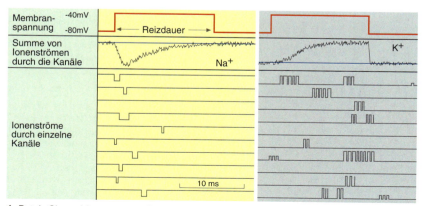

1 Patch-Clamp-Messungen an Ionenkanälen

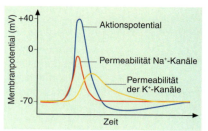

3 Membranpermeabilität

Aufgabe

④ Beschreiben Sie die Vorgänge zu den Messwerten der Kalium- und Natriumionen und bringen Sie diese mit der Entstehung des Aktionspotenzials in Zusammenhang.

Einfluss der K⁺-Ionenkonzentration

Experimentell kann die Kaliumionenkonzentration extrazellulär leicht verändert werden, indem das Axon in verschiedene Badelösungen mit unterschiedlichen Kaliumionenkonzentrationen getaucht wird. Danach wird jeweils das Ruhepotenzial gemessen.

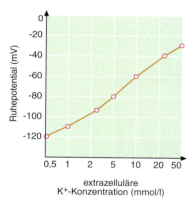

4 Einfluss der K⁺-Konzentration

Aufgabe

⑤ Beschreiben Sie die Ergebnisse und erklären Sie die Vorgänge auf molekularer Ebene.

Einfluss der Na⁺-Ionenkonzentration

An isolierten Axonen wird die Natriumionenkonzentration schrittweise verringert. Dies erreicht man indem man die Natrium-Ionen der extrazellulären Badelösung schrittweise durch Cholin-Ionen ersetzt. Die Aktionspotenziale werden jeweils ausgelöst und registriert. In Abbildung 5 werden Veränderungen im Vergleich zur Amplitude eines Aktionspotenzials unter normalen Bedingungen aufgetragen.

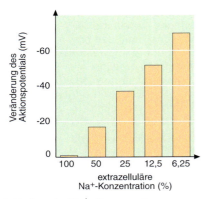

5 Einfluss der Na⁺-Konzentration

Aufgaben

⑥ Zeichnen Sie ein typisches Aktionspotenzial und tragen Sie die Veränderungen durch die Verringerung der extrazellulären Natriumionenkonzentration ein.

⑦ Erklären Sie die Beobachtungen mithilfe der Ionentheorie des Aktionspotenzials.

⑧ Erläutern Sie was passiert, wenn die Na⁺-Ionen nicht durch Cholin-Ionen ersetzt würden.

Leitungsgeschwindigkeit

Die Leitungsgeschwindigkeit eines Nervs am Unterarm wird bestimmt, indem nacheinander je ein kleiner Stromstoß im Ellenbogen und am Handgelenk gesetzt wird. Die Stellen liegen 27 cm voneinander entfernt. Die Wirkung der ausgelösten Aktionspotenziale wird am Daumenmuskel extrazellulär als Muskelaktionspotenzial abgeleitet. Auch Muskelzellen zeigen ein Aktionspotenzial.

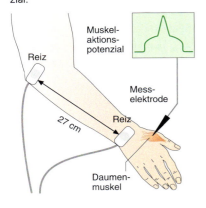

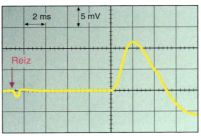

a) nach Reiz am Ellenbogen

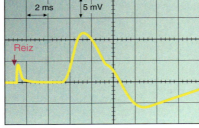

b) nach Reiz am Handgelenk

6 Leitungsgeschwindigkeit

Aufgabe

⑨ Berechnen Sie aus den dargestellten Messergebnissen (Abb. 6) die Leitungsgeschwindigkeit eines Nervs am Unterarm.

Potenziale bei Pflanzenzellen

Auch bei Pflanzenzellen kann man Membranpotenziale messen. So hat z. B. die Armleuchteralge Nitella (Abb. 7) ein Ruhepotenzial von -90 mV, das durch unterschiedliche Ionenverteilung an der Membranaußen- und innenseite zustande kommt. Bei Reizung treten Aktionspotenziale auf. Das Ruhepotenzial soll laut älteren Literaturangaben vor allem auf dem Ausstrom von K⁺-Ionen und das Aktionspotenzial auf dem Einstrom von Ca²⁺-Ionen beruhen. Neuere Untersuchungen widersprechen zum Teil dieser Hypothese. Nachfolgende Tabelle gibt die neuesten Messergebnisse über die Ionenverteilung an der Membranaußen- und Innenseite der Armleuchteralge *Nitella* an.

Aufgaben

⑩ Erläutern Sie mit Hilfe der angegebenen Ionenverteilung in der Tabelle die möglichen Ionenvorgänge, die bei der Armleuchteralge das Ruhepotenzial und das Aktionspotenzial hervorrufen.

⑪ Stellen Sie begründet fest, welcher Teilaspekt der früheren Hypothese in diesem Fall angezweifelt werden muss.

7 Armleuchteralge

Vergiftung von Neuronen

Cyanide sind stark giftig, weil sie u. a. die Atmungskette blockieren, so dass kein ATP zur Verfügung gestellt werden kann. Gibt man Cyanide auf Neurone, geht das Ruhepotenzial innerhalb kurzer Zeit gegen Null. In diesem Zeitraum sind zunächst noch Aktionspotenziale auslösbar, deren Amplituden jedoch entsprechend dem Ruhepotenzial immer mehr abnehmen, bis sie am Ende nicht mehr ausgelöst werden können.

Aufgaben

⑫ Begründen Sie die Wirkung von Cyaniden auf Neurone.

⑬ Zeichnen Sie eine Grafik, welche die beschriebene Serie von Aktionspotenzialen mit abnehmender Amplitude darstellt.

Ionensorte	Membranaußenwand (mmol/l)	Nitella-Zellsaft (mmol/l)
Cl⁻	0,9	90,7
Mg²⁺	1,7	27,7
Ca²⁺	0,8	10,2
Na²⁺	0,2	10,0
K⁺	0,04	54,3
Organische Anionen	—	vorhanden

Neurobiologie

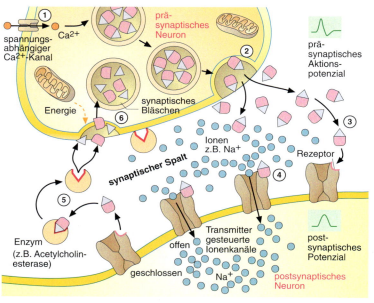

1 Bau und Funktionsweise einer Synapse

Synapsen

Colorierte EM-Aufnahme einer Synapse

Synapsen
griech. *Synapsis* = Verbindung

1897 führte CHARLES SHERRINGTON für die Verbindungsstelle eines Neurons mit einem anderen Neuron den Begriff *Synapse* (▶ s. S. 173) ein. An dieser Stelle können Erregungen übertragen werden. Heute wird der Begriff allgemeiner verwendet. Synapsen bezeichnen die Bereiche, an denen Neuron und nachgeschaltete Muskel-, Drüsen-, oder Nervenzelle am engsten zusammenkommen. Ein Neuron im Gehirn hat bis zu 10 000 synaptische Kontaktstellen zum Informationsaustausch mit anderen Nervenzellen.

Zwischen der *prä-* und *postsynaptischen* Membran ist nur ein im Elektronenmikroskop erkennbarer Spalt, der 20 bis 50 nm breit ist (Abb. 1). Man nennt ihn den synaptischen Spalt. Elektrische Signale können ihn nicht überwinden. In den Endknöpfchen des Axons befinden sich membranumhüllte Bläschen, die *synaptischen Bläschen*. Sie enthalten winzige Mengen eines Überträgerstoffes. Dieser *Transmitter* ist eine chemische Substanz, die zur Informationsübertragung an der Synapse genutzt wird. Einer der ersten Transmitter, die genauer erforscht wurden, war *Acetylcholin*. Er ist beim Menschen als Überträgerstoff zwischen Neuronen und Skelettmuskeln, Herz, Eingeweide und im Gehirn wirksam. In der Zwischenzeit sind etwa 100 weitere Neurotransmitter identifiziert worden.

Erreicht ein Aktionspotenzial das Endknöpfchen, werden im Bereich des synaptischen Spaltes an der präsynaptischen Membran Calciumionenkanäle geöffnet (Abb. 1.①). Calciumionen diffundieren in das Endknöpfchen und bewirken innerhalb weniger Millisekunden das Verschmelzen von synaptischen Bläschen mit der präsynaptischen Membran (Abb. 1.②). Ein einziges Aktionspotenzial kann zur Fusion von Tausenden von Bläschen mit der präsynaptischen Membran führen. Die Bläschen öffnen sich und geben Transmittermoleküle in den synaptischen Spalt frei. Sie diffundieren zur postsynaptischen Membran auf der gegenüberliegenden Seite des synaptischen Spaltes. Dort befinden sich Rezeptoren, an denen die Transmittermoleküle nach dem Schlüssel-Schloss-Prinzip binden (Abb. 1.③). Diese Rezeptoren stehen mit Ionenkanälen in Verbindung. Die kurzfristige Bindung des Transmitters führt zu einer Öffnung eines selektiv permeablen Membrankanals (Abb. 1.④). Im Gegensatz zu den spannungsabhängigen Kanälen in der Axonmembran, die für ein Aktionspotenzial verantwortlich sind, werden hier die Ionenkanäle durch die Transmittermoleküle gesteuert *(ligandenabhängige Ionenkanäle)*. An der postsynaptischen Membran bildet sich aufgrund von Ionenströmen durch die geöffneten Kanäle dann letztendlich ein Potenzial aus.

Die Transmittermoleküle werden durch Enzyme im synaptischen Spalt innerhalb kürzester Zeit wieder abgebaut (Abb. 1.⑤). So spaltet das Enzym Acetylcholinesterase Acetylcholinmoleküle in Essigsäure- und Cholinmoleküle. Dadurch ist der Effekt, den die Transmitter an der postsynaptischen Membran hervorrufen nur kurz, aber präzise. Eine Dauererregung wird so verhindert. Die Spaltprodukte werden zur erneuten Synthese unter Energieverbrauch wieder in das Endknöpfchen aufgenommen und in den synaptischen Bläschen gespeichert (Abb. 1.⑥).

Erregende Synapsen

Bei einer erregenden Synapse steuern die Rezeptoren Natriumionenkanäle, die im geöffneten Zustand den Einstrom von Na^+-Ionen in die Zelle zulassen. Je mehr Transmittermoleküle abgegeben werden, desto mehr Kanäle werden geöffnet, und so diffundieren mehr positiv geladene Natriumionen auf die Innenseite der postsynaptischen Membran. Die dadurch einsetzende *Depolarisation* wird als *erregendes postsynaptisches Potenzial (EPSP)* bezeichnet.

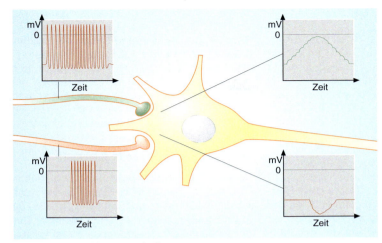

1 Erregende und hemmende Synapse

Ruhepotenzial. Diese Hyperpolarisation wird als *inhibitorisches postsynaptisches Potenzial (IPSP) bezeichnet*.

Verrechnung an Synapsen

Ein Neuron im Zentralnervensystem ist nicht nur mit einem anderen Neuron verbunden, sondern empfängt und verarbeitet Informationen von Tausenden Synapsen weiterer Neurone. Diese können sowohl erregend als auch hemmend sein. Die Nervenzelle verrechnet die eingehenden Signale räumlich und zeitlich (Abb. 2). Werden gleichzeitig mehrere räumlich getrennte, erregende Synapsen aktiviert, so lässt sich dies in Form einer größeren Amplitude des EPSP am Soma messen. Man spricht dann von einer *räumlichen Summation*. Gelangen über eine erregende Synapse in einem Zeitraum von einigen Millisekunden immer wieder erregende Transmittermoleküle an die postsynaptische Membran, summiert sich auch dieser Effekt. Das postsynaptische Potenzial baut sich nun nur langsam ab, und das jeweils folgende Potenzial wird zu dem noch vorhandenen addiert *(zeitliche Summation)*. Ob und in welcher Frequenz ein bestimmtes Neuron Aktionspotenziale generiert, hängt davon ab, wie stark seine Membran am Axonhügel durch die Wirkungen der aktuell eingehenden Aktionspotenziale depolarisiert wird (▶ s. S. 172).

Hemmende Synapsen

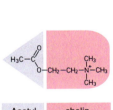

Hemmende Synapsen bewirken an der postsynaptischen Membran keine Depolarisation, sondern eine Hyperpolarisation. Bei den hemmenden Synapsen werden Transmittermoleküle freigesetzt, die auf K^+-Ionen- oder Cl^--Ionenkanäle einwirken. Im ersten Fall strömen Kaliumionen aus der postsynaptischen Zelle, im zweiten Fall diffundieren Chlorid-Ionen durch die postsynaptische Membran auf die Innenseite. Als Folge beider Ionenströme wird das Membranpotenzial negativer als das

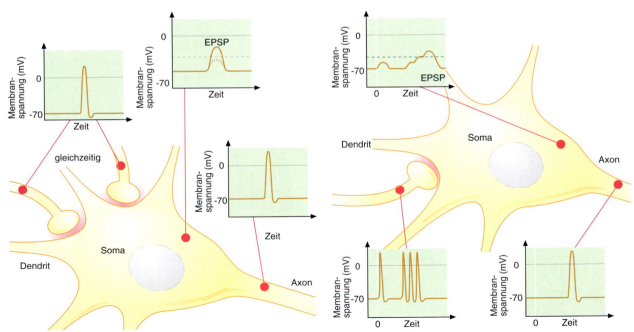

2 Räumliche und zeitliche Summation

Neurobiologie

Synapsengifte

Für Pflanzen und Tiere ist es oft von Vorteil, Gifte als Fraßschutz oder zum Beutefang herstellen zu können. Sehr gut untersucht sind schnell wirkende Gifte, die auf die Erregungsübertragung zwischen Nerven- und Muskelzelle einwirken (▶ s. S. 173).

Veränderte Acetylcholin-Freisetzung

Das Bakterium *Clostridium botulinum* lebt anaerob, z. B. in schlecht konservierten Nahrungsmitteln wie Fisch-, Fleisch- oder Bohnenkonserven. *Botulinumtoxin* ist eines der stärksten bekannten Gifte. 0,01 mg in der Nahrung, und schon 0,003 mg in der Blutbahn wirken beim Menschen tödlich. Der Tod erfolgt durch Atemlähmung. Kochen macht das Gift unwirksam. Botulinumtoxin zersetzt ein Protein in der Membran der synaptischen Bläschen, das ihnen die Verschmelzung mit der präsynaptischen Membran ermöglicht. Dadurch wird die Ausschüttung gehemmt. Aktionspotenziale können nicht mehr vom Nerv auf die Muskeln übertragen werden. Eine Kontraktion der Muskulatur, wie z. B. der Atemmuskulatur wird auf diese Weise gehemmt *(schlaffe Lähmung)*. Botulinumtoxin wird inzwischen auch medizinisch bei krankhaften Verkrampfungen oder in der kosmetischen Medizin angewendet. Hier wird das Synapsengift als Anti-Falten-Mittel, bekannt als „Botox", in die Augenpartie, Stirn und Mundpartie gespritzt. Es blockiert die Übertragung von Nervenimpulsen zu den Muskeln für etwa 3 bis 7 Monate. Im Gesicht lösen sich so Verspannungen, Falten glätten sich. Bei zu hoher Dosis können jedoch Hängelider, starre Mimik oder ein schiefer Mund auftreten.

Das Gift der *Schwarzen Witwe*, einer Spinne, bewirkt die gleichzeitige Entleerung aller synaptischen Bläschen in den synaptischen Spalt. Dies führt zu einer Übererregung der Muskulatur, starre Lähmung, Schüttelfrost, Krämpfe und Atemnot sind die Folgen. Es kann der Tod durch Atemlähmung eintreten.

Blockade des Acetylcholin-Rezeptors

Coniin, das Gift des Gefleckten Schierlings, verursacht bei vollem Bewusstsein eine schlaffe Lähmung und schließlich den Tod durch Versagen der Atemmuskulatur. Der Wirkstoff bindet reversibel an Rezeptormoleküle für Acetylcholin, ohne die Natriumionenkanäle zu öffnen.

Suxamethonium, eine synthetisch hergestellte Substanz, die auch als Succinylcholin bezeichnet wird, bewirkt eine Verkrampfung durch Dauerdepolarisation *(starre Lähmung)*. In seiner chemischen Struktur ähnelt es dem Acetylcholin. Es öffnet die Natrium-Ionenkanäle, wird aber wesentlich langsamer durch die Acetylcholinesterase abgebaut als Acetylcholin.

Hemmung der Acetylcholinesterase

Alkylphosphate sind organische Phosphorsäureester und Bestandteil von Insektiziden (z. B. E 605), Weichmachern in Kunststoffen und chemischen Kampfstoffen (z. B. Tabun, Sarin). Sie hemmen die Acetylcholinesterase meist irreversibel. Es kommt durch Dauerdepolarisation zu einer Verkrampfung der Skelettmuskulatur und zum Tod durch Atemlähmung.

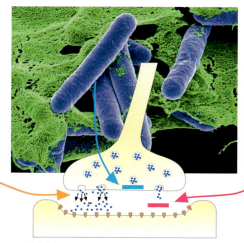

1 Schwarze Witwe, Clostridium botulinum und Schierling und deren Wirkung an der Synapse

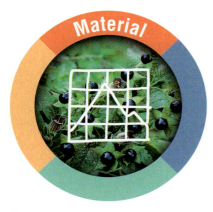

Synapsengifte

Curare

Curare ist ein Gemisch verschiedener Pflanzengifte, mit dem Indianer Südamerikas die Spitzen ihrer Jagdpfeile bestreichen. Gelangt das Gift in den Blutstrom des Beutetieres, kommt es zu einer Lähmung der Skelettmuskulatur. Eine Vergiftung beim Verzehr des Fleisches wird durch Erhitzung vermieden. Das Gift zerfällt dabei. Die Frage nach dem Wirkort von Curare klärt das im Folgenden beschriebene historische Experiment, das 1857 von CLAUDE BERNARD durchgeführt wurde.

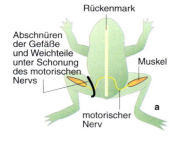

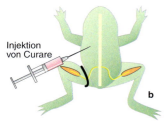

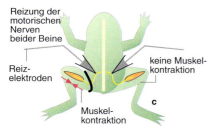

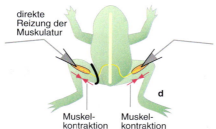

Aufgaben

① Beschreiben Sie das Experiment und seine Ergebnisse.
② Treffen Sie eine Aussage über Wirkort und Wirkungsweise von Curare und begründen Sie Ihre Aussage.

„Synapsengifte" in der Medizin

Der Wirkstoff *Tubocurarin* wird bei chirurgischen Eingriffen zur Muskelerschlaffung eingesetzt. Er ermöglicht es beispielsweise, störende Muskelreflexe des Patienten bei Operationen am offenen Brustkorb auszuschalten.

Nach Beendigung der Operation kann diese muskelerschlaffende Wirkung durch Injektion der Substanz *Neostigmin* wieder aufgehoben werden. Neostigmin ist ein Alkylphosphat, das reversibel an das Enzym Acetylcholinesterase bindet und ihre Wirkung nur für kurze Zeit unterbricht.
Ähnliche Wirkung hat *Physostigmin*. Es wurde ursprünglich aus dem Samen der westafrikanischen Schlingpflanze *Physostigma venenosum* gewonnen.

Aufgaben

③ Nennen Sie Eigenschaften eines synaptischen Hemmstoffs, die Voraussetzung für einen therapeutischen Einsatz wären.
④ Diskutieren Sie über die Verwendung von Alkylphosphaten als Pharmaka. Der Begriff Pharmakon für Arzneimittel bedeutet in der griechischen Übersetzung *Gift* und *Heilmittel*.

Atropin ist das Gift der Tollkirsche *Atropa belladonna* (ital.: *bella donna* = schöne Frau) und anderer Nachtschattengewächse. Es besetzt die Rezeptoren der Natriumionenkanäle in den Synapsen des Herzens und weiterer innerer Organe, aber auch in der Irismuskulatur des Auges, die die Iris zusammenzieht und damit die Pupille verkleinert.

Aufgaben

⑤ Erklären Sie, weshalb Atropin häufig vor Augenuntersuchungen in das Auge getropft wird.
⑥ Erläutern Sie, weshalb Atropin aber auch als Gegenmittel bei einer Vergiftung mit einem Acetylcholinesterase-Hemmstoff eingesetzt werden kann.

Wirkung verschiedener Synapsengifte

Curare, E605 und Atropin entfalten ihre Giftwirkung alle an der Synapse. In den folgenden Diagrammen werden ihre Wirkungen aufgezeigt:

Aufgaben

⑦ Beschreiben Sie die Wirkungsweisen der genannten synaptischen Gifte.
⑧ Erläutern Sie die jeweiligen Auswirkungen auf den Organismus.
⑨ Begründen Sie, ob Atropin als Gegenmittel bei einer E605-Vergiftung verabreicht werden kann.

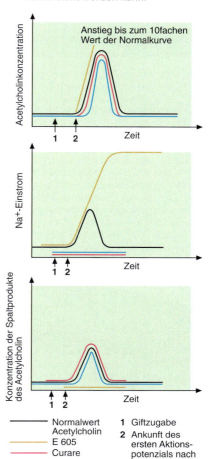

Neurobiologie

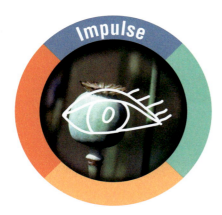

Psychoaktive Stoffe

„Himmelhoch jauchzend, zu Tode betrübt". Im Alltag liegt unsere Stimmung meist irgendwo dazwischen. Wenn wir uns nicht gerade damit beschäftigen oder jemand uns fragt, ist uns gar nicht bewusst, in welcher Stimmung wir gerade sind.

Unsere *Stimmung* ist das Ergebnis der Verarbeitung von Sinneseindrücken, der Signale des Nervensystems und von Hormonen.

Psychoaktive Stoffe im Körper

Marathon laufen, Fallschirmspringen und *Freeclimbing* haben eines gemeinsam: Es können überwältigende Glücksgefühle auftreten, obwohl die Situationen für die meisten Menschen extrem anstrengend bzw. Angst auslösend sind.

Ursache dafür sind „körpereigene Drogen", also das Bewusstsein beeinflussende Stoffe. Diese *Endorphine* bewirken auch, dass Schmerzen und Erschöpfung weniger wahrgenommen werden. Sie lösen Glücksgefühle aus. Ihre Entdeckung verdanken wir der Erforschung der Wirkung von Opiaten.

Die Entdeckung der Opiatrezeptoren

Opiatrezeptor-moleküle im Rückenmark, mit radioaktiven Opiat-molekülen sichtbar gemacht

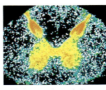

Die größte Rezeptordichte zeigt sich dort, wo die sensorischen Fasern vom Rückenmark an die graue Substanz herantreten (orange). Die sog. *Schmerzfasern* haben hier synaptische Kontakte zu Neuronen, deren Axone bis ins Gehirn reichen. Opiatrezeptormoleküle wurden hier auf Schmerzfaser-Synapsen gefunden. Die Opiate senken die Transmitterausschüttung an den synaptischen Endknöpfchen dieser Schmerzfasern. Die Schmerzschwelle wird erhöht. Die Schmerz lindernde Wirkung von *Opium*, einem Extrakt aus dem Saft des Schlafmohns, ist seit langem bekannt. Wie ein daraus hergestelltes synthetisch verändertes Produkt, das Heroin, löst es außerdem euphorische Zustände aus. Es beeinflusst die Signalübertragung an bestimmten Synapsen des Gehirns.

Erklären Sie die Zusammenhänge.

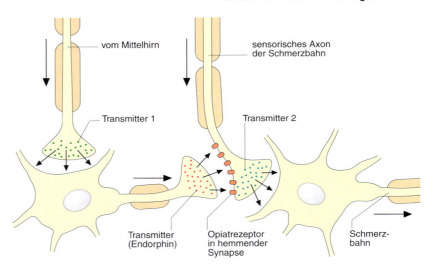

Drogen – ein Begriff mit zwei Bedeutungen

Psychopharmaka
Arzneimittel *(Pharmaka)*, die psychische Leiden lindern oder heilen können.

Alle Dinge sind Gift – nichts ist ohne Gift – allein die Dosis macht, dass ein Ding ein Gift ist.
PARACELSUS (1493 – 1541)

Nicht nur sportliche Höchstleistungen, sondern auch Tagträume oder angenehme Erinnerungen können Sichwohlfühlen und Glücksgefühle auslösen. Warum kann Sport zur Sucht werden?

Warum gibt es keine Drogen in der Drogerie? Ursprünglich bezeichnete man durch Trocknen haltbar gemachte Pflanzenteile, die als Arzneimittel Verwendung fanden, als Drogen. Sie wurden als Tee, angefeuchteter Brei zum Auftragen auf eine Wunde oder zum Einnehmen bei Krankheiten verwendet.

Heute versteht man unter Drogen meist *psychoaktive Stoffe*, die entweder legal – wenn auch manche mit Alterseinschränkungen – verkauft werden dürfen (z. B. Alkohol und Nikotin) oder verboten sind, wie z. B. Haschisch, Kokain, Heroin oder LSD. Körperliche Schäden und Abhängigkeit sind mögliche Folgen der Einnahme dieser Stoffe.

In den meisten Kulturen war die Einnahme von Drogen an religiöse Vorstellungen gebunden. Recherchieren Sie Beispiele und erklären Sie die Zusammenhänge.

Wohlgefühl aus zweiter Hand

Nicht umsonst führt das Original der braunen Erfrischungsgetränke Coca im Namen. Es enthielt ursprünglich Kokain als Aufputschmittel (Stimulans), heute nur noch Koffein aus dem Samen des Colabaumes. Hustensaft enthielt Kokain zur Dämpfung des Hustenreizes.

Kokain verhindert die Wiederaufnahme des Transmitters Dopamin in das synaptische Endknöpfchen. Die Dopaminkonzentration im synaptischen Spalt ist dadurch erhöht.

Veränderte Wahrnehmung, veränderte Gefühle. Wie lassen sich diese Wirkungen von Kokain erklären?

„Tierisch gut drauf"

Das Vorkommen von Endorphinen gibt einen Hinweis auf die biologische Bedeutung des Sichwohlfühlens. Auf einen einfachen Nenner gebracht: Lust und die Vermeidung von Frustration sind die wesentlichen Triebfedern nicht nur menschlichen Verhaltens.

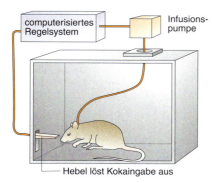
Hebel löst Kokaingabe aus

Ermöglicht man Mäusen, Ratten oder Affen den Zugang zu Kokain, so versorgen sie sich im Versuch kontinuierlich mit der Droge. Andere positiv besetzte Aktivitäten, wie Fressen, Trinken und Paarung, vernachlässigen sie.

Sind diese Tierversuche sinnvoll? Nehmen Sie begründet Stellung dazu.

Angst lösende Medikamente

Manche Menschen leiden unter Angst, ohne dass ein adäquater Grund vorliegt. Eine solche Erkrankung lässt sich psychotherapeutisch oder, in schweren Fällen, medikamentös behandeln. *Barbiturate* wirken beruhigend (sedierend) und werden auch als Schlafmittel eingesetzt. Wer müde ist, hat meist weniger Angst. Manche wirken Angst lösend und in höheren Dosen einschläfernd. Allerdings besteht auch hier Suchtgefahr. Die Wirkung solcher Medikamente beruht auf der Besetzung von Rezeptoren im Limbischen System und in der Großhirnrinde.

Krankhafte Angst ist selten. Was macht uns Angst? Was kann man tun, ohne gleich zur Tablette zu greifen?

normal

mit Kokain

Gefahren der Kokain-Sucht

Kokain-Konsumenten können auf Dauer ohne die Verstärker-Droge kein normales Glücksempfinden mehr entwickeln.

Folge: schwere Depressionen, psychische Abhängigkeit

Die Beeinflussung des Verstärkersystems führt zu Überforderung des Gehirns.

Folge: Wahnvorstellungen

Mögliche Auswirkungen der Droge auf den Organismus: Herzrhythmusstörungen, Herzinfarkt, Schlaganfall, epileptische Anfälle

Aus einer Befragung von Drogenabhängigen

Ich nehme Drogen ....

weil Rauschmittel die Stimmung heben können _____ 6,9%

weil sich dabei Glücksgefühle einstellen _____ 5,5%

weil man damit eigene Hemmungen überwindet _____ 4,9%

Was halten Sie von diesen Motiven? Welche Risiken nimmt man in Kauf? Sind sie das Risiko wert?

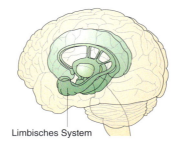
Limbisches System

Ecstasy – ein Partyspaß?

Ein 1913 als Schlankheitsmittel entwickelter, aber in Deutschland nie zugelassener Stoff mit dem Kürzel *MDMA* ist unter der Bezeichnung *Ecstasy* zur Modedroge geworden. Illegal zu Pillen gepresst — mit unterschiedlicher Dosis und verschiedensten Beimengungen — wird er vielerorts relativ billig angeboten. Neben den Rauschzuständen ist auch hier das Ignorieren von Körpersignalen, wie Erschöpfung und Durst, durch die Konsumenten zu beobachten.

Gefahren durch den Konsum? Einstiegsdroge? Langzeitschäden? Wichtige Fragen, auf die man eine Antwort suchen sollte.

Sucht

Süchtiges Verhalten gehört als Teil unseres Gefühlslebens zu unserer Persönlichkeit, z.B. als Sehnsucht, Eifersucht, Spielsucht und Habsucht. Letztlich kann jedes menschliche Interesse süchtig machen, wie Fernseh- und Arbeitssucht oder Putz- und Sammelzwang zeigen. Bei jeder Drogensucht (Abhängigkeit von psychisch wirksamen Substanzen) treten folgende Phänomene auf:

— Toleranzentwicklung
— physische Abhängigkeit
— psychische Abhängigkeit

Was versteht man unter diesen Schlagworten? Wie gerät man in die Sucht? Wie kann man wieder herauskommen? Wie sollte man sich verhalten, wenn Freunde süchtig werden oder sind?

Neurobiologie **147**

1 Explizites und implizites Lernen

Lernen – speichern – erinnern

Egal, ob wir ein Musikinstrument, einen neuen Bewegungsablauf beim Sport oder Vokabeln lernen, unser Gehirn speichert in all diesen Situationen neue Inhalte. Das Gedächtnis ermöglicht es, dass wir uns später wieder an dieses Wissen erinnern können. Es legt Erinnerungen in unserem Gehirn ab und bildet somit die Grundlage des Lernens.

Lernen

Unter Lernen versteht man im Allgemeinen Prozesse, die zum Erwerb neuen Wissens oder neuer Fertigkeiten führen. Circa 70 % der Gehirnkapazität steht dem Lernen zur Verfügung. Neurobiologen unterscheiden zwei verschiedene Lernformen: *Explizites* und *implizites Lernen* (s. Abb. 1). Während explizites Lernen das bewusste Aneignen von Inhalten umfasst, also das, was man im allgemeinen Sprachgebrauch unter Lernen versteht, geschieht implizites Lernen beiläufig, spielerisch und unbewusst. Allgemein kann man sagen, dass Fertigkeiten implizit und Fakten explizit erlernt werden. Motorische Fertigkeiten wie Fahrradfahren werden zum Beispiel implizit erlernt ohne dass man bewusst Inhalte abspeichert. Erlernte motorische Fähigkeiten werden wiedergegeben ohne einzelne Sequenzen genau aus dem Gedächtnis abrufen zu können. Jedoch sind diese Fähigkeiten auch nur schlecht wieder umzulernen. Hat sich zum Beispiel bei der Ausübung einer Sportart eine fehlerhafte Haltung oder Technik im Laufe der Jahre eingeschlichen, so kann dies nur schwer wieder korrigiert werden.

Gedächtnisebenen

Im Gegensatz zu einem Computer selektiert unser Gehirn innerhalb von Sekundenbruchteilen welche Inhalte nur kurz und welche länger in unserem Gedächtnis verweilen. Die Speicherung erfolgt auf verschiedenen Ebenen, die sich vor allem in der Speicherdauer unterscheiden.

Die Fähigkeit, die letzten Worte in einem zuvor gehörten Gespräch zu wiederholen ist ein Beispiel für das *sensorische Gedächtnis*. Aufgenommene Reize werden in Erregungen umgewandelt und weniger als eine Sekunde zur weiteren Verarbeitung bereitgestellt. Daher spricht man auch vom *Ultrakurzzeitgedächtnis*. Die Daten aus diesem Gedächtnis werden entweder gelöscht oder in das Arbeitsgedächtnis *(Kurzzeitgedächtnis)* weiter gegeben. Seine Speicherkapazität ist mit etwa sieben Informationseinheiten relativ gering. Damit weiterhin Informationen aufgenommen werden können, beträgt die Verweildauer im Kurzzeitgedächtnis nur etwa 15 Sekunden. Wiederholt man zum Beispiel explizit Vokabeln, die im Kurzzeitgedächtnis gespeichert sind laut oder auch nur in Gedanken, lässt sich die Verweildauer auf mehrere Minuten verlängern. Dies erhöht gleichzeitig die Chance, dass die Inhalte danach nicht gelöscht werden, sondern ins *Langzeitgedächtnis* gelangen. Hier können Erfahrungen, Informationen, Emotionen, Fertigkeiten, Wörter und Regeln, die man sich aus dem sensorischen und Kurzzeitgedächtnis angeeignet hat, über Jahre hinweg gespeichert werden.

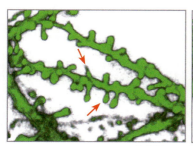
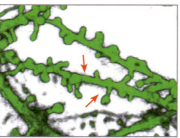

1 Bildung und Auflösung von Spines

Neuronale Plastizität

Schon lange stellen sich Wissenschaftler die Frage, wie unser Gehirn lernt, wie es Gelerntes auf Dauer im Langzeitgedächtnis speichert und wie diese Inhalte wieder abgerufen werden. Neuere Vorstellungen über die physiologischen Grundlagen des Lernens gehen von einer *neuronalen Plastizität* aus. Diese Plastizität ist ganz besonders bei Kindern ausgeprägt, bleibt aber auch im Erwachsenenalter erhalten, wenn sie trainiert wird, so dass ein lebenslanges Lernen in jedem Lebensalter möglich ist.

Unser Gehirn besitzt über 100 Milliarden Neuronen, eine Zahl die mehr als zehnmal so hoch ist wie die Anzahl der Menschen auf der Erde. Diese Nervenzellen sind hoch geordnet in einem Netzwerk von unvorstellbarer Komplexität miteinander verbunden. Bei der Geburt ist jedes einzelne Neuron mit ca. 2500 anderen Neuronen durch Synapsen verbunden, die immer wieder modifiziert werden. In den ersten drei Lebensjahren steigt die Zahl dieser Kontakte rasant an bis sich zum Erwachsenenalter mehr als 10 000 Verschaltungen pro Nervenzelle gebildet haben. Erinnerungen wie z. B. an den ersten Kuss oder an einen schweren Unfall, vielleicht sogar das, was man als "Persönlichkeit" versteht, wird in diesem sagenhaften Netzwerk verschlüsselt. Da jeden Tag neue Eindrücke und Erlebnisse erfahren werden, verändert sich auch das Verschaltungsmuster ständig. Neue Synapsen kommen dazu, bestehende werden verstärkt oder ausgeschaltet. Der Prozess der synaptischen Übertragung kann sowohl auf der prä- als auch auf der postsynaptischen Seite moduliert werden. Werden Synapsen verstärkt, so entstehen zunächst so genannte dendritische Dornen (Spines, s. Abb. 1). Diese feinen Verzweigungen wachsen ganz gezielt auf mögliche Kontaktpartner zu, um neue größere Kontaktflächen und Synapsen zu bilden. Zusätzlich dazu kann der Einbau von Gangliosiden die Leistungsfähigkeit einer Synapse erhöhen (Abb. 2). Diese kohlenhydrathaltigen Lipide begünstigen in der präsynaptischen Zelle die Ausschüttung von Transmittern. Postsynaptisch besteht die Möglichkeit durch eine höhere Anzahl von Rezeptoren bzw. Ionenkanälen eine höhere Permeabilität und somit ein größeres Membranpotenzial zu bewirken.

Vergessen

„Lernen ist wie Rudern gegen den Strom". Was der Komponist BENJAMIN BRITTEN schon Anfang des 20. Jahrhunderts feststellte, wird auch heute in der modernen Neurophysiologie manifestiert. Neue und ähnliche Umweltreize fördern die Ausbildung unserer Netzwerke, mangelnder Input lässt sie verkümmern. Man kann sich das Gehirn wie einen Muskel vorstellen, der trainiert werden muss. Vergessen heißt in der Sprache der neuronalen Plastizität Zerfall oder Verkümmerung von Spines bzw. bestehender Synapsen. Auch können Bereiche, die aktiv an Lernen und Gedächtnis beteiligt sind, Bereiche, die weniger aktiv sind, hemmen, indem sie ihre Proteinsynthese blockieren.

Trotz dieser neuen Forschungsergebnisse muss man jedoch eingestehen, dass die meisten Fragen über die Arbeitsweise unseres Gedächtnisses noch weitgehend unbeantwortet sind. Gehirnforschung wird noch lange interessant bleiben und auch weiterhin notwendig sein.

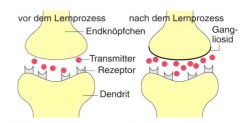

a) Präsynaptisch durch Ganglioside

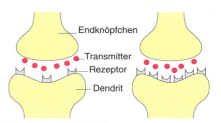

b) Postsynaptisch durch Rezeptormenge

2 Neuronale Plastizität an der Synapse

Erkrankungen des menschlichen Nervensystems

Parkinson-Syndrom

1817 beschrieb der englische Arzt JAMES PARKINSON in der Monografie *"An Essay on the Shaking Palsy"* erstmals die wichtigsten Symptome der später nach ihm benannten Krankheit. Muskelsteifheit, Verlangsamung und Verarmung der Bewegungen bis zur Bewegungsunfähigkeit und Ruhezittern sind die typischen Merkmale. Mit zunehmender Krankheitsdauer entwickelt sich die für Parkinson-Patienten typische Körperhaltung.

Die Parkinson-Krankheit ist eine der häufigsten Erkrankungen des Nervensystems. Man nimmt an, dass in der Bundesrepublik bis zu 400 000 Menschen daran leiden. Die Häufigkeit steigt mit zunehmenden Lebensjahren. Das durchschnittliche Alter bei Beginn der Erkrankung liegt derzeit bei 64 Jahren. Aus diesem Grund gilt Parkinson als klassische Alterskrankheit, doch sind mittlerweile mehr als zehn Prozent der Patienten jünger als 40.

Die Krankheitsursache ist noch unbekannt. Man fand jedoch schon sehr früh heraus, dass es zu einem

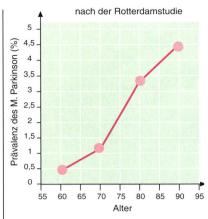

nach der Rotterdamstudie

Absterben der Nervenzellen im Gehirn kommt, die den Transmitter *Dopamin* herstellen. Durch den Mangel an diesem Botenstoff ist die Weiterleitung von Erregungen in dopaminergen Synapsen gestört. Neben dem Dopaminmangel wurde auch ein Ungleichgewicht anderer Neurotransmitter festgestellt. Sind diese Transmitter nicht in gewöhnlichen Mengen vorhanden, kommt es zu massiven Störungen u.a. im Bereich der Motorik. Man vermutet, dass alle diese Faktoren zu den beschriebenen Symptomen führen. Durch molekulargenetische Untersuchungen von Familien, in denen die Krankheit auftrat, gelang die Identifizierung von Genen, deren Mutation Parkinson auslösen kann. Diese Gene codieren bestimmte Proteine, die bei Überproduktion in dopaminproduzierenden Nervenzellen verklumpen und Einschlüsse bilden. Dies führt zum Absterben der Neuronen.

Doch nicht nur mutierte Gene, sondern auch Umweltgifte werden als mögliche Krankheitsursache diskutiert. In Verdacht sind sie geraten, als das Parkinson-Syndrom bei Heroinabhängigen beobachtet wurde, die sich eine Designer-Droge gespritzt hatten. In den letzten Jahren haben Forscher eine Reihe von Umweltgiften entdeckt, die Parkinson auslösen können.

Da man die Ursache der Krankheit noch nicht genau kennt, können nur die Symptome behandelt werden, z. B. durch Einnahme von L-Dopa, einer Vorstufe des Dopamins. Dopamin selbst ist als Medikament unwirksam, da es wegen seiner chemischen Eigenschaften nicht vom Blut ins Hirn wechseln kann. Die Vorstufe überwindet diese Barriere und wird dann durch chemische Veränderungen zum Dopamin. Nach mehrjähriger Einnahme von L-Dopa können jedoch als Nebenwirkung unwillkürliche Bewegungen auftreten. Deswegen werden gerade jüngere Patienten zunächst mit so genannten Dopaminagonisten behandelt. Diese ahmen an den Rezeptoren die Wirkung von Dopamin nach.

Es wird jedoch immer wieder betont, dass auch der Patient selbst durch regelmäßige Aktivitäten, wie zum Beispiel Spaziergänge oder Beweglichkeitsübungen, die Therapie unterstützen und somit in begrenztem Maße Einfluss auf den Krankheitsverlauf nehmen kann.

Stößt die medikamentöse Therapie jedoch an ihre Grenzen, werden seit ein paar Jahren auch neurochirurgische Behandlungsmöglichkeiten eingesetzt. In einer riskanten Operation werden dem Patienten ein bis zwei Elektroden in den Gehirnbereich implantiert, der für das typische Zittern verantwortlich ist. Diese sind unter der Haut mit einem Impulsgenerator, dem „Hirnschrittmacher" verbunden. Er verursacht schwache Stromstöße, die die überaktiven Neuronen lahm legen.

Multiple Sklerose (MS)

Multiple Sklerose ist eine der häufigsten entzündlichen Erkrankungen des Nervensystems, die meist schon im jungen Erwachsenenalter beginnt. Hierbei treten Entzündungsherde in Gehirnbereichen und Rückenmark auf. Vermutlich verursachen dies körpereigene Abwehrzellen durch den Angriff auf die Myelinscheiden der Axone (Autoimmunreaktion). Die Schwann'schen Zellen werden so teilweise oder komplett abgebaut. Durch die damit verbundene fehlende Isolationswirkung wird ein Aktionspotenzial um ein Vielfaches langsamer weitergeleitet.

Die Folgen hiervon sind unterschiedliche Symptome wie z. B. Schluckbeschwerden, Sehstörungen, Gangunsicherheit oder Spasmen. Man nennt Multiple Sklerose deshalb auch die „Krankheit mit den 1000 Gesichtern". Diese Symptome können in Schüben oder schleichend auftreten.

Die Ursache von MS ist noch nicht geklärt. Vermutlich müssen mehrere Bedingungen und Einflüsse zusammentreffen, um die Krankheit auszulösen. Eine genetische Disposition

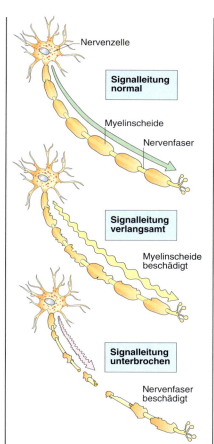

wird derzeit nicht mehr ausgeschlossen und intensiv erforscht. Auch der Einfluss von Umweltfaktoren wie z. B. Infektionen im Kindesalter wird als ein mitbeteiligter Faktor vermutet.

Die Erkrankung ist zurzeit nicht heilbar, der Verlauf kann jedoch durch verschiedene Maßnahmen, wie z. B. Physiotherapie günstig beeinflusst werden.

Alzheimer Krankheit

Eine der größten Bedrohungen für die alternden Industrienationen ist die Alzheimer Demenz. Schätzungen zufolge leiden in Deutschland mehr als eine Millionen Menschen an dieser Krankheit.

Die Ursachen sind noch nicht geklärt. Viele Faktoren beeinflussen die Krankheitsentstehung: Erbanlagen, Kopfverletzungen und bestimmte Erkrankungen wie Arteriosklerose und Bluthochdruck.

Der deutsche Psychiater ALOIS ALZHEIMER beschrieb 1901 als Erster die Symptome einer unter dieser Krankheit leidenden Frau. Die damals 51-jährige Auguste Deter wurde in eine Frankfurter Nervenheilanstalt eingeliefert, in der ALZHEIMER tätig war. Sie litt zunächst u. a. an einem unerklärlichen Gedächtnisverlust. Einen Monat nach ihrer Einlieferung konnte sie sich nicht mehr an ihren Namen erinnern. Ihr Zustand verschlimmerte sich zusehends, bis sie 1906 an einer Blutvergiftung starb. Nach ihrem Tod untersuchte Alzheimer das Gehirn der Patientin. Schon mit dem bloßen Auge waren tiefe Furchen zu erkennen und unter dem Mikroskop entdeckte er in den Nervenzellen Eiweißablagerungen. Diese Proteine sorgen für den Stofftransport vom Soma zu den Synapsen, nun aber verklumpen sie und verstopfen das Axon. Heute weiß man, dass es bei der Alzheimer-Krankheit zu einem starken Verlust an Synapsen kommt. Im weiteren Krankheitsverlauf nimmt die Gehirnmasse durch das Absterben von Nervenzellen ab.

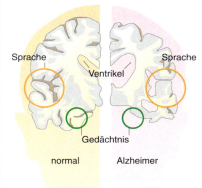

Die Degeneration beginnt in den Bereichen des Gehirns, die für Gedächtnis und Informationsspeicherung zuständig sind. Eine Verschlechterung des Kurzzeitgedächtnisses ist deshalb häufig das erste Symptom. Demgegenüber sind die Erinnerungen an die Jugend oft noch lange Zeit sehr präsent. Im Laufe der Erkrankung treten Sprachstörungen auf, Alltagsfähigkeiten, wie Ankleiden können nicht mehr bewältigt werden. Schließlich verlieren die Erkrankten die Kontrolle über ihre Körperfunktionen und sind letztendlich vollständig auf Hilfe angewiesen.

Die Alzheimer-Krankheit ist noch nicht heilbar. Derzeit zugelassene Medikamente beeinflussen die Symptome nur sehr gering und können den Krankheitsverlauf kaum verzögern. Im frühen und mittleren Stadium der Alzheimer-Krankheit werden Acetylcholinesterase-Hemmer als Medikamente verabreicht. Diese helfen, die Synapsenfunktion zwischen den überlebenden Nervenzellen zu verbessern, weil sie die Konzentration des Transmitters Acetylcholin in den Synapsen steigern.

Depression

Depression ist in vielen Industrieländern die am häufigsten auftretende psychische Erkrankung. Ursachen dieser Erkrankung sind nicht vollständig aufgeklärt, man geht jedoch von einer Multikausalität aus. Erbliche Veranlagung und traumatische Ereignisse können ebenso eine Rolle spielen wie Stoffwechselstörungen. Das männliche Gehirn erzeugt z. B. wesentlich höhere Mengen Serotonin als das weibliche Gehirn, und Depressionen kommen bei Frauen tatsächlich häufiger vor als bei Männern. Bei an Depression erkrankten Menschen stellt man also einen Mangel an Serotonin aber auch an Noradrenalin fest. Diese Moleküle dienen den Nervenzellen des Gehirns als Neurotransmitter. Unklar ist jedoch, ob der Mangel an Botenstoffen eine Ursache oder eine Folge der Erkrankung ist. Neuere Untersuchungen verstorbener Depressionspatienten fanden eine auffällig geringe Zahl von Astrozyten in bestimmten Hirnregionen, die für Stimmung und Motivation wichtig sind. Die sternförmigen Astrozyten sind ein besonderer Typ von Gliazellen, die quer durch das menschliche Gehirn ein Kommunikationsnetz bilden. Sie sind nicht nur am Informationsaustausch der Neuronen beteiligt, sie scheinen auch deren Impulse zu synchronisieren — nimmt man doch an, das eine einzige Gliazelle bis zu 140 000 Synapsen beeinflussen kann.

Symptome einer Depression sind u.a. Stimmungseinengungen, Konzentrationsschwäche, vermindertes Selbstwertgefühl, Antriebslosigkeit und Schlafstörungen.

Depressionen können in der Regel erfolgreich therapiert werden. Häufig wird eine Kombination aus medikamentöser und psychotherapeutischer Behandlung angewandt. Antidepressiva fördern die natürliche Produktion von Serotonin und Noradrenalin und hemmen ihren Abbau. Lichttherapie und Ausdauertraining scheinen ebenfalls erfolgversprechende Behandlungsmethoden zu sein, da auch sie auf den Gehirnstoffwechsel normalisierend wirken.

Material

• Anwenden • Festigen • Wissen

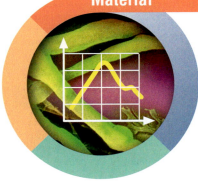

Neuronale Informationsverarbeitung

Erregungsleitung im Modell

Modelle sind meist vereinfachte Darstellungen. Sie dienen unter anderem der Veranschaulichung komplizierter Sachverhalte. Die Erregungsleitung am Nerven ist durchaus solch ein komplizierter Vorgang. Er soll durch einen einfachen Modell-Aufbau veranschaulicht werden. Ihnen stehen folgende Materialien zur Verfügung:

60 Dominosteine, 6 Zeichenstifte, Stoppuhr und Maßband

Aufgaben

① Bauen Sie mit den Bausteinen und den Zeichenstiften je ein passendes Modell für eine kontinuierliche und eine saltatorische Erregungsleitung.
② Analogisieren Sie Modellteile und Vorgänge mit Bestandteilen des Neurons und der Erregungsleitung.
③ Ermitteln Sie jeweils die „Leitungsgeschwindigkeit" der beiden Modelle.

Informationsübertragung

Synapsen übertragen Informationen von einer Zelle zur anderen. Chemische Synapsen wandeln dabei eine elektrische Erregung in eine chemische um. Elektronenmikroskopische Aufnahmen zeigen diese Kontaktstelle sehr detailliert.

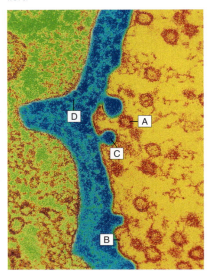

Aufgaben

④ Benennen Sie die Buchstaben A – D mit den entsprechenden Fachbegriffen.
⑤ Beschreiben Sie die ablaufenden Vorgänge an einer chemischen Synapse.
⑥ Vergleichen Sie die Ionenkanäle eines Neurons am Soma, am Axon und in der postsynaptischen Membran. Erklären Sie die Unterschiede.

Umcodierung

Im Axon wird Information in Form von Aktionspotenzialen weitergeleitet. Die Dauer und die Intensität des Reizes sind in der Anzahl der Aktionspotenziale pro Zeiteinheit verschlüsselt. Es handelt sich um einen *Frequenz-Code*.

Erreicht ein Aktionspotenzial eine erregende Synapse, werden Transmittermoleküle in den synaptischen Spalt abgegeben und die postsynaptische Membran wird depolarisiert. Je schneller die Aktionspotenziale aufeinander folgen, desto höher ist die Anzahl an synaptischen Bläschen, die sich öffnen. Bei hoher Impulsrate werden dadurch viele Transmittermoleküle freigesetzt. So kommt es zu einer unterschiedlichen Höhe des postsynaptischen Potentials (EPSP). Die in der Aktionspotenzialfrequenz verschlüsselte Information wird in ein EPSP umcodiert. Da nun die Amplitude, d. h. die Potenzialhöhe, variabel ist, spricht man von einem *Amplituden-Code*.

Das EPSP führt am Soma zu neuen Aktionspotenzialen mit bestimmter Frequenz. Bei der Informationsübertragung von einem Neuron auf das nächste wird also mehrfach umcodiert.

Aufgaben

⑦ Ordnen Sie dem unten dargestellten Schema die Begriffe analoge und digitale Codierung zu.
⑧ Beschreiben Sie den Einfluss der Reizstärke auf eine Frequenz- oder Amplituden-Codierung.
⑨ Nennen Sie Vor- bzw. Nachteile der verschiedenen Codierungsformen.

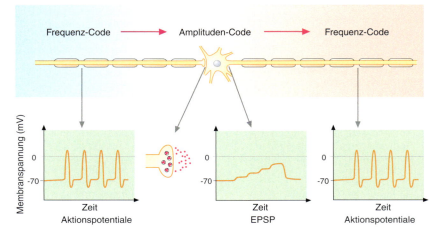

● Anwenden ● Festigen ● Wissen

Kontrolle bei der Signalübertragung

Ein wirkungsvoller Kontrollmechanismus bei der Weiterleitung von Erregungen ist die *präsynaptische Hemmung*. Sie wirkt auf das Endknöpfchen einer erregenden Synapse und ist häufig an der Schmerzweiterleitung beteiligt.

Die Wirkungsweise der Hemmung lässt sich über die in der Abbildung dargestellten Messung erklären.

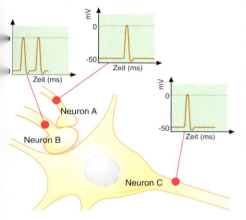

Aufgaben

⑩ Erläutern Sie die Funktionen der Neuronen A und B?
⑪ Erklären Sie die Entstehung des Aktionspotenzials an der weiterleitenden Nervenzelle.

Neurochip

Schon im Jahr 1991 setzten Wissenschaftler erstmals eine Nervenzelle von einem Blutegel auf einen Computerchip, und ein Transistor fing die von der Zelle ausgesandten Signale auf. 1995 gelang dieses Experiment dann auch in der Gegenrichtung: Eine Zelle wurde über einen Chip mit elektrischen Impulsen gereizt und antwortete darauf mit Aktionspotenzialen, die als Signale gemessen werden konnten.

Heute werden die Versuche in ganz anderen Größenordnungen durchgeführt: Tausende winzige Kontaktsensoren können mehrere Millionen Zellsignale pro Sekunde aufzeichnen. Die Sensoren eines Chips sind auf einer Fläche von etwa einem Quadratmillimeter untergebracht und haben einen Abstand von nur etwa acht Mikrometer. Weil der Durchmesser einer Nervenzelle etwa zehn Mikrometer beträgt, ist sichergestellt, dass ein auf dem Chip aufgebrachter Nerv auf jeden Fall Kontakt mit einem Messfühler hat, ganz gleich wo die Zelle wächst. Der Neuro-Chip ist damit in der Lage, mehrere Nervenzellen oder gar Nervennetze gleichzeitig in einer Ebene zu analysieren.

Im Gegensatz zu klassischen Methoden der Neurophysiologie werden die Zellen auf dem Neuro-Chip durch die Messungen nicht gestört oder verletzt. Die nun mögliche störungsfreie Beobachtung von intaktem Nervengewebe über einen längeren Zeitraum bietet den Neurobiologen neue Einsatzmöglichkeiten. So werden z. B. neuroaktive Substanzen auf Neurochips gegeben und deren Reaktionen darauf in einer Datenbank katalogisiert. Die Reaktionsmuster derartiger bekannter Referenzsubstanzen sollen als Anhaltspunkte für die Charakterisierung neuer Wirkstoffe dienen. Dies würde eine enorme Zeitersparnis bei der Entwicklung neuer Medikamenten bedeuten.

Voraussetzung für den Bau eines funktionierenden Neurochip, d. h. für eine gute Zell-Elektroden-Kopplung, ist jedoch ein ausgewogenes Verhältnis von Nerven- und Gliazellen.

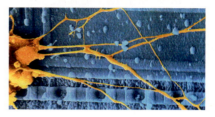

Aufgaben

⑫ Erläutern Sie die Aufgaben der Gliazellen bei einem Neurochip.
⑬ Informieren Sie sich über weitere Einsatzmöglichkeiten von Neurochips.

Gehirnentwicklung beim Menschen

Im Labyrinth der Hirnwindungen
Wie Nervenzellen ihren Platz im Körper finden

Den meisten Lesern genügen zwei Sekunden, um die Überschrift dieses Artikels zu verstehen. In dieser Zeit verarbeiten Hunderttausende von Nervenzellen die Lichtsignale auf dem Augenhintergrund, leiten sie an Umschaltstellen im Zwischenhirn weiter und verteilen sie an höhere Zentren, wo sie als Worte erkannt und mit Bedeutungen assoziiert werden.

Damit dies reibungslos funktioniert, mussten im menschlichen Gehirn schätzungsweise 100 Milliarden Nervenzellen bis zu 100 Billionen Verknüpfungen schaffen.
Bereits im zweiten Monat der Schwangerschaft beginnen im Embryo die Nervenfasern mit dem Bau des komplexen dreidimensionalen Netzes. (...)

An vorderster Front der wachsenden Nervenfasern bilden sich kurze fingerförmige Ausstülpungen, die sich in die Umgebung vortasten. Wie Fühler erkunden sie das unbekannte Terrain und suchen mittels Erkennungsmolekülen (Rezeptoren), die auf ihrer Oberfläche sitzen, nach Wegweisern. Als solche dienen ihnen im Gehirn verteilte Eiweißmoleküle, die die Rezeptoren binden können und daher als Liganden (Bindungspartner) bezeichnet werden. Nach Erkennen eines Liganden sendet der Rezeptor Signale ins Zellinnere. Je nach Wegweiser zieht die Nervenfaser die Ausstülpungen zurück oder baut sie aus und lenkt so ihre Wachstumsrichtung.

(Text: SZ, S. 42, 12.12.96)

bei der Geburt — nach 3 Monaten — nach 1 Jahr

Aufgaben

⑭ Beschreiben Sie die im Schema dargestellte Entwicklung neuronaler Netze bei Kindern.
⑮ Erklären Sie die Bildung eines neuronalen Netzes mit Hilfe des Textes.

Neurobiologie **153**

Basiskonzepte

Struktur und Funktion

Abwandlungsprinzip: Markloses und markhaltiges Axon	138 / 139
Schlüssel-Schloss-Prinzip an der Synapse: Transmitter-Rezeptor	142

DNA-Doppelhelix: Replikation	60 / 61, 64 / 65
Transskription — Translation	66 – 71
Zellzyklus und Mitose	84 – 86

Bausteinprinzip: Zellorganellen	16 – 20
Kompartimentierung: Biomembranen	20 / 21
Schlüssel-Schloss-Prinzip: Enzyme	24 – 31
Fotosynthese: Lichtabhängige Reaktion	40 / 41
Kompartimentierung: Lichtabhängige — Lichtunabhängige Reaktion	40 – 44

Reproduktion

Replikation der DNA	64 / 65
Zellzyklus und Mitose	84 / 85
Befruchtung und Meiose	88 / 89
Mendelsche Regeln	94 – 97
PCR	118 / 119
Gentechnik	120 – 123

Steuerung und Regelung

Primär bis Quartärstruktur	22 / 23
Enzymaktivität	26 – 29
Äußere Einflüsse auf die Fotosynthese	34 – 36

DNA-Replikation	64 / 65
Transkription	66 / 67
Translation	71
Regulation Genexpression	72 – 75
Krebs	78 / 79
Genetisch bedingte Geschlechtsbestimmung	90
Krankheiten	104 / 105

Aktionspotenzial	136 / 137
Fortleitung des Aktionspotenzials	142 / 143
Synapse	142
Synapsengifte	144

Variabilität und Anpassung

Organisation und Funktion der Zelle	16 / 17
Bau und Funktion von Zellorganellen	18 / 19
Aufbau von Biomembranen	20 / 21
Aminosäuren — Protein	22 / 23
Enzyme	24 / 25, 31
Äußere Einflüsse auf die Fotosynthese	34 – 36
Zellatmung — Gärung	48 – 53

Genexpression	74 / 75
DNA-Schäden und Reparatur	76 / 77
Meiose	88 / 89
Additive Polygenie	98
Erbgang der Blutgruppen	103

Marklose — markhaltige Nervenfaser	133
Synapse	142
Neuronale Informationsverarbeitung	152 / 153

in der Jahrgangsstufe 11

Stoff- und Energieumwandlung

Ruhepotenzial	135 / 136
Aktionspotenzial	141 / 142
Synapse	142 / 143

DNA-Replikation	64 / 65
Transkription	66 / 67
Translation	70 / 71

Aminosäuren — Proteine	22 / 23
Enzymaktivität	26 – 31
Lichtabhängige und lichtunabhängige Reaktion	40 – 44
Anabolismus/Katabolismus	47
Glykolyse	50 / 51
Gärung	52 / 53

Organisationsebenen

Nervenzelle	132
Erkrankungen des Nervensystems	150 / 151

DNA-Molekül	60 / 61
tRNA + Ribosom	70
Karyogramm	82
Genetisch bedingte Krankheiten	102 – 107
Plasmid	114 / 115

Kompartimentierung	16 / 17
Organellen	18 / 19
Biomembranen	20
Enzyme	24
Chloroplast	38
Mitochondrium	49

Entwicklung

Zelle: Protocyte — Eucyte	16 / 17
Lichtabhängige Reaktion	40 / 41
Zellatmung und Gärung	50 – 53

DNA-Schäden und Reparatur	76 / 77
Krebs	78 / 79
Mädchen oder Junge	90
Down-Syndrom	92
Genetisch bedingte Krankheiten	104 / 105
Gentechnik	120 – 123

Marklose — markhaltige Nervenfaser	133
Lernen und Gedächtnis	148 / 149
Erkrankungen des Nervensystems	150 / 151

Information und Kommunikation

Aufbau von Biomembranen	20 / 21
Enzymaktivität	26 – 29
Primär- Sekundär- Tertiär- Quartärstruktur	22 / 23

DNA — RNA-Protein	60 – 71
DNA-Replikation	64 / 65
Genetischer Code	68
Regulation der Genaktivität	72 / 73

Aktionspotenzial	136 / 137
Erregungsübertragung an Synapse	142 / 143
Lernen und Gedächtnis	148 / 149
Neuronale Informationsverarbeitung	152 / 153

Strukturelle und energetische Grundlagen des Lebens

Genetik und Gentechnik

Neuronale Informationsverarbeitung

Basiskonzepte

Basiskonzepte

Basiskonzept Struktur und Funktion

Lebewesen zeichnen sich durch einen Zusammenhang von Struktur und Funktion aus. Er lässt sich durch den Evolutionsprozess erklären, einen Anpassungsprozess der Organismen an sich ändernde Umweltbedingungen.

Bausteinprinzip

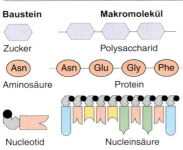

Makromoleküle sind meist aus identischen oder ähnlichen Grundeinheiten zusammengesetzt. Die relativ einfachen Einfachzucker, Aminosäuren und Nucleotide sind Grundlage für die hochspezifischen Strukturen der Polysaccharide, Proteine und Nucleinsäuren. Kleinste Veränderungen können dazu führen, dass bestimmte Funktionen nicht mehr möglich sind. Umgekehrt können aber auch Kombinationen von ähnlichen Grundbausteinen nach geringfügigen Abwandlungen völlig andersartige Funktionen wahrnehmen. Beispiele sind das Porphyrinsystem im Häm, Cytochrom und Chlorophyll.

Struktur lichtabsorbierender Pigmente

Die Pigmente der Fotosynthese: Chlorophylle und Carotinoide sind als lichtsammelnde Einheit in die Thylakoidmembran integriert. Übereinstimmende Strukturmerkmale dieser Moleküle sind eine größere Anzahl konjugierter Doppelbindungen. Solche Moleküle können Licht absorbieren, wodurch Elektronen in einen energiereicheren Zustand gebracht werden. Redoxsysteme übernehmen die Elektronen bevor sie in den Grundzustand zurückkehren.

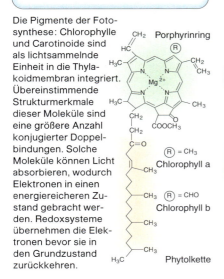

Kompartimentierung

Lebende Systeme bestehen aus abgegrenzten Reaktionsräumen. Diese Kompartimente sind meist durch Membranen voneinander abgegrenzt. Eine Vielzahl von Stoffwechselreaktionen können so nebeneinander ablaufen. Jedes Kompartiment besitzt charakteristische Enzyme. Ein Beispiel ist die Dissimilation. Der erste Schritt des Glucoseabbaus, die Glycolyse, erfolgt im Cytoplasma der Zelle, der weitere Abbau in der Matrix der Mitochondrien. Der Ablauf der Atmungskette ist an den Intermembranraum der Mitochondrien gebunden.

Abwandlungsprinzip

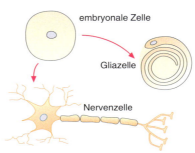

Alle Organismen bestehen aus Zellen. Sie sind die kleinsten lebens- und vermehrungsfähigen Einheiten und zeigen ähnliche Grundbaupläne. Unterschiedliche Differenzierung führt jedoch zu vielfältigen Variationen. So verdeutlicht der Bau des Neurons anschaulich seine Funktion. Der Zellkörper mit den Dendriten dient als Verrechnungseinheit, das Axon der Weiterleitung von Aktionspotenzialen. Gliazellen, die die Neuronen isolieren, schützen und ernähren die Nervenzellen. Bei den markhaltigen Neuronen erhöhen sie die Leitungsgeschwindigkeit.

Schlüssel-Schloss-Prinzip

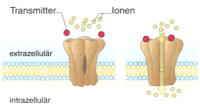

Jeder Organismus verfügt über eine Vielzahl von Molekülen, die eine spezifische Struktur besitzen. Sie treten mit räumlich passenden Molekülen in Wechselwirkung. Dieses Schlüssel-Schloss-Prinzip gilt z. B. für die Passung zwischen Enzym und Substrat. Eine große Rolle spielt dieses Prinzip an den Synapsen der Nervenendigungen. Dort werden Transmittermoleküle freigesetzt, die an spezifische Rezeptormoleküle der postsynaptischen Membran gebunden werden.

Komplementäre Basenpaarung

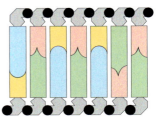

Das Prinzip der Komplementarität ist das räumliche Ineinanderpassen und die wechselseitige Bindung zwischen Molekülen. Am Bau des DNA-Doppelstrangs erkennt man auch seine Funktion. Zucker (Desoxyribose) und Phosphat erfüllen strukturelle Aufgaben, während die Basen die genetische Information tragen.
Bei der identischen Verdoppelung dient jeder Einzelstrang als Matrize für die Neusynthese eines identischen, neuen Tochterstranges. Ermöglicht wird diese identische Reduplikation durch die komplementäre Basenpaarung. Adenin und Thymin sowie Cytosin und Guanin entsprechen sich in ihrer Raumstruktur und ihrer Möglichkeit Wasserstoffbrückenbindungen auszubilden.

Aufgaben

1. Welche unterschiedlichen Funktionen können Sie den Porphyrinsystemen im Häm, Cytochrom und Chlorophyll zuordnen?
2. Enzyme sind spezifisch. Erklären Sie diese Aussage anhand der Struktur von Enzym und Substrat.
3. Stammzellen können in verschiedene Zelltypen differenzieren. Nennen Sie drei Beispiele und erläutern sie die Abwandlungen.
4. Gliazellen beteiligen sich bei markhaltigen Fasern auch an der Weiterleitung von Informationen. Erläutern Sie diese Aussage.
5. Beschreiben Sie die Umsetzung des Prinzips der Kompartimentierung bei der Fotosynthese und bei der Synthese von Proteinen.

Basiskonzept Reproduktion

In der Biologie wird der Begriff „Reproduktion" als Synonym für Fortpflanzung benutzt. Lebewesen haben im Gegensatz zur unbelebten Natur die Fähigkeit zur Vervielfältigung: Leben erzeugt Leben. Durch die individuell begrenzte Lebenszeit resultiert daraus eine Abfolge von Generationen, die die Möglichkeit zur Veränderung und damit auch zur Evolution schafft. Dazu tragen verschiedene Mechanismen bei, in die der Mensch mehr und mehr durch Gentechnik und Reproduktionsmedizin eingreifen kann.

Zellzyklus

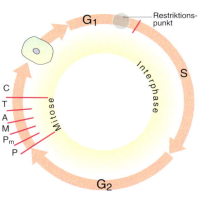

Eukaryoten wachsen, indem sich Zellen teilen. Da jede Zelle die gesamte Erbinformation enthält, muss diese verdoppelt und auf die beiden Tochterzellen verteilt werden. Dies geschieht im Zellzyklus, der aus zwei Phasen, der Interphase und der Mitosephase besteht. Das Genom ist auf mehrere Chromosomen verteilt. Bevor sich die Zelle teilt, werden die Chromosomen und die in ihnen verpackte DNA identisch verdoppelt. Dies geschieht in der Interphase. Die Chromosomen bilden nun identische Schwesterchromatiden, die am Centromer zusammengehalten werden. Bevor die Zelle sich teilt, werden in den Mitosephasen die Schwesterchromatiden getrennt und zu den Zellpolen bewegt. Eine neue Kernmembran bildet sich, das Cytoplasma wird auf die beiden Tochterzellen verteilt.

Replikation

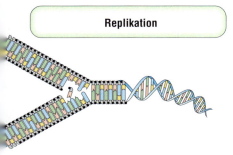

Bei der Replikation der DNA dienen die vorhandenen DNA-Stränge als Vorlage für die Synthese neuer DNA-Stränge. Diese Replikation wird ermöglicht durch die komplementäre Basenpaarung: A und T sowie C und G werden durch Wasserstoffbrücken miteinander verbunden. Die ursprüngliche Doppelhelix wird getrennt und jeder Einzelstrang dient als Vorlage für die Verdoppelung. Die Synthese läuft gleichzeitig an beiden Strängen ab, abgelesen wird in 3'—5'-, synthetisiert in 5'—3'-Richtung.

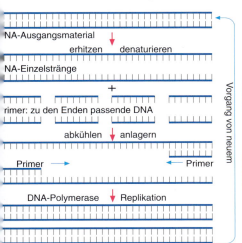

Die Replikation kleinerer Abschnitte der DNA kann auch in vitro im Verfahren der Polymerasenkettenreaktion (PCR) ablaufen.

Sexuelle Fortpflanzung

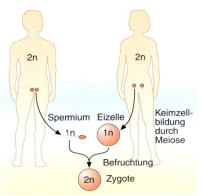

Bei der sexuellen Fortpflanzung werden die Gene des Vaters und der Mutter an die Nachkommen weitergegeben, die Gene werden dabei rekombiniert, so dass die Nachkommen in der Regel unterschiedliche Genkombinationen aufweisen. Die Somazellen enthalten den doppelten Chromosomensatz, sie sind diploid. Im Vorgang der Meiose wird in den Geschlechtsorganen der diploide Chromosomensatz auf den einfachen Satz reduziert, die Keimzellen sind haploid. Bei der Befruchtung vereinigen sich die Chromosomensätze der Geschlechtszellen, es entsteht die diploide Zygote.

Gentechnik

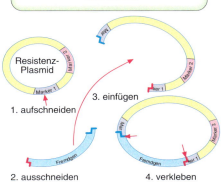

Mittels der Gentechnik werden Gene vervielfältigt (kloniert) und können in Wirtsorganismen eingeschleust werden. Dadurch wird das Genom der Organismen verändert. Die gebräuchlichsten Wirtsorganismen sind Bakterien. Als Vektoren zur Genübertragung können Plasmide oder Viren dienen. Weitere wichtige Werkzeuge der Gentechnik sind Restriktionsenzyme und Ligasen. Die Gentechnik bietet damit die Möglichkeit Gene einer Art in das Genom einer anderen Art einzubauen und diese Gene mit dem Genom des Wirtsorganismus zu vermehren und zu exprimieren.

Aufgaben

1. Welche Probleme ergeben sich bei der Verdoppelung der DNA aufgrund der antiparallelen Ausrichtung der komplementären DNA-Stränge?
2. Beschreiben Sie die Reaktionsbedingungen und die damit verbundenen Vorgänge beim Verfahren der Polymerasenkettenreaktion.
3. Vergleichen Sie asexuelle und sexuelle Fortpflanzung an einem Beispiel.
4. Beschreiben Sie die Mechanismen bei der Meiose, die zu einer größeren Variabilität der Geschlechtszellen führen.
5. Bei der Gentechnik spricht man häufig auch von Klonierung. Zeigen Sie an einem Beispiel die Berechtigung dieser Begrifflichkeit.

Basiskonzepte

Basiskonzepte

Basiskonzept Stoff- und Energieumwandlung

Ein Kennzeichen der Lebewesen ist ihr Stoffwechsel. Er ist Voraussetzung für alle Lebensvorgänge. Stoffe werden vom Organismus aufgenommen und in andere Stoffe überführt, die als Baustoffe oder Energieträger dienen oder ausgeschieden werden. Bei jedem Stoffwechselvorgang wird auch Energie umgewandelt. Deshalb gilt allgemein: Alle Lebensprozesse laufen unter Energieumwandlung ab.
Tiere und Menschen erhalten die für die Lebensprozesse notwendige Energie durch die Aufnahme energiereicher Stoffe über die Nahrung. Pflanzen nutzen in der Regel die im Sonnenlicht enthaltene Energie. Energie kann weder neu erschaffen noch vernichtet werden, sondern stets wird eine Energieform in eine andere umgewandelt.

Fotosynthese

Stoffumwandlung
In der lichtabhängigen Reaktion werden Wassermoleküle in Protonen und Elektronen sowie Sauerstoff gespalten (Fotolyse des Wassers). Protonen und Elektronen werden an $NADP^+$ gebunden, es entsteht $NADPH + H^+$.
Das energiereiche ATP wird gebildet. Kohlenstoffdioxid wird reduziert, $NADPH + H^+$ dient als Reduktionsmittel, ATP als Energiequelle.

Energieumwandlung
Licht kann als elektromagnetische Welle betrachtet werden, die in Abhängigkeit von ihrer Wellenlänge elektromagnetische Energie enthält. Elektronen des Chlorophyll-Moleküls werden durch das Anheben in einen „höheren" Anregungszustand energiereicher. Die Elektronen werden entweder zwischen zwei Fotosystemen oder direkt ans Fotosystem I über Redoxsysteme weitergegeben. Diese Redoxreaktionen erzeugen einen Protonengradienten, der vom Enzym ATP-Synthetase zur Bildung des energiereichen ATP-Moleküls genutzt wird. In der lichtunabhängigen Reaktion wird für den energieverbrauchenden Schritt der Reduktion von Phosphoglycerinsäure zu Phosphoglycerinaldehyd Energie benötigt. Diese wird in einer gekoppelten Reaktion durch die Spaltung des ATPs in ADP und Phosphat bereitgestellt. Damit kann aus dem energiearmen Ausgangsstoff Kohlenstoffdioxid die energiereiche Verbindung Glucose synthetisiert werden.

ATP — die Energiewährung der Zelle

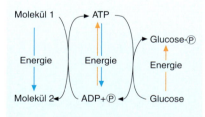

ATP dient in den Zellen als universeller Energieüberträger. An den meisten biochemischen Reaktionen, die Zufuhr von Energie benötigen, ist *Adenosintriphosphat (ATP)* beteiligt. Bei der Abspaltung einer Phosphatgruppe (P) entsteht aus dem ATP *Adenosindiphosphat (ADP)*. Durch die Abspaltung wird Energie frei (30,5 kJ/mol). Die freie Phosphatgruppe wird auf energiearme Moleküle übertragen, die dadurch nun energiereicher werden. Zellen können mithilfe des ATP-Moleküls Arbeit verrichten. Beispielsweise Transportarbeit, indem Stoffe durch die Membran gepumpt werden oder mechanische Arbeit, wenn bei einer Zellteilung Chromosomen durch den Zellkern bewegt werden.

Zum Aufbau von ATP aus ADP und Phosphat ist die Zufuhr eines entsprechenden Energiebetrages erforderlich. Energie liefernde Prozesse im Organismus z.B. beim Abbau der Glucose werden zur Gewinnung von ATP genutzt.

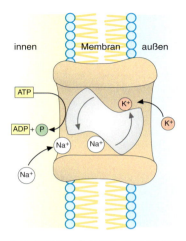

Nervensystem

Die Weiterleitung von Information über die Neuronen des Nervensystems kann nur gewährleistet werden, indem an der Zellmembran ein Ionengradient aufrecht erhalten wird. Leckströme durch die Membran und die Diffusion der Ionen durch die Ionenkanäle beim Aktionspotenzial würden zum Ionenausgleich zwischen intra- und extrazellulären Bereichen der Neuronen führen. Die bei der Spaltung von ATP freiwerdende Energie ermöglicht den in der Membran verankerten Ionenpumpen den Transport von K^+- und Na^+-Ionen entgegen dem Konzentrationsgefälle.

Aufgaben

1. Listen Sie die Ihnen bekannten Energieformen auf. Nennen Sie Umwandlungen im Organismus.
2. Welche Stoffumwandlungen laufen bei der Dissimilation ab?
3. Zeigen Sie am Beispiel der Fotosynthese und dem Abbau der Glucose, dass Stoffumwandlungen auch stets mit Energieumwandlungen gekoppelt sind.
4. Definieren Sie den Begriff „gekoppelte Reaktion" und erläutern Sie diesen an je einem Beispiel der Glykolyse und der Fotosynthese.
5. An welchen Stellen der Proteinbiosynthese wird ATP benötigt? Begründen Sie Ihre Aussage.
6. Erläutern Sie die Vorgänge an Neuronen und Synapsen unter dem Aspekt der Stoff- und Energieumwandlung!

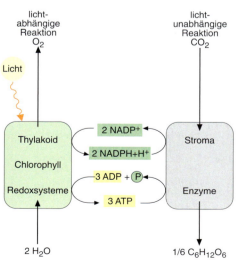

Basiskonzept Organisationsebenen

Alles Leben ist durch verschiedene Organisationsebenen gekennzeichnet. Im System Organismus existieren kleinere Einheiten bzw. Untersysteme, deren Zusammenwirken aufeinander abgestimmt ist. Dieses Zusammenspiel ist auf verschiedenen Organisationsebenen erkennbar, die sich auch durch die Größe ihrer Bestandteile unterscheiden. Die unterste Ebene beginnt mit kleinsten Teilchen, den Atomen, die sich zu Molekülen zusammenschließen, und führt über Gewebe und Organe hin bis zu Organismen.

Ebene der Atome und Moleküle

Organismen bestehen zum größten Teil aus nur sechs Elementen: Kohlenstoff, Wasserstoff, Sauerstoff und Stickstoff, dazu kleineren Mengen Schwefel und Phosphor. Diese Elemente sind in der Lage starke Elektronenpaarbindungen auszubilden. Insbesondere das Kohlenstoffatom bildet stabile Ketten. Sind weitere Atomgruppen, die funktionellen Gruppen, wie z. B. -OH-, -COOH- oder -NH$_2$-Gruppen gebunden, erhöht sich die Vielfalt erheblich.

Bei der Strukturierung der Zelle spielen sehr große Moleküle, die Makromoleküle eine zentrale Rolle. Die meisten Makromoleküle sind Polymere, d. h. sie werden aus identischen Bausteinen, den Monomeren aufgebaut.

Die wichtigsten Makromoleküle in den Zellen sind Kohlenhydrate, Proteine und Nukleinsäuren, wichtige Biomoleküle sind außerdem die Lipide.

Kohlenhydrate werden in der Zelle als Betriebsstoffe und als Baustoffe eingesetzt. **Lipide** werden in mehrere Gruppen unterteilt: *Fette* sind Speichermoleküle mit großem Energiegehalt. In *Phospholipiden* ist eine Fettsäure durch eine hydrophile Gruppe ersetzt. Aufgrund der hydrophilen und der lipophilen Eigenschaft ist dieses Molekül sehr gut als Baustein der Zellmembranen geeignet. Die Bausteine der **Proteine** sind 20 verschiedene Aminosäuren, die sich in ihrer Seitenkette unterscheiden. *Proteine* können sich in spezifischer Weise auffalten. Aus der Abfolge der Aminosäuren, der Primärstruktur, ergibt sich auch die räumliche Gestalt des fertigen Makromoleküls (Tertiärstruktur).

Bestimmte Proteine, die *Enzyme* sind darauf spezialisiert, andere Moleküle reversibel zu binden. Die Bausteine der Nucleinsäuren sind die Nucleotide. Ihre Zucker- und Phosphatgruppen werden zu einem Strang verknüpft. Von diesem stehen verschiedene, stickstoffhaltige Basen ab. Die so entstandene *DNA* ist ein aufgewundener Doppelstrang, die einzelnen Basen sind durch Wasserstoffbrückenbindungen verknüpft. Bei der *RNA* dagegen handelt es sich um eine einsträngige Nucleinsäure.

Ebene der Organellen und der Zelle

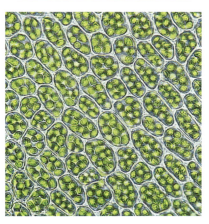

Die kleinste Einheit, die alle Aktivitäten des Lebens zeigt, ist die von einer Membran umgebene Zelle. *Prokaryotenzellen* besitzen weder einen Zellkern noch membranumhüllte Organellen. *Eukaryotenzellen* werden durch innere Membranen in kleinere Reaktionsräume (*Kompartimente*) unterteilt. Verschiedene Stoffwechselreaktionen werden so voneinander abgegrenzt. Organellen wirken in komplexen Wechselwirkungen zusammen.

Zusammenschlüsse einzelner Zellen führten im Evolutionsgeschehen zu Zellaggregaten und schließlich zur Vielzelligkeit. Verbunden damit ist eine Spezialisierung und Arbeitsteilung der Zellen bei den Eukaryoten. Sehr spezialisierte Zellen sind Neuronen, die Signale weiterleiten können. Die Fortsätze dieser Nervenzellen, Dendriten und Axone, leiten Informationen zum Zellkörper bzw. von diesem weg.

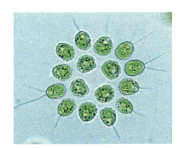

Organsysteme

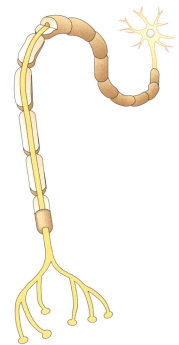

Das Nervensystem besteht im wesentlichen aus zwei Zelltypen, den Gliazellen und den Neuronen. Neuronen übertragen Signale, Gliazellen isolieren und versorgen die Neuronen mit Nährstoffen. Werden bei markhaltigen Neuronen die Gliazellen in den Mechanismus der Weiterleitung einbezogen, ist eine schnellere und zugleich material- und energiesparende Weiterleitung möglich. Im Verlauf der Evolution ist eine zunehmende Zentralisation der Nervensysteme erkennbar. Bei Wirbeltieren nimmt die Größe des Gehirns und dessen Komplexität, insbesondere des Großhirns zu.

Aufgaben

① Listen Sie die in der Zelle vorkommenden Nucleinsäuren auf und erläutern Sie deren Bau.
② Welche Kohlenhydrate werden als Baustoffe, welche als Betriebsstoffe verwendet?
③ Finden Sie Erklärungen für die Aussage, dass Eukaryotenzellen kompartimentiert sein müssen.
④ Erstellen Sie eine Tabelle, in der die Organellen einer Zelle aufgeführt sind und geben Sie deren wichtigste Funktionen an.
⑤ Zeigen Sie am Beispiel des Down-Syndroms, welche verschiedenen Organisationsebenen beim Krankheitsgeschehen eine Rolle spielen.

Basiskonzepte

Basiskonzept Information und Kommunikation

Lebewesen nehmen Informationen auf, speichern und verarbeiten sie und kommunizieren miteinander. Voraussetzungen sind eine gemeinsame Sprache und geeignete Aufnahme-, Speicher- und Abgabemechanismen. Information ist eine Mitteilung, die aus einer Abfolge von Signalen besteht, vom Empfänger aufgenommen wird und dort bestimmte Reaktionen auslöst. Kommunikation ist eine wechselseitige, aufeinander abgestimmte Informationsübertragung. Sie kann sowohl zwischen Organismen als auch innerhalb eines Organismus und in der Zelle stattfinden.

und die cap-Struktur der mRNA. Sie sind Signale, um die mRNA aus dem Kern ins Cytoplasma zu transportieren. Die meisten Proteine der Mitochondrien werden vom Zellkern codiert und an den Ribosomen im Cytoplasma synthetisiert. Sie müssen ihren Zielort, die Mitochondrienmembran erreichen. Die Proteine werden dazu mit einem Signalpeptid, einer kurzen Aminosäurekette gekennzeichnet. Analog dazu werden Proteine, die in den Chloroplasten eingeschleust werden, mit einem Chloroplasten-Signalpeptid versehen.

eine Rolle. Signalmoleküle, die Neurotransmitter, binden an Ionenkanäle, verändern deren Struktur und damit die Durchlässigkeit für bestimmte Ionen. Das chemische Signal des Transmitters wird in ein elektrisches Signal übersetzt. Bei der **Immunabwehr** kommunizieren verschiedene Zellen der unspezifischen und spezifischen Abwehr entweder über Signalstoffe oder durch direkten Zellkontakt.

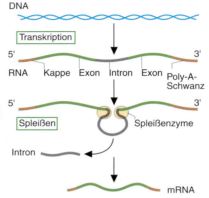

Genetischer Code

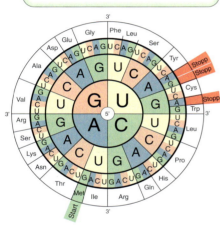

In der DNA ist die Erbinformation in der Abfolge der Basen Adenin, Thymin, Guanin und Cytosin verschlüsselt. Der genetische Code ist fast universell, d.h. er stimmt bei den meisten Lebewesen überein. 61 der möglichen 64 Basentripletts werden in eine Aminosäure übersetzt. Drei Tripletts fungieren als Start oder Stopp-Signal. Mit der Abfolge der Aminosäuren wird auch die Raumstruktur eines Proteins wesentlich festgelegt. Proteine steuern als Enzyme viele Stoffwechselprozesse in Zellen und Organismen. Damit sind sie für die Ausprägung von Merkmalen verantwortlich.

Informationsfluss innerhalb einer Zelle

Innerhalb einer Zelle werden Informationen von Organell zu Organell weitergegeben. So existieren Import- und Exportsignale für Substanzen in den Zellkern hinein und aus dem Zellkern heraus. Ein Beispiel für ein Exportsignal ist der Poly-A-Schwanz

Informationsaustausch zwischen Zellen

Mit Hilfe von Rezeptoren in den Zellmembranen können Zellen Signale aus der Umwelt aufnehmen und ins Innere der Zelle weiterleiten. Die extrazelluläre Information wird in eine intrazelluläre übersetzt. Beispielsweise binden Hormone an bestimmte Hormonrezeptoren und wirken dadurch nur an ihren Zielzellen. Über weitere Botenstoffe innerhalb der Zelle können beispielsweise Enzyme aktiviert werden. Im Muskel und im Nervensystem spielen membrangebundene Rezeptoren

Nervensystem und Hormonsystem

Das Nervensystem ermöglicht eine schnelle Kommunikation im Körper. Von Sinnesorganen gelangen Informationen ins Zentrale Nervensystem und von dort zu den Muskeln und anderen Organen. Hormone erreichen mit dem Blutstrom die Zielorgane. Die Informationsübertragung ist jedoch langsamer als durch die Nervenzellen. Die Wirkung hält dagegen länger an.

Aufgaben

1. Stellen Sie die wichtigsten Schritte zusammen, die vom genetischen Code der DNA zur dreidimensionalen Struktur eines Proteins führen.
2. Begründen Sie die Aussage, dass Nucleinsäuren sowohl als Informationsspeicher als auch der Informationsübertragung dienen.
3. Erläutern Sie die einzelnen Codierungsschritte bei der Informationsübermittlung im Nervensystem.
4. Bei der Meiose werden Chromatiden auf die Keimzellen verteilt. Begründen Sie, warum zwei verschiedene Keimzellen unterschiedliche Erbinformationen enthalten.
5. Nennen Sie Gemeinsamkeiten und Unterschiede zwischen Hormon- und Nervensystem.

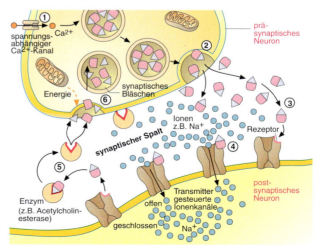

Basiskonzept Entwicklung

Lebewesen verändern sich im Verlauf der Zeit, sie entwickeln sich. Man unterscheidet die *Individualentwicklung* oder auch *Keimesentwicklung* von der *evolutionären* bzw. *stammesgeschichtlichen Entwicklung*.

Individualentwicklung: Aus dem einzelligen Keim, der Zygote, entwickelt sich ein vielzelliger Organismus. Der Bauplan für den Organismus ist in den Genen festgelegt.
Stammesgeschichtliche Entwicklung: Durch kleine Veränderungen in der Erbinformation, wie sie z. B. durch Mutationen hervorgerufen werden, kommt es zu Variationen von Merkmalen der Lebewesen einer Art. Die besser angepassten Varianten geben ihre Erbinformation häufiger weiter als die schlecht angepassten. Dies bewirkt eine Entwicklung (Evolution) im Verlauf längerer Zeiträume.

Protocyte – Eucyte

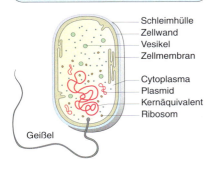

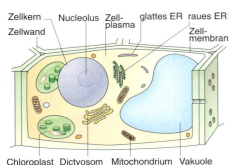

Der Zelltyp der Prokaryoten unterscheidet sich vom dem der Eukaryoten durch den viel einfacheren Aufbau. Prokaryoten sind fast ausnahmslos einzellige Organismen. Eubakterien und Archaebakterien fehlen membranabgegrenzte Organellen. Trotzdem findet man bei ihnen alle grundlegenden Stoffwechselwege. Die eukaryotische Zelle mit ihren Organellen zeichnet sich durch eine komplexere innere Struktur aus.

Pro- und eukaryotische Proteinsynthese

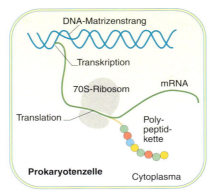

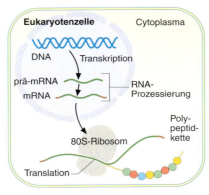

Bei Prokaryoten ist die gebildete mRNA sofort nutzbar und kann an den Ribosomen in ein Protein übersetzt werden. In der eukaryotische Zelle besteht die mRNA zunächst aus Exons und Introns. Beim Spleißen werden die Introns herausgeschnitten. Werden verschiedene Exons zusammengesetzt, erhöht sich die Anzahl der herstellbaren Proteine gewaltig. Ein Beispiel ist die Bildung von Antikörpern.

Stammzellen

Jeder Mensch entwickelt sich aus der befruchteten Eizelle. Sie ist eine totipotente Stammzelle, aus der sich alle späteren Zelltypen bilden können. Durch viele Zellteilungen entsteht der vollständige Organismus.
Bei adulten Stammzellen bleibt die Teilungsfähigkeit erhalten, sie können sich jedoch nur in bestimmte Zellen differenzieren, beispielsweise die Zellen des Knochenmarks in Blutzellen.

Spermium   Eizelle   Zygote
                            2n = 46

Chromosomen und Entwicklung

Bei der genotypischen Geschlechtsbestimmung hängt es von den Geschlechtschromosomen ab, ob weibliche oder männliche Geschlechtsorgane gebildet werden. Ist im Karyogramm eine abweichende Chromosomenzahl zu finden, kommt es zu Fehlsteuerungen, die massive Störungen in der Entwicklung des Gesamtorganismus nach sich ziehen.

Gentechnik

Bei der *somatischen Gentherapie* wird versucht intakte DNA-Abschnitte in die betroffenen Gewebe zu transferieren. Bei der *Keimbahntherapie* wird das Gen bereits in die befruchtete Eizelle eingeschleust. Man erhält so transgene Tiere. In Pflanzen können mithilfe des *Agrobacterium tumefaciens* Gene in das Pflanzengenom integriert werden, die für neue, erwünschte Eigenschaften codieren.

Aufgaben

1. Vergleichen Sie eine Pro- und eine Eukaryotenzellen und zeigen Sie auf, welche evolutionäre Weiterentwicklung erkennbar ist.
2. Vergleichen Sie tabellarisch die Unterschiede der Proteinsynthese bei Pro- und bei Eukaryoten.
3. Gonosomale Chromosomenabweichungen stören die Entwicklung weniger als autosomale. Geben Sie jeweils ein Beispiel und begründen Sie die Unterschiede!
4. Zeigen Sie am Beispiel der Phenylketonurie, welche Auswirkungen eine Genmutation auf die Entwicklung haben kann. Erläutern Sie wie auch Umweltbedingungen einen wesentlichen Einfluss nehmen können.
5. In fast allen Tierstämmen findet man nur marklose, in Wirbeltieren dagegen zusätzlich markhaltige Nervenzellen. Erläutern Sie welche evolutionäre Weiterentwicklung erkennbar ist.

Basiskonzepte

Basiskonzept Variabilität und Anpassung

Unter *Variabilität* versteht man, dass die Individuen einer Art eine Verschiedenheit in der Ausbildung bestimmter Merkmale und Eigenschaften aufweisen. Diese sind durch unterschiedliche Erbanlagen, also unterschiedliche Gene *(genetische Variabilität)* und durch unterschiedliche Umwelteinflüsse *(modifikatorische Variabilität)* bedingt. *Anpassung* beschreibt wie die Merkmale eines Organismus im Wechselspiel mit der Umwelt während der Stammesgeschichte entstanden sind.

Rekombination: Erhöhung der genetischen Variabilität

Bestimmte Bakterien und Hefepilze sind auch an ein Überleben ohne Sauerstoff angepasst. Steht genügend Sauerstoff zur Verfügung, stellen sie ATP über die Zellatmung her. Kommt es zu Sauerstoffmangel, kann beispielsweise die Bäckerhefe durch die alkoholische Gärung ebenfalls ATP gewinnen, allerdings in wesentlich geringerer Ausbeute. Wirbeltiere wechseln bei Sauerstoffmangel in den Muskeln zur Milchsäuregärung. So sind auch wechselwarme Tiere zu schnellen Bewegungen in der Lage, obwohl ihre Muskeln aufgrund ihrer einfachen Lungen und Kreislaufsysteme relativ schlecht mit Sauerstoff versorgt werden können. Das dafür benötigte ATP wird anaerob über die Milchsäuregärung bereitgestellt.

Hautfarbe

Die Sonneneinstrahlung ist auf unserer Erde nicht gleichmäßig verteilt. In den Gebieten um den Äquator zählt man die meisten Sonnenstunden im Jahr und damit auch eine hohe UV-Strahlung. Diese kann tödlichen Hautkrebs hervorrufen. Der braune Hautfarbstoff Melanin schützt. Mehrere Gene, die sich in ihrer Wirkung addieren (additive Polygenie) legen eine Variationsbreite der Hautfärbung fest. Innerhalb dieser Variationsbreite wird durch die UV-Strahlung eine hellere oder dunklere Pigmentierung erzeugt.

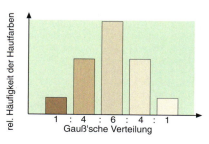

Rekombination: Erhöhung der genetischen Variabilität

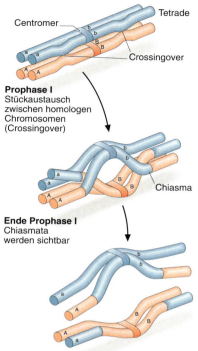

Prophase I
Stückaustausch zwischen homologen Chromosomen (Crossingover)

Ende Prophase I
Chiasmata werden sichtbar

Anaphase I
Rekombinierte Homologe trennen sich

In der Metaphase I der Meiose liegen die homologen Chromosomen gepaart in der Äquatorialebene. Der Zufall entscheidet, ob jeweils ein mütterliches oder ein väterliches Chromosom zum jeweiligen Zellpol wandert. Für den Menschen ergeben sich damit 2^{23} Möglichkeiten der Kombination. Zusätzlich kann es während der Prophase I zum Crossingover benachbarter Chromatiden kommen. Dieser Prozess erhöht nochmals die genetische Variabilität der möglichen Keimzellen.

Mutation

Mutationen sind spontane, ungerichtete Veränderungen von Genen. Sie bewirken Veränderungen von Merkmalsausprägungen bis hin zur Entstehung völlig neuer Eigenschaften. Bereits der Austausch einer Base in der DNA kann beträchtliche Veränderungen bewirken. *Teosinte*, eine heute noch in Mexiko beheimatete *Wildmaissorte*, gilt als Vorfahre des *Kulturmais*. Dieser hat etwa 40000 Gene. Von Teosinte unterscheidet er sich in 5 bis 6 Genen.

Lernen

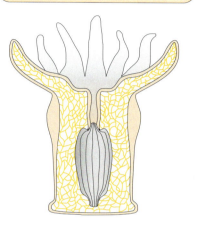

Im Verlauf der Evolution haben Organismen zunehmend komplexere Nervensysteme entwickelt. Sie können zunehmend variabel und angepasst auf unterschiedliche Umweltbedingungen reagieren. Auch das Verhalten des Menschen beruht auf der sensorischen Wahrnehmung, der Speicherung und dem Abruf von gemachten Erfahrungen sowie der Aktivierung von motorischen Programmen.

Aufgaben

1. Ein Chamäleon passt sich in seiner Färbung dem Untergrund an. Der Polarfuchs hat ein dickes Fell, einen gedrungenen Körperbau, kleine Ohren und einen kurzen Schwanz. Erläutern Sie anhand dieser Beispiele die verschiedenen Mechanismen der Anpassung.
2. Durch Mutationen wird ebenfalls die genetische Variabilität erhöht. Nennen Sie Beispiele aus der Humangenetik!
3. Die Hautfarbe eines Menschen beruht auf genetischer und auf modifikatorischer Variabilität. Erläutern Sie diese Aussage.
4. Diskutieren Sie Vor- und Nachteile der vegetativen Vermehrung bei Pflanzen!
5. Erläutern Sie an zwei Beispielen die Feststellungen: Genetische Variabilität ist der Ausgangspunkt der Evolution. Selektion bewirkt Anpassung.

Basiskonzepte
Steuerung und Regelung

Unter Steuerung versteht man die Beeinflussung von Vorgängen ohne Rückmeldung. Biologische Prozesse werden dabei in eine bestimmte Richtung gelenkt. Bei der Regelung dagegen werden biologische Größen auf einem bestimmten Wert gehalten. Dabei findet normalerweise eine negative Rückkopplung statt, d. h. es erfolgt eine Rückmeldung darüber, welche Folgen die Beeinflussung hatte.

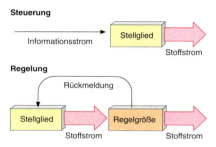

Regulation der Genaktivität

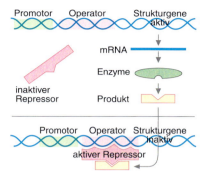

Substratinduktion und Endproduktrepression sind Beispiele wie Gene durch Rückkopplung über aktive bzw. inaktive Repressorproteine an- bzw. ausgeschaltet werden können. Diese sind allosterische Proteine. Sie können ebenso wie Enzyme ihre räumliche Struktur durch Anlagerung von Effektoren ändern. Im Beispiel der Endproduktrepression wird der Repressor aktiv, wenn genügend Produkt gebildet wurde.

Regulation der Enzymaktivität

Allosterische Enzyme besitzen zwei verschiedene Bindungsstellen, eine für das umzusetzende Substrat (aktives Zentrum) und eine für ein weiteres ganz anders aufgebautes Molekül, den Effektor. Durch Bindung des Effektors wird die Raumgestalt des aktiven Zentrums so verändert, dass das Substrat nicht mehr gebunden und damit auch nicht umgesetzt werden kann. Diese, durch die Veränderung der räumlichen Struktur bedingte Hemmung, nennt man allosterische Hemmung. Sie spielt bei der Regulation vieler Stoffwechselprozesse in unserem Körper eine außerordentlich wichtige Rolle.

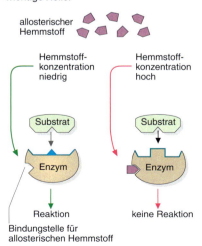

Geschlechtsbestimmung beim Menschen

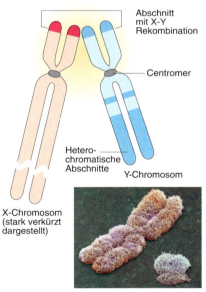

Der weibliche oder männliche Karyotyp (46, XX oder 46, XY) bestimmt das Geschlecht. Auf dem Y-Chromosom befindet sich das geschlechtsbestimmende Gen SRY (Sex related y). Es ist zuständig für die Bildung eines bestimmten Proteins. Unter seiner Wirkung beginnt in den ersten Embryonalmonaten die Differenzierung der Keimdrüsenanlagen zu Hoden. Im weiblichen Geschlecht fehlt das SRY-Gen und die Anlage der Keimdrüsen differenziert sich in Eierstöcke. Die Entwicklung der weiteren männlichen oder weiblichen Geschlechtsmerkmale hängt von produzierten Geschlechtshormonen ab: Testosteron in den Hoden, Östrogene in den Eierstöcken.

Steuerung von Bewegungen

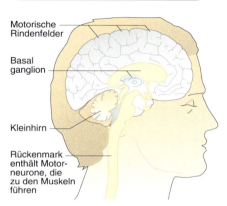

Das oberste Zentrum für die Steuerung von Bewegungen befindet sich in der Großhirnrinde. Motorische Befehle gelangen über verschiedene Bahnen des Rückenmarks zu den Motoneuronen und lösen schließlich Muskelkontraktionen aus. Parallel dazu gelangen Informationen auch zu den Basalganglien und wieder zurück zur Großhirnrinde. Diese Rückkoppelung ist für einen flüssigen Bewegungsablauf wichtig. Bei der Parkinson-Erkrankung ist die Funktion der Basalganglien und damit die Rückkoppelung gestört. Parkinson-Patienten haben Schwierigkeiten Bewegungen zu koordinieren und verfallen in rhythmisches Zittern.

Aufgaben

1. Der Zellkern wird häufig auch als Steuerzentrale der Zelle bezeichnet. Erläutern Sie wie der Zellkern die Abläufe im Stoffwechselgeschehen der Zelle steuert.
2. Krebszellen reagieren nicht auf die Signale und Regulationsmechanismen in der Zelle. Erläutern Sie welche Mechanismen zur Krebsentstehung führen können.
3. Finden Sie Beispiele für Regulationen auf verschiedenen Organisationsebenen (Von der Molekülebene bis zum Ökosystem).
4. Auch Coenzyme (Cosubstrate) spielen in Regulationsprozessen des Stoffwechselgeschehens eine Rolle. Zeigen Sie dies am Beispiel der lichtabhängigen und lichtunabhängigen Reaktionen der Fotosynthese.

Basiskonzepte

Grundwissen   5 – 10   Zelle   Prokaryoten   Entwicklung   Eukaryote

Dieses Grundwissen aus den Klassen 5 – 10 sollten Sie unbedingt in der 11. Klasse beherrschen.

Aerober Stoffwechsel Heterotrophe Ernährung, die Sauerstoff benötigt.

Anaerober Stoffwechsel Heterotrophe Ernährung ohne Beteiligung von Sauerstoff.

Art Alle Lebewesen, die sich miteinander fortpflanzen und dabei fruchtbare Nachkommen hervorbringen, gehören zu einer Art.

Atmung   Über die Nase oder den Mund sowie die Luftröhre und die Bronchien, die sich immer mehr verzweigen und in den Lungenbläschen enden, gelangt die Luft in die Lunge. Die Lungenbläschen sind von feinsten Blutgefäßen umsponnen. Dort wird Sauerstoff ins Blut aufgenommen. Im Körper gebildetes Kohlenstoffdioxid wird vom Blut in die Lungenbläschen abgeschieden und ausgeatmet.

Adenosintriphosphat (ATP)   ATP treibt fast alle energieintensiven Vorgänge der Zelle an und wird deswegen auch als universeller Energieüberträger bezeichnet. Die Energie wird freigesetzt, wenn ATP durch Abspaltung einer Phosphatgruppe Adenosindiphosphat (ADP) bildet.

Bau und Funktion des Auges   Das Auge ist ein **Sinnesorgan**, das auf den Reiz Licht reagiert. Der Augapfel wird durch eine Hornhaut geschützt. Licht gelangt durch die kreisförmige *Pupille* ins Auge. Die Lichtstrahlen werden durch eine Linse gebündelt. Auf der Netzhaut entsteht ein seitenverkehrtes und auf dem Kopf stehendes Bild. Die **Netzhaut** besteht aus lichtempfindlichen Sinneszellen, den *Stäbchen* und *Zapfen*. Werden diese gereizt senden sie über den **Sehnerv** Signale ins Gehirn. Das **Farbensehen** wird durch drei verschiedene Zapfensorten ermöglicht.

Autotrophe Ernährung Ernährungsweise von grünen Pflanzen und manchen Bakterien, bei der nur mineralische Stoffe, z. B. Wasser, zum Aufbau körpereigener Materie benötigt werden. Man unterscheidet die Formen *Fotosynthese* und *Chemosynthese*.

Befruchtung Unter Befruchtung versteht man die Verschmelzung der Zellkerne von Spermium und Eizelle.

Biotechnologie Lebewesen oder biologische Verfahren werden zur Produktion von Stoffen benutzt. Beispiele sind: Bierherstellung mithilfe von Hefen, Produktion von Humaninsulin oder Penicillin durch transgene Bakterien.

Blütenpflanze  Bau:
Eine Blütenpflanze gliedert sich in *Wurzel* und *Spross*. Der Spross besteht aus dem *Stängel*, der die *Blätter* und *Blüten* trägt.
Wurzeln verankern die Pflanze im Boden. Außerdem nehmen sie mit ihren Wurzelhaaren Wasser mit gelösten Mineralsalzen aus dem Boden auf.
Der **Spross** leitet in seinen *Leitbündeln* Stoffe durch die Pflanze: Wasser und gelöste Mineralsalze von der Wurzel zu den Blättern *(Wasserleitungsbahnen)* und in *Nährstoffleitungsbahnen* von der Pflanze hergestellte Stoffe zu anderen Pflanzenorganen.
Das **Blatt** verdunstet durch die *Spaltöffnungen* Wasser. Über die Spaltöffnungen werden Sauerstoff und Kohlenstoffdioxid abgegeben oder in das Blatt aufgenommen.
Blüte:
Eine einzelne zwittrige Blüte besteht von außen nach innen aus *Kelchblättern*, *Kronblättern*, *Staubblättern* (♂) und dem Stempel (♀). Der obere Teil des Stempels trägt die *Narbe*. Den unteren verdickten Bereich nennt man *Fruchtknoten*. In diesem liegen die *Samenanlagen* mit der *Eizelle*. Die Staubblätter enthalten in den Staubbeuteln den Pollen.
Früchte und Samen:
Nach der Befruchtung entwickelt sich beim Reifen aus dem Fruchtknoten die *Frucht*. Aus der *Samenanlage* mit der darin enthaltenen *Eizelle* wird der Samen gebildet. Im Samen entwickelt sich aus der befruchteten Eizelle der *Keimling* (Embryo).

Blutgefäßsystem  Das aus Vorhöfen und Kammern bestehende Herz treibt den Blutkreislauf an. Von der rechten Herzkammer wird das sauerstoffarme, kohlenstoffdioxidreiche Blut in die Lunge gepresst. Dort erfolgt der Gasaustausch. Das sauerstoffreiche Blut fließt in den linken Vorhof und in die linke Herzkammer und wird dann in den Körper gepumpt. Dort wird der Sauerstoff durch die sehr dünnen Wände der *Kapillaren* in die Zellen abgegeben. Kohlenstoffdioxid wird aufgenommen. Das kohlenstoffdioxidreiche Blut fließt zum rechten Vorhof des Herzens zurück. Vom Herzen weg führende Blutgefäße werden *Arterien*, zum Herzen hin führende *Venen* genannt.

| Mensch | Wirbellose | Säugetiere | Evolution | Sexualität |

Regelung des Blutzuckerspiegels

Der Blutzuckerspiegel soll innerhalb bestimmter Grenzen geregelt werden. In der *Bauchspeicheldrüse* werden die Hormone *Insulin* und *Glucagon* gebildet, die als *Gegenspieler* wirken. Insulin senkt den Blutzuckerspiegel, Glucagon erhöht ihn.

Diffusion

Die Teilchen einer Flüssigkeit oder eines Gases haben durch ihre kinetische Energie das Bestreben, sich gleichmäßig über den gesamten zur Verfügung stehenden Raum zu verteilen.

Drogen und Sucht

Legale Suchtmittel sind *Nikotin* und *Alkohol*. **Illegale Drogen** sind *Haschisch*, *Heroin*, *Kokain* oder *Ecstasy*. Bei regelmäßigem Konsum kommt es zu einer *psychischen Abhängigkeit* (zwanghaftes Verlangen), die schließlich zur *körperlichen Abhängigkeit* (Körper leidet ohne Drogeneinnahme unter Entzugserscheinungen) führt.

Energiefluss

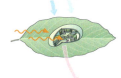

Wird Energie von einer biologischen Einheit zur nächsten weiter gegeben, entsteht ein Energiefluss. In Ökosystemen wird Sonnenenergie durch Fotosynthese von den Pflanzen in Form der Glucose als chemische Energie gespeichert. Pflanzen werden anschließend von den Konsumenten gefressen. Ein Teil der chemischen Energie wird zum Stoffaufbau verwendet, ein anderer als Wärme abgegeben.

Essentielle Nahrungsbestandteile

Dies sind Vitamine, Aminosäuren, Fettsäuren und Mineralstoffe welche der Körper benötigt, jedoch nicht selbst herstellen kann. Sie müssen deshalb mit der Nahrung aufgenommen werden.

Evolution

Allmähliche Entwicklung von ursprünglichen Arten von Lebewesen zu weiter entwickelten.

Evolutionsfaktoren:
Ansatzpunkt der Evolution ist die innerartliche **Variabilität** einer Art. Ein weiterer wichtiger Faktor der Evolution ist die **Selektion** (natürliche Auslese), welche dazu führt, dass sich die besser angepassten Lebewesen häufiger fortpflanzen als die wenig angepassten. Evolution vollzieht sich im Laufe von vielen Generationen.

Geschichte des Lebens:
Die ältesten Lebewesen sind wahrscheinlich *Bakterien* und einfache *Einzeller*. Aus ihnen gingen *vielzellige Pflanzen*, und einfach gebaute Tiere hervor. Alle Wirbeltiere entwickelten sich aus *Fischen*. *Quastenflosser* und *Urlurch* bilden den Übergang zu den *Amphibien*. Aus den Amphibien gingen die *Reptilien* hervor, daraus erste Eier legende *Ursäugetiere* und *Urvögel*. In der Erdneuzeit konnten sich die *Säugetiere* und *Vögel* zu einer großen Formenvielfalt entwickeln. Affenartige Vorfahren waren der Ausgangspunkt des Jetztmenschen, des *Homo sapiens*.

Exkretion

Exkretion ist die Ausscheidung von Stoffwechselprodukten oder von Stoffen, welche für den Körper giftig sind. Der Körper besitzt verschiedene Exkretionsorgane: In den **Nieren** wird der Harn produziert, welcher wasserlösliche — aus dem Blut gefilterte — Substanzen enthält. Feste, für den Körper nicht verwertbare Stoffen werden über den Darm abgegeben; auch die Haut (Schweißdrüsen) und die Lunge arbeiten bei der Exkretion mit.

Gehirn

Das empfindliche Gehirn liegt gut geschützt im knöchernen Schädel und wird von Gehirnflüssigkeit umspült. Das **Großhirn** ist das Zentrum des Bewusstseins, Denkens und Handelns. In der *Großhirnrinde* liegen Bezirke, in denen Informationen von den Sinnesorganen (*sensorische Felder*) verarbeitet werden. *Motorische Felder* steuern die Bewegungen. Daneben existieren *Gedanken-* und *Antriebsfelder*. Das **Kleinhirn** koordiniert Bewegungsabläufe. **Zwischenhirn**, **Mittelhirn** und **Nachhirn** (= **verlängertes Rückenmark**) werden als *Stammhirn* zusammengefasst. Es steuert lebenswichtige, meist unbewusste Körperfunktionen.

Geschlechtsorgane

Man unterscheidet die *inneren* und *äußeren Geschlechtsorgane* und die *Keimdrüsen*. Die Keimdrüsen der Frau sowie aller weiblichen Tiere sind die *Eierstöcke*. Der Mann bzw. die männlichen Tiere besitzen dagegen *Hoden*.
Keimzellen:
In den Eierstöcken werden die *Eizellen*, in den Hoden die *Spermien* produziert. Sie stellen die weiblichen bzw. männlichen *Geschlechtszellen* dar.

Gliederfüßer

Der Körper und die Beine sind gegliedert. Sie besitzen ein Außenskelett, meist aus Chitin. Sie umfassen die Klassen der *Insekten*, *Spinnentiere*, *Krebstiere* und *Tausendfüßer*.

Hämoglobin

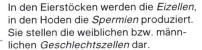

Der rote Blutfarbstoff in den Erythrozyten (rote Blutkörperchen) ist das wichtigste Transport-Molekül für Sauerstoff.

Grundwissen **165**

Grundwissen	**5 – 10**	**Zelle**	Prokaryoten	**Entwicklung**	Eukaryote

Hormone — Ernährungsweise von Lebewesen (Tiere, Pilze, viele Bakterien und einfache Eukaryoten), die auf energiereiche organische Verbindungen, z. B. Zucker, zum Aufbau eigener Stoffe und als Energiequelle angewiesen sind.
Hormone sind *Botenstoffe*, die von Drüsen in den Blutkreislauf abgegeben werden und *Informationen* übermitteln. Auch in Pflanzen spielen Hormone als Botenstoffe, z. B. als Wuchsstoffe eine wichtige Rolle. Hormone wirken nur an **Zielzellen** bestimmter Organe, da sie nur dort nach dem *Schlüssel-Schloss-Prinzip* an Rezeptoren gebunden werden. Die Hormonkonzentrationen werden meist über Regelvorgänge konstant gehalten.
Hormondrüsen:
Wichtigste Hormondrüse des Körpers ist die *Hypophyse*. Sie schüttet *Steuerhormone* aus, die wiederum andere Hormondrüsen z. B. die Schilddrüse zur Hormonproduktion anregen. Weitere wichtige Hormondrüsen sind die *Nebenniere* mit Mark und Rinde sowie die *Geschlechtsorgane* (Hoden und Ovarien).

Immunsystem — Krankheitserreger können durch das **unspezifische Abwehrsystem** unschädlich gemacht werden. Eingedrungene Erreger werden durch *Makrophagen (Riesenfresszellen)* verdaut. Bei der **spezifischen Abwehr** werden *T-Helferzellen* informiert, die ihre Information an *B-Zellen* weitergeben, die *Antikörper* freisetzen. Diese verklumpen mit den Krankheitserregern (Schlüssel-Schloss-Prinzip) und können dann von Makrophagen beseitigt werden. *Gedächtniszellen* erkennen bei wiederholter Infektion den gleichen Erreger und veranlassen eine schnelle Produktion der Antikörper.

Impfungen — **Impfungen** beruhen auf dem Prinzip, unschädliche Erreger ins Blut zu bringen und so die Bildung von Gedächtniszellen zu veranlassen (*aktive Immunisierung*). Bei der *passiven Immunisierung* werden lediglich Antikörper ins Blut gebracht.

Infektionskrankheiten — Infektionskrankheiten werden durch Erreger z. B. Bakterien und Viren ausgelöst. Die *Inkubationszeit* ist die Zeit von der Infektion bis zum Ausbruch der Krankheit.

Insekten — Insekten besitzen
— ein Strickleiter-Nervensystem mit Ganglien
— ein Röhrenherz am Rücken
— einen offenen Blutkreislauf
— Atmungsorgan aus fein im Körper verzweigten Röhren (Tracheensystem)

Kennzeichen des Lebendigen — Ein Lebewesen besitzt gleichzeitig folgende Kennzeichen: *Bewegung* aus eigener Kraft, *Wachstum*, *Stoffwechsel*, *Reizbarkeit*, *Fortpflanzung* und *Aufbau aus Zellen*.

Konkurrenz Haben zwei Arten die gleichen Ansprüche an ihre Umwelt, entsteht zwischen ihnen eine Konkurrenz. Diese führt dazu, dass die stärkere Art die schwächere verdrängt (Konkurrenzausschlussprinzip).

Nachhaltige Entwicklung Die Bedürfnisse der heutigen Generation werden unter Schonung der Umweltressourcen befriedigt. Die Bedürfnisse künftiger Generationen werden dabei berücksichtigt.

Nervensystem  Grundeinheit des Nervensystems sind die **Nervenzellen**. Die Hauptmasse an Nervenzellen ist im **Zentralnervensystem** konzentriert, das aus *Gehirn* und *Rückenmark* besteht. In **Nerven** sind viele Nervenzellen gebündelt. *Sensorische Nerven* leiten Meldungen von den Sinneszellen zum Gehirn, *motorische Nerven* senden Befehle zu den Muskeln. Das **vegetative Nervensystem** steuert die Funktion der inneren Organe. Es besteht aus zwei Gegenspielern (Antagonisten), dem *Sympathicus* der meist anregend wirkt und dem *Parasympathicus*, der der Erholung dient.

Bau und Funktion des Ohrs Schallwellen sind Luftdruckschwankungen. Das Ohr besteht aus dem *Außenohr*, dem *Mittelohr* und dem *Innenohr*. Das Mittelohr beginnt mit dem *Trommelfell*. Die Schallwellen versetzen das Trommelfell in Schwingungen, die auf die Gehörknöchelchen, *Hammer*, *Amboss* und *Steigbügel* übertragen werden. Im Innenohr liegt die *Hörschnecke*, die Sinneszellen enthält. Bestimmte Sinneszellen werden erregt und leiten über den Hörnerv Signale zum Gehirn weiter.

Ökologie — Teilgebiet der Biologie, das die Wechselwirkungen zwischen Organismen und die Wechselwirkungen zwischen den Organismen und der unbelebten Umwelt untersucht.

Ökologische Nische — Gesamtheit aller biotischen und abiotischen Umweltfaktoren, die für die Existenz einer Art notwendig sind.

Ökologische Potenz Die Fähigkeit eines Organismus, eine bestimmte Variationsbreite eines Umweltfaktors zu ertragen. Arten mit einer großen ökologischen Potenz werden *euryök* genannt. Ist die ökologische Potenz einer Art sehr klein, handelt es sich um eine *stenöke* Art.

Grundwissen

| Mensch | Wirbellose | Säugetiere | Evolution | Sexualität |

Ökosystem

Das Ökosystem ist die Einheit aus *Biotop* und *Biozönose*. Das Biotop ist der spezifische Lebensraum der Biozönose. Die Biozönose (Lebensgemeinschaft) ist die Gesamtheit der in einem Biotop lebenden Organismen.

Osmose

Diffusion von gelösten Teilchen eines Stoffes und dem Lösungsmittel durch Membranen. Semipermeable Membranen lassen das Lösungsmittel (meist Wasser) passieren, die gelöste Substanz jedoch nicht. Das Lösungsmittel diffundiert durch die Membran in das Kompartiment mit der höheren Konzentration an gelösten Teilchen.

Räuber-Beute-Beziehung

In idealen Populationen kontrollieren sich die Dichte von Räuber und Beute gegenseitig.

Parasitismus

Zwei Arten treten in eine Wechselwirkung, bei der der Parasit den Wirt schädigt. Man unterscheidet: *Endoparasiten*, die im Wirt leben und *Ektoparasiten* die auf dem Wirt leben.

Reiche der Lebewesen

Die Organismen werden in fünf Reiche eingeteilt: Bakterien, einfache Eukaryoten, Pflanzen, Pilze, Tiere.

Rückenmark

Im Rückenmark sind viele afferente und efferente Nervenfasern gebündelt. Die Rückenmarksnerven verlassen den Wirbelkanal jeweils zwischen zwei Wirbeln und ziehen zu den einzelnen Organen. *Reflexe* werden im Rückenmark umgeschaltet und laufen daher rasch ab.

Saprophyten

Saprophyten werden auch als Fäulniserreger bezeichnet. Der Saprophytismus ist eine vor allem bei Pilzen und Bakterien vorkommende heterotrophe Ernährungsweise. Saprophyten nutzen energiereiche organische Verbindungen abgestorbener Organismen.

Sexualität

Sexualität bedeutet *Geschlechtlichkeit*. Das Auftreten von zwei Geschlechtern innerhalb einer Art findet man bei den meisten Organismen. Männliche und weibliche Individuen kombinieren bei der Befruchtung ihr jeweiliges Erbmaterial (*Sexuelle Fortpflanzung*).

Stoffwechsel

Alle Lebewesen nehmen Stoffe aus der Umgebung auf. Diese werden in den Zellen umgewandelt. Sie dienen der Energiegewinnung (**Betriebsstoffwechsel**) sowie dem Aufbau und Erhalt des Körpers (**Baustoffwechsel**). Umgewandelte Stoffe können wieder an die Umgebung abgegeben werden.

Stress

Stress wird auch als Fight-or-Flight-Syndrom bezeichnet und soll den Körper in den Zustand höchster Leistungsbereitschaft versetzen. Bei Stress reagiert der Sympathicus und stimuliert das *Nebennierenmark* zur Ausschüttung von *Adrenalin*. Der Herzschlag wird beschleunigt, Zucker und Fette werden ins Blut freigesetzt. Die Hypophyse schüttet das Steuerhormon *ACTH* aus und bewirkt so eine Anregung der *Nebennierenrinde*, die *Cortisol* ins Blut abgibt. Rote Blutzellen werden frei.

Stoffkreislauf

Innerhalb eines Ökosystems werden Stoffe immer wieder verwertet, sie sind Bestandteil von Stoffkreisläufen. Beispielsweise wird Kohlenstoffdioxid bei der Fotosynthese im Traubenzuckermolekül chemisch gebunden und durch Konsumenten und Destruenten wieder freigesetzt.

Sukzession

Sukzession beschreibt die Abfolge ineinander übergehender Pflanzen- oder Tiergesellschaften. Ein Beispiel ist die Verlandung eines Sees. Die Entwicklung führt im Idealfall zu einer stabilen Endgesellschaft, der Klimaxgesellschaft.

Symbiose

Eine Symbiose ist eine Form des Zusammenlebens zweier Arten, zu gegenseitigem Nutzen. Beispiele sind **Flechten** und **Mykorrhizapilze**.

Umweltfaktoren

abiotische: Darunter versteht man alle Faktoren der nicht belebten Umwelt.
biotische: Das sind alle Faktoren der belebten Umwelt, welche sich aus den gegenseitigen Einflüssen der Lebewesen ergeben.

Verdauung

Das Verdauungssystem besteht aus: Mund, Speiseröhre, Magen, Dünndarm, Dickdarm, Enddarm und After. Bei der Verdauung wird die Nahrung durch Enzyme in kleinste Teilchen zerlegt. Die Aufnahme der Spaltprodukte der Nährstoffe ins Blut bezeichnet man als Resorption.

Viren

Viren bestehen nur aus Erbsubstanz und Eiweiß. Sie haben keinen eigenen Stoffwechsel und sind zur Vermehrung auf eine Wirtszelle angewiesen.

Wirbeltiere

Zu den *Wirbeltieren* zählen alle Tiere, die eine *Wirbelsäule* aus einzelnen *Wirbeln* besitzen. Diese ist ein Teil des *Innenskeletts* aus Knochen oder Knorpel. Die Wirbeltiere werden in 5 Klassen unterteilt: *Fische, Amphibien, Reptilien, Säugetiere* und *Vögel*.

Grundwissen **167**

Grundwissen 11 — Strukturelle und energetische Grundlagen des Lebens

Strukturelle und energetische Grundlagen des Lebens

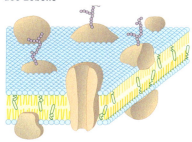

Biomembranen

Biomembranen bestehen in ihren Grundbausteinen aus Phospholipiden, Moleküle, die eine polare und eine unpolare Gruppe besitzen.
In wässriger Umgebung ordnen sich die Moleküle zu einer *Lipiddoppelschicht*, in der die unpolaren Gruppen nach innen, die polaren Gruppen nach außen gerichtet sind.
Proteine lagern der Lipiddoppelschicht auf *(periphere Proteine)* oder durchdringen sie teilweise oder ganz *(integrale Proteine)*. Die integralen Membranproteine ermöglichen einen kontrollierten Stoffaustausch. Da nicht alle Stoffe die Membran passieren können, wird sie als *selektiv permeabel* bezeichnet.

Enzyme

Enzyme beschleunigen Stoffwechselreaktionen, indem sie die Aktivierungsenergien dieser Reaktionen herabsetzen. Sie wirken also als *Biokatalysatoren*.

Substratspezifität:

Das Enzymmolekül besitzt ein typisch geformtes aktives Zentrum, in die das Substrat wie ein Schlüssel ins Schloss passt.

Wirkungsspezifität: Das Enzym katalysiert von mehreren möglichen Reaktionen nur eine.

Hemmung der Enzymaktivität

Unspezifische Hemmung:

Temperatur und pH-Wert beeinflussen die Raumstruktur eines Enzyms und damit die Enzymaktivität. Jedes Enzym hat daher ein Temperaturoptimum und einen optimalen pH-Wert.

Spezifische Hemmung:

Kompetitive Inhibitoren sind dem Substrat strukturell ähnlich und binden an dessen Stelle am aktiven Zentrum.
Nichtkompetitive Inhibitoren binden am allosterischen Zentrum, verändern die Raumstruktur des aktiven Zentrums und damit die Aktivität des Enzyms.

Fotosynthese

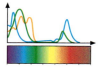

Äußere Einflüsse auf die Fotosynthese

- *Beleuchtungsstärke:*
  Mit zunehmender Beleuchtungsstärke steigt die Fotosyntheserate bis zu einem Sättigungswert.
- Durch Erhöhung der *Temperatur* lässt sich die Fotosyntheserate nach der *RGT-Regel* bis zu einem Optimum steigern. Bei noch höheren Temperaturen sinkt die Photosyntheseleistung aufgrund der Denaturierung der Enzymmoleküle.
- *Wellenlänge des eingestrahlten Lichtes:*
  Nur Rotes und blaues Licht werden von den Fotosynthesepigmenten absorbiert und für die Fotosynthese genutzt.
- Durch eine Erhöhung des *Kohlenstoffdioxidgehalts* kann die Fotosyntheserate bis zu einem Sättigungswert gesteigert werden.

Gesamtreaktion

$12\ H_2O + 6\ CO_2 \rightarrow C_6H_{12}O_6 + 6\ H_2O + 6\ O_2$

Einteilung

Die Fotosynthese lässt sich in zwei Teilreaktionen einteilen: die lichtabhängige und die lichtunabhängige Reaktion.

Lichtabhängige Reaktion

- Die Lichtreaktionen verwandeln Sonnenenergie in die chemische Energie von ATP und NADPH + H^+:
- Die lichtabsorbierenden Pigmente der Chloroplasten sind in der Thylakoidmembran angeordnet.

Elektronentransport

Wasser wird in zwei Protonen (2 H^+), 2 Elektronen (2 e^-) und Sauerstoff ($\frac{1}{2}$ O_2) gespalten (Fotolyse des Wassers). Zwei Fotosysteme sind hintereinandergeschaltet.
Durch Licht werden Elektronen vom Grundzustand auf ein höheres Energieniveau gebracht. Die energiereicheren Elektronen werden über zwischengeschaltete Redoxsysteme zum $NADP^+$ transportiert, das mit 2 H^+ zu NADPH + H^+ reagiert.

ATP-Gewinnung

Mit dem Elektronentransport werden Protonen vom Stroma in das Innere der Thylakoide gepumpt. Der H^+-Gradient wird mit Hilfe des Enzyms ATP-Synthetase zur Synthese von ATP genutzt.

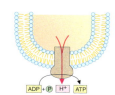

Lichtunabhängige Reaktion

Im Stroma des Chloroplasten wird aus CO_2 Glucose synthetisiert. Dazu werden ATP und NADPH + H^+ aus der lichtabhängigen Reaktion verbraucht. Das Enzym Rubisco verbindet das Kohlenstoffdioxid mit dem Akzeptor ($C_1 + C_5 \rightarrow C_6$).

Der gebildete C_6-Körper zerfällt in zwei C_3-Moleküle (Phospoglycerinsäure). Diese wird zu Phospoglycerinaldehyd reduziert und wird weiter in Glucose umgewandelt. Auch der Akzeptor wird aus Phosphoglycerinaldehyd im *Calvin-Zyklus* regeneriert.

Dissimilation

Zellatmung
Glucose ist ein energiereicher Stoff. Die Zellen können die darin chemisch gebundene Energie für den Organismus verfügbar machen, indem sie die Glucose stufenweise zu den energiearmen Stoffen Kohlenstoffdioxid und Wasser verarbeiten. Mithilfe der freigesetzten Energie wird energiereiches ATP aufgebaut. Der erste Abbauprozess, die *Glycolyse,* findet im Zellplasma statt. Aus Glucose entstehen 2 Moleküle Brenztraubensäure. In Gegenwart von Sauerstoff wird die *Brenztraubensäure* in den Mitochondrien weiter zu Kohlenstoffdioxid und Wasser abgebaut.

Gesamtgleichung
$C_6H_{12}O_6 + 6 H_2O + 6 O_2 \rightarrow$
$12 H_2O + 6 CO_2$
Freiwerdende, chemisch gebundene Energie: 30 Moleküle ATP/ $C_6H_{12}O_6$

Gärungen
Bei Abwesenheit des Sauerstoffs kann die Brenztraubensäure unter Verbrauch des in der Glycolyse gebildeten NADH + H^+ zu stabilen Endprodukten reduziert werden.

Alkoholische Gärung
$C_6H_{12}O_6 \rightarrow 2 C_2H_5OH + 2 CO_2$

Milchsäuregärung
$C_6H_{12}O_6 \rightarrow 2 C_3H_6O_3$
In beiden Reaktionen freiwerdende, chemisch gebundene Energie: 2 Moleküle ATP/ $C_6H_{12}O_6$

Zellen

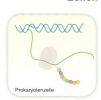
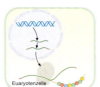

Lebewesen sind aus membranumgrenzten Zellen aufgebaut.

Prokaryoten
Einzellige Lebewesen, deren Hauptmerkmal das Fehlen eines echten, von einer Membran umschlossenen Zellkerns ist.

Eukaryoten
Organismen, deren Zellen durch den Besitz eines echten, von einer Membran umgebenen Zellkerns gekennzeichnet sind.

Unterschied Pflanzenzelle-Tierzelle
Pflanzenzellen sind neben der Zellmembran zusätzlich von einer *Zellwand* umgeben, häufig ist eine *Vakuole* vorhanden. In grünen Pflanzenteilen sind in den Zellen die *Chloroplasten* enthalten. Das *Zellplasma* der *Tierzellen* ist nur von der dünnen *Zellmembran* umhüllt.

Organellen
Untereinheiten der Eukaryotenzelle (Eucyte), die sie in Reaktionsräume untergliedert (kompartimentiert). Jedem *Kompartiment* können bestimmte Funktionen zugeordnet werden.

Organellen mit Einfachmembran
— *Endoplasmatisches Retikulum:*
  Synthese von Membran- und Reservelipiden.
— *Dictyosomen:*
  Die Gesamtheit der Dictyosomen wird auch Golgi-Apparat genannt. Transport von Stoffen.
— *Vakuole:*
  Speicher von Salzen, Zucker, Fetten und Eiweiß. In Pflanzenzellen wichtig für osmotischen Druck (Turgordruck) zur Aufrechterhaltung der Zellform.

Organellen mit Doppelmembran
— *Zellkern:*
  Das Kernplasma enthält die DNA in den Chromosomen.
— *Mitochondrium:*
  Die innere Membran ist eingestülpt. Wichtige Schritte der Zellatmung zur Energiegewinnung sind an die Mitochondrien gebunden.
— *Chloroplast:*
  Er ist das Organell der Fotosynthese in Pflanzenzellen. Die innere Membran ist eingestülpt und bildet Thylakoide.

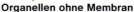

Organellen ohne Membran
— *Ribosom:*
  Es ist der Ort der Proteinsynthese.
— *Zellwand:*
  besteht bei Pflanzen hauptsächlich aus Zellulose. Sie stabilisiert den Pflanzenkörper.

Genetik und Gentechnik

Bau der DNA

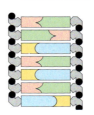

Die DNA (Desoxyribonucleinsäure) besteht aus einem strickleiterähnlichen *Doppelstrang*. Phosphorsäure und der Zucker *Desoxyribose* sind abwechselnd angeordnet und bilden die beiden Holme, die nach innen gerichteten an den Zucker gebundenen *Basen* die *Sprossen*. Adenin *A* und *Thymin T*, sowie *Guanin G* und *Cytosin C* passen zusammen und bilden ein *komplementäres Basenpaar*. Der Doppelstrang ist zu einer Doppelhelix aufgewunden.

Chromosomenabweichungen

Down-Syndrom (Trisomie 21)
Trisomie 21 entsteht durch Nicht-Trennung (Nondisjunction) der Chromosomen Nr. 21 in der Reduktionsteilung oder in der Äquationsteilung.

Grundwissen **169**

Grundwissen 11 Genetik und Gentechnik

Gonosomale Chromosomenabweichungen
Beispiele sind der Karyotyp 47, XXY oder 47, XXX. Dabei kommt es zu einer Nichttrennung bei den Geschlechtschromosomen. Da überzählige X-Chromosomen als inaktiviert gelten, wirken sich solche überzähligen Chromosomen nur gering aus.

DNA-Replikation

Bei der identischen Verdoppelung der DNA dienen die vorhandenen DNA-Stränge als Vorlagen für neue, komplementäre DNA-Stränge. Die DNA-Replikation verläuft *semikonservativ*, d. h. die ursprüngliche Doppelhelix wird getrennt und jeder Einzelstrang dient nach den Regeln der Basenpaarung als Vorlage (Matrize) für die Synthese eines komplementären Stranges. Bei der *Replikation* sind spezifische Enzyme beteiligt. Die Helicase entschraubt die DNA. Eine *DNA-Polymerase* liest in 3'—5'-Richtung ab und katalysiert die Synthese neuer DNA-Stränge, vom 5'-Ende der DNA zum 3'-Ende. Durch eine Ligase können DNA-Stücke verknüpft werden.

Dominant rezessiv und intermediär

♂/♀	AB	Ab	aB	ab
AB	AABB	AABb	AaBB	AaBb
Ab	AABb	AAbb	AaBb	Aabb
aB	AaBB	AaBb	aaBB	aaBb
ab	AaBb	Aabb	aaBb	aabb

Überdeckt bei einem heterozygoten Genotyp die Wirkung eines *Allels* die des anderen, ist es *dominant* und bekommt Großbuchstaben (A), das andere ist *rezessiv* und bekommt einen Kleinbuchstaben (a). Liegt der Phänotyp bei heterozygoten Pflanzen zwischen den elterlichen Merkmalen, ist die Vererbung intermediär. Beide Allele erhalten Kleinbuchstaben.

Erbgänge

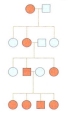

Man verfolgt dabei das statistische Auftreten von Merkmalen in den Nachkommengenerationen.
Autosomal rezessiver Erbgang
AA gesund, Aa gesund, aa krank.
Autosomal dominanter Erbgang
AA krank, Aa krank, aa gesund.
X-chromosomal rezessiver Erbgang
Frau: $X_A X_A$ gesund, $X_A X_a$ gesund aber *Konduktorin*, $X_a X_a$ krank.
Mann: hemizygot: $X_A Y$ gesund, $X_a Y$ krank.

Genetischer Code

Ein *Basentriplett* codiert für eine Aminosäure. Da mehrere Basentripletts für eine Aminosäure codieren können, spricht man auch von einem degenerierten Code. Daneben gibt es Start und Stopptripletts.

Genotyp und Phänotyp
Bei diploiden Zellen liegen von jedem Gen zwei Allele vor. Das Allel kann im Wildtypzustand vorliegen oder mutiert sein. Enthalten homologe Chromosomen dasselbe Allel, so nennt man diese Kombination *reinerbig* oder *homozygot*, enthalten sie verschiedene Allele, sind sie *mischerbig* oder *heterozygot*. Die Allelkombination ist das *Erbbild* oder der *Genotyp*. Das entsprechende Merkmal bezeichnet man als *Erscheinungsbild* oder *Phänotyp*.

Genetische Beratung

Über eine Stammbaumanalyse kann man die Erkrankungswahrscheinlichkeit berechnen. Bei der *Pränataldiagnostik* gewinnt man Zellen des ungeborenen Kindes für genetische Untersuchungen aus der Placenta, dem Fruchtwasser oder dem Nabelschnurblut.

Genetischer Fingerabdruck

Im menschlichen Genom gibt es Wiederholungen bestimmter Basen *(short tandem repeats, STR)*. Ihre Länge variiert von Mensch zu Mensch. Man untersucht 5–10 festgelegte STR-Regionen. Die Wahrscheinlichkeit, dass diese bei mehreren Menschen übereinstimmen, ist überaus gering.

Genkoppelung
Liegen Gene auf demselben Chromosom werden sie gekoppelt vererbt. Das Gesetz der freien Kombinierbarkeit gilt nicht.

Gentechnik
Verfahren, bei dem DNA aus einem Organismus entnommen und in das Genom eines anderen eingeschleust wird. Durch Restriktionsenzyme kann man einen DNA-Abschnitt ausschneiden und mithilfe der Ligase in einen Vektor, z. B. ein Plasmid einbringen.

Gentechnik bei Pflanzen

Zum Einschleusen von Genen benutzt man ein verändertes Plasmid des Bakteriums *Agrobacterium tumefaciens*. Dieses integriert in der Natur einen Teil des Plasmids in das Genom von Pflanzenzellen. Fügt man ein Fremdgen in das Plasmid ein, so lassen sich die gewünschten Gene in die Pflanzen-DNA einbauen (transgene Pflanzen).

Gentechnik in der Medizin
Insulin ist ein aus einer A-Kette mit 21 und einer B-Kette mit 30 Aminosäuren aufgebautes Peptid. Umprogrammierte Bakterienzellen produzieren die beiden Peptidketten des Humaninsulins.

Somatische Gentherapie
Man versucht die Körperzellen eines Patienten mit dem intakten Exemplar des krankheitsauslösenden Genes auszustatten. Beispielsweise werden zur Behandlung der Mukoviszidose DNA-Abschnitte in Vektoren eingeschlossen und von den Patienten inhaliert.

Genetik und Gentechnik

Keimbahntherapie
Man bringt ein intaktes Gen durch Mikroinjektion in die befruchtete Eizelle und pflanzt sie anschließend in die Gebärmutter ein. Das Gen ist später in allen Zellen des ausgewachsenen Individuums enthalten. Die Keimbahntherapie am Menschen ist in Deutschland verboten, nicht jedoch bei Tieren.
Beim *Pharming* dienen transgene Tiere der Herstellung von Medikamenten.

Geschlechtsbestimmung
Beim Menschen wird das Geschlecht genotypisch bestimmt. Der Karyotyp 46, XX ist weiblich, 46, XY männlich.

Karyogramm
Die angefärbten Metaphase-Chromosomen werden nach Größe und Gestalt zum doppelten Chromosomensatz geordnet.

Meiose

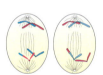
Keimzellen entstehen durch Meiose. In der **Reduktionsteilung** wird der doppelte Chromosomensatz auf den einfachen Satz reduziert. Da väterliche und mütterliche Chromosomen zufällig auf die Keimzellen verteilt werden, werden die Gene neu kombiniert (Rekombination). Durch *crossing over* (Austausch von Chromatidenstückchen zwischen homologen Chromosomen) wird die Vielfalt der Keimzellen noch größer. Der Reduktionsteilung folgt die **Äquationsteilung**, eine Trennung der Chromatiden.

Mendelsche Regeln

1. **Mendelsche Regel** *(Uniformitätsregel)*: Kreuzt man zwei Individuen einer Art, die sich in einem Merkmal reinerbig unterscheiden, dann sind die Individuen der F_1-Generation in diesem Merkmal untereinander gleich (uniform).
2. **Mendelsche Regel** *(Spaltungsregel)*: Kreuzt man die Hybriden der F_1-Generation untereinander, dann treten in der F_2-Generation die Merkmale beider Eltern in einem bestimmten Zahlenverhältnis wieder auf.
3. **Mendelsche Regel** *(Neukombinationsregel)*: Jedes einzelne Allelenpaar wird nach der 2. Mendelschen Regel vererbt. Die Allele verschiedener Gene sind dabei in den Keimzellen frei miteinander kombinierbar.

Polymerasekettenreaktion
Die Polymerasekettenreaktion (PCR) ist ein Verfahren zur Vervielfältigung von DNA-Abschnitten im Reagenzglas.
— Das zu vermehrende doppelsträngige DNA-Fragment wird in Einzelstränge gespalten.
— Die Primer (dort beginnt die Polymerase mit dem Ablesen) lagern sich an.

— Die Polymerase synthetisiert den jeweils komplementären Strang.
— Der Prozess wird vielmals wiederholt.

Proteinbiosynthese
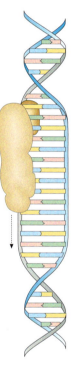
Die Abfolge von Basentripletts auf der DNA wird in eine Abfolge von Aminosäuren übersetzt.
Transkription
Von einem Genabschnitt der DNA wird eine einsträngige Kopie gefertigt, *die messenger-RNA (mRNA)*.
— Die *Transkriptase (RNA-Polymerase)* erkennt eine bestimmte Basensequenz der DNA als Startstelle *(Promotor)*.
— Sie liest in 3'—5'-Richtung vom *codogenen Strang* ab.
— Die RNA-Bausteine ATP, GTP, CTP, UTP werden entsprechend der komplementären Basenpaarung zur *messenger-RNA (mRNA)* verknüpft. An der Zielstelle *(Terminator)*, löst sich die Transkriptase ab.
— Die mRNA verlässt den Zellkern.

Translation
Die Information der mRNA wird an den Ribosomen in eine Proteinprimärstruktur umgeschrieben.
— Die mRNA bindet mit zwei Basentripletts (Codons) im Ribosom.
— Jeweils zwei mit Aminosäure beladene tRNA-Moleküle lagern sich entsprechend ihren Anticodonen an die Bindestellen im Ribosom.
— Zwischen den beiden Aminosäuren wird eine Peptidbindung geknüpft.
— Das Ribosom rutscht um ein Triplett weiter.
— tRNA wird abgespalten.
— Diese Schritte wiederholen sich, bis ein Stoppcodon erreicht wird.

Transfer-RNA (tRNA)
Die tRNA vermittelt zwischen Basentriplett der mRNA (Codon) und Aminosäuren. tRNA-Moleküle mit verschiedenen Anticodontripletts werden im Zellplasma unter ATP-Verbrauch mit einer passenden Aminosäure verknüpft.

Proteinbiosynthese bei Eukaryoten
Die mRNA besteht aus codierenden *Exons* und nicht codierenden *Introns*. Diese werden im Vorgang des Spleißens entfernt.

Regulation der Genaktivität
Substratinduktion und *Endproduktrepression* sind Beispiele wie Gene an- bzw. ausgeschaltet werden können. Bei der **Substratinduktion** ist das Gen durch einen *Repressor* inaktiv. Wird Substrat zugegeben, verändert der Repressor seine Raumgestalt und bindet nicht mehr an die DNA. Die Transkriptase beginnt mit

Grundwissen

Grundwissen 11 Genetik und Gentechnik • Neuronale Informationsverarbeitung

der Synthese von mRNA. Bei der **Endproduktrepression** ist der Repressor zunächst inaktiv, die Transkriptase liest ab, Enzyme werden synthetisiert und setzen Substrat um. Das Endprodukt der Synthesekette aktiviert den Repressor. Die Synthese wird gestoppt.

Vererbung der ABO-Blutgruppen

Am selben Genort kommen mehrere Allele vor. Es handelt sich um *multiple Allelie*. Für die 4 Blutgruppen gibt es 3 Allele: A, B und 0. A und B sind dominant über 0. Beim Genotyp AB wirken sich beide Allele aus, sie sind *kodominant*.

Viren als Vektoren

Viren von Bakterien bezeichnet man als Bakteriophagen. Sie lassen sich als Vektoren bei Bakterien verwenden, indem man Fremd-DNA in das Virengenom einfügt.

Zellzyklus und Mitose

Vor der Zellteilung muss die DNA sämtlicher Chromosomen identisch verdoppelt werden. In den Mitosephasen werden die Chromosomen wieder getrennt und auf die Tochterzellen verteilt, so dass jede Zelle wie zuvor die vollständige und identische Erbinformation erhält.

Neuronale Informationsverarbeitung

Aktionspotenzial

Depolarisation
— Eine elektrische Reizung (Depolarisation) der Membran führt zur schlagartigen Öffnung von spannungsgesteuerten Natriumkanälen.
— Infolge des Konzentrationsgefälles strömen Na$^+$-Ionen nach innen.
— Das Axoninnere wird kurzfristig positiv.

Repolarisation
— Die Na$^+$-Ionenkanäle werden verschlossen.
— Die Umladung der Membran sorgt für ein kurzes Öffnen zusätzlicher K$^+$-Ionenkanäle.
— K$^+$-Ionen strömen verstärkt nach außen.

Hyperpolarisation
— Da der K$^+$-Ionenausstrom länger anhält als der Na$^+$-Ioneneinstrom, kommt es zu einer Hyperpolarisation.

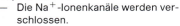

Alles-oder-Nichts-Regel
Bei einem *unterschwelligen Reiz* kommt es nicht zu einer Entladung an der Membran. Durch einen *überschwelligen Reiz* werden dagegen in kürzester Zeit und in lawinenartigem Anwachsen alle verfügbaren Natriumionenkanäle eines Membranabschnittes geöffnet. Die Amplitudenhöhen der Aktionspotenziale ist stets gleich groß.

Refraktärzeit
Nach einem ausgelösten AP können die Natriumionenkanäle kurze Zeit nicht geöffnet werden.

Erregungsweiterleitung

Kontinuierliche Erregungsleitung
Der Einstrom von Natrium-Ionen in das Axon führt zur Depolarisation benachbarter Membranbereiche. Dort öffnen sich die Natrium-Ionenkanäle, ein Aktionspotenzial wird ausgelöst. Die Membran wird dadurch kontinuierlich depolarisiert.

Saltatorische Erregungsleitung
Nur an einem Ranvierschen Schnürring kann sich ein Aktionspotenzial ausbilden, da nur dort spannungsgesteuerte Natriumionenkanäle geöffnet werden können. Die Umladung der Membran wirkt depolarisierend auf benachbarte Schnürringe. Der nächste Schnürring wird erregt, es bildet sich dort ein Aktionspotenzial aus. Die Erregung „springt" von Schnürring zu Schnürring. Vorteile: Die Leitungsgeschwindigkeit wird erhöht. Da die Fasern dünner sind, kann Material gespart werden. Da weniger Ionen durch die Membran diffundieren, verbrauchen die Ionenpumpen weniger Energie.

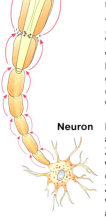

Neuron

Das Neuron (= Nervenzelle) besteht aus einem *Zellkörper (Soma)* und seinen Zellfortsätzen. Bei den Zellfortsätzen werden *Dendrit* und *Axon* unterschieden. Dendriten leiten Erregungen zum Zellkörper hin, Axone leiten Erregungen von ihm weg. Axone verzweigen sich am Ende. Das Axon endet in einem bis mehreren *Endknöpfchen*.

Nervenfaser

Gliazellen
Nervenzellen sind von Hüllzellen umgeben, den Gliazellen. Sie bestehen hauptsächlich aus *Myelin*. Sie stützen die Neuronen und versorgen sie mit Nährstoffen und Sauerstoff. Sie umhüllen die Axone teilweise oder vollständig.

Markhaltige Nervenfasern
Das Axon mit den umhüllenden Gliazellen wird *Nervenfaser* genannt. Bei markhaltigen Nervenfasern wickelt sich die Gliazelle während ihres Wachstums mehrmals um das Axon herum und isoliert es so vollständig. Die Gliazellen lassen schmale Bereiche frei, die *Ranvierschen Schnürringe*. Gliazellen und Schnürringe bewirken eine rasche Reizleitung. Die Gesamtheit dieser Gliazellen wird auch als *Myelinscheide* bezeichnet. Dieser Nervenfasertyp kommt nur bei Wirbeltieren vor.

Marklose Nervenfasern
Die Gliazelle umgibt das Axon, isoliert es aber nicht. Es bildet sich keine Myelinscheide. Dieser Typ kommt im vegetativen Nervensystem von Wirbeltieren und bei den meisten Wirbellosen vor.

Ruhepotenzial
Zwischen Innen- und Außenseite des Axons lässt sich eine *Potenzialdifferenz* messen. Das Innere ist gegenüber dem äußeren Bereich negativ geladen. Diese Spannungsdifferenz bezeichnet man als *Ruhepotenzial*. Sie beträgt im Inneren etwa −80 mV.

Verteilung der Ionen
Innerhalb des Axons ist die Konzentration positiv geladener Kalium-Ionen (K^+) und negativ geladener organischer Ionen (A^-) hoch, außerhalb die von Natrium-Kationen (Na^+) und Chlorid-Anionen (Cl^-).

Selektive Permeabilität der Axonmembran
Diese ergibt sich durch Proteinkanäle, die in die Membran eingelagert sind. Die Membran ist dadurch für K^+-Ionen permeabel, für die anderen Ionen jedoch kaum durchlässig.

Diffusionspotenzial
Da die Konzentration an K^+-Ionen innen wesentlich höher ist als außen, resultiert ein K^+-Ionen-Ausstrom.

Natrium-Kalium-Pumpe
Ionenleckströme durch die Axonmembran werden durch einen aktiven, Energie benötigenden Transportmechanismus, die *Natrium-Kalium-Pumpe* ausgeglichen. Die Pumpe ist ein Membranprotein, das Na^+-Ionen aus der Zelle und K^+-Ionen in die Zelle transportiert. Die dazu notwendige Energie liefert ATP.

Synapse
Die Synapse ist die Verbindungsstelle zwischen Endknöpfchen einer Nervenzelle und einer anderen Nervenzelle oder einer Muskelzelle.

Erregenden Synapsen
— Das Aktionspotenzial erreicht das Endknöpfchen, Calcium-Kanäle öffnen sich. Der Einstrom bewirkt, dass synaptische Bläschen mit der präsynaptischen Membran verschmelzen und Transmitter (z. B. Acetylcholin) freigesetzt werden.
— Dieser diffundiert durch den synaptischen Spalt und verbindet sich mit *Rezeptormolekülen* in der *postsynaptischen Membran*. Dort bewirkt er ein Öffnen von Na^+-Kanälen.
— Natrium-Ionen strömen ein, es entsteht ein *erregendes postsynaptisches Potenzial (EPSP)*.
— Die Ionenkanäle schließen sich.
— Ein Enzym, z. B. *Acetylcholin-Esterase* spaltet den Transmitter.
— die Spaltprodukte diffundieren zurück in das Endknöpfchen.
— der Transmitter wird unter Energieaufwand regeneriert.

Hemmende Synapsen
An hemmenden Synapsen wird an der postsynaptischen Membran statt einer Depolarisation eine *Hyperpolarisation* bewirkt. Man bezeichnet dieses Potenzial auch als *inhibitorisches postsynaptische Potenzial (IPSP)*.

Synapsengifte

Präsynaptische Wirkung
Botulinumtoxin hemmt die Ausschüttung des Transmitters Acetylcholin in den synaptischen Spalt.
Gift der Schwarzen Witwe: Alle synaptischen Bläschen werden schlagartig entleert.

Blockade Acetylcholinesterase
Kampfgase und Insektizide können die Acetylcholinesterase blockieren.

Blockade Acetylcholinrezeptoren
Curare und Gift des Schierlings: Die Acetylcholinrezeptoren werden besetzt, die Ionenkanäle öffnen sich jedoch nicht.

Verrechnung an Synapsen
Ein Neuron im Zentralnervensystem verarbeitet die an den Synapsen eintreffenden Informationen von Tausenden anderer Nervenzellen.

Räumliche Summation
Werden gleichzeitig mehrere räumlich getrennte, erregende Synapsen aktiviert, so lässt sich dies in Form einer größeren Amplitude des EPSP am Zellkörper messen.

Zeitliche Summation
Gelangen über eine präsynaptische Nervenzelle an eine Synapse in einem Zeitraum von einigen Millisekunden nacheinander mehrere Aktionspotenziale, so werden auch diese summiert.

Grundwissen

Register

AB0-System 102
Absorption 36
Acetylcholin 142
Adenin 60
Adenosindiphosphat (ADP) 48
Adenosintriphosphat 33, 48
aerob 32, 48, 55
Agglutination 102, 103
Agouti-Effekt 101
Agrobacterium tumefaciens 122
Aktivierung 33
Albinismus 104
Albino 105
Alkylphosphate 144
Allel 94, 95
Allel, dominantes 95
Allel, gekoppeltes 99
Allelie, multiple 102
Allel, rezessives 95
allosterische Effekte 28
ALTMANN, RICHARD 126
ALZHEIMER, ALOIS 151
Alzheimer Krankheit 151
Aminoacyl-tRNA-Synthetase 70
Aminosäuresequenz 68, 71
Amniozentese 109
Amplituden-Code 152
Anabolismus 47
anaerob 32, 55
Anaphase I 89
Anaphase II 89
Anpassung 162
Anticodon 70
Anti-D 102
Anti-D-Prophylaxe 103
Antigen 102
Antigen D 102
Antikörper 102, 103
antiparallel 60
Antisense-Technik 123
Apoptose 127
Äquationsteilung 88
ARBER, WERNER 127
ARNON, DANIEL 38, 39
Atmung 52
Atmung, innere 48
Atmungskette 51
Atropa belladonna 145
Austauschwert 99
Autoradiografie 42
Autosom 104
autosomal-dominant 105, 108, 109
autosomal-rezessiv 105, 108
Autosomenpaar 82
autotroph 48
AVERY, OSWALD T. 62, 126

BALBIANI, EDOUARD-GÉRARD 126
BALTIMORE, DAVID 127
Barbiturate 147
Barr-Körperchen 90

BARR, MURRAY L. 90
Basendeletion 76
Baseninsertion 76
Basensequenz 71
Basentriplett 68
BATESON, WILLIAM 126
BAUER, HANS 126
BEADLE, GEORGE W. 58, 126
Befruchtung 88
Beleuchtungsstärke 34
Beratungsstelle, genetische 109
BERG, PAUL 58, 127
BERNARD, CLAUDE 145
Besamung 88
Bläschen, synaptisches 142
Bluterkrankheit 104, 105
Blutgruppenbestimmung 103
Blutgruppen, verschiedene 102
Blutzuckerspiegel 25
Botulinumtoxin 144
BOVERI, THEODOR 97
BOYER, HERBERT W. 127
BRENNER, SYNEY 127
Brenztraubensäure 49
BRITTEN, BENJAMIN 149

Caenorhabditis elegans 127
CALVIN 42
Calvinzyklus 43
Caritas-Verband 111
Carotinoide 36
Carrier-Protein 21
Centriol 18
Centromer 65, 82
Centromer-Spindelfaser 86
Centrosom 85, 86
CFTR-Gen 107
CHARGAFF, ERWIN 60, 62, 126
Chargaff-Regel 126
chemoautotroph 32
Chiasma 89, 99
Chiasmata 126
Chloridionenkanal 107
Chlorophyll 36, 37
Chloroplast 19
Chorea Huntington 108, 109
Chorionzottenbiopsie 109
Chromatid 65, 99
Chromatin 126
Chromatographie 36
Chromosom 65, 85
Chromosomenaberration, numerische 92
Chromosomenmutation 76
Chromosomenpaar, homologes 82
Chromosomensatz, doppelter 82
Chromosomentheorie der Vererbung 126
Clostridium botulinum 144
Code, genetischer 68, 69
Code, redundanter 68

codogen 66
Codon 68
Coenzym 33
Cofaktor 29
COHEN, STANLEY N. 127
Colchicum autumnale 86
COLLINS, FRANCIS S. 83
Coniin 144
CORRENS, CARL 95, 126
Cosubstrat 33
CRICK, FRANCIS H. 60, 62, 64, 127
Crossingover 89, 99
Curare 145
Cystische Fibrose 106
Cytoplasma 16
Cytosin 60

Decarboxylierung, oxidative 50
DELBRÜCK, MAX 126
Depression 151
Desoxyribonucleinsäure (DNA) 74
Diabetes mellitus 25
Diagnostik, genetische 124
Diät, phenylalaninarme und thyrosinreiche 108
Dictyosomen 18
dihybrid 96
diploid 82
Diplo-Y-Mann 93
Diplo-Y-Syndrom 93
Dissimilation 32
Dissimilation, anaerobe 52
DNA-Polymerase 64
DNA-Replikation 64
dominant 94
Dominanz, unvollständige 95
Dopamin 150
DOWN, JOHN LANGDON 92
Down-Syndrom 92
Drosophila melanogaster 98
Dünnschichtchromatographie 35

E. coli 114
Ecstasy 147
Effektor 72
Ein-Gen-eine-mRNA-Hypothese 127
Eizelle 88
Elektron 33
Elektronentransport, zyklischer 41
Elterngeneration 94
EMERSON, ROBERT 40
Emerson-Effekt 40
Endoplasmatisches Retikulum 18
Endorphine 146
Endoxidation 49
Endprodukt-Repression 72
Energie 37

ENGELMANN, THEODOR WILHELM 36
Enzym 24, 29
Enzymaktivität 26, 28
Enzym-Substrat-Komplex 24
Erbgang, autosomal-dominanter 104
Erbgang, autosomal-rezessiver 104
Erbgang, dominant-rezessiver 95
Erbgang, intermediärer 95
Ernährung 16, 32
erregendes postsynaptisches Potenzial (EPSP) 142
Eucyte 16
Eukaryot 16
Eukaryoten 74
Euthanasie 111
Evolution 165

Familienstammbaum 102
Fingerabdruck, genetischer 118, 127
FLEMMING, WALTHER 126
fluid-mosaic 20
Fluoreszenz 37
Flüssig-Szintillationsmessung 49
Folgestrang 65
fotoautotroph 32
Fotometer 36
Fotosynthese 32, 34, 35, 164
Fotosynthese, apparente 34
Fotosyntheserate 34
Fotosynthese, reelle 34
Fotosystem 40
Fotosystem I 40
Fotosystem II 40
FRANKLIN, ROSALIND 62, 127
Freeclimbing 146
Fremdbestäubung 94
Frequenz-Code 152
Fruchtfliege 98
Funktion 83

GALL, JOSEPH G. 127
Gärung 32, 52
Gärung, alkoholische 54
Gaußschen-Verteilung 100
Gehirnentwicklung 153
Geißel 89
gekoppelt 98
GELSINGER, JESSE 124
Gen 58, 66, 94
Genaustausch 99
Gen-Bibliothek 116
Gendatenbank 83
Gendiagnostikgesetz 83
gendiagnostisch 109
Genetik, klassische 58
genetisch bedingt 104
genetischer Code 68
Genexpression 66, 72

Genfood 125
Genkarte 99
Gen, konstitutives 72
Genmutation 76
Genotyp 95, 126
Gen, reguliertes 72
Gen SRY 90
Gentechnik 58
Gentechnik-Gesetz 125
Gentechnik, grüne 122
Gentechnik, rote 122
Gentherapie 124
Gentherapie, somatische 107
Geschlechtsbestimmung, genotypische 90
Geschlechtshormon 90, 163
Gliederfüßer 165
Glucose-Oxidase 25
Glykolyse 49, 50
Glykoprotein 103
Golgi-Apparat 18
Golgi-Vesikel 18
Gonosomenpaar 82
GRAF VON GALEN, CLEMENS AUGUST 111
Granastapel 38
Granum 19
GRIFFITH, FREDERICK 126
Guanin 60

Hämophilie A 105
haploid 88
HARTWELL, LELAND H. 127
HEINRICH, THEODOR 126
HEITZ, EMIL 126
hemizygot 104
Hemmung, allosterische 28
Hemmung, irreversible 29
Hemmung, kompetitive 28
Hemmung, präsynaptische 153
Hermaphroditismus 90
Heroin 146
heterotroph 32, 48
heterozygot 95
Heterozygotentest 109
Hilfspigment 37
Hill-Reaktion 38
HILL, ROBERT 38
Histon 61
homozygot 95
HOROWITZ, N. H. 126
HORVITZ, H. ROBERT 127
Humangenetik 58
Human-Genome-Project (HPG) 83, 127
HUNTINGTON 108
HUNT, R. TIMOTHY 127
Hybriden 94
Hybridplasmid 112
hydrophil 20
hydrophob 20

Immunglobuline 103
Indikationsregelung 111
inhibitorisches postsynaptisches Potenzial (IPSP) 143

In-situ-Hybridisierung 127
Insulin 127
Intermembranraum 51
Interphase 84, 85
Ionenkanal, ligandenabhängiger 142

JACOB, FRANCOIS 58, 72, 127
JEFFERYS, ALEC J. 127
JOHANNSEN, WILHELM 94, 126
Junk-DNA 83

Kanal 21
Karyogramm 82
Karyotyp 82
Katabolismus 47
Keimbahn 84
Keimbahnmutation 77
Kernäquivalent 16
KHORANA, HAR GOBIND 69
Klassische Genetik 58
Klinefelter Syndrom 93
Klonierung 113
kodominant 102
Kohlenstoffisotop 49
KÖHLER, GEORGES 127
Kolinearität 68
Kompartiment 16, 20
Kompensationspunkt 34
Konduktor 104
Kopf 89
Koppelung, chemi-osmotische 41
KORNBERG, ARTHUR 62
KOSSEL, ALBRECHT 62, 126
Kreuzung, monohybride 94
Kreuzung, reziproke 94
Kulturmais 162
Kurzfingrigkeit 105
Kurzzeitgedächtnis 148

Lähmung, schlaffe 144
Laktat 55
LANDSTEINER, KARL 102
Langzeitgedächtnis 148
Lebensweise, autotrophe 32
Lebensweise, heterotrophe 32
LEDERER, PHILIP 69
Lernen, explizites 148
Lernen, implizites 148
LEWIS, EDWARD B. 127
Licht 37
Lichtspektrum 36
Ligase 112
Lipiddoppelschicht 20, 21
LWOFF, ANDRE 72
Lysosomen 19

Mangelmutant 66
Marfan-Syndrom 104, 105
Matrixraum 51
Matrize 64
MATTHAEI, HEINRICH 127
MAXAM, ALLAN 127
MCCARTHY, MCLYN 126
MCCLINTOCK, BARBARA 126
MCLEOD, COLIN M. 126

MDMA 147
Meiose 88
Melanin 100
MENDEL, JOHANN GREGOR 58, 94, 95, 96, 97, 98, 99, 126
MESELSON, MATTHEW 63, 127
Metaphasechromosom 86
Metaphase I 89
Metaphase II 89
Michaelis-Menten-Konstante 26
MIESCHER, FRIEDRICH 62, 126
Mikrotubuli 18, 85, 86
Milchsäurebakterium 55
Milchsäuregärung 52
MILSTEIN, CESAR 127
Mirabilis jalapa 95
mischerbig 95
Mitochondrium 19
Mitose 84
Mittelstück 89
Modifikation 100
MONOD, JACQUES 58, 72, 127
monogen 100, 104
Monosomie 92
MORGAN, THOMAS HUNT 98, 99, 126
Motorprotein 86
Mukoviszidose 106
MÜLLER, HERMANN J. 126
MULLIS, KARY B. 118, 127
Multiple Sklerose (MS) 150
Muskeldystrophie Duchenne 105
Mutagen 76
Mutation, somatische 77

Nabelschnurvenen-Punktion 109
Neostigmin 145
Neurochip 153
Nichtschwesterchromatid 88, 99
Nicotinamid-Adenin-Dinucleotid 29
NIRENBERG, MARSHALL 69, 127
Nondisjunction 92
Nucleotid 60
Numerische Aberration 93
NURSE, PAUL M. 127
NÜSSLEIN-VOLHARD, CHRISTIANE 127

OCHOA, SEVERO 127
Okazaki-Fragment 65
Operator 72
Operon 72
Operon-Konzept 72
Operon-Modell 127
Opium 146
Organelle 164
Osmose 41
Östrogen 90

Pantothensäure 29
PARACELSUS 146
PARKINSON, JAMES 150

Parkinson-Syndrom 150
PAULING, LINUS 81
PELLING, CLAUS 127
Pepsin 27
permeabel 20
Peroxidase 25
Pflanzenzelle 17
Pflanze, transgene 122
Phänotyp 95, 126
Phenylalanin 108
Phenylalaninhydroxylase 108
Phenylketonurie (PKU) 108
Phosphat 48
Phospholipid 20
pH-Wert 27
Physostigma venenosum 145
Physostigmin 145
Phytolkette 37
Pisum sativum 94
Plasmid 61, 112
Plasmidvektor 114
Plastizität, neuronale 149
Polkörperchen 88
Pol-Spindelfaser 86
Poly-A-Schwanz 74
polygen 100
Polygenie, additive 100
Polygenie, komplementäre 101
Polymerasekettenreaktion (PCR) 118, 127
Polysom 19
Porphyrinring 37
postsynaptisch 142
Präimplantationsdiagnostik 110
prä-mRNA 74, 127
Pränataldiagnostik 109, 110
präsynaptisch 142
Primase 64
Primer 64
Procyte 16
Prokaryot 16, 74, 164
Promotor 66
Proteinbiosynthese 74
Protein, integrales 20
Protein, peripheres 20
Proton 33
Protonengradient 51
Protoplast 122
psychoaktive Stoffe 146
Psychopharmaka 146
PUNNETT, REGINALD CURDELL 126

Queen VICTORIA von England 105
Querbandenmuster 86

Radioisotopenmethode 49
Rasterelektronenmikroskop 17
Rastermutation 76
Reaktion, lichtabhängige 38
Reaktion, lichtunabhängige 38
Reaktionsgeschwindigkeits-Temperatur-Regel 27
Reduktionsteilung 88
Reifeteilung 88
Reifeteilung I 88

Reifeteilung II 88
reinerbig 94, 95
Rekombination 88, 99
Reparaturenzym 76
Reparaturmechanismus 76
Replikation 84
Replikation, semikonservative 64
Replikationsursprung 64
Repressor 72
Restriktionsenzym 112, 127
Reverse Transkriptase 115, 117, 127
rezessiv 94, 104, 109
Rhesusfaktor 102
rhesusnegativ 103
rhesuspositiv 103
Ribonucleinsäure 19
Ribosomen 18, 19
Ribulosebiphosphat 42
Rindenreaktion 88
RNA-Polymerase 66
ROBERTS, RICHARD J. 127
Rot-Grün-Sehschwäche 105
Rückkopplung, negative 72
Rückkreuzung 98

Samenfarbe 99
Samenform 99
SANGER, FREDERICK 127
SAUNDERS, EDITH REBECCA 126
Schädlingsbekämpfung 170
Schlüssel-Schloss-Prinzip 24, 88, 103
Schmerzfaser 146
Schrotschussverfahren 83
Schwarze Witwe 144
Schwesterchromatid 82
Selbstbestäubung 94
Sensibilisierung 102
sensorische Gedächtnis 148
Sequenzbereich, überlappender 83
Sequenzierautomat 83
Sexchromatin 90

SHARP, PHILIPP A. 127
SHERRINGTON, CHARLES 142
Sichelzellenanämie 105
SINGER, MAXINE 58
Skelettdeformation 105
Somazelle 84
Spaltungsregel 95
Spina bilfida 110
Spindelapparat 85, 86
Spindelfaseransatzstelle 86
Spleißen, alternatives 75
Spleißreaktion 127
SRB, ADRIAN. M. 126
STAHL, FRANK und MARY 63, 127
Stammzelle, adulte 107
Stammzelle, multipotente 84
Stammzelle, multipotente adulte 84
Stammzelle, pluripotente 84
Stammzelle, totipotente 84
starre Lähmung 144
Startcodon 68, 71
sticky ends 112
Stoffabbau 32
Stoffaufbau 32
Stoffwechsel, aerober 165
Stoppcodon 68, 71
Stroma 19, 38
Stückaustausch 99
Substrat 24
Substrat-Induktion 72
Substratkonzentration 26
Substratspezifität 24
SULSTON, JOHN E. 127
Summation, räumliche 143
Summation, zeitliche 143
SUTTON, WILLIAM S. 97, 126
Suxamethonium 144
Synapse 142
Szintillator 49

TATUM, EDWARD 58, 126
TAYLOR, JAMES HERBERT 63
Telomerase 82

Telophase 89
TEMIN, HOWARD 127
Temperatur 26, 34
Teosinte 162
Testosteron 90
Tetrade 88, 89
Thermus aquaticus 118
Thiamin 29
Thylakoid 19, 38
Thymin 60
Tierzelle 17
Tochtergeneration 94
Tracer-Methode 42
Transduktion 115
transfer-RNA 70
transgen 112
Transkription 66
translatiert 71
Translation 71
Translokation 92
Translokationstrisomie 15/21 92
Transmissionselektronenmikroskopie 17
Transmitter 142
Transport, aktiver 21
Transport, passiver 21
TREBST, ACHIM VIKTOR 39
Triple-Test 110
Triplettbindungstest 69
Triplo-X-Frau 93
Triplo-X-Syndrom 93
Trisomie 21, freie 92
TSCHERMAK-SEYSENEGG, ERICH VON 126
TSUJIMOTO, HARRY 39
Tubocurarin 145
Tubulindoppeleinheit 86
Tumor, bösartiger 78
Turner Syndrom 93

Ultrakurzzeitgedächtnis 148
Uniformitätsregel 95
Urkeimzelle 88

Variabilität 162
Variabilität, genetische 162
Variabilität, modifikatorische 162
Variationsbreite 100
Vektor 112
VENTER, J. CRAIG 83
Verdrängungshemmung 28
Vesikel 18
Vielfalt, genetische 88
VIRCHOW, RUDOLF 84
Virus 114
Vitamine 29
VRIES, HUGO DE 126

WALDEYER, WILHELM 126
WATSON, JAMES D. 58, 60, 62, 64, 127
Weibchen 99
WEIZSÄCKER, RICHARD VON 92
Wellenlänge 36
WIESCHAUS, ERIC F. 127
Wildmaissorte 162
WILSON, VICTORIA 127
Wirkungsspektrum 37
Wirkungsspektrum der Fotosynthese 36
Wunderblume 95

X-chromosomal-rezessiv 104, 105
XX/X0-Mosaik 93

Zellatmung 48
Zelle 15
Zellkern 18
Zellorganelle 18
Zellsaftvakuole 18
Zellzyklus 84
Zentrum, aktives 24
Zentrum, katalytisches 24
Zisterne 18
Zufall 97
Zwillingsforschung 102
Zygote 84, 88
Zytogenetik 58

Bildnachweis

Cover Kage Mikrofotografie, Lauterstein; **Cover** Getty Images (Photographer's Choice/Jonnie Miles), München; **4.1** DOC-STOCK GMBH (MedicalRF.com), Stuttgart; **4.2** Corbis (Visuals Unlimited), Düsseldorf; **5** Mauritius Images (Phototake), Mittenwald; **6** SUPERBILD (BSIP), Taufkirchen/München; **14.1** Getty Images (Norbert Wu/Minden Pictures), München; **14.2** Arco Images GmbH (NPL), Lünen; **14.3** Dr. Bruno P. Kremer, Wachtberg; **14.4** FOCUS (Shields/SPL), Hamburg; **15.1** DOC-STOCK GMBH (MedicalRF.com), Stuttgart; **15.2** FOCUS (Burgess/SPL), Hamburg; **15.3** Interfoto (NG Collection/Walt Disney "Duck Tales - Der Film" 1991), München; **15.4** http://www.flickr.com/photos/ynse/1791673085/; **16** FOCUS (Dowsett/SPL), Hamburg; **17.1** Okapia (Biophoto Ass./Science Source), Frankfurt; **17.2** Okapia (NAS/Biophoto Associates), Frankfurt; **17.3** Okapia (S.Camazine/OSF), Frankfurt; **17.4** Okapia (Institut Pasteur/CNRI), Frankfurt; **18.1** FOCUS (SPL), Hamburg; **18.2; 18.3** Prof. Dr. Hartwig Wolburg, Tübingen; **19.1** Prof. Dr. Werner Wehrmeyer, Kirchhain; **19.2** Okapia (NAS), Frankfurt; **19.3** Prof. Dr. Hartwig Wolburg, Tübingen; **20** FOCUS (Fawcett/SPL), Hamburg; **21.1** Max-Planck-Institut für biophysikalische Chemie (Dr. Helmut Grubmüller), Göttingen; **21.S** http://www.flickr.com/photos/ynse/1791673085/; **22.1** Okapia (NAS/Don W. Fawcett), Frankfurt; **22.S** Dr. Bruno P. Kremer, Wachtberg; **25.1** Das Fotoarchiv (Thomas Mayer), Essen; **25.2** laif (Bertram Solcher), Köln; **25.3** Mauritius Images (Rosenfeld), Mittenwald; **25.S** StockFood GmbH (S. & P. Eising), München; **29.1** PantherMedia GmbH, München; **29.2** Fotolia LLC (Leonid Nyshko), New York; **30.S** Okapia (Manfred P. Kage), Frankfurt; **33.S** Reinhard-Tierfoto, Heiligkreuzsteinach; **35.S** Mauritius Images (J. Beck), Mittenwald; **39.S** Klett-Archiv (Aribert Jung), Stuttgart; **42** Corbis (Bettmann), Düsseldorf; **46.1** Roger Schmidt, Karikatur-Cartoon, Brunsbüttel; **46.S** Tilman Wischuf Tier- und Naturfotografie, Brackenheim; **47.1; 47.3** Johannes Lieder, Ludwigsburg; **47.2** Prof. Dr. Werner Wehrmeyer, Kirchhain; **47.4** Getty Images, München; **49.1; 49.2** Prof. Dr. Wolrad Vogell, Erkrath (aus "Unterricht Biologie", April 1978, Heft 20); **52** FOCUS (Scharf/SPL), Hamburg; **54.S** Okapia (Manfred P. Kage), Frankfurt; **55.1** Klett-Archiv (Nature + Science AG/Mangler), Stuttgart; **55.2; 55.3** Klett-Archiv (Horst Schneeweiß), Stuttgart; **55.S** Getty Images (Visuals Unlimited/Dr. Dennis Kunkel), München; **56.1** Dr. Robert S. Staron, Irvine Hall, Athens, Ohio; **56.S** Okapia (NAS/Bill Longcore), Frankfurt; **57** Picture-Alliance (dpa/Max-Plank-Institut Bremen), Frankfurt; **58.1** PIXTAL, New York NY; **58.2** Corbis (Bettmann), Düsseldorf; **58.3** Photothek.net Gbr (Ute Grabowsky), Radevormwald; **58.4** FOCUS (SPL/DNI), Hamburg; **59.1** FOCUS (SPL/A. Barrington Brown), Hamburg; **59.2** Corbis (Lester Lefkowitz), Düsseldorf; **59.3** laif (Ronald Frommann), Köln; **59.4** Okapia (Biophoto Ass/Science Source), Frankfurt; **62.1** Picture Press (Volker Hinz/Stern), Hamburg; **62.2** Picture-Alliance (KPA/HIP), Frankfurt; **62.3** Mauritius Images (Omikron/Photo Researchers, Inc.), Mittenwald; **62.4** FOCUS (SPL/A. Barrington Brown), Hamburg; **62.S** Klett-Archiv (Aribert Jung), Stuttgart; **63** Klett-Archiv (Sommermann), Stuttgart; **65** FOCUS (Laguna/SPL), Hamburg; **67** FOCUS (Miller/SPL), Hamburg; **69.S** FWU GmbH, Grünwald; **75** laif (Ronald Frommann), Köln; **78** Getty Images RF (Image Source RF), München; **80.1** FOCUS (T. Kakefuda/SPL), Hamburg; **80.2** FOCUS (Murti/SPL), Hamburg; **80.S** FOCUS (SPL), Hamburg; **81.1** Kage Mikrofotografie, Lauterstein; **81.2** Okapia (P. Harrington), Frankfurt; **82.1** Okapia (Biophoto Associates/Science Source), Frankfurt; **82.2** FOCUS (Adrian Sumner/SPL), Hamburg; **83.1** Picture-Alliance (dpa/epa afp Robyn Beck), Frankfurt; **83.2; 83.4** CCC, www.c5.net (Oswald Huber), Pfaffenhofen a.d. Ilm; **83.3** The Associated Press GmbH (Kirsty Wigglesworth), Frankfurt am Main; **83.S** FOCUS (Pascal Goetgheluck/SPL), Hamburg; **84** FOCUS (SPL), Hamburg; **85.1; 85.2; 85.3; 85.4; 85.5** Johannes Lieder, Ludwigsburg; **86.1** FOCUS (Adrian Sumner/SPL), Hamburg; **86.2** Corbis (Visuals Unlimited), Düsseldorf; **86.3** Reinhard-Tierfoto, Heiligkreuzsteinach; **86.S** Johannes Lieder, Ludwigsburg; **87.S** Johannes Lieder, Ludwigsburg; **88** Albert Bonniers Förlag AB (Lennart Nilsson), Stockholm; **90.1** FOCUS (SPL), Hamburg; **90.2** Corbis (Lester V. Bergman), Düsseldorf; **91.1** MEV Verlag GmbH, Augsburg; **91.S** FOCUS (Biophoto Associate/Science Photo Library), Hamburg; **92** Corbis (Mika/zefa), Düsseldorf; **93** Klett-Archiv (Ulrich Sommermann), Stuttgart; **94.1** Deutsches Museum, München; **94.2** Klett-Archiv (Dr. Horst Schneeweiß), Stuttgart; **98.1** Interfoto (Mary Evans Picture Library), München; **98.2** Klett-Archiv (Aribert Jung), Stuttgart; **98.3** FOCUS (Revy/SPL), Hamburg; **99.1** Ruhr-Universität Bochum, Medizinische Fakultät (Prof. Dr. Klaus Hägele), Bochum; **99.2** Deutsche Post World Net, Bonn; **100.1** Corbis (Wolf/zefa), Düsseldorf; **100.2** Bulls Press (Martin Perscheid), Frankfurt; **101.1** Okapia (Hans Reinhard), Frankfurt; **101.S** Reinhard-Tierfoto, Heiligkreuzsteinach; **102.1; 102.3** Ullstein Bild GmbH (KPA), Berlin; **102.2; 102.4** Cinetext GmbH (20th Century Fox), Frankfurt; **102.S** AKG (album), Berlin; **103** Picture-Alliance (dpa/dpaweb), Frankfurt; **104** Albert Bonniers Förlag AB (Lennart Nilsson), Stockholm; **105.1** Mauritius Images (Phototake), Mittenwald; **105.2** FOCUS (SPL), Hamburg; **105.3** Interfoto (Science Museum/SSPL), München; **105.S** Heiner Heine, Kastl; **106.1** Imago Stock & People (Horst Rudel), Berlin; **106.S** Okapia (Lond. Sc. Films, OSF), Frankfurt; **108** iStockphoto (Nikolay Suslov), Calgary, Alberta; **109.1** MGZ-Medizinisch Genetisches Zentrum, München; **109.2** Getty Images (stone/UHB Trust), München; **109.3** A1PIX, Taufkirchen; **110.S** Albert Bonniers Förlag AB (Lennart Nilsson), Stockholm; **111.S** Albert Bonniers Förlag AB (Lennart Nilsson), Stockholm; **113** Corbis (Visuals Unlimited), Düsseldorf; **114** FOCUS (SPL), Hamburg; **115** FOCUS (EOS/Meckes/MPI), Hamburg; **117** aus: Hennig, W.: Genetik, 3. Aufl. 2002, ISBN: 978-3-540-42958-6, S. 67, mit freundlicher Genehmigung von Springer Science and Business Media; **118** Klett-Archiv (Helmut Moßner), Stuttgart; **119** Klett-Archiv (Ulrich Sommermann), Stuttgart; **121** FOCUS (Pasieka/SPL), Hamburg; **122** Okapia (NAS/H. Morgan), Frankfurt; **124.1** Okapia (Dan McCoy/Rainbow), Frankfurt; **124.2** mediaskill OHG Bildmaschine (Wodicka), Berlin; **124.S** Tilman Wischuf Tier- und Naturfotografie, Brackenheim; **125.1; 125.4** Mauritius Images (Rossenbach), Mittenwald; **125.2** Matthias Stolt, Hamburg; **125.3** Jochen Eckel Photojournalist, Berlin; **125.5** Picture-Alliance (dpa/Ingo Wagner), Frankfurt; **126.1** Deutsches Museum, München; **126.2** Corbis (Bettmann), Düsseldorf; **126.3** Ullstein Bild GmbH (Ann Ronan/Rockefeller University Archives), Berlin; **126.4** 04372/88.4: Deutsches Museum; **126.5** 04372/88.5: Deutsches Museum; **126.S** Klett-Archiv (Aribert Jung), Stuttgart; **127.1** Corbis (Henri Bureau), Düsseldorf; **127.2** Gemeinfrei; **127.3** Deutsches Museum, München; **127.4** Picture-Alliance (dpa/Zentralbild, Klaus Franke), Frankfurt; **128.S** FWU GmbH, Grünwald; **130.1** FOCUS (SPL), Hamburg; **130.2** DOC-STOCK GMBH (MedicalRF.com), Stuttgart; **130.3** FOCUS (Steger/SPL), Hamburg; **130.4** Mauritius Images (Gary Carlson/Photo Researchers, Inc.), Mittenwald; **131.1** Helga Lade (H.R. Bramaz), Frankfurt; **131.2** Mauritius Images (Phototake), Mittenwald; **131.3** Okapia (Klaus Rose), Frankfurt; **133** Getty Images (David Murray/Dorling Kindersley), München; **134** Okapia (Norbert Lange), Frankfurt; **140.1** MPI- Medizinische Forschung (Bert Sakmann, Ernst Neher), Heidelberg; **140.2** Caro Fotoagentur (Rodriguez), Berlin; **140.S** Okapia (D. Kunkel), Frankfurt; **141** Picture-Alliance (dpa), Frankfurt; **142** Okapia (NAS/Don W. Fawcett), Frankfurt; **144.1** Okapia (John Mitchell/OSF), Frankfurt; **144.2** FOCUS (SPL), Hamburg; **144.3** Okapia (Ernst Schacke,

Naturbild), Frankfurt; **145.S** Okapia (Hans Reinhard), Frankfurt; **146.1** Mauritius Images (Zak), Mittenwald; **146.2** National Institute on Drug Abuse (Michael J. Kuhar), Baltimore, USA; **146.S** Mauritius Images (K. Paysan), Mittenwald; **148.1** Bildagentur-online (TETRA Images), Burgkunstadt; **148.2** Mauritius Images (Josef Kuchlbauer), Mittenwald; **148.3** Bulls Press (Bill Watterson), Frankfurt; **149** Max-Planck-Institut für Neurobiologie (Bonhoeffer), Martinsried bei München; **150.1** Picture-Alliance (dpa), Frankfurt; **150.S** Kage Mikrofotografie, Lauterstein; **152.1** Klett-Archiv (Hede Rummey), Stuttgart; **152.2** Okapia (Fawcett, Friend/Science Source), Frankfurt; **152.S** Okapia (NAS/Don W. Fawcett), Frankfurt; **153** FOCUS (Synaptek/SPL), Hamburg; **159.1** Klett-Archiv (Aribert Jung), Stuttgart; **159.2** Wygasch, Dr. Joachim, Paderborn; **161** VISUM Foto GmbH (Thomas Pflaum), Hamburg; **162** National Science Foundation (Nicolle Rager Fuller), Arlington; **163** FOCUS (SPL), Hamburg

Nicht in allen Fällen war es uns möglich, den Rechteinhaber der Abbildungen ausfindig zu machen. Berechtigte Ansprüche werden selbstverständlich im Rahmen der üblichen Vereinbarungen abgegolten.